共和政ローマとトリブス制

拡大する市民団の編成

砂田 徹❖著

北海道大学出版会

目次

序　章　課題と研究史……1
1　本書の課題　2
2　〈ゲルツァー理論〉をめぐる論争とのかかわり　5
3　研究史上における本書の位置づけ　8
第一章　ローマ市民団の拡大とトリブス……15
はじめに……16
一　「血縁的」トリブスとクリア制……17
二　セルウィウス王による「地縁的」トリブス……24
三　共和政期におけるローマ領の拡大とトリブス……32

1　ローマ領の非連続的拡大　33
2　新市民の「融合」とトリブス　38
3　「人為的構成体」としてのトリブス　41
第二章　初期トリブスの内部構造……57
――「身分闘争」との関連で――
はじめに……58
一　セルウィウス王と初期トリブス……60
二　氏族名を冠したトリブスの内部構造……61
1　クラウディア区　63
2　ファビア区　65
3　その他のトリブス　67
三　「身分闘争」と初期トリブス……68
おわりに……77
第三章　共和政中期における有力政治家のトリブス操作……89
はじめに……90
一　トリブス拡大時における操作……92

二　ケントゥリア民会の改革とトリブス……97
1　改革の概要　97
2　改革の目的　101
三　トリブス掌握の痕跡……106
おわりに……109
第四章　共和政末期の選挙不正とトリブス……117
はじめに……118
一　分配係とトリブス……120
1　名前のわかる分配係　120
2　分配係と有力政治家　123
二　選挙不正とパトロン関係……129
1　自己のトリブスへの配慮　129
2　他トリブスの票の獲得　136
おわりに……147

第五章　審判人とトリブス
――トリブニ・アエラリィの再検討を中心に――

第五章　審判人とトリブス――トリブニ・アエラリィの再検討を中心に―― …… 159
はじめに …… 160
一　トリブニ・アエラリィをめぐる研究史 …… 162
1　トリブニ・アエラリィの起源　162
2　前七〇年以降のトリブニ・アエラリィ　165
二　前七〇年以前の審判人とトリブス …… 169
1　百人裁判所とトリブス　169
2　前八九年のプラウティウス法　173
3　スッラによる元老院議員の補充とトリブス　175
三　トリブニ・アエラリィの実態 …… 178
1　財産資格をめぐって　178
2　キケロにおける記述の不統一　181
3　トリブニ・アエラリィの実態　185
付論：三審判人団の投票結果　190
おわりに …… 194

第六章　都市トリブス再考　207
――「トリブスから移す」とは何か――
はじめに　208
一　研究史の概観　211
二　「トリブスから移す」と「アエラリウスとする」　214
三　碑文に現れる関連表現　225
1　バンティア青銅板　225
2　不法利得返還法　227
おわりに　231
第七章　都市トリブスとローマ市民団の周縁　241
――解放奴隷・役者・非嫡出子――
はじめに　242
一　解放奴隷と都市トリブス　244
1　Ap・クラウディウス・カエクスのトリブス改革　244
2　共和政中期　250
3　共和政末期　253

4　碑文に現れる解放奴隷　258
二　役者と都市トリブス……261
三　非嫡出子と都市トリブス……269
おわりに……272
補論：政治的な不利さをめぐって……275

終章　帝政期におけるトリブスの変質……289
はじめに……290
一　選挙民会の衰退とトリブス……292
1　カエサル時代から三頭政治家時代　292
2　アウグストゥス時代の選挙　295
3　後五年のウァレリウス-コルネリウス法　299
4　後一四年以降の選挙　302
二　穀物配給制とトリブス……305
三　トリブスの内部構造を伝える碑文史料……311
おわりに……318

あとがき　327
参考文献表　11
事項・地名索引　7
人名索引　3
トリブス索引　1

序　章　課題と研究史

1　本書の課題

本書は、古代ローマにおける市民団の下部単位であったトリブスの構造と機能の解明を通して、トリブスという枠組みで生きた共和政期ローマ人の社会・政治活動の実態を明らかにすること、およびそれをもとにトリブスという制度が共和政期ローマにおいて果たした意義について考察することを課題としている。本論に入る前に、トリブスとはそもそも何であるのか、またそのようなトリブスに注目することの意味とトリブスをめぐる研究状況に関して、あらかじめ簡単な説明を行っておきたい(1)。

古代ローマ人は、古代ギリシアのアテナイ人などと同様、最小の社会単位である家(ファミリア)への所属から始まり市民団の一員として国家を構成するまでの間で、さまざまな中間的諸集団に属していた(2)。クリア、ケントゥリアそしてトリブスと呼ばれる集団がそれである。しかもここでアテナイとの相違として重要なのは、そのようなクリア、ケントゥリア、トリブスなどの中間集団が、民会の投票単位でもあったという点である。いうまでもなく民会は、政務官や元老院と並んで共和政期のローマにおける国制の根幹をなしていたが、民会における最終決定は、個人単位の投票ではなく、あくまでも集団単位の投票によりなされていた。具体的には、クリア民会は三〇のクリアから、ケントゥリア民会は一九三のケントゥリアから、そしてトリブス民会・平民会は三五のトリブスからそれぞれ構成されていた。このようないわゆる「グループ投票制」のもとでは、当然のことながら、個々人の票の総計が民会全体の投票結果に直結するわけではなく、そこではむしろ自己の属する投票単位の票をいかに掌握するか、さらには他の投票単位へ向けていかに影響力を及ぼすかが重要な課題となってくる。そこで共和政期のローマにおいては、民会の投票システムとの関連からも、それぞれの投票単位であるクリアやケントゥリアやトリブスといった中間的諸集団内部で、なんらかの人的結合関係を作り出しておく必要性が生じていたのではないかと想像されるのである。

前記三つの中間的諸集団のうち、おそらく最も古くから存在していたのはクリアである。第一章において詳しく見るように、これは一般的には「血縁的」原理による集団とされているが、王政期にまで遡る最古期の実態に関しては不明瞭な部分が多い。他方、史料状況が幾分よくなる共和政末期においては、自己の所属するクリアを知らないローマ人が多数存在したことからも明らかなように、クリアという単位はすでに形骸化していた。それゆえクリアに関しては、その実態解明に多くが望めないばかりか、国制上の重要性自体、共和政期のかなり早い段階で失われていたものと思われる。

クリアに遅れ、六代目の王セルウィウスの時代に導入されたとされているのがケントゥリアである。ケントゥリアは、戸口調査(census)による財産評価に基づいて作り出された集団であり、より上位の分類である等級(classis)とも連動して、ローマ市民はその財産評価額に応じ一九三ケントゥリアのいずれかに所属していた。詳細は省くが、ケントゥリアの配分方法は富裕者に著しく有利となるような形で仕組まれており、その結果、そのようなケントゥリアを投票単位とするケントゥリア民会が、富裕者の票に重きを置く「不平等」な――ローマ人自身は必ずしも「不平等」とは捉えていないが――性格を持っていたことはよく知られている。このケントゥリア民会は、執政官や法務官といった高級政務官を選出する民会であっただけに、各ケントゥリアの内部でどのような駆引きが生じていたのかは非常に興味深いところであるが、史料はそれについてほとんど語らない。ただし第三章でふれるように、前三世紀後半に行われた「ケントゥリア民会の改革」後は、第一等級所属の七〇ケントゥリアに関して、ある程度それを窺い知ることができるであろう。

ケントゥリア同様、トリブスはセルウィウス王の時代に導入されたと考えられている単位であり、少なくとも当初は「地縁的」性格を持っていた。すなわち、その詳細は不明ながらも、おそらく当該地域での居住かあるいはそこでの土地所有を介してローマ市民が登録された単位がトリブスだったのである。このような性格のトリブスは、「地区」と訳されるのが一般的となっている。トリブスはローマ市民団の拡大とともに、漸次その数を増していき、前二四一年に最終的に三五となった（三五トリブスの名称については、本書二五九頁、表1参照）。なお、三五トリブスのうちの四つは「都市トリブス」(tribus urbana)と呼ばれ、他の三一「農村トリブス」(tribus rustica)とは区別されていたと考えられているが、この点については第六章および第七章で詳しく取り上げたい。

さて、本書は以上のような中間的諸集団のうち、最後に挙げたトリブスを直接の検討対象としているが、私見によれば、共和政期ローマの社会と政治を考えるにあたって、ほかならぬトリブスに着目する意義は次の三点にある。まず第一にトリブスは、クリアとは異なり、共和政期を通してローマ市民団の下部単位であり続け、帝政期にいたってもなお形式的にはそのような性格を保ち続けたという点である。もちろん時間の経過とともにそこには変質が見られるものの、このようなトリブスであれば、その分析を通して共和政期ローマの社会編成や政治行為の特徴を捉えていくこと、さらにはそれに焦点を据えて共和政から帝政への転換に関し一定の見通しをつけることさえ可能となるように思われる。

第二にトリブスは、クリアやケントゥリアとは異なって、民会での投票単位以外のさまざまな機能を担っていたという点である。そのいくつかに関しては本書第五章でも検討するが、トリブスは、ローマ市民団の更新を目的とした戸口調査のための単位といった基本的な機能に加え、戦時特別税(tributum)の徴収および徴兵のための単位をなし、さらには審判人の選出といった一種の裁判機能まで有していた。これほど広範囲にわたる活動を含み込んでいたトリブスは、まさに古代ローマ人にとってその社会生活・政治生活における基本単位をなしていたといえよう。三五トリブスのうちのいずれかへと登録されることにより初めて、ローマ市民としての諸権利と義務が生じたといっても過言ではない。

第三にトリブスは、少なくとも財産資格上は比較的均質な社会層から構成されていたケントゥリアとは異なり、上は元老院に議席を占めた有力政治家から下はそのような有力政治家の被護民や一般下層民にいたるまで、実に幅広い階層をそこに含み込んでいたという点である。しかもそのようなトリブスが民会の投票単位をなしていたからには、当然のことながらその内部にタテ・ヨコの人的関係が織りなされ、そこではさまざまな人間模様が展開されていたに違いない。共和政期ローマの政治をトリブスという次元から捉えていくことの魅力がここに生じてくる。

以上のような理由から、本書ではローマ市民が所属する中間的諸集団のうちトリブスを取り上げ、その内部構造と機能の解明を通して共和政期ローマの政治的・社会的特質を浮彫りにすることを課題として設定した。

2　〈ゲルツァー理論〉をめぐる論争とのかかわり

ところで、最近の共和政期ローマ史の研究においては、〈ゲルツァー理論〉の再検討という問題が非常に重要な争点となっている。この論争の経緯に関してはすでに別稿において整理を試みたが(3)、それを踏まえここでは、本書の課題を共和政期ローマの社会・政治史におけるこの大きな研究動向と関連づけることにより、トリブスを取り上げることの意義をより明確にしておきたい。

共和政期ローマの社会と政治を捉えるにあたって長らく支配的枠組みをなしてきたのは、M・ゲルツァーの研究『ローマ共和政期のノビリタス』である(4)。ゲルツァーはこの書の前半部において共和政期ローマの政治を実質的に牛耳ってきたのが、過去に執政官等の最高政務官に就任した祖先を持つ「ノビレス(ノビリタス)貴族」であること、そして後半部ではそのような「ノビレス支配」を可能としたのが、クリエンテラ(clientela)と呼ばれる保護-被護関係等の人的結合で特徴づけられた共和政期ローマの社会構造であることを明らかにした。このような理解は、その後の研究成果に補完されながら、各ローマ市民がクリエンテラという絆をもとになんらかの形で有力政治家と結びつき、さらにそのような有力政治家のヨコのつながりによって、民会における投票結果があらかじめ決定されていたかのような社会・政治像へといたったのである。このいわゆる〈ゲルツァー理論〉は、長らく共和政期のローマに関する研究を規定してきた。

それに対して果敢な挑戦を試みたのが、一九八四年以来一連の〈ゲルツァー理論〉批判の論文を著してきたF・ミラーである。(5)ミラー説の要点は、これまで形式的な存在のように考えられてきた民会とローマ民衆の政治力の再評価にある。その際、各政治家がいかに雄弁術を用いたかが強調され、民会をはじめとした公開の場において民衆と直接対峙した政治家が、さまざまな手段を駆使して民衆の説得にあたったという新たな政治像が描き出されている。P・A・ブラントによるクリエンテラそのものに対する批判とも相俟って、(6)このような動向はわが国の研究者にも多大な影響を及ぼしている。たとえば、安井萠氏はキケロ時代の選挙の実態として、トリブスや地方共同体といったクリエンテラによる組織的集票の限界を指摘したうえで、パトロン関係のしがらみから解き放たれた「浮動票」の獲得がいかに重要であったかを強調した。(7)また鷲田睦朗氏は、ミラーにより強調された民会の役割の再評価に関連して、従来、富裕者の投票により事前に当選者が確定していたかのように考えられてきたケントゥリア民会においても、かなり下位のケントゥリアの投票を含めて実質的な選挙が行われていた可能性を指摘している。(8)

たしかに選挙の実態を中心としたこのような指摘は、これまでの研究が全くといってよいほどに無視してきた側面に光を投じたものといえよう。実際のところ私自身も、別稿において、コンティオ(contio)と呼ばれる政治集会が開かれていた場に焦点を合わせながら、共和政期ローマの政治における雄弁術の重要性とその限界について論じた。(9)だが、ミラーの問題提起にしてもそれをうけて展開されている諸研究にしても、これまでなおざりにされてきた側面への注目という点にこそ意義があるのであり、これはせいぜい事の半面の指摘にすぎない。それをもとに、共和政期ローマの政治が常にそのような展開をとっていたかのように見なされてしまうとするならば、かつての〈ゲルツァー理論〉同様、これまた残りの半面を見落とすことになるであろう。

従来の研究の問題性は、クリエンテラをあまりにも強固で不変的な絆として想定しすぎた点にある。特定の社会構造、すなわちそこにおける人的結合関係から当該時代の政治を捉えていこうとする方法自体は、基本的には誤っていないものと思われる。そもそも予想される浮動票の多さにしても、ケントゥリア民会における実質的な選挙の存在にしても、それらはなんら人的結合の重要性と両立不可能な現象ではない。亡命中のキケロの書簡からも窺われるように、それぞれの年の選挙結果はある程度の予想はつくものの常に予断を許さない状況であった。このような状況であればこそ、それがたとえ無駄に終わる場合があったとはいえ、選挙のための人的結合関係を不断に取り結んでおく必要性が痛感されていたのではないか（詳しくは第四章参照）。このような理由で私は、近年の〈ゲルツァー理論〉批判にもかかわらず、トリブスを含むさまざまな人的結合関係のレヴェルから共和政期ローマの政治を捉えていく有効性は、依然、失われていないと考えている。

他方、帝政期のローマ史研究の分野で同様の新境地を拓いたのはR・サラーである。[10] ミラー論文とほぼ同時期に出版されたサラーの研究は、一見したところ、ミラーのそれと逆の方向性を持っている。サラーは、帝政の成立によって、つまり「唯一のパトロン」とされる皇帝の出現により、従来その実質的な意義を失ってしまったと考えられがちであったパトロン関係が帝政期においても存続し、しかも元老院議員レヴェルの政治で引き続き重要な役割を果たしていたことを指摘した。すなわちサラーは、共和政期の場合のような従来の研究におけるパトロン関係の過大評価からではなく、その過小評価という観点から帝政期のパトロン関係を問題としたのである。このような問題提起をうけてのわが国の貴重な研究成果としては、長谷川博隆編『古典古代とパトロネジ』に収められた諸論文がある。[11]

サラーは、最新の『ケンブリッジ古代史』第一一巻（新版）においても、共和政から帝政への転換に伴って、パトロン関係の重要性が一般的に考えられてきたような仕方で減じたのではないと重ねて主張しているが、[12] 政治の展開における人的結合を重要視するサラーの主張は、本書の姿勢とも基本的に合致している。ただしサラーが、選挙や立法機能が民会から奪われたとしても、政治的闘争の場は他へとシフトされたにすぎず消え去ったわけではないと指摘するとき、[13] そのようなシフトに伴い特定の分野におけるパトロン関係が変化・消滅した可能性が見落とされてはいないだろうか。なにぶん帝政期にもかかわる対象であるだけに、十分に論証しえたわけではないが、ひとつの見通しとして本書で強調したのがまさにこの点である。結論を先取りしていうならば、民会における選挙が実質的に消滅するのに伴い、ほかならぬトリブスという次元でのパトロン関係が廃れていったのではないかと私は考えている（詳しくは終章参照）。言い換えるならば、トリブスという次元でのパトロン関係の展開は、民会での選挙がまがりなりにも機能していた時期の、つまりすぐれて「共和政的な現象」であったといえようか。

3　研究史上における本書の位置づけ

個々のテーマに関する研究状況については関連各章において詳述することとするが、ここではその前提となるようなトリブス全般にわたる研究史の流れにふれ、その中における本書の位置取りを確認しておきたい。

すでに略述したようにトリブスは共和政期のローマにおける基本的制度のひとつであっただけに、一九世紀以来の制度史・国制史の分野において、当然のことながらその主たる研究対象となってきた。たとえば、『パウリ古典古代学事典』で〈トリブス〉の項目を担当したW・クビチェックは、[14] それ以前にトリブスに関する二冊の書物を著しており、それらはそれぞれ、帝政の成立期にいたるまでのトリブスの歴史とローマ帝国のトリブス分配——どの都市・地域がどのトリブスに属したのか——を取り扱っている。[15] また、後にその大著『ローマ国法』においてトリブスにかなりの頁数を割くこととなるTh・モムゼンも[16]、すでに一八四四年にトリブスに関するモノグラフィを著しており[17]、トリブスに対して強い関心を抱いていたことが知られる。

なるほどこれらの諸研究は、いまなお基本文献としての価値を失ってはいない。しかしながらトリブス研究において金字塔のごとく聳え立ち、トリブス研究に際してまずは紐解くべき文献としての位置を占めているのは、なんといっても一九六〇年に出版されたL・R・テイラーの著作である[18]。大きく二部構成をとるこの著書は、その前半部で、各トリブスが設置された状況と共和政期においてどの都市・地域がどのトリブスに属したのかについて、それまでの研究の集大成といってよい考察を行った後、後半部では、いわゆるプロソポグラフィの手法を用いて元老院議員氏族の所属トリブスを明らかにし、その成果をもとに、共和政期の有力政治家にとってのトリブスの重要性、すなわち政治史的文脈でのトリブスの意義をさまざまな角度から考察したのであった。とりわけ後半部の成果などは、早くからプロソポグラフィ的研究が導入された古代ローマ史の分野においても先駆的な業績のひとつであり、これにより共和政期ローマの政治史上におけるトリブスの重要性が、一躍注目されるにいたったといえよう。

齢七〇を越えるテイラーによりものされたこのモノグラフィの研究史上における意味は、その先駆性にとどまらない。というのも、出版後すでに四〇年以上が経過しているにもかかわらず、その後テイラーの研究を越えるような包括的なトリブス研究がいまだ現れておらず、彼女の研究は共和政期のトリブスに関する最重要文献であり続けているからである。もちろん部分的な批判・修正はなされてはいるものの、これはいわば研究史が一九六〇年段階で停止しているといってよい状況であり、このことはわれわれの研究にとって二面的性格を持ってくる。

すなわち一方でそれは、最先端の研究状況を追いかけ、しかもその背後に控える膨大な研究史をも踏まえながら自己の研究を推進していかなければならないようなテーマとは異なり、このテイラーの研究との距離のとり方さえ注意していれば、研究史上の意義から大きく外れることなく自己の研究を展開していくことができることを意味する。実際のところ、以下の各章においても、参照点として常に立ち返っているのはテイラーの研究にほかならない。しかしながら他方でそれは、その後なぜテイラーの研究に取って代わるものが現れなかったのかを考えれば容易に察しがつくように、テイラーの研究はそれほど完成度が高いということであり、質量の両面で一九六〇年段階からそれほど進展しているとはいえない史料状況を考えるならば、かくも完成度の高い彼女の研究を越えるのは極めて難しいといえよう。

このような研究状況であれば、われわれに残された課題は自ずと明らかとなる。それは、予想される史料的制約の中で、テイラーの到達点を常に確認しながらその先へといかに歩を進めるかであろう。そのために本書ではとりわけ二つのことに力を注いだ。ひとつは、これまでの論の繰り返しとなるが、トリブスの政治的重要性をもたらしたようなトリブス内の内部構造をできうる限り明らかにしようとしたことである。もちろんテイラーもこの点を全く取り上げていないというわけではない。しかし史料的制約とおそらくそれ以上に、トリブス内に保護‐被護関係が存在したことはあまりにも自明と考えられていたため、テイラーの検討はトリブス深くの人的結合関係の実態にまで及んでいないのである。トリブスの内部構造の解明は、まさに最近の〈ゲルツァー理論〉批判の中で改めて浮上してきた課題といえよう。そこで本書では、史料中からほんのわずかの手掛かりであれそれを捉え、トリブス内で取り結ばれていたタテ・ヨコの人的結合関係の解明に努めたい(19)。

もうひとつは、テイラーがあまり論じなかった側面として、トリブスの社会的諸機能に注目した点である。より正確には、それ以前の制度史研究ですでに考察がなされていたので、テイラーは敢えてこの側面に十分な考察を及ぼさなかったといえようか。だがそのため、トリブスの社会的機能に関しては、さらに検討が必要と思われる見解が通説的な位置を占めているのであり、そのような理解ではトリブスの政治的意義の解明にも差障りが生じよう。また他方で、トリブスの内部構造を直接伝える史料が極めて少ない状況にあっては、この種の社会的諸機能の解明を通してトリブスの内部構造へと迫るのも、有効な方法だと思われるのである。

以上の二点に留意しながら冒頭での課題の解明に努めていきたいが、このような性格を持つ本書が、所詮、ティラーの「落穂拾い」にすぎないことは自覚している。しかし同時に、落穂拾いが落穂拾いなりの意義を持つであろうと信じてもいる。

初出一覧

本書はその大部分が、著者の既発表論文から成り立っている。ただしいずれも(一部では大幅な)加筆・修正を施し、原題を改めてある。また各論考は初出時の独立稿としての性格をとどめているとはいえ、各章の積み重ねのうえに、本書全体としてひとつの主張をなすことも意図した。

序　章　新　稿

第一章　「共和政期ローマにおける市民団の拡大とその編成原理――トリブス制の変遷を軸として――」『西洋史論集』〈北大〉四、二〇〇一年。

第二章　「ローマ共和政初期のトリブスの内部構造――「身分闘争」との関連で――」『北大史学』三五、一九九五年。

第三章　「ケントゥリア民会の改革とローマ共和政中期のトリブス」『古代文化』四七-二、一九九五年。

第四章　「選挙買収禁止法とローマ共和政末期の政治――A・W・リントットの近業にふれて――」『名古屋大学文学部研究論集』一一三、一九九二年、「ローマ共和政末期のトリブスと有力政治家――金銭分配係の検討を中心に――」『西洋古典学研究』四一、一九九三年。

第五章　「共和政期ローマにおける審判人とトリブス――トリブニ・アエラリィの再検討を中心に――」『西洋史論集』〈北大〉三、二〇〇〇年。

第六章　「古代ローマにおける都市トリブス再考――「トリブスから移す」とは何かを手がかりに――」『北海道大学文学研究科紀要』一〇八、二〇〇二年。

第七章　「都市トリブスとローマ市民団の周縁――解放奴隷・役者・非嫡出子――」『西洋史論集』〈北大〉六、二〇〇三年。

終章　新稿

註

*本章では、*L'année philologique* による雑誌略号以外にも、以下の略号を用いる。

CAH^2: *The Cambridge Ancient History*, 2nd ed., Cambridge 1982-.

RE: G. Wissowa/W. Kroll/K. Mittelhaus/K. Ziegler (eds.), *Paulys Real-Encyclopädie der classischen Altertumswissenschaft*, Stuttgart 1894-1980.

（1）以下、共和政期ローマの国制を論ずるにあたって基本となるのは、E・マイヤー／鈴木一州訳『ローマ人の国家と国家思想』岩波書店、一九七八年。新しいところでは、A. Lintott, *The Constitution of the Roman Republic*, Oxford 1999.

（2）古代アテナイに関しては、伊藤貞夫『古典期アテネの政治と社会』東京大学出版会、一九八二年参照。

（3）拙稿「共和政期ローマの社会・政治構造をめぐる最近の論争について――ミラーの問題提起（一九八四年）以降を中心に――」『史学雑誌』一〇六-八、一九九七年、六三―八六頁。

（4）M. Gelzer, *Die Nobilität der römischen Republik*, Leipzig 1912 (Stuttgart 1983).

（5）F. Millar, The Political Character of the Classical Roman Republic, 200-151 B.C., *JRS* 74, 1984, 1-19; Millar, Politics, Persuasion, and the People before the Social War (150-90 B.C.), *JRS* 76, 1986, 1-11; Millar, Political Power in Mid-Republican Rome: *Curia* or *Comitium*?, *JRS* 79, 1989, 138-150; Millar, Popular Politics at Rome in the Late Republic, in: I. Malkin/Z. W. Rubinsohn (eds.), *Leaders and Masses in the Roman World. Studies in Honor of Zvi Yavetz*, Leiden/

New York/Köln 1995, 91-113（以上の四論文は、その後の論文集、F. Millar, *The Roman Republic and the Augustan Revolution*, Chapel Hill/London 2002 にも収められている); Millar, *The Crowd in Rome in the Late Republic*, Ann Arbor 1998.

（6）P. A. Brunt, Clientela, in: Brunt, *The Fall of the Roman Republic and Related Essays*, Oxford 1988, 382-442.

（7）安井萠「共和政ローマの「ノビリタス支配」——その実体理解のための一試論——」『史学雑誌』一〇五-六、一九九六年、三八—六六頁。

（8）鷲田睦朗「ローマ共和政「最後の時期」における高位公職選挙——ケントゥリア民会の制度とその運用状況から——」『西洋史学』一九九、二〇〇〇年、四四—六〇頁。関連欧語文献としては、A. Yakobson, Petitio et Largitio: Popular Participation in the Centuriate Assembly of the Late Republic, *JRS* 82, 1992, 32-52; Yakobson, *Elections and Electioneering in Rome. A Study in the Political System of the Late Republic*, Stuttgart 1999 など。

（9）拙稿「雄弁家と民衆——帝国形成期ローマの政治文化——」『岩波講座世界歴史五　帝国と支配』岩波書店、一九九八年、二二一—二四三頁。

（10）R. Saller, *Personal Patronage under the Early Empire*, Cambridge 1982 [= Saller, *Personal Patronage*].

（11）島田誠「元首政期のパトロキニウム」長谷川博隆編『古典古代とパトロネジ』名古屋大学出版会、一九九二年、二一九—二三六頁、浦野聡「後期ローマ帝国における官職パトロネジ——「推薦」の法制化をめぐって——」同書、二三七—二七五頁、松本宣郎「ローマ帝政期のパトロネジ——支配構造解明の視角としての有効性——」同書、二七七—三〇〇頁など。

（12）R. Saller, Status and Patronage, in: *CAH*^{2} XI, Cambridge 2000, 848.

（13）Saller, *Personal Patronage*, 119-120.

（14）W. Kubitschek, *RE* VI-A-2, Stuttgart 1937, s.v. Tribus.

（15）J. W. Kubitschek, *De Romanarum tribuum origine ac propagatione*, Wien 1882; Kubitschek, *Imperium Romanum tributim discriptum*, Wien 1889 (Roma 1972).

（16）Th. Mommsen, *Römisches Staatsrecht* III, 3rd ed., Leipzig 1887-1888 (Graz 1969), 161-198.

（17）Th. Mommsen, *Die römischen Tribus in administrativer Beziehung*, Altona 1844.

（18）L. R. Taylor, *The Voting Districts of the Roman Republic. The Thirty-five Urban and Rural Tribes*, Roma 1960.

（19） なお本書では、サラー等にならい、古代ローマ人の用語法に左右される〈クリエンテラ（保護-被護関係）〉なる概念に代えて、〈パトロン関係（パトロネジ）〉という操作概念で共和政期ローマの人的関係を捉えていくことにする。ちなみに、〈パトロン関係〉の概念規定としては、(i)互酬的な関係、(ii)ある程度継続するパーソナルな関係、(iii)非対称的な上下の関係、それに加え、(iv)自発的な関係、といった要件が挙げられるのが一般的である。A. Wallace-Hadrill (ed.), *Patronage in Ancient Society*, London/New York 1989, 3.

第一章　ローマ市民団の拡大とトリブス

はじめに

古代ローマの歴史が人々を強く惹きつけてやまない理由は、まずなによりも、それが一都市国家に始まりながらもイタリア半島を征服し、ついには周知の「世界帝国」の建設へといたったという点に求められよう。事実、肯定的に捉えるにせよ否定的に捉えるにせよ、「なぜ、いかにしてそれが可能であったのか？」という問いは、古来、人々を魅了してきた。(1) もちろん現在のローマ史研究においても、ローマによる「帝国」の形成とその構造的特質を解明することは研究者の主要な問題関心であり続けている。(2)

ところで、古代ローマは前二七年のいわゆる「帝政」の成立、つまり皇帝の出現を待って初めて「帝国」の形成を成し遂げたのではない。その主たる海外領土はすでに共和政期のうちに獲得していた。この古代ローマによる帝国形成の過程において特徴的な現象は、それが軍事力を背景にした他国支配といった性格を持つと同時に、広く被征服民にローマ市民権を付与し、ローマ市民団自体の拡大といった性格を持った点にある。これはわが国においても弓削達氏の研究により、古代ギリシアのポリスとの対比で、「開放的市民権政策」としてよく知られている。(3) またこのこととの関連で、どのような過程を経て新市民がローマに融合・統合されたのかは、イタリアや諸属州の「ローマ化」の問題として、ローマ史研究における重要なテーマをなしてきた。(4) これはもちろん第一義的には、融合・統合される側の政治的・社会的・文化的さらには心理的要因をも含み込んだ複雑な過程であるが、同時にそのような新市民の受入れとそれに伴う市民団の拡大を可能とするような制度をどのような形で作り出したのかという、ローマ側の問題でもある。

そこでまず第一章では、この市民団の拡大に直面した共和政のローマがどのようにしてその課題を処理していったのかをトリブス制の変遷を軸に概観し、それをもとに、ローマ領およびローマ市民団の拡大においてトリブス制が果たした役割を明らかにしておきたい。なお、以下の作業のほとんどは先行研究の整理にとどまるとはいえ、トリブスの成立と発展についての基本的な情報をそこに盛り込むことにより、続く各章への導入部的な意味合いをも持たせたいと考えている。

一　「血縁的」トリブスとクリア制

後に「世界帝国」を建設したこととも密接にかかわって、古代ローマ人は、自らを民族的純潔性には拘らない開かれた民族であると自認していたが、まずは、このローマ人の「自画像」から見ていこう。

建国の起源をトロイアに求めている点は措くとして、ロムルスによる建国直後から、民族的混淆が生じたことをリウィウスは伝えている。まず興味深いのは、人口不足を懸念してアジール(避難所)を設定し、近隣の諸部族から広く避難民を募ったとされる点である。彼らの中には自由人のみならず奴隷もいたというから、建国の当初からローマ市民団はその一員として逃亡奴隷をも含み込んでいたことになる(Liv. 1. 8. 4-6)。その後、女性の不足を解消するために、ローマ人は有名な「サビニ女性の略奪」を行ったが、その結果、文字通りローマ人とサビニ人との混血が成立した。史料は、しばらくの間、ロムルスとサビニ人の王ティトゥス・タティウスとの共同統治が行われたと伝えている(Liv. 1. 9. 1-13. 8)。ちなみにサビニ人は、同じイタリキの中でもローマ人がその一派をなすラテン人とは異なり、オスク-ウンブリア方言群に属する部族であった。

また、敗者＝被征服民との混血についてのよい例は、なんといっても三代目の王トゥッルス・ホスティリウスの治世下に起こったとされる、ローマ人の故地アルバ・ロンガの併合であろう。ダヴィッドの絵で有名なホラティウス三兄弟とアルバ側のクリアティウス三兄弟との「一騎討ち」で知られるこの争いは、最終的には、ローマ側の勝利に終わった。その結果、アルバの住民はその都市を破壊されローマへと強制移住させられたが、彼らにはローマ市民権が与えられ、そのうち主だった人々は「父たち(元老院議員あるいはパトリキ貴族)」として受け入れられたという(Liv. 1. 30. 2)。この伝承によれば、以後、ローマ支配者層の一翼を担うこととなるこれら有力氏族のひとつには、かのカエサルの属するユリウス氏も含まれていた。(5)

これらに加え忘れてならないのは、エトルリア人の影響および彼らとローマ人の結びつきであろう。文献上伝えられる七名の王のうち、最後の三名は一般的にエトルリア系の王とされている。当時、はたして「エトルリア人支配」と呼べる状況が存在したのかどうかは疑わしいが、ローマ人がかつてエトルリア人の王を戴いていたのは確かである。王家タルクイニウスを含めてエトルリア人氏族が広くローマに居住し、彼らとローマ人との混血は少なくとも支配階層の間ではかなり進行していたものと思われる。たとえば、最後の王タルクイニウス・スペルブスの追放に主導的役割を演じローマ人の「解放者」とされるL・ブルトゥスは、母方においてはほかならぬスペルブス王の従兄弟にあたっていた(Liv. 1. 56. 7)。

このように原初期ローマにおいては、移住や戦争を通じて近隣諸部族との間に頻繁な交流がなされ、その中で移住者や敗北者に対して広くローマ市民権が付与されたことが伝えられている。わけても顕著なのは、早くから他国の有力者を自身の支配者層の一部として受け入れる、その「開放性」の高さであろう。前記の例のほかにも、前五〇四年にサビニ人のもとから一族郎党とともにローマへと逃れ、名門クラウディウス氏の礎を築いたとされるアッティウス・クラウススの例などが有名である。(6) もっともこれは、当時のローマに特有の現象だったわけではなく、前七―六世紀にかけての中部イタリア地方においては、とりわけ支配者層レヴェルでの水平方向の社会的移動がかなり広範に見られたことが指摘されている。(7)

さて、このようにローマで早くから開放的な市民権政策が採られていたことは、これまでも十分に強調されてきた。だが、市民団の編成原理という観点から眺めるならば、当初は「血縁的」に、あるいは少なくとも「擬似血縁的」に市民団が編成されていたかのように史料は伝えている。具体的には、三つの「血縁的」トリブスとその下部単位である三〇のクリアからなる編成がそれであるが、このような編成は少なくとも原理的には市民団を外へ向けて閉じたものにしたのではなかろうか。なるほどクリア制の時代を国家の成立以前の段階と捉え、次節で述べるような「セルウィウス改革」時に初めて市民団の成立を求める見解もある。(8) しかしながら、各クリアが参集するクリア民会やクリア全体の最高職である「大クリア長」(curio maximus)が存在したこと、また少なくとも軍事的には全体を統括する王がいたことから考えて、各クリアを越えた上位の権力がこの段階ですでに存在していたのは確実といえよう。さらにいえば、特定の政治的共同体(国家)に対して特定の権利と義務を有するメンバーシップの確立という観点からしても、クリア制という形で成員資格が確定されたことをもってローマ市民団の成立と考えることに大きな誤りはないように思われるのである。(9)

このような知見のもと、次にその三トリブス-三〇クリア制の具体的な編成について、史料が伝えるところを少し詳しく見ていこう。

最も整然とした形でこのトリブス-クリア制の編成を伝えているのは、ハリカルナッソスのディオニュシオスである。ディオニュシオスの記述によれば、すでにロムルス時代のローマ市民団は、(10) 三つのトリブス――ディオニュシオスは個々の名称を伝えていないが、一般的には、ティティエス(Tities)、ラムネス(Ramnes)、ルケレス(Luceres)と呼ばれている――に区分されており、それぞれのトリブスにはトリブヌスと呼ばれる指導者が置かれていた。また各々のトリブスはそれぞれさらに一〇のクリアに下位区分され、そこにはクリオ(クリア長)と呼ばれる指導者が置かれた。このようにして全体では三〇のクリアが存在し、すべての市民はそのいずれかに所属することになっていたという(Dion. Hal. 2. 7. 2-4)。

まず、このうちの三トリブス制について。J・プーセの整理によれば、この三トリブスの性格をめぐっては、これまでにおおよそ五つの解釈が提出されてきた。[11] すなわち、そこに民族的起源を見る「民族説」、「民族説」と一部重なりながらもそれら諸民族を特定の丘に対応させた「地縁説」、[12] それがいくつかの氏族-家族から成り立っていたとする「氏族説」、それが後代、具体的にはウァッロによる発明にすぎないとする「不在説」(la thèse nihiliste)、そしてそこにインド-ヨーロッパ語族に共通する三区分を読み取ろうとする比較神話学者G・デュメジルの有名な「機能主義理論」である。

このうち「民族説」は、すでに古代ローマ人の間でも広く見られた説明であり、それによれば、ティティエスはサビニ人のティトゥス・タティウスから、ラムネスはロムルスから、そしてルケレスはエトルリア人のルクモから名づけられたという(Varr. *Ling*. 5. 55)。[13] 共和政末期の知識人であるキケロなどもこの説を採用している(Cic. *Rep*. 2. 8. 14)。そしてこれをもとに、これら三トリブスがそれぞれサビニ人、ローマ人、エトルリア人からなる三つの民族集団を表すとする説が提出されているのである。[14] これは本章でも紹介した開放的市民権政策に対応し、その制度的裏づけともいうべき非常に興味深い解釈である。しかし、この三区分に三民族の混淆を読み取ろうとする説は、最近ではむしろ否定される傾向にある。[15] また、これと密接に関連している「地縁説」にしても、そもそも各トリブス=民族とフォルムを取り囲む丘との対応関係が十分に実証されているわけではない。[16] さらに、デュメジルの理論に対しては、プーセが詳細な批判を展開している。[17][18]

それに対しプーセ自身はどうかといえば、より古い伝承が伝えていたのは市民団の下部単位としてクリアしか存在せず、ティティエス、ラムネス、ルケレスが騎士ケントゥリアの名称にすぎなかった状態であるとし[19]、これら騎士ケントゥリアの名称を三トリブスの名称に変更したのは後代の「改良」ではないかと考えている[20]。明言はないが、先の分類に従えば、「不在説」に属するのであろう。詳細な史料批判に裏づけられたプーセの仮説は、なるほどありえないことはないようにも思われるが、そこまで懐疑的になる必要性があるのかどうか、この点についてはひとまず判断を留保しておきたい[21]。ともかくこれまでの検討を踏まえるならば、「氏族説」の当否も含め、成立当初のローマ市民団の編成を考えるうえで重要なのは、三トリブスというより、その下部単位をなしていたクリアの実態ということになるだろう。

さて、クリアについては、情報量の少なさという点ではトリブスとさほど変わらないものの、それが共和政末期から帝政成立期にいたってもなお残存し、しかもそれなりに機能していたのは確かである。ただし、オウィディウスの記述をもとにすれば、自己の所属するクリアがどこであるのかがわからないローマ人が、すでにアウグストゥス時代には多数に上っていたことが窺われる(Ovid. *Fast*. 2. 531-532)。

まず三〇クリアの名称に関して、いくつかの史料はそれが略奪されたサビニ女性にちなんで名づけられたと指摘している(Liv. 1. 13. 6-7; Cic. *Rep*. 2. 8. 14)。しかしディオニュシオスによれば、ウァッロはこのような伝承を誤りとし、クリアの名は、かの事件以前に、クリアの指導者やパグス(村)の名にちなんで名づけられたと解釈しているという(Dion. Hal. 2. 47. 3-4)[22]。実際のところ、一般的には七―八個が確実なものとされているクリア名のうち[23]、四つのみが氏族ないし民族名由来(Acculeia, Faucia, Titia, Velitia)とされ、二つは地名由来とされている(Foriensis, Veliensis)[24]。つまり、すべてが氏族名由来を伝えているわけではない。さらにいえば、残る二つの由来不明のクリアには、Rapta すなわち「略奪された」という意味のクリアも含まれているが、このクリア名をもとに先の起源譚そのものが形作られたのではないかとする推定も[25]、あながち的外れとはいえない。

名称の問題はともかく、本節にとってより重要なのは、クリアの構成ないしその内部構造である。「クリアがいったい何であるのかがわかれば、原初期ローマの諸制度がどのように動いていたのかがわかる」とA・モミリアーノが断言したように、[26]クリアの解明は、成立期のローマ国家を考察する際のポイントとされ、これまでにさまざまな解釈が提出されてきた。さまざまな説が出されてきたということは、この肝腎な点について確定的な答えが出されていないということでもある。そこで本節では、現在の史料状況を踏まえて考えるとき、最も無理なくかつ穏当な判断を示していると思われるモミリアーノ／コーネルの見解をもとに以下のように捉えておきたい。

クリアの構成を考えるうえで唯一の手掛かりともいってよい史料は、ラエリウス・フェリクスの定義を伝えるゲッリウスの記述である(Gell. *NA.* 15. 27. 5)。この有名な記述によれば、「財産評価と年齢をもとに」(ex censu et aetate)投票が行われるとき、それはケントゥリア民会であり、「地域と居住地(?)をもとに」(ex regionibus et locis)投票が行われるとき、それはトリブス民会であった。それに対して、「人々のgenusをもとに」(ex generibus hominum)投票が行われれば、それはクリア民会であったという。問題は、「種類」「出自」といった意味に始まり、人間集団を指す場合でも、「家族」から「種族」「民族」まで実に幅広い範囲をカヴァーする語であるgenusが、ここではいったい何を意味するかである。

genusをgens(氏族)の同義語とするか、あるいはそうでなくともそれがなんらかの親族集団を指すとして、クリアへの所属はそれを構成する各氏族あるいは各家族への所属により条件づけられていたとする説がかつては有力であった。[27]それに対してR・E・A・パーマーは、他の史料におけるgenusの用例をもとに、それが「○○人」にあたるような共同体の成員を表す概念であり、具体的には原初期ローマの近隣に存在し次第にローマに併合されていった諸村落の構成員を意味していると主張した。パーマーによれば、ローマに隣接する共同体が、(i)移住、(ii)同盟(条約締結)、(iii)被征服の結果、漸次ローマへと併合されていったことを反映する制度がクリア制であり、このような併合に合わせて、クリアの数も増えていった。パラティヌス丘に参集する七クリア時代に始まり、セルウィウス王時代には二七クリア、そして前四九五年にいたって初めて三〇クリアになったという(28)。

しかしながらT・J・コーネルも指摘するように(29)、たとえ語義的にはgenusをgensと同一視することができないとしても、それが「人々の種類」(kinds of men)といった一般的なカテゴリーを意味していたと考えるならば、ここでの具体的な意味内容を「出自」や「生まれ」をもとにした「人々の種類」と解する可能性は残されている。つまり、個々のクリアがいくつかの氏族-家族集団からなり、各ローマ市民はそれらの氏族-家族のいずれかに生を受けて初めて当該クリアへの所属も認められたとする解釈は、依然、有効といえようか。とすれば、このような「血縁的」原理に基づいたクリア制は、論理的に考えて、いったんその総数が固定されてしまえば、つまりクリア数が新市民の追加に合わせて常に増加していくのでない限り、それ以上の成員の受入れを困難ならしめる閉鎖的な組織であったということになろう。

ただし「血縁的」という性格に関しては、なお留意すべき事柄がある。それは、クリアなる語が人間集団ばかりではなく人々の集合する建物をも指示し、各クリアがそれぞれの集合場所を持っていたことや、クリアの名称が都市内の一定の地区に関連していることをもとに判断すれば、それが「地域的(地縁的)」区分としての性格をも併せ持っていた可能性があることである。そこでコーネルは、クリアが作られた時点で、特定の地区に住んでいた諸家族が各クリアを形成すべく一集団をなしたのではないかとし、「血縁的」原理と「地縁的」原理の重なりを示唆している(30)。

これらの諸点について、これ以上の推論をめぐらすことは差し控えたいが、パーマーの批判にもかかわらず、従来から指摘されてきたように、トリブス-クリア制による市民団の編成は、基本的には「血縁的」原理によるそれと捉えてよいこと、そしてそのような原理による市民団の編成は、原則的には外へ向けて排他的となる傾向があったことをひとまず確認しておきたい。

二　セルウィウス王による「地縁的」トリブス

三トリブス‐三〇クリアからなる市民団の編成に大きな変更が生じたのは、ローマ六代目の王セルウィウス・トゥッリウスの時代であったと諸史料は伝える。いわゆる「セルウィウス改革」の一環をなすこのトリブスの改変に関しては、史料の少なさとそれにもかかわらずそれが有する国制史上の重要さとが相俟って、これまでにさまざまな学説が提出されてきた[31]。現在の史料状況を考えるならば、いずれの解釈も所詮ひとつの仮説としての域を出るものではないが、それでもトリブスを問題とする以上、「セルウィウス改革」を避けて通ることはできない。そこで本節では、先行研究の検討をもとにしながら、セルウィウス王によるトリブス改革の実態とその意義について現時点での判断をひとまず示しておくことにしたい[32]。

史料が共通して伝えるのは、セルウィウス王がこれまでの三トリブス制に代えて(ただし廃止されたわけではない)、スブラナ区、エスクイリナ区、コッリナ区、パラティナ区からなる四つの「都市トリブス」を設置したという点である(Liv. 1. 43. 13; Dion. Hal. 4. 14. 1-4; Fest. 506L; [Victor] *Vir. ill.* 7)。それに対して、農村部がどのように区分されたのかを、唯一詳しく伝えているのはハリカルナッソスのディオニュシオスであるが、そのディオニュシオスの記述からは、彼が執筆したアウグストゥス時代において、当初の農村トリブスの実態がすでに不明瞭になっていたことが窺われる。ディオニュシオスによれば、ファビウス・ピクトルは、農村部が二六の「部分」に分けられたとし、それをトリブスとも呼んでいる。他方ウェンノニウス(前二世紀後半の年代記作家か?)は、三一トリブスとする。それに対して、これら両名より信頼に値するカトは[33]、その数について特定していないという(Dion. Hal. 4. 15. 1-6)[34]。たしかにE・

ガッバが指摘するように[35]、これら諸説の紹介の仕方からは、その直前の箇所において都市の四トリブスのみが設置されたかのような理解を示しながらも、農村部の分割をも伝える諸史料に直面したディオニュシオスの当惑が読み取れる。ディオニュシオス自身は、都市部は「トリブス」(phyle)、農村部は「パグス」(pagos)に分割されたと理解して辻褄を合わせているが、われわれはここから農村部のどのような姿を読み取ればよいのだろうか。

まず、ディオニュシオスの記述をそのままに受け取るとすれば、「血縁的」三トリブスに代えてこのとき設置されたのは、都市の四トリブスだけであり、一方、農村部はいくつかのパグスに分割されたということになる。とすれば、なぜトリブスとパグスという二種類の単位が採用されたのかが問題となってこよう。ディオニュシオスによれば、両者の目的はともに、徴兵および戦時特別税の徴収のためにそこに居住する住民数を正確に把握することにあった。ひとつ考えられるのは、同じく「地縁的」原理によりながらも、農村部については、すでに存在していた自然村に近いパグスを利用してひとまず編成替えがなされ、その後、それらをいくつか合わせてひとつの農村トリブスが作られた可能性である[36]。事実、農村トリブスのうちのひとつであるレモニア区が、先行するパグスからその名称を引き継いだことがわかっているし(Fest. 102L. cf. Pap. Oxyr. 17 (1927). 2088)、またおそらくは先行するパグスの合併によりできた「セプテム・パギ(七つ村)」(septem pagi)と呼ばれた地域に、後のロミリア区が作られたのではないかとの推定もなされている[37]。しかしながら、もしもセルウィウス王の改革が農村部にまで及んだと考えるのならば、トリブスもパグスも同じ機能を持っていただけに、このようなパグスを合併した形での農村トリブスの設置もこのとき一気呵成になされたと考える方がむしろ自然ではなかろうか。

そこで、リウィウスが農村トリブスにふれていないのを大きな根拠に、このときの改革が農村部にまでは及ばず、都市トリブスの設置のみに限られたとする有力な説が存在する[38]。この説にほぼ共通して見られるのは、セルウィウス王の目的が氏族勢力への対抗上、新参の自由民を都市トリブスという形で組織化することにあり、それゆえ氏族の権力基盤であった農村部には手がつけられなかったとする理解である。少し極端にいうならばこれは、当時のローマに、都市を基盤とし中央集権化による自らの権限強化をもくろむ王権と、農村部を支配し自立・遠心化を目指す氏族勢力との「二元的体制」を見ようとする立場といえよう。[39]そこで次に、このような見解の当否を検討していきたいが、その際、鍵となるのはセルウィウス王の改革意図である。史料の少なさ、および改革の意図や目的といった対象本来の性格からして、それを明確な形でひとつに絞り込んでいくのに無理が伴うことは十分承知している。しかしここでは改革の内容から推し測り、セルウィウス改革の主たる目的を以下のように捉えておきたい。

H・ラーストの卓見を発展させた平田隆一氏の研究によれば、[40][41]当時のローマには、前節で述べたようなクリア組織から排除された自由人が相当数いた。それは具体的には、(i)土地を失いクリア籍を離れた人々、(ii)有力者の被護民となった敗戦共同体の住民、(iii)主にエトルリア人からなる新来の商工業者からなっていた。そしてこれらローマ領に住みながらもいまだクリア組織には編成されていない全自由民を市民団に繰り入れるための制度が、新トリブスだったのである。その際、旧来の三トリブスが少なくとも理念的には「血縁的」原理によって構成されていたのに対して、新トリブスは「地縁的」原理による構成をとっていた。より正確にいうならば、従来のように「生まれ」「出自」によるのではなく、その「居住地」あるいは「土地財産の所在地」をもとにローマ市民団に編入されることがいまや可能となったのである。

このような改革の背景が何であったのかは、いくつかの先行研究も注目してきたように、[42]同じくセルウィウス王によってなされたとされるケントゥリア制の設立[43]を考え合わせるならば明白となる。周知のごとく、共和政期を通じての根幹的な軍事-政治組織であるケントゥリア制は、まず所有財産に基づいて市民団を下位区分し、その区分に応じて、各市民に軍事的義務を課すと同時に民会における異なったウェイトの投票権を与えていた。いわゆる「財産政治」である。軍事的に見てこのケントゥリア制は、いまや「地縁的」原理による新市民の編入により従来のクリア制が機能しなくなったのに伴い、それに代わるより合理的な軍隊編成の方法を提供したものと思われる。また有力者に従属していた富裕な被護民などからは、政治的台頭のチャンスと引き換えにこれまで以上の軍事力を引き出す効果を持ったかもしれない。(44)

このような考察からは、トリブス改革とケントゥリア制の設立とが非常に密接に関連し合いながら、セルウィウス王の改革を成り立たせていた事実が明らかとなる。すなわち、前者は市民団の拡大とより包括的なその把握を可能とし、後者は拡大された市民団のより効果的な軍事利用（そしてそれと表裏の関係にある政治的編成）を可能としていたのである。とすれば、トリブス改革の主たる目的は、市民団の拡大による軍事力の増強に求められることになろう。

トリブス改革がもしこのような目的を第一義的に持っていたとするならば、この改革が氏族の権力基盤であった農村部にまで及ぶことはなかったとする先の見解はその妥当性を失う。というのも、たとえ当時のローマに王権と氏族権力との「二元的体制」が存在したとしても、王側の施策をすべてこの対立の図式の中で理解する必要性はなく、共同行為による軍事的征服と防衛は、有力氏族側にも等しく痛感された課題であったに違いないと思われるからである。(45)つまり、「地縁的」原理による市民団の編成は、それまでクリア組織を基盤としていた有力氏族にとっても、一般的に考えられているほど不都合な制度ではなかったということになる。思うに従来の有力説は、その狙いが「有力貴族の地盤の分断にあった」と考えられているアテナイのクレイステネス改革に、(46)あまりにも類似を求めすぎてきた。(47)実際のところ、よく知られるクラウディア区の例などからすれば、そこに一族と被護民の土地を所有していたクラウディウス氏が、農村部の「地縁的」編成により従来の権力基盤をそれほど掘り崩される結果になったとは思われないのである。(48)

以上のような検討を踏まえてセルウィウス改革時の農村部という問題に立ち返るならば、そこにはセルウィウスの改革が及ばず四つの都市トリブスのみが設置されたと考えたり、あるいはひとまずパグス単位の編成がなされ、後にそれがいくつか併合されて農村トリブスとなったと考えたりするより、やはりトリブスの設置という形での農村部の編成替えもこのとき同時になされたと考えるのが妥当ではなかろうか。

そこで次なる課題となるのは、セルウィウス改革の当初、はたしていくつの農村トリブスが作り出されたのかという従来からの難問である。

まず、大枠として確認しておきたいのは、前四九五年についてのリウィウスの記述、すなわち「ローマでは二一トリブスが作られた」(Liv. 2. 21. 7)をもとに判断するなら、遅くとも前四九五年までには一七の農村トリブスが設置済みであり、トリブス数は全体で二一になっていたという点である。だがこのような理解に対しては、前四九五年段階でのトリブス数は二一ではなく、一七農村トリブスのうちのいくつかは前五世紀の後半にわたっても新設され続けたとするA・アルフェルディの批判が存在する。[49] なるほど、「二一」という数字の校訂には古くから批判が寄せられており、[50] そのような補読の根拠となっているリウィウスの『梗概』(Liv. *Per.* 2)やディオニュシオスの記述(Dion. Hal. 7. 64. 6)には混乱も見られる。しかしながら、当時のローマ領を極端に低く見積もるアルフェルディ説自体に対しても、かなり厳しい批判がなされている。[51] たとえば、トリブスの設置時期を引き下げるにあたって大きな論拠となっている、ローマによるティベリス河右岸領有の時期については、それを必ずしも十二表法(前四五〇年)以降とする必然性はないし、[52] また、クルストゥミナ区設置の下限をフィデナエ陥落(前四二六年)後とする必然性もない。[53] さらに、アルフェルディ説を支持する研究者の中には、氏族名を冠したトリブスの設置を当該氏族が執政官であった年と関連づける説が見られるが、[54] クラウディア区が設置されたと考えられる前四九五年にAp・クラウディウスが執政官となっていること以外、執政官職とトリブス設置とのそのような対応関係を示唆する史料はなく、このクラウディア区の設置にしても、本書第二章で詳述するように史料が指摘するのはむしろ氏族の所領との関連である。

以上の理由から、アルフェルディ説の論拠が、リウィウスその他の史料を退けるに十分説得的であるとは思われず、それゆえ、前四九五年段階でのトリブス数を二一とする判断がより妥当であると私は考えている。[55]ちなみにここで、前四九五年までに設置されていた一七の農村トリブスを列挙しておけば、アエミリア区、カミリア区、クラウディア区、クルストゥミナ区、コルネリア区、ファビア区、ガレリア区、ホラティア区、レモニア区、メネニア区、パピリア区、ポッリア区、プピニア区、ロミリア区、セルギア区、ウォルティニア区、ウォトゥリア区となる。

さて、これら一七農村トリブスのうち、前四九九年に占領された都市クルストゥメリウムに由来するクルストゥミナ区と(Liv. 2. 19. 2; Fest. 48L)、一般的には前五〇四年にローマへと移住したとされるクラウディウス氏に由来するクラウディア区に関しては、それらが共和政期に入ってから作られたとする説、さらにいえば前四九五年に設置されたのがほかならぬこれら二トリブスであったとする説が有力である。[56]他方、クルストゥミナ区を除く一六トリブスに関しては従来、それらがすべて氏族名に由来するとされてきた。しかし先のアルフェルディの批判以来、それらのうち、氏族名由来が明らかな一〇トリブス(アエミリア区、クラウディア区、コルネリア区、ファビア区、ホラティア区、メネニア区、パピリア区、ロミリア区、セルギア区、ウォトゥリア区)以外の、カミリア区、ガレリア区、レモニア区、ポッリア区、プピニア区、ウォルティニア区を地名由来とする説が出され、またこれとの関連で、ガレリア区を除く地名由来の五トリブスが「都市トリブス」に隣接しており、それらこそがセルウィウス時代にまで遡るより古いトリブスではなかったかとする推測がなされている。[57]

このような見解は近年におけるいわば有力説の位置を占めてきたが、最近出されたコーネルの研究は、この有力説に対して疑問を投げかけ、先述の六トリブスを記録上から消え去った氏族とする旧説を擁護するにいたった。[58]コーネルがまず論拠とするのは、現存する史料の少なさとその残り方の偶然性という点である。たとえば、氏族名由来のロミリア区も、もしも記録に残された唯一のパトリキ貴族である前四五五年の執政官T・ロミリウス・ロクスがなんらかの理由で政治的成功をおさめていなかったならば、後世、地名由来のトリブスに分類されていたであろうとする。

同じような事態が地名由来とされる六トリブスに生じている可能性が高いということである。ちなみに六トリブスの名称は、氏族名としても十分不自然ではない名称であり、実際のところ、ガレリア区に対応するガレリウス氏は、後六八年の執政官として、また、他のトリブスに対応するカミリウス氏、ポッリウス氏、プピニウス氏、ウォルティニウス氏も碑文等の帝政期の史料に姿を現す氏族名であるという。(59)

他方で、コーネルによれば、いくつかの農村トリブスが地名由来であることを示す確定的な証拠は、実は存在しない。たとえば、中世以降に見られる Rio Galera や Santa Maria in Galeria といった名称は、ガレリア区が地名由来であることを表すのでなく、その逆にそれらの地名がトリブス名からとられたことを表すにすぎない。同様の批判は、レモニア区やプピニア区が地名由来であることの決定的な証拠のごとく挙げられるフェストゥスの記述に対してもあてはまるという(Fest. 102L; 264-265L)。フェストゥスの史料価値に対するコーネルの批判については判断を留保したいが、コーネルの批判とは別に、レモニア区の由来とされるパグス・レモニウス(pagus Lemonius)や、プピニア区の由来とされるアゲル・プピニウス(ager Pupinius)といった地名自体が、その地方とかかわっていた(おそらくそこに土地を所有していた)氏族名から来ている可能性、すなわち氏族名→地名→トリブス名といった経過も考えられるのではないか。(60)

以上のコーネル説は私にはかなり説得的なように、あるいは少なくとも不都合ではないように思われる。(61)かくして議論は振り出しに戻され、地名由来とされる五トリブスをより古いトリブスとすることはできなくなったといえよう。(62)また各トリブスの位置関係も、トリブス名の由来とは別個に、それを設置時期の論拠とできるほど確定的となっているわけではない。たとえば図1は、テイラー説をもとにした農村トリブスの位置関係として『ケンブリッジ古代史』(新版)に掲載されている図であるが、そこでは地名由来とされる農村トリブスのうち、カミリア区やプピニア区などは、都市トリブスに隣接した位置を与えられてはいないのである。結論的には、クルストゥミナ区とクラウディア区

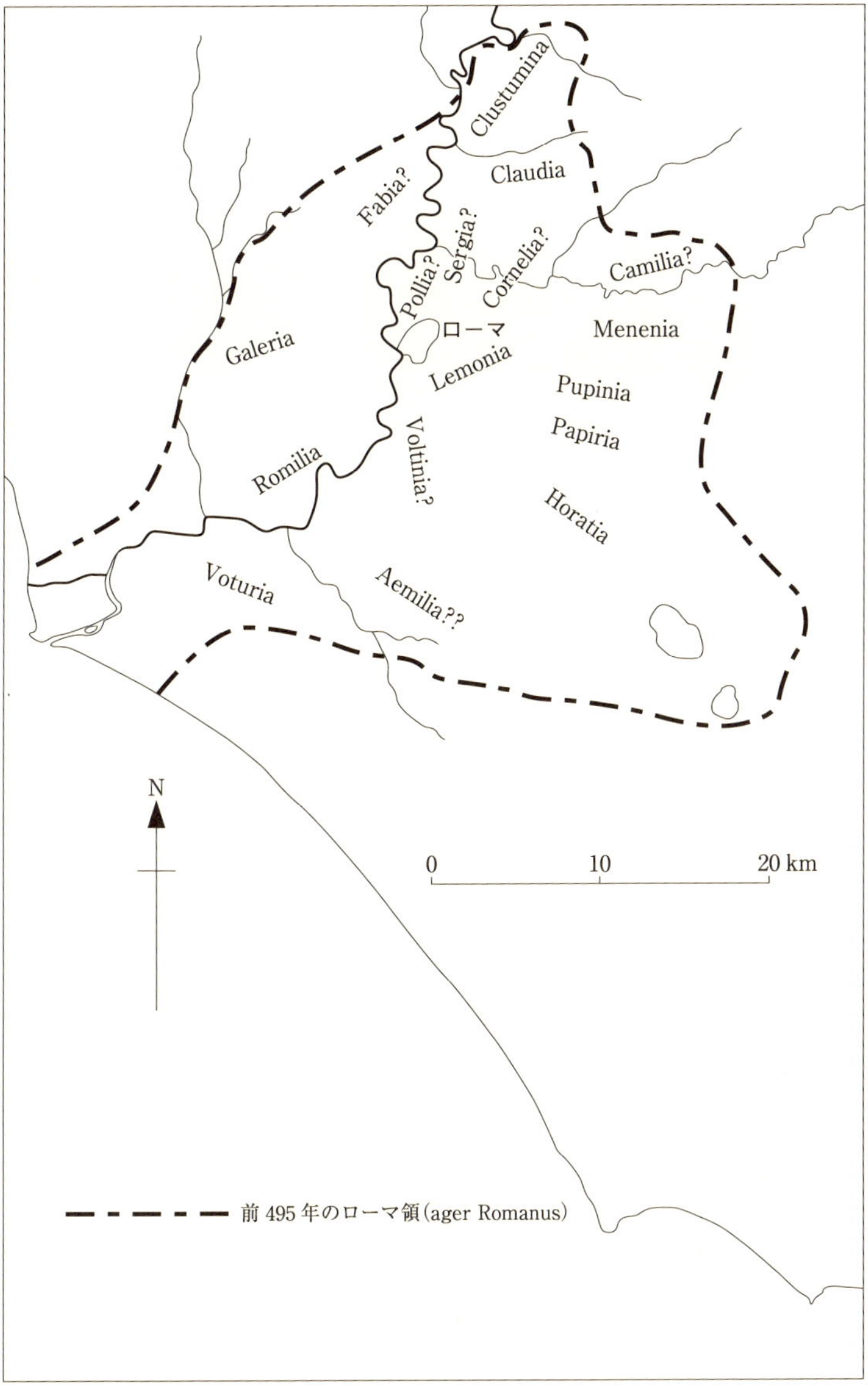

図 1　前 495 年のローマ領と初期トリブス

The Cambridge Ancient History VII-2, 2nd ed., Cambridge 1989, 254 より。

を除く残りの一五の農村トリブスは、セルウィウス改革から前四九五年までのいずれかの時期に設置されたのであり、それらがすべてセルウィウス改革時に設置された可能性も排除されてはいないとするにとどめておきたい(63)。

とまれ、セルウィウス改革により確立された「地縁的」原理による市民団の編成は、それまでの「血縁的」トリブスに比べ、各トリブスの拡張やトリブス数自体の増加により、論理的にはどこまでも市民団の拡大に対応できるシステムであった。また実際、この制度は共和政期を越えて維持され、市民団の拡大に実践的にも対応していくのであるが、次節では、共和政期におけるローマ領とローマ市民団拡大の過程を具体的に追いながら、「地縁的」トリブス制が果たした役割について、いくつか論点を絞り込みながら考えていくことにしよう。

三　共和政期におけるローマ領の拡大とトリブス

セルウィウス王時代に作り出された「地縁的」トリブスが、前四九五年までに、都市四、農村一七の合計二一トリブスとなっていたことは前節で論じた。しかしその間、ローマ領およびローマ市民団の拡大とそれらトリブスの増加とがどのように関連していたのかについては、クラウディア区とクルストゥミナ区の事例を除き、あまりよくわかっていない。それに対して、前三八七年ウェイィとの戦争後に設置された四トリブス以降の一四農村トリブスについては、ローマ領の拡大とトリブス新設との対応がわずかなりとも史料から読み取れる。ローマ史上トリブスが注目されてきたのは、まずもってこのようなローマ領拡大との関連においてであり、従来、文献史料や帝政期の碑文史料を駆使して、どの地域がどのトリブスに割り当てられたのかを解明することが、トリブス研究のひとつの中心をなしてきた(64)。いまもって当初の設置箇所が確定していないトリブスもいくつかあるが、本節はこの点に関して新たな考察を加えるのではなく、L・R・テイラーの研究に全面的に依拠しながら[65]、それを前提にさらにその先へと議論を進めるという方法を採りたい。

前三八七年以降に設置された一四農村トリブスとその設置年を列挙しておけば、以下のようになる。

前三八七年：ステッラティナ区、トロメンティナ区、サバティナ区、アルネンシス区
前三五八年：ポンプティナ区、プブリリア区
前三三二年：マエキア区、スカプティア区
前三一八年：オウフェンティナ区、ファレルナ区
前二九九年：アニエンシス区、テレティナ区
前二四一年：クイリナ区、ウェリナ区

またテイラー説をもとにした設置地域は、図２のごとくである[66]。

これら一四農村トリブスの設置がローマ市民団の拡大過程においてどのような意味を持っていたのか、以下、互いに関連する三つの論点から考えていこう。

１　ローマ領の非連続的拡大

まずは、トリブス設置の単純なクロノロジーによって明らかとなる事実から始めよう。それは、すでにテイラーやA・N・シャーウィン＝ホワイトにより注目されているように[67]、トリブス新設の時点で何度か、ローマ領が「他国」により分断され領域的連続性を欠く状態が出現していることである。

具体的に見ていくならば、前三五八年、ポンプティヌス地方にポンプティナ区が設置された際、本来のローマ領と

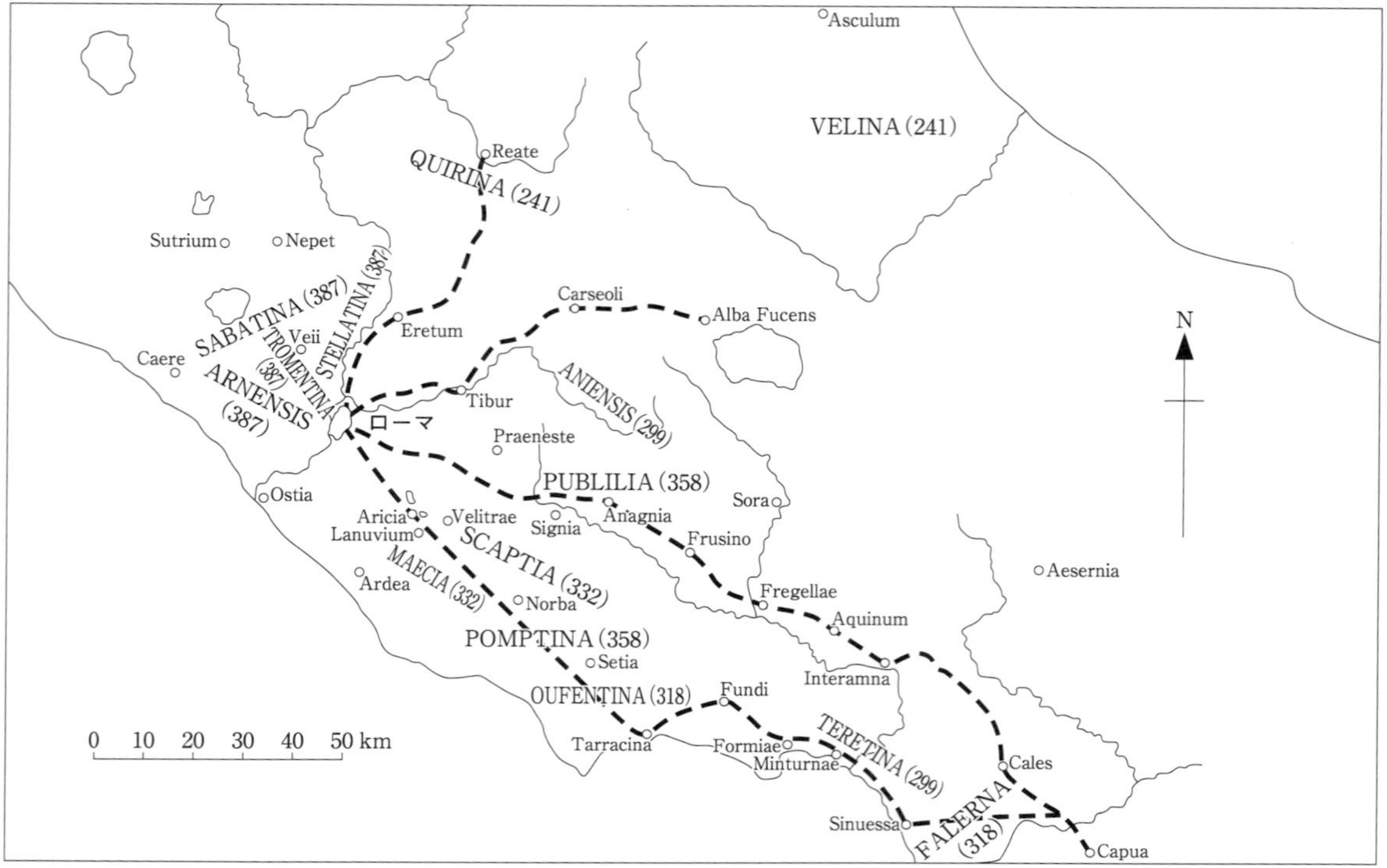

図2　前387-241年：農村トリブスの発展

The Cambridge Ancient History VII-2, 2nd ed., Cambridge 1989, 404より。

の間にアリキア、ラヌウィウム、アルデア等のラテン人諸都市が介在していたこのトリブスは、おそらく本来のローマ領と分断されていた。また同じ年に設置されたプブリリア区は、従来K・J・ベーロッホの説に従ってポンプティナ区の南に位置づけられるのが一般的であったが、[68]テイラーの解釈によれば、このトリブスは、後にそこに編入される都市アナグニアを中心としたヘルニキ人の土地に作られたという。[69]とすれば、プブリリア区もプラエネステの介在により本来のローマ領から、他方ではおそらくラテン植民市のシグニア、ノルバの介在によりポンプティナ区からも分断されていた可能性が高い。そしてこの状態が解消されたのは、前三三八年にラテン戦争が終結し、前三三二年にマエキア区、スカプティア区の二トリブスが新設された時点であったと思われる。[70]

続く前三一八年の二トリブスの新設に関しても、シャーウィン＝ホワイトは本来のローマ領から分断された状態を想定している。[71]シャーウィン＝ホワイトによれば、プリウェルヌムの地に作られたオウフェンティナ区は、ラテン植民市セティアの介在によりポンプティナ区からは分断されていた。またはるか南方のカンパニア人の土地に作られたファレルナ区にいたっては、本来のローマ領から距離的にいってもかなり隔たった孤立したトリブスであったという。たしかに、介在するアウルンキ人の土地がローマ領となったのが前三一四年以降であるとすれば、[72]前三一八年当時、ファレルナ区はそのような状態にあったといえよう。さらに前二九九年、アニオ河の上流に作られたアニエンシス区についても、シャーウィン＝ホワイトはラテン都市ティブルの介在により本来のローマ領からは分断されていたと考えている。

このように、征服地が単なる公有地として残されていた段階はいうに及ばず、各市民にその公有地が分配されトリブスへと編成された状態のローマ領を考えた場合でも、おそらく三つに分断されていた前三五八年をはじめ、その領域拡大に伴うトリブス新設の時点でローマ領はいくつかの「飛び地」を抱え、領域的な連続性を欠いていた可能性が高いのである。

もっともこのことは、近代国民国家と対比するならともかく、歴史的に見た場合には、さほど特殊な事例ではないのかもしれない。たとえば中世から近世にかけて出現した王領や諸侯領が複数の分断された領域からモザイク上に構成されていたことはよく知られている。しかしながら、主に「都市国家」からなる当時のイタリアや古代ギリシア世界においてこの事実を眺めるならば、後の「帝国」の形成ともかかわって、やはりこれは古代ローマの際立った特徴をなしている。なるほど古代ギリシアに関しても、すでに伊藤貞夫氏によって、「ポリスにとって本質的に重要なのは構成員たる市民の人的結合であって、領域は第二義的な意味しかもたなかった」とする、「ポリスの非領域性」の指摘がなされている。[73] しかし同じく伊藤氏によれば、このことは、ポリス相互の間に領域拡大を目的とする大規模な戦いがほとんど行われなかったという事実に行き着くという。とすれば、同じく国家の「領域性」に拘りを持たなかったとはいえ、ローマの辿った歩みはポリスのそれとまさに正反対であった。[74]

この「非領域性」という論点を、トリブスという視角から眺めてみるならばどうなるのであろうか。

前四〇六年から前三九六年にかけての第三次ウェイィ戦争の結果、ウェイィ領等の没収によりローマ領は著しく拡大し、一般的にはその面積が一・五倍になったとされている。[75] そこで、史料には直截に記されていないものの、前四九五年以来続いてきた〈二一トリブス体制〉のもとで、この著しく拡大したローマ領をどのように編成するかに関しては、支配者層の間で意見の対立が見られたに違いない(詳しくは、本書第二章註(67)参照)。結果として採用されたのは、前三八七年における四トリブスの新設であった。従来の研究は、既存トリブスの拡大とトリブス新設との相違を取り立てて問題とはしないが、これにより、拡大した領域を既存トリブスの拡張ばかりではなくトリブスの新設でカヴァーするという新しい方針が確立されたといえよう。

他方、前三五八年のトリブス新設の過程では、前三八七年のそれとはさらに異なり、他国により分断され「飛び地」となっているローマ領をどのように編成するかという課題が生じてきたように思われる。ポンプティナ区の土地はすでに前三八九年にローマ領となっており、公有地のまま残されたこの土地はパトリキ貴族と平民＝護民官との激しい争いの対象となっていた(Liv. 6. 5. 1-4; 6. 6. 1; 6. 21. 4)。しかし、単に「身分闘争」の文脈や、[76]ウォルスキ人の頑強な抵抗、[77]あるいはローマ領により挟撃される形となるラテン人の警戒心[78]という観点からだけではなく、ローマ領の編成という観点からもこの三〇年にわたるタイム・ラグを考えておく必要性がある。すなわち、たとえ本来のローマ領からは分断され飛び地状態となった土地であろうともトリブスの新設でもって対処するという方針が、およそ三〇年の逡巡の末、確立されたのではないか。もちろんその際、「他国」とはいえ、その構成員の多くがかつてのローマ市民(とその子孫)からなっていたと思われるラテン植民市のセティアやノルバが、あたかもこのトリブスを護るかのように位置していたという事実は、大きな意味を持っていたに違いない。

以上のようにウェイィの征服後から前三五八年にかけての動きを、ローマ領の拡大に伴いその再編という課題に直面したローマ人の模索と選択の過程と捉えるならば、まさにトリブスという制度の存在とその適用が、非連続的ローマ領の出現をもたらした鍵であったように思われる。拡大された領域はたとえ本来のローマ領とは分断されていたとしても、個々に関してはトリブスとして領域的なまとまりを保持していた。しかもそのようにして新設されたトリブスは、既存のトリブスと対等の資格でローマ国家の下部単位とされ、トリブス民会(平民会)においては既存トリブス同様に一票を投ずることができたのである。誤解を恐れずにいえば、このような条件のもとでのトリブスの新設＝追加は、あたかも〈連邦構成員〉の追加のような様相を帯び、追加されるトリブスと従来の領域との地理的な連続性は、さほど考慮される必要性がなくなったのではなかろうか。

2　新市民の「融合」とトリブス

古代ローマ人が「開放的市民権政策」によって比較的寛大にその市民権を付与したとはいえ、もちろんそれによりなんの障害もなく新しいローマ市民が生み出されたわけではない。そこからは当然、新市民のローマへの統合・融合という課題が生じてくる。ほとんどの場合、かつて独立の都市国家をなしていた人々がいまや敗者となり新市民として受け入れられたのであってみれば、この課題はひときわ大きなものであったと想像される。従来、このこととの関連で注目されてきたのは、ラテン植民市やローマ市民権植民市などの「植民市」の役割である。領域的拡大に伴って軍事的・経済的要衝の地に次々と作られていったこれら植民市は、当該地域防衛の任を果たすとともに、そこでの「ローマ化」にも一役買っていたと考えられてきたのである。(79)

個々の植民市に即して見れば、植民市の建設に際し、少なくとも旧住民の一部が当該植民市の植民者として受け入れられたことや、(80) あるいは「二重共同体」という形で従来の住民と移住した住民とが並存・共存していたことなどが想定されている。(81) たとえばわが国における研究としては、片岡輝夫氏が植民市アンティウム建設の際に、原住アンティウム人の上層がそこに受け入れられたのではないかと推定しているし、(82) また岩井経男氏は、前八〇年のスッラによる植民後のポンペイの実態として、旧住民と植民者との「二重共同体」を想定している。(83) 後者のような「二重共同体」にしても、当初は文字通りの並存状態で両者の間に摩擦・軋轢が生じたことであろうが、時間の経過とともにいずれ一体化がなされていったと予想されるのである。

植民市において想定されたこのような事態をトリブスという枠組みにもあてはめ、新市民の「融合」(fusion)という論点を強調したのがM・アンベールの研究である。(84) 前節で見たように、「血縁的」トリブスに代えて「地縁的」共同体として編成し直されたトリブスが、まさにその「地縁的」共同体としての機能を発揮したといえようか。

ところで、このような理解が成り立つための前提となるのは、つとに注目されているように、各トリブスが新設されるに先だって、「個人的土地分配」という形でローマ市民に公有地の分配がなされるとともに[85]、旧住民へローマ市民権が付与されてもいるという事実である。たとえば、前三八七年における四トリブスの新設に際しては、それに先行して前三九三年に、平民一人あたり七ユゲラの土地が分配された(Liv. 5. 30. 8. cf. Diod. 14. 102. 4)。他方、前三八九年にはこの戦争中にローマ側に寝返ったウェイイ人、カペナ人そしてファレリィ人に対してローマ市民権の付与と土地の分配がなされたことが伝えられている(Liv. 6. 4. 4)。リウィウスはウェイイ住民の大多数が奴隷として売却されたかのように述べているが(Liv. 5. 22. 1)、コーネルは当時の奴隷市場の規模からして、むしろ頑強に抵抗したウェイイ人のみが奴隷とされたのであり、それ以外の大部分の住民はローマ市民として受け入れられたのではないかと推定している[86]。

ともかく、「個人的土地分配」という形で新たに土地を獲得した移住民＝ローマ人と、ローマ市民権を獲得し新市民となったウェイイ人、カペナ人、ファレリィ人とが、いまや同じトリブスに所属するローマ市民を構成することとなった。その際、植民市建設とは異なり都市を形成することなく、せいぜいフォルムやコンキリアブルムと呼ばれる小中心地を作り出していたにすぎないと考えられているローマ移民と[87]、旧住民＝新市民とが具体的にどのような形で棲分けを行っていたのかあるいはいなかったのか、また日々どのような接触を持ったのかに関しては、残念ながらわからない。ただし、旧ウェイイ領が四区分されたことを思えば、各トリブスの平均面積は約一四〇平方キロメートルであり、それぞれのトリブスに居住する住民が、「地縁的」共同体と呼びうるほどの比較的近い距離のうちに暮らしていた可能性はある。しかしそれ以上に重要なのは、その物理的な近接度がどうであれ、彼らは同一のトリブスに属する「トリブス民」として、ローマに赴いての戸口調査(census)や民会での投票など、さまざまな活動をともに行わなければならなかったという点であろう。このような公的な要請からくる共同性を契機としながら各トリブス内の紐帯が次第に強化され、日々の接触もまた深まっていくという状況の進行は大いにありえたに違いない。[88]

さらに、前三三二年における二トリブス設置の際には、編入された都市国家が新設トリブスの核になっていたのではないかと考えられている。マエキア区に関してリウィウスは、それが前三三二年の戸口調査で登録された新市民のためのトリブスであったと伝える(Liv. 8. 17. 11)。実際のところ、マエキア区が設置されたと考えられる地域のラテン都市ラヌウィウムの住民は、前三三八年にローマ市民権が与えられているが(Liv. 8. 14. 2)、他方で、前三四〇年のこととして伝えられる「ラテン人の土地」(ager Latinus)における「個人的土地分配」には(Liv. 8. 11. 13)、この地域での土地分配が含まれていたのではないかとされている。[89] とすれば、ここでも移住民(=ローマ人)と新市民(=ラヌウィウム人)とが同一のトリブスを構成するという事態が生じたのであり、しかもこのたびは、前三八七年や前三五八年とは異なって、征服されたラテン都市が「自治都市」として存続していた。つまり、このマエキア区には、自治都市ラヌウィウムに属するローマ人と、その周辺(没収された土地)に居住しラヌウィウムには属さない移住ローマ人とが共存していたことになるが、いまやこのトリブスの中心市となった都市ラヌウィウムは、それら新市民と旧市民とが交流し、互いに影響力を及ぼし合う場として機能していたのではないかと考えられるのである。[90] 同様のことは、同じく前三三二年に設置されたスカプティア区と自治都市ウェリトラエとの間でも推定されている。[91]

もっともこの種の「融合」のパターンが、すべてのトリブス新設の時点で確認されるわけではない。そもそも当初の設置場所の確定が難しいテレティナ区(前二九九年)をはじめとして、プブリリア区(前三五八年)、アニエンシス区(前二九九年)などでは、先行する「個人的土地分配」が確認されてはいない。[92] またアンベール自身が認めているように、はるか南のカンパニアの地に設置されたファレルナ区が、独立性の高いカンパニア人とローマ人との間でどれほどの「融合」作用をもたらしえたのかとなると、疑問である。[93] しかしながら、従来のトリブス研究においてはあまり注目されてこなかった論点だけに、このようなトリブスの「融合」機能は改めて強調しておくに値するだろう。[94]

3 「人為的構成体」としてのトリブス

以上述べてきたように、ローマの領域拡大に合わせて拡張・追加されたトリブスは、その「地縁的」性格をもとに、新たにローマ市民とされた人々を旧市民に「融合」させるための制度的枠組みを提供していた。しかしながら実は、ローマのトリブスにおいて特徴的な現象は、この国家の下部単位であり本来「地縁的」性格を持っていたはずのトリブスまでもがそのうち領域的な連続性を失い、互いに離れたいくつかの地域からひとつのトリブスが構成されるようになったという事実である。

トリブスの新設が停止されトリブス数が三五に固定された前二四一年以降はもちろんのこと、テイラーの推定によれば、おそらくそれ以前の前二六八年、サビニ人の都市クレスがセルギア区へと編入された段階で、そのセルギア区はすでに最初の分断されたトリブスになっていた。[95] そしてこの傾向が顕著になるのは、「同盟市戦争」の結果、ポー河以南の全イタリアへとローマ市民権が付与された時点である。同じくテイラーの研究によれば、コルネリア区は確認されるだけでもイタリア内の六つの地域から、ファビア区、マエキア区、ポンプティナ区はそれぞれ五つの地域から構成されていた。他方、分断されないままとどまったのはテレティナ区、ファレルナ区、クイリナ区のわずか三トリブスのみであり、その可能性があるのはロミリア区とウォルティニア区であるという。[96]

トリブスのこの変質は従来多くの研究者の注目するところであり、それをもとに、共和政末期におけるトリブスの「形骸化」、つまりそれが従来のような社会的・政治的単位としての重要性を失い、帝政期において顕著となるような市民身分の表示方法にすぎなくなりつつあったと指摘されてきた。[97] たとえばＦ・ミラーは、持論とする「民主政」論を前八〇―五〇年にかけての政治史に即して論じた最新の研究において、次のように述べている。トリブスは当初の構造から遠く離れていまや「人為的な構成体」(an artificial construct)と化し、トリブスの各メンバーは、彼らが互いに順番をなして一緒に投票し、その投票結果が三五分の一として数えられるという意味においてのみ、集団として機能していたと。(98) ミラーはそれをトリブスの「形骸化」とまではいっていないが、ここで注目したいのは、まさにそのような「人為的構成体」としてのトリブスの意味である。

もっとも、「血縁的」原理による集団や「地縁的」原理による集団においても、そこには少なからず人為的(人工的)要素が入り込んでいる。われわれが問題としているトリブスに関しても、おそらく詳しい状況が不明なごく初期の段階ならいざ知らず、それがいくつかの村落共同体や小中心地(vici, pagi, fora, conciliabula)あるいは複数の都市国家(municipia, coloniae)を包摂するようになった段階では、たとえ領域的な連続性を保持していた場合でも、すべての構成員が互いに顔を見知っているという意味での「地縁的」共同体をなしていたとはおよそ考えられない。各トリブスがいくつかの分断された地域から構成されるようになれば、トリブスのこの人為的な側面、つまり「擬制」としての性格はより顕著なものとなったことであろう。

しかしながら、国家の下部単位であるトリブスが人為的に構成された「擬制」としての性格を持っていたということは、ローマ人がそれを実態のないどうでもよい単位と認識していたことを意味するものではない。事実はまさにその逆であり、共和政末期にいたってもなお、トリブス内の紐帯が強調される。たとえば、選挙関連でいえば、P・ヴァティニウスが造営官選挙において、自己の所属するセルギア区の票さえ獲得することができなかった点をあげつらうキケロの発言が有名である。彼のようにセルギア区の票を失ったセルギア区民はローマ建国以来ヴァティニウスが初めてだ、とまでキケロはいいきっている(Cic. *Sest.* 114; Cic. *Vat.* 36)。このように自己の所属するトリブスの票を失うことの問題性のほかにも、各候補者が自己のトリブスの票を獲得するために、各トリブス内においていかに事前の努力を必要としたかが、繰り返し述べられている。(99)なるほどこの種の発言を、実態にはそぐわない法廷弁論上のレトリックあるいは誇張として退けるのはたやすい。しかしその前に必要なのは、もしそれが現実に合致しないものであったのならなおのこと、この種の発言がたびたび見られたのはなぜかという、言説レヴェルでの検討であろう。

先に述べたように、本来は「地縁的」性格を持っていたはずのトリブスが、すでにそのような性格を薄めていき人為的単位にすぎなくなっていたとすれば、このような形でのトリブス内の紐帯の強調は、逆説的ではあるが理解しやすい。というのも、「血縁」や「地縁」による場合とは異なり、自然に発生する忠誠心や帰属意識をそれほど期待できない状況下においては、まさに後代の「ナショナリズム」のように、イデオロギーとしてトリブス内の一体性が強調され続ける必要性があったと思われるからである。つまり、同じトリブスに属すというまさにその事実そのものによって、各構成員の共属意識が作り出されなければならなかったのである。

とすればここで重要なのは、そのようにトリブスへの忠誠心・帰属意識が求められたのはいったいなぜかとなるが、それはなんといってもトリブスという単位がローマ国家の編成において、不可欠の役割を果たし続けていたからにほかならない。繰り返し述べてきたように、新たにローマ市民となった者たちは、国家ローマへと編入される際、原則的にはかつての都市国家の単位でいずれかのトリブスに所属するという形をとった。他方、民会における投票や徴兵・徴税、そして審判人の選出など、国家レヴェルにおいて展開される重要な社会・政治活動は、そのほとんどがこのトリブスを枠組みとしていた。つまり新市民は、トリブスへの所属を介して初めて国家レヴェルでの社会・政治活動に参与することができたのである。かつての独立の都市国家状態から直接的に巨大なローマ国家の構成員へと転じたのではなく、まずはその下部単位であるトリブスという組織の構成員として、彼らは国家ローマへと結びつくこととなった。先に述べた「連邦」という表現の妥当性はともかく、かつての都市国家とローマとの間にそれらをつなぐ

〈中間-媒介項〉として、トリブスが位置していたとはいえよう。そして国家ローマへの忠誠心・帰属意識の前提として各トリブスへの忠誠心・帰属意識が求められ、そのことがひいては国家ローマのそれへと通じていたのである。有名な話ではあるが、この関連で取り上げられることはなかったトゥスクルムをめぐる逸話が、私には非常に示唆的なように思われる。

トゥスクルムはローマに隣接するラテン人の都市国家であったが、そのローマとの近さが災いし、前三八一年、ローマへと併合され最初の「自治都市」になったとされている。周知のごとくこれは、少なくとも法的には消滅することとなったそれ以前のウェイィ等の場合とは異なり、都市国家としての自立性をある程度残しながらも、その住民は完全市民としてローマへと組み込まれた都市(国家)の範疇である。だがその後も、トゥスクルム人の間では、かつてのような独立状態への復帰が熱烈に求められ続けたことが窺われる。前三四〇年からのラテン戦争の際にトゥスクルムは再びローマに叛旗を翻し、前三三八年、厳しい懲罰の末、再び完全市民権が付与されているのである。[100] そのラテン戦争から少したった前三二三年のこととして、史料は以下のような事件を伝える。この年の護民官M・フラウィウスは、かつてトゥスクルム人が反ローマ闘争を支援したという廉で、全トゥスクルム人を告発した。それは、成人男子は鞭打ちの後に殺害されるべし、女性と子供は奴隷として売却されるべしという非常に厳しい内容のものであった。トゥスクルム人は大挙してローマへと押しかけ嘆願を行った結果ことなきを得たが、このとき、ポッリア区(フラウィウスの所属トリブスか?)のみがこの提案に賛成投票をした。そこでリウィウスによれば、彼の父の世代にいたるまでもトゥスクルム人の怒りは残っており、ポッリア区出身の候補者は全くといってよいほどに、パピリア区の票を得ることができなかったという(Liv. 8. 37. 8-12; Val. Max. 9. 10. 1)。もちろんパピリア区はトゥスクルム人が登録されたトリブスであった。

トゥスクルムはこの後、フルウィウス氏をはじめとしてポルキウス氏(カト家)やマミリウス氏など、数多くの執政官家系を出すこととなる有力都市であり、この告発もこれまで、翌年のL・フルウィウスの執政官就任に見られたようなトゥスクルム人の政治的影響力を削ぐことを目的とした事件として理解されてきた。[101] しかしここで改めて注目したいのは、そのような有力家系を多く含み込んだトゥスクルムの利害が、ほかならぬパピリア区の票を牛耳るという形で、パピリア区を介して実現されている点である。すなわち、長らくローマへの併合を拒んできたトゥスクルム人とローマ側の特定の勢力との間に見られた対立・確執も、いまやローマ国家内部の対立と化し、トゥスクルムの利害がこのようにトリブス間の対立として処理されればされるほど、トゥスクルム自体はより一層ローマ内に取り込まれていったと考えることもできよう。このようにしてかつての独立した都市国家の利害・主張は、トリブスという枠組みをクッションとしながら、ローマ国家へと吸収されていったのである。

キケロがその著書『法律について』の中で、〈ふたつの祖国論〉を展開していることはよく知られている。[102] キケロによれば、「自治都市の住民はすべて二つの祖国、つまりひとつは自然による祖国、もうひとつは市民権による祖国を持っている」。それは、「場所としての祖国」=「めいめいが生まれた場所」としての祖国と、「法による祖国」=「市民として受け入れられた場所」としての祖国の二つであった(Cic. *Leg*. 2. 2. 5. 岡道男氏の訳文参照)。これまでの考察からすれば、この二つの「祖国」をつなぐ重要な媒体-中間項としてトリブスという枠組みが存在していた。いまやわれわれは、共和政期のローマ世界に生きた個々人が集合的アイデンティティを抱いた対象として、「生まれ故郷(自治都市、植民市)」→「トリブス」→「ローマ国家」といった同心円を思い描くことができるのではなかろうか。[103]

註

＊本章では、*L'année philologique* による雑誌略号以外にも、以下の略号を用いる。
ANRW: H. Temporini (ed.), *Aufstieg und Niedergang der römischen Welt*, Berlin/New York 1972-.

*CAH*²: *The Cambridge Ancient History*, 2nd ed., Cambridge 1982-.

CIL: *Corpus Inscriptionum Latinarum*, Berlin 1863-.

*OCD*³: S. Hornblower/A. Spawforth (eds.), *The Oxford Classical Dictionary*, 3rd ed., Oxford 1996.

RE: G. Wissowa/W. Kroll/K. Mittelhaus/K. Ziegler (eds.), *Paulys Real-Encyclopädie der classischen Altertumswissenschaft*, Stuttgart 1894-1980.

（1）長谷川博隆「ローマの興隆について」『ローマ人の世界——社会と生活——』筑摩書房、一九八五年（初出は一九六三年）、三〇二—三一六頁参照。

（2）吉村忠典『古代ローマ帝国の研究』岩波書店、二〇〇三年。

（3）弓削達『地中海世界とローマ帝国』岩波書店、一九七七年、五五—五六頁。弓削説への批判は、石川勝二『古代ローマのイタリア支配』溪水社、一九九一年、三一九—三四七頁。

（4）共和政期に関しては、石川前掲書、岩井経男『ローマ時代イタリア都市の研究』ミネルヴァ書房、二〇〇〇年など。また翻訳書としては、U・ラッフィ／田畑賀世子訳『古代ローマとイタリア』ピーザ、二〇〇三年が有益である。

（5）ただし、トゥッリウス氏という読みもある。R. E. A. Palmer, *The Archaic Community of the Romans*, Cambridge 1970, 133; 136. 詳しくは、R. M. Ogilvie, *A Commentary on Livy Books 1-5*, Oxford (1965) 1970, 122-123 参照。

（6）詳しくは、本書第二章参照。

（7）C. Ampolo, Demarato. Osservazioni sulla mobilità sociale arcaica, *DArch* 9-10, 1976-77, 333-345; Ampolo, La nascita della città [= Ampolo, *Nascita della città*], in: A. Momigliano/A. Schiavone (eds.), *Storia di Roma* I, Torino 1988 [= *Storia di Roma* I], 172-177; Ampolo, La città riformata e l'organizzazione centuriata. Lo spazio, il tempo, il sacro nella nuova realtà urbana [= Ampolo, *Città riformata*], in: *Storia di Roma* I, 220.

（8）平田氏は、市民団の成立という問題を直接論じてはいないが、最初期のローマを〝村落連合体＝クリア連合〟とし、それを都市国家成立以前の段階と捉える。しかしながら他方で平田氏は、それを〝小「ムニキピウム市民共同体」の連合〟とも表現しているが、後者の理解では、氏のムニキピウムの定義からして、この段階ですでに特定の国家の存在が想定されていることになるのではなかろうか。平田隆一『エトルスキ国制の研究』南窓社、一九八二年［＝平田『エトルスキ国制の研究』］、一四〇—一六四頁。

(9) A. Momigliano, An Interim Report on the Origins of Rome, *JRS* 53, 1963 [= Momigliano, *JRS*], 112; J.-C. Richard, *Les origines de la plèbe romaine. Essai sur la formation du dualisme patricio-plébéien*, Paris/Roma 1978, 195; T. J. Cornell, *The Beginnings of Rome. Italy and Rome from the Bronze Age to the Punic Wars (c. 1000–264 BC)*, London/New York 1995 [= Cornell, *Beginnings of Rome*], 117. 関連する邦語文献としては、島田誠「ローマ市民団」弓削達・伊藤貞夫編『ギリシアとローマ――古典古代の比較史的考察――』河出書房新社、一九八八年、五三―七七頁。

(10) 伝承による「ローマ建国」は、周知のごとく前七五三年であるが、これはとてもそのままの形で受け入れられる年代ではない。コーネルによれば、考古学的に見た場合のローマ都市国家＝ローマ市民団の成立は、前六二五年の前後数十年に置くことができるという。Cornell, *Beginnings of Rome*, 97-103. 他方、平田氏は、E・イェシュタードに依拠して、前七世紀末から前五七五年にかけてのもう少し低い年代を想定している。平田『エトルスキ国制の研究』、一四二頁。

(11) J. Poucet, *Recherches sur la légende sabine des origines de Rome*, Louvain 1967 [= Poucet, *Recherches*], 333-337. Poucet, *Les origines de Rome. Tradition et histoire*, Bruxelles 1985, 101-103 も参照。

(12) 具体的には、ラムネスがパラティヌス丘に、ティティエスがカピトリウム丘とクイリナリス丘に、そしてルケレスがカエリウス丘に対応した住民集団と考えられている。

(13) ただし、ルケレスについては異説も存在する。たとえば、プルタルコスは人々が逃げ込んだ「杜」(lucus)から名づけられたとし(Plut. *Rom.* 20. 1-2)、リウィウスはその由来を不明とする(Liv. 1. 13. 8)。

(14) P. Willems, *Le sénat de la république romaine* I, Louvain 1878, 22 に遡るとされる説であり、基本的には、U. von Lübtow, *Das römische Volk. Sein Staat und sein Recht*, Frankfurt am Main 1955, 39-44 などに引き継がれている。ただしウィレムスは、ルケレスとの直接的な対応としては、むしろアルバ人を想定している。

(15) Richard, *op. cit.*, 195-196; Cornell, *Beginnings of Rome*, 114.

(16) Cornell, *Beginnings of Rome*, 114.

(17) たとえば、G・デュメジル／川角信夫他訳『ユピテル・マルス・クイリヌス』ちくま学芸文庫、二〇〇一年。

(18) Poucet, *Recherches*, 372-378. cf. Cornell, *Beginnings of Rome*, 77-79; 115.

(19) 一八騎士ケントゥリアのうちの六つは、「先のラムネス」(Ramnes priores)「後のラムネス」(Ramnes posteriores)、「先のティティエス」「後のティティエス」、「先のルケレス」「後のルケレス」と呼ばれていた。

(20) Poucet, *Recherches*, 338-383 (esp. 369-371).

(21) パーマーは、セルウィウス改革後も騎兵が旧トリブスをもとに徴兵され続けたことが、これらの名称の残存につながったと解釈している。Palmer, *op. cit.*, 217.

(22) プルタルコスも同様にこの起源譚を誤りとする(Plut. *Rom.* 20. 2)。

(23) 個々のクリアに関する史料について詳しくは、Richard, *op. cit.*, 207-209 参照。

(24) ただし、地名由来／氏族名由来の区別は、それほど確定的なものではない。たとえば、Palmer, *op. cit.*, 75-79 は、Rapta も地名由来とする。また、*Der neue Pauly* III, Stuttgart 1997, s.v. Curiae は、Acculeia, Faucia, Titia のみを人間集団由来とし、Rapta, Velitia を地名由来に含める。

(25) Cornell, *Beginnings of Rome*, 117.

(26) Momigliano, *JRS*, 109.

(27) たとえば、Kübler, *RE* IV, Stuttgart 1901, s.v. Curia. ちなみに、ディオニュシオスは、「氏族と結びついた(genikos)三トリブス」と表記している(Dion. Hal. 4. 14. 2)。

(28) Palmer, *op. cit.*, 67-75; 152-156; 175. 鈴木一州「ローマ共和政の成立と発展」『岩波講座世界歴史二』岩波書店、一九六九年[=鈴木「ローマ共和政の成立と発展」]、一一六頁もこの理解に近い。平田氏の見解については、平田『エトルスキ国制の研究』、一四七－一四八頁、平田「アテネ僭主政とローマ後期王政(その二)――タルクイニウス・プリスクスの王政の構造を中心に――」『ヨーロッパ研究』創刊号、一九九六年、五五頁参照。

(29) Cornell, *Beginnings of Rome*, 116.

(30) Momigliano, *JRS*, 112; Cornell, *Beginnings of Rome*, 117; Cornell, *OCD*^{3}, s.v. curia (1). ちなみに平田氏はクリアを、「血縁的家族集団が地縁的に統合された政治的単位」と表現する。平田『エトルスキ国制の研究』、一六一頁、註(60)。また B. Linke, *Von der Verwandtschaft zum Staat. Die Entstehung politischer Organisationsformen in der frührömischen Geschichte*, Stuttgart 1995, 58 も、すでに婚姻関係によって結ばれていた親族集団が、土地の集団防衛のためにより強力な結びつきを求めてクリアへと結集したのではないかとする。ただしリンケによりここで想定されているのは、あくまでも国家成立以前の段階である。

(31) 詳しくは、R. Thomsen, *King Servius Tullius. A Historical Synthesis*, Copenhagen 1980, 115-143 参照。

(32) ここで取り上げることのできないセルウィウス王の活動全般については、平田隆一「アテネ僭主政とローマ後期王政(その三)――セルウィウス・トゥリウス王の出自・即位・王権の性格――」『東北大学大学院国際文化研究科論集』四、一九九六年、平田「アテネ僭主政とローマ後期王政(その四)――セルウィウス・トゥリウスの王政の構造――」『国際文化研究』三、一九九六年参照。

(33) 当該引用箇所のカトについては、W. A. Schröder, *M. Porcius Cato, Das erste Buch der Origines. Ausgabe und Erklärung der Fragmente*, Meisenheim am Glan 1971, 188-192 参照。

(34) ほかには、ノニウスがウァッロからの引用として(Varro, *De vita populi Romani* I)、農村部の「二六レギオ」(regiones)への分割を伝えるが(Nonius 62L)、これも一般的には、ファビウス・ピクトルに依拠してのセルウィウス改革への言及ではないかと考えられている。Thomsen, *op. cit.*, 116.

(35) E. Gabba, Studi su Dionigi da Alicarnasso: Il regno di Servio Tullio, *Athenaeum* 39, 1961, 102-107. またディオニュシオスの記述全般の特徴については、Gabba, *Dionysius and the History of Archaic Rome*, Berkeley/Los Angeles/Oxford 1991 [= Gabba, *Dionysius*], 152-189 が参考になる。

(36) 都市国家に先行したパグスについては、Ampolo, *Nascita della città*, 167-169 参照。

(37) L. R. Taylor, *The Voting Districts of the Roman Republic. The Thirty-five Urban and Rural Tribes*, Roma 1960 [= Taylor, *Voting Districts*], 5 n. 9; Palmer, *op. cit.*, 75.

(38) 文献については、Thomsen, *op. cit.*, 126 n. 57 参照。

(39) リンケ前掲書がこのような基調で書かれている。Linke, *op. cit.*

(40) H. Last, The Servian Reforms, *JRS* 35, 1945, 38-42 (=H・M・ラースト/鈴木一州訳「セルウィウスの改革」古代学協会編『西洋古代史論集II』東京大学出版会、一九七五年、二五六―二六三頁)。ラーストの研究を評価する鈴木氏も、「新市民団の編成」という側面を強調する(鈴木「いわゆるセルウィウスの改革について」『西洋古典学研究』一七、一九六九年、六一頁、鈴木「ローマ共和政の成立と発展」、一一九頁)。

(41) 平田『エトルスキ国制の研究』、一五二頁。

(42) ラースト前掲論文、A. Momigliano, The Origins of Rome, in: *CAH*^{2} VII-2, Cambridge 1989, 103-104; Ampolo, *Città riformata*, 218-231 など。

(43) ケントゥリア制の成立事情に関して詳しくは、平田隆一「ケントゥリア制の成立について」『教養部紀要』〈東北大学〉三三、一九八一年、一九三—二一六頁参照。

(44) cf. Momigliano, *JRS*, 119.

(45) ちなみにコーネルも、各トリブスに属する市民がすべてのケントゥリアへと割り振られていたという前提のもと、このような形で実施されたケントゥリア制は地方に割拠していた貴族の権力を削減し、国家の中央集権化を目指すものであったと理解している。Cornell, *Beginnings of Rome*, 190-197. だが、そのような前提の当否はともかく、このようなやり方によって本当に貴族の権力は削減されるものであろうか。

(46) 伊藤貞夫『古典期アテネの政治と社会』東京大学出版会、一九八二年、七三頁。

(47) ただし、当のクレイステネス改革に関しても別様の解釈が存在するようである。詳しくは、周藤芳幸・村田奈々子『ギリシアを知る事典』東京堂出版、二〇〇〇年、一六七—一八五頁参照。

(48) 詳しくは、本書第二章参照。

(49) A. Alföldi, *Ager Romanus antiquus*, *Hermes* 90, 1962, 187-213; Alföldi, *Early Rome and the Latins*, Ann Arbor 1965, 288-318. もちろん細部において相違は見られるが、アルフェルディ説を基本において受け入れるのは、J. Heurgon, *Rome et la Méditerranée occidentale jusqu'aux guerres puniques*, Paris 1969, 257-260; H. Bengtson, *Grundriss der römischen Geschichte mit Quellenkunde* I, 3rd ed., München 1982, 57-58; H. Bellen, *Grundzüge der römischen Geschichte* I, Darmstadt 1994, 13-14; 29-31. 関連する邦語文献としては、平田隆一「初期ローマの領域と人口」『歴史』五五、一九八〇年〔=平田「領域と人口」〕、一八—二二頁、原田俊彦「最初期 censor の活動と性格——censor の習俗監視序論——」『早稲田法学』六五-四、一九九〇年、八一—一三頁参照。

(50) Th. Mommsen, *Römisches Staatsrecht* III, 3rd ed., Leipzig 1887-1888 (Graz 1969), 166-167 n. 3.

(51) A. Momigliano, *JRS* 57, 1967 (Review of Alföldi, *Early Rome*), 211-216; A. N. Sherwin-White, *The Roman Citizenship*, 2nd ed., Oxford 1973, 190-197; T. J. Cornell, Rome and Latium to 390 B.C., in: *CAH*² VII-2, 248-257 など。

(52) M. Humbert, *Municipium et civitas sine suffragio. L'organisation de la conquête jusqu'à la guerre sociale*, Paris/Roma 1978, 52-57; Thomsen, *op. cit.*, 133-135.

(53) Taylor, *Voting Districts*, 36-37 n. 4; Humbert, *op. cit.*, 60; Thomsen, *op. cit.*, 136-138.

(54) 平田「領域と人口」二〇—二二頁、原田前掲論文、一一—一三頁。

(55) Ogilvie, *op. cit.*, 292-293も、「二一」という読みを支持する。

(56) Taylor, *Voting Districts*, 36-37; Cornell, *Beginnings of Rome*, 174-175; 190.

(57) 平田「領域と人口」、一九—二〇頁、原田前掲論文、一〇—一一頁。他方、Ampolo, *Città riformata*, 229は、これら五トリブスにロミリア区を加える。

(58) Cornell, *Beginnings of Rome*, 176-178.

(59) コーネルの挙げる史料は、カミリウス氏(W. Schulze, *Zur Geschichte lateinische Eigennamen*, Berlin 1904, 140)、ポッリウス氏(Mart. 1. 113. 5)、プピニウス氏(*CIL* V, 7055)、ウォルティニウス氏(*CIL* XI, 3208; Schulze, *op. cit.*, 259)であるが、レモニウス氏に関しても、H. Solin/O. Salomies (eds.), *Repertorium nominum gentilium et cognominum Latinorum*, 2nd ed., Hildesheim/Zürich/New York 1994をもとに、*CIL* V, 2974; 3026でその存在を確認できる。

(60) Gabba, *Dionysius*, 183.

(61) 安井萠「パトリキー支配に関する覚え書き」『西洋史研究』新輯二九、二〇〇〇年、三一頁、註(16)も同様の解釈と考えてよいのか。

(62) したがって、アルフェルディ説を批判しながらもその「二分法」は受け入れ、地名由来をセルウィウス改革時に、氏族名由来を前四九三年あるいは前四九五年に求める、Humbert, *op. cit.*, 49-76やJ.-C. Richard, L'œuvre de Servius Tullius: Essai de mise au point, *RD* 61, 1983, 187-191のような「二段階説」の論拠も弱くなったことになる。もっとも、リシャールがセルウィウス時に設置されたとするのは、ガレリア区ではなくロミリア区を加えた六農村トリブスである。

(63) J. Cels-Saint-Hilaire, *La République des tribus. Du droit de vote et de ses enjeux aux débuts de la République Romaine (495-300 av. J.-C.)*, Toulouse 1995は、初期トリブスに注目した最近では唯一といってもよい専論であり、しかも初期トリブスの設置経過についてかなり大胆な再構成を行っているので、ここで少し詳しく紹介しコメントしておきたい。セル＝サン＝イレールによれば、セルウィウス王の改革によって作り出されたトリブスは、都市の四トリブスと地名に由来するとされる五農村トリブスの合計九トリブスであり、氏族の支配領域はトリブスとはなっておらず、したがって彼らの被護民もトリブスには属していなかった。当初のトリブスは、氏族に属さない人々＝「平民」の戸口調査を行うための枠組みにすぎなかったのである。その後、前四九五—四九三年段階で、同じく地名由来の二トリブス(クルストゥミナ区とガレリア区(!))

が追加されたが、トリブスの基本的性格は変わらなかった(83-128)。そしてこのようなトリブスの性格に転機が訪れたのは、前四七一年であるという。この年、周知のごとく、護民官がそれまでのクリア民会に代わってトリブス民会(平民会)で選出されることとなり、その結果、氏族勢力にもこの民会をコントロールする必要性が生じてきた。そこで前四七一年から前四四九年にかけての時期、しばらくは法的・宗教的手段により妨害を繰り返してきたが、それが功を奏さなくなるや、おそらくは前四四九年に、氏族は自己とその被護民が属する地に氏族名由来の一〇トリブスを新設し、トリブス民会の新たな掌握を試みたのであると(129-206; 315-323)。

とりわけ前四七一年という年の重要性を強調し、投票単位としてのトリブスに焦点を合わせながら、共和政初期の政治史を再構成した興味深い研究である。だが一見したところみごとな一貫性を持っている説明も、そのままでは支持しがたいいくつかの仮説に依拠している。彼女の説の大前提ともいうべき地名由来のトリブスと氏族名由来のトリブスという二分法、しかも前者が平民の属するトリブスであり後者が氏族とその被護民の属するトリブスであったという仮説、そして氏族の支配地とそこに住む被護民が一〇トリブスの新設までトリブス組織の埒外にあったという仮説——そのため、パトリキ氏族自体はそれ以前にもトリブスに属していたのかどうかという点が非常に曖昧に処理されている(317)——等々である。百歩譲ってこの説を認め、前四七一年から前四四九年段階では平民の支配する一一トリブスのみが存在したとしても、そのトリブス民会(平民会)を牛耳るためにパトリキ氏族が一〇トリブスを追加したのではそもそも過半数を制するのに不十分ではないのか。

(64) たとえば、クビチェックやベーロッホなどの先駆的な研究。J. W. Kubitschek, *De Romanarum tribuum origine ac propagatione*, Wien 1882 [= Kubitschek, *Origine ac propagatione*]; Kubitchek, *Imperium Romanum tributim discriptum*, Wien 1889 (Roma 1972); K. J. Beloch, *Römische Geschichte bis zum Beginn der punischen Kriege*, Berlin/Leipzig 1926. ほかには、I. Bitto, *Tribus e propagatio civitatis* nei secoli IV e III a.C., *Epigraphica* 30, 1968, 20-58; F. Coarelli, Demografia e territorio, in: *Storia di Roma* I, 336-339 など。

(65) 前掲註(37)、L. R. Taylor, *The Voting Districts of the Roman Republic. The Thirty-five Urban and Rural Tribes*, Roma 1960.

(66) 図1および図2は、『ケンブリッジ古代史』(新版)に挿入された地図からの転用であるが、それらはいずれも、テイラーによる位置の推定に基づいている。また当該箇所の執筆者であるコーネルは、テイラーの研究成果に全面的に依拠して記述を行っている。T. J. Cornell, Rome and Latium to 390 B.C., in: *CAH*^{2} VII-2, 243-308; Cornell, The Recovery of Rome, in:

*CAH*² VII-2, 309-350 [= Cornell, *Recovery of Rome*]; Cornell, The Conquest of Italy, in: *CAH*² VII-2, 351-419 [= Cornell, *Conquest of Italy*].

(67) Taylor, *Voting Districts*, 53-55; Sherwin-White, *op. cit.*, 198-199.

(68) Beloch, *op. cit.*, 265.　明言はないが、岩井氏はベーロッホ説を支持か。岩井前掲書、一四三頁。

(69) Taylor, *Voting Districts*, 50-53.　E. S. Staveley, Rome and Italy in the Early Third Century, in: *CAH*² VII-2, 420 もテイラー説を受け入れている。

(70) ビットはトリブス新設の動機として、「領域の統一性」の回復という点を強調する。Bitto, *op. cit.*, 32; 44.

(71) 以下のシャーウィン＝ホワイトの主張は、Sherwin-White, *op. cit.*, 199.

(72) Cornell, *Conquest of Italy*, 372; 377.

(73) 伊藤前掲書、一四七—一四九頁。

(74) つとに島田氏はポリスとの比較で、「方言・習慣・宗教の共通性に基づく固有の領域」という意味での領域性を持たない点に、ローマ市民団拡大の鍵を見ている。島田前掲論文、五四頁。

(75) 一般的には、ベーロッホの算定をもとに、五六二平方キロメートルのウェイイ領が追加され、ローマ領は一五一〇平方キロメートルになったと考えられている。Beloch, *op. cit.*, 620.　それに対してコーネルは、ラビキ領も加えてこの時点でのローマ領を一五八二平方キロメートルとするが、ウェイイの併合によりローマ領がおよそ一・五倍となったという点に変わりはない。Cornell, *Recovery of Rome*, 312.

(76) Taylor, *Voting Districts*, 50-53.

(77) Cornell, *Recovery of Rome*, 317.

(78) Humbert, *op. cit.*, 152-153.

(79) H. Galsterer, *Herrschaft und Verwaltung im republikanischen Italien. Die Beziehungen Roms zu den italischen Gemeinden vom Latinerfrieden 338 v. Chr. bis zum Bundesgenossenkrieg 91 v. Chr.*, Müünchen 1976, 59-60; E. T. Salmon, *The Making of Roman Italy*, London 1982 [= Salmon, *Making of Roman Italy*], 65-66; J.-M. David (tr. by A. Nevill), *The Conquest of Italy*, Oxford 1996, 39-42.

(80) E. T. Salmon, *Roman Colonization under the Republic*, London 1969, 25-26; Galsterer, *op. cit.*, 51-56.

(81) A. Degrassi, Quattuorviri in colonie romane e in municipi retti da duoviri, *MAL* 2, 1949 (=in: Degrassi, *Scritti vari di antichità,* Roma 1962, 99-177), 285-287; 292-294. 邦語文献としては、弓削達『ローマ帝国の国家と社会』岩波書店、一九六四年、二二頁参照。
(82) 片岡輝夫「Livius VIII, 14, 8 と IX, 20, 10：ローマ初期の市民植民市 Antium の社会構造」片岡他『古代ローマ法研究と歴史諸科学』創文社、一九八六年、三一七三頁。
(83) 岩井前掲書、二一〇─二一三頁。ただし、坂井聰「スッラによる退役兵入植とローマ植民市ポンペイの成立」『古代学研究所研究紀要』三、一九九三年、三七─五八頁は、「二重共同体」説に対し否定的である。
(84) 前掲註(52)、M. Humbert, *Municipium et civitas sine suffragio. L'organisation de la conquête jusqu'à la guerre sociale,* Paris/Roma 1978.
(85) 「個人的土地分配」に関しては、岩井前掲書、一四〇─一四八頁参照。
(86) Cornell, *Recovery of Rome*, 312-313.
(87) Sherwin-White, *op. cit.*, 73-76; Galsterer, *op. cit.*, 26-29; Salmon, *Making of Roman Italy,* 3-4.
(88) Humbert, *op. cit.*, 78-81.
(89) *ibid.*, 178.
(90) *ibid.*, 178-179.
(91) *ibid.*, 185-186.
(92) 岩井前掲書、一四一頁の表および一四三─一四四頁参照。
(93) Humbert, *op. cit.*, 202-203.
(94) ただし、A. N. Sherwin-White, The Roman Citizenship. A Survey of Its Development into a World Franchise, in: *ANRW* I-2, Berlin/New York 1972, 26 などは、この「融合」(intermixture)の貫徹性について否定的である。
(95) Taylor, *Voting Districts*, 63.
(96) Taylor, *Voting Districts*, 116.
(97) ローマ市民の正式な名は、「個人名」・「氏族名」・「家族名」の三つから構成されていたが、「氏族名」と「家族名」との間に、通常省略形で(省略形については、Kubitschek, *Origine ac propagatione*, 28-51)トリブス名が記される場合もあった。G.

Forni, Il ruolo della menzione della tribù nell'onomastica romana, in: H.-G. Pflaum/N. Duval (eds.), *L'onomastique latine*, Paris 1977, 73-101.

(98) F. Millar, *The Crowd in Rome in the Late Republic*, Ann Arbor 1998, 22.

(99) 詳しくは、安井萌「共和政ローマの「ノビリタス支配」——その実体理解のための一試論——」『史学雑誌』一〇五-六、一九九六年、五一-五四頁、および本書第四章参照。

(100) 以上、トゥスクルムの併合については、Humbert, *op. cit.*, 151-161 参照。

(101) Taylor, *Voting Districts*, 302; Humbert, *op. cit.*, 158.

(102) 関連文献として、毛利晶「地域統合と伝説——ローマによるラティウム・カンパーニア地域の統合とアエネーアース伝説——」『地域の世界史一一　支配の地域史』山川出版社、二〇〇〇年、二五〇-二八八頁。

(103) A・D・スミス／高柳先男訳『ナショナリズムの生命力』晶文社、一九九八年における表現を参照した。

第二章　初期トリブスの内部構造

――「身分闘争」との関連で――

はじめに

パトリキ貴族と平民によるいわゆる「身分闘争」の歴史は、ローマ共和政初期の内政史を貫く重要な経糸をなしている。(1) 一般的な理解によれば、前五〇九年の共和政成立後、パトリキ貴族の支配が横暴化し、それに対して負債に苦しむ平民は、前四九四年、市外への一斉退去と護民官職の設置をもって対抗した。これが、およそ二〇〇年にも及ぶ「身分闘争」の始まりであった。その後、護民官に率いられた平民は、徴兵拒否を主たる闘争手段に、パトリキ貴族から順次譲歩を引き出していくが、前三六七年のリキニウス‐セクスティウス法により執政官職のひとつが平民に確保され、「平民会決議は全市民を拘束する」という前二八七年のホルテンシウス法をもって、「身分闘争」は終結したとされている。(2)

しかしながら、一見したところ平民の「勝利」と見えるこの結末も、いわゆる平民身分全体が、パトリキ貴族と対等の立場となったことを意味したわけではなかった。たしかに、貧困に苦しむ平民のために、被征服地の分配と負債問題の解決とが提案されたが、少なくとも政治的に見る限り、パトリキ貴族からの譲歩により利益を得たのは、政務官職や神官職に就くだけの資力のあった平民身分の上層であり、彼らは前三六七年以降、従来のパトリキ貴族とともに、「ノビレス貴族」と呼ばれる新たな支配層を形作っていくことになるのである。その一方で一般平民はというと、前二八七年のホルテンシウス法にもかかわらず、依然として従属的で受動的な立場に置かれ続けていたと考えられている。

さて、このような共和政期の民会と一般民衆の評価をめぐっては、最近、激しい論争が行われているが、その経緯

については すでに別稿をもって論じた。(3) それを踏まえながら、本章において改めて問題としたいのは次のような点である。すなわち、いま概略を述べたような「身分闘争」に関する研究が、共和政初期の社会・政治構造の解明をその課題としてきたにもかかわらず、同じく初期ローマの社会と政治を理解するうえでの枢要なテーマであるトリブスとのかかわりにおいて、これまでに十分な検討がなされてきたとは思われないことである。

もちろん、「身分闘争」に関する研究とトリブスに関する研究が、これまで全く接点を持たなかったというわけではない。一説では、都市トリブスと護民官職との起源的な結びつきが指摘されており、(4) またトリブスを単位とした平民会が「身分闘争」時における平民側の主たる闘争拠点であっただけに、当然のことながら、「身分闘争」の研究において、トリブスへの言及はなされている。(5) 他方で、初期トリブスに関する研究においても、とりわけ前四九五年における農村トリブスの設置を、「身分闘争」との関連で捉えようとする研究が早くから見られる。(6) しかしながら概していえば、トリブスに焦点を合わせた研究と「身分闘争」についての研究、この両者の成果を突き合わせそこからより豊かな初期ローマの社会・政治像を構築していこうとする姿勢が、これまでは希薄だったのではないか。

この傾向は、L・R・テイラーの研究においても少なからずあてはまる。トリブスについての古典的な業績ともいうべき彼女の研究は、なるほどトリブスの政治的重要性にいち早く着目し、パトリキ貴族やノビレス貴族による支配とトリブスとの関連を論じている。(7) だがテイラーの研究においても、本書第三章で検討するように、トリブスの拡大やトリブス新設の時点で、各有力氏族・各有力政治家による利害関係がどのように働き、彼らによってどのような操作が行われたのかといった視角からの考察が中心となっており、「身分闘争」との整合性をもとにトリブスの内部から当時の支配構造を捉えようとする視点が弱いように思われるのである。(8)

このような問題関心のもと本章は、前四九五年までに設置されたいわゆる「初期トリブス」を取り上げ、「身分闘争」に関する研究成果と突き合わせながら、前三八七年にいたるまでの時期におけるこれらトリブスの内部構造の解明を目指すこととする。またそれをもとに、トリブスという次元から共和政初期の政治史を捉え直していくことにしたい。

一　セルウィウス王と初期トリブス

前三八七年時点で存在していた都市四、農村一七のいわゆる「初期トリブス」がどのような内部構造を持っていたのかは、それらがいつどのような形で設置されたのかという非常に厄介な問題と結びついてくる。第一章において考察したように、本書は前四九五年段階ですでにトリブス数が二一となっており、しかもそのうちのいくつかはセルウィウス王時代に遡る可能性があるという理解に立っている。とすれば、セルウィウス王による改革は、初期トリブスの内部構造を知るための最初の手掛かりを提供していることになる。とりわけここで問題となるのは、アテナイのクレイステネス改革との類比から導き出されているトリブス改革についての次のような意義づけであろう。すなわち、セルウィウスは、ローマ市民団をトリブスという「地縁的」原理に基づいて編成し直すことにより、これまでの国家が「血縁」をもとにした有力氏族によって支配されている状況を克服し、同時に自らの権力をも確固たるものにしようとしたのではないかと。(9) そのようにして作り出されたトリブスは、氏族的利害の基盤になっていたとは考えられず、そこからは当然、セルウィウスが設置したトリブスの「反氏族的」性格が導き出されることになるだろう。

だが第一章でも述べたように私は、ローマ市民団の編成原理として、このとき「血縁」に代えて「居住地＝地縁」が導入されたという点は確かだとしても、そのことが農村部における有力氏族の権力基盤の弱体化を意味したとは必ずしもいえないとする見解に立っている。(10) そもそもアテナイとは異なり、市域、沿岸、内陸の三地域の組み合せという方式を採らなかったローマにおいて、「地縁的」原理の導入がストレートに氏族の権力基盤の喪失を意味したのかどうかはそれほど自明ではないし、それに加え、セルウィウス王の改革意図を権力闘争とは別のところに、つまり市民団の拡大とそれによる軍事力の増強に求めたいからである。

このことはもちろん、セルウィウス改革によるトリブスが「反氏族的」ではなかったことを積極的に論証するものではない。だが少なくともいえることは、その全体像もつかみにくいセルウィウス王を前にして、[11] クレイステネス改革との外面的類似性のみから、トリブス改革のうちに「反氏族的」性格を読み取るのは危険ではないかという点である。さらにいうなら、パトリキ貴族が実権を握ったのが明らかな共和政期に入ってからもトリブスが旧トリブス-クリアへと逆戻りすることなく、地域的区分として存在し続けたことを思えば、すでに王政期においてもそれが「反氏族的」な単位ではなかった可能性の方が高いように思われる。[12] ともかく、セルウィウス王の改革意図をもとに初期トリブスの性格とその内部構造とを推し測るのには無理があるのであり、セルウィウス改革からの知見は、初期トリブスの内部構造を知るための確固たる手掛かりとはなりえないのである。それでは共和政期に入ってからの情報をもとにすれば、どのようなトリブスの姿が浮かび上がってくるのか、次に節を改めて見ていくことにしよう。

二　氏族名を冠したトリブスの内部構造

「はじめに」でもふれたように、初期トリブスを「身分闘争」とのかかわりで検討している研究は少ないのであるが、その中にあって目を惹くものとして、前四九五年における農村トリブスの成立を、「身分闘争」勃発との関連で捉えようとする研究が存在する。[13] それらの研究によれば、パトリキ貴族たちは王政の転覆に成功するや、権力と支配への欲求を一段と増大させ、平民に対する抑圧を強めた。そしてパトリキ貴族によるこのような平民への攻勢の一環として設置されたのが農村トリブスであり、他方で、それに対する平民側からの対応が、翌前四九四年の一斉退去と護民官職の設置であったという。

もちろん、この説にあっても、前四九五年に作り出されたトリブスの数と場所、パトリキ貴族と平民との力関係について、少なからぬ見解の相違が見られる。たとえば、農村トリブスが設置された地域に関しては、レギッルス湖畔の戦いによりラテン人から奪い取った土地を想定するもの[(14)]と、すでにパグスとして分割されていた農村部の編成替えを想定するものとに分かれる[(15)]。またこれらとの関連で、農村トリブスには自立した平民の一部も居住し土地を所有していたのか、あるいはそこに住むのは、あくまでもパトリキ貴族と彼らの被護民だけであったのか、それとも負債によりパトリキ貴族に土地を奪われた平民がいたのか、農村トリブスの人的構成という点でも意見の対立が見られる。

しかしいずれにせよ、「身分闘争」の勃発という脈絡で農村トリブスの設置を考える研究者にあって共通の論拠となっているのは、農村トリブスのうちのいくつかがパトリキ貴族の名を冠しており、それらが当該貴族の利害を強く匂わせていること、そしてわずかなりとも具体的事情が知られるトリブスが、そのようなトリブス像を裏づけているように思われることである。そこでまず、この種のトリブスを史料に即して再検討し、そこから導き出される知見を確認することにしたい。

二一の初期トリブスのうち、セルウィウス王時代に設置されたのが明らかな都市トリブス四つ、および地名に由来することが明白なクルストゥミナ区を除く、一六の農村トリブスの名称は以下のようになっている(各々の位置については、本書三二頁、図1参照)。

［a］　アエミリア区、クラウディア区、コルネリア区、ファビア区、ホラティア区、メネニア区、パピリア区、ロミリア区、セルギア区、ウォトゥリア区

［b］　カミリア区、ガレリア区、レモニア区、ポッリア区、プピニア区、ウォルティニア区

このうち、［a］群に属するトリブスは、共和政初期における有力なパトリキ貴族の名に由来することが明らかなトリブスである。他方、［b］群に属するトリブスに対応した氏族名は執政官表等の記録には現れず、それゆえ長い間これらのトリブスは、王政の転覆とともにローマの伝承から消え去った氏族名ではないかとされてきた。(16) それに対して、A・アルフェルディは、これらが消滅あるいは追放された氏族名などではなく地名に由来する名称にほかならないことを指摘し、(17) 現在ではこれが有力説となっている。(18) だが第一章でもふれたように、現時点の私は旧説を堅持するT・J・コーネルに従い、(19) これらすべてが氏族名由来である可能性へと傾いている。とはいえ、氏族名を冠したトリブスとその氏族とのかかわりという関心からすれば、対応する氏族の詳細が不明な［b］群のトリブスから、有益な知見を引き出すことはできない。そこで以下、［a］群に属するトリブスの中から、氏族との関連が少しでも知られるものについて、具体的に見ていくことにしよう。

1　クラウディア区

氏族名を冠したトリブスとその氏族との関連が、唯一直截に伝えられているのは、有名なクラウディウス氏によるローマ移住の事例である(Liv. 2. 16. 3-5; 4. 3. 14; Dion. Hal. 5. 40. 3-5; Suet. *Tib*. 1. 1; Vergil. *Aen*. 7. 706; App. *Reg*. fr. 12; Plut. *Popl*. 21. 5-6; Zonaras 7. 13B)。

リウィウスによれば(Liv. 2. 16. 3-5)、前五〇四年、ローマと対立するサビニ人の一員であったアッティウス・クラウスス(アッピウス・クラウディウス)は、平和の主唱者であったがためにサビニ人の土地を逐われ、多くの被護民を連れてローマへと逃れた。そして、「この人々には、市民権とアニオ河の彼方の地が与えられた。後に新しいトリブス

民が加えられたので、その地から〔投票のためローマに〕来た人たちは古クラウディア区〔の人〕と呼ばれた」という（鈴木一州氏の訳文参照）。[20] 文法的な問題点をも孕んでいるかなり難解な箇所である。一般的には、前記のように訳され、イタリア内におけるローマの領域拡大とともにクラウディア区に属する地域も拡大されたが、もともとのクラウディア区の地域に住んでいた人々は、「古クラウディア区〔の人〕」と呼ばれて区別されたのであろうと解されている。[21]

ハリカルナッソスのディオニュシオスやプルタルコスでは、ローマへ移住し土地を手にしたこれらの人々についてのさらに具体的な記述が加わる。ディオニュシオスによれば、クラウディウスは一族、友人そして数多くの従者とともにローマへ逃れ、その数は武器を取ることのできる者の数、五〇〇〇名を下らなかった。そして、クラウディウスには、家を建てるために都市の一部が与えられ、他方で彼に従った人々のために、公有地の中からフィデナエとピケティア〔所在地不明〕の間の土地が分け与えられ、「彼らをもとにしてクラウディア区と呼ばれるトリブスが時の経過とともに生まれ、そのトリブスはわれわれの時代にいたるまでも、その同じ名前を保持し続けている」(Dion. Hal. 5. 40. 3–5) という。またプルタルコスによれば、クラウディウスに従ったのは女性も子供も含めて五〇〇〇家族であり、ローマの指導者は「各家族には二プレトラ〔ユゲラ〕の土地をアニオ河の付近に分け与え、クラウススには二五プレトラの土地を譲って、元老院の一員に加えた」(Plut. *Popl.* 21. 5–6) という。なお、移住の時期については、王政転覆後ではなく、ロムルス時代とする伝承も存在したようである (Suet. *Tib.* 1. 1)。

さて、ほとんどの史料に五〇〇〇名あるいは五〇〇〇家族という数字が一致して伝えられてはいるものの、当時のローマの人口規模からして、これがとても受け入れられる数値でないことは、最近の諸研究が強調するところである。[22] また、プルタルコスのみの伝える土地面積についても、これを評価する見解[23]と否定的な見解[24]、両方が見られる。このように記述の細部には、後代の創作がかなりの程度入り込んでいる。しかしながら、細部の叙述はともかく、その核の部分では歴史的真実が語られているという理解に立つとすれば、[25] ここからは、氏族名を冠したトリブスとその氏族との関連について、非常に貴重な知見を得ることができる。すなわち、クラウディア区と呼ばれることになったトリブスには、他のローマ市民の有無については不明ながらも、クラウディウス一族とその被護民、そして友人たちが土地を所有し住み着いていたのである。

だが、当該テーマに関するこの唯一で貴重な知見は、唯一で貴重であるだけになおのこと、その処理には十分慎重でなければならない。この点で参考となるのは、「反クラウディウス的」史料／「親クラウディウス的」史料という観点から、これらの箇所を含めたクラウディウス氏に関する歴史記述の成立過程を丹念に分析したT・P・ワイズマンの研究であろう。ワイズマンは、アニオ河の辺りでの土地獲得については、氏族における伝承か、クラウディア区の起源譚かは決めかねるとしながらも、おそらくもともと氏族に伝わっていたのは祖先がサビニ人の土地から移住したということと、その指導者が前四九五年の執政官アッピウスであったということだけであり、それがいつどのようになされたかという細かな点は、後代の「反クラウディウス的」著者による創作である可能性を示唆している[26]。とはいえ、ワイズマンといえども、アニオ河周辺における土地獲得とそこがクラウディア区と呼ばれたという二つの事実の結びつきが、後代の創作にすぎないことを十分に証明しえているわけではない。

2　ファビア区

クラウディア区と並んで個別に取り上げられることが多いのが、ファビア区の事例である。それは、前四七九―四七七年のクレメラ河畔における、ファビウス一族とウェイィ間の有名な戦いとかかわっている。ディオドロス以外の諸史料がほぼ一致して伝えるところによれば、当時のローマにおける最有力な氏族であったファビウス氏は、隣接するエトルリアの強国ウェイィとの間に私的な戦いを挑み、一族および従者を連れて出兵したが、クレメラ河畔の地で全滅したのであった(Liv. 2. 48. 7-2. 50. 11; Dion. Hal. 9. 15-23; Ovid. *Fast*. 2. 195-242; Fest. 451L)。

これは、国家に対する氏族の自立性、氏族的社会の存続といった観点から、その記述の信憑性をめぐって盛んに論争が展開されてきた事件である。[27] 現在のところでは、A・ルッジェーロも述べるように、[28] 伝説的要素がかなりの部分を占めることを認めながらも、記述を全面的に否定するのではなく、核においてその信憑性を認める立場が有力である。ディオドロスが記すように(Diod. 11. 53. 6)、この戦いがたとえローマとウェイィとの国家間戦争という性格を有していたとしても、それを根拠に、ほかならぬファビウス氏の特別の関与まで否定することはできない。そしてこのとき、ファビウス氏がそれほどまでしてウェイィと戦わなければならなかった動機に関しては、W・クビチェック以来、[29] 次のような見解が広く受け入れられている。すなわち、ファビウス氏はウェイィと隣接するファビア区に居を構えており、そこにおける自らの所領と被護民の土地とを護るため、これほど必死にウェイィと戦ったのではないかと。[30] とすればここからも、氏族名を冠したトリブスとその氏族との関連について、われわれは興味深い知見を得ることになるだろう。ローマの有力氏族であるファビウス氏は、クラウディウス氏同様、被護民とともにローマの一画に所領を占め、しかもその所領を防衛するため隣国と戦いさえしたのである。

しかしながら、ファビウス氏によるかの地での土地所有という点はともかく、それをファビア区と結びつけることに関しては、慎重な意見が見られる。[31] というのも、実は、ファビア区の位置はこの事件とは独立に確定しているわけではなく、クラウディア区との類比から、このような利害関心をファビウス氏が示す以上、そこがファビア区であったに違いないと推定されているにすぎないからである(図1参照)。蓋然性が高い推定とはいえても、その前提となるクラウディア区の事例自体、前述のごとく、かなりの留保条件を必要としている。またここでも、ファビウス氏およびその従者の数について、たとえば、ディオニュシオスの記述では(Dion. Hal. 9. 15. 3)、三〇六名の一族の者を含めて、被護民と友人からなる総勢四〇〇〇名がこの戦いに動員されたと伝えられているが、[32] クラウディウス氏の場合同様、これがとても受け入れられる数値でないことは、平田隆一氏がすでに指摘している。[33]

3　その他のトリブス

クラウディア区およびファビア区以外にも、個別的考察がなされているトリブスがいくつかある。

まず、ウォトゥリア区について。かつてPl・フラッカーロは、カトの演説の断片[34]をもとに、もともとアニオ河沿いのサビニ人の土地に起源を持つウェトゥリウス氏が、本拠地を移動した後もアニオ河からの水を利用し続けたが、その移動後の本拠地は、ローマからオスティア方面へ一〇マイル地点にあたり、それが推定されるウォトゥリア区の位置と合致することを指摘した。[35] その後、プラエネステにおけるベルナルディニの墓からの出土品をもとに、この氏族の起源の地については、M・トレッリが異論を唱えているが、彼もまた、移動後の本拠地とウォトゥリア区との関連についてはフラッカーロの説をそのまま認めている。[36] これらの考察より、ウェトゥリウス氏の氏族名を冠したウォトゥリア区にその氏族の本拠地、少なくともその氏族の「聖地」(sacrarium)が存在していた可能性はかなり高いといえよう。[37] 本拠地が意味するそれ以上の具体的な内容については不明であるが。

さらに、セルギウス氏とセルギア区については、フィデナエと隣接する自らの土地と被護民の土地とを護るために、前四二八年、L・セルギウスはフィデナエに使節として赴いたのではないかと推定されているし、[38] また、ローマとアルバ・ロンガ間の伝説的な戦いにおけるホラティウス三兄弟の活躍についても、アルバ・ロンガに隣接していたホラティア区におけるホラティウス氏の利害関係が想定されている。[39] ただし、これらの推定は、もっぱらクラウディア区やファビア区からの類推によっているのであり、独自の根拠を有しているわけではない。

さて、以上のような具体的事例からして、氏族名を冠したトリブスとその氏族との関連について、どのような知見が導き出されるのであろうか。一般に指摘されているように、トリブスにその名を与えた氏族がかの地に自らの所領を構え、その被護民もまたそこに土地を所有していたとする推測は[40]、かなり蓋然性が高いといえよう。たしかに、テイラーがリストを作成した段階で(一九六〇年)、なぜ氏族名を冠したトリブスに、その名祖となった氏族のメンバーが一人も属していないのかといった疑問は強く残るが、しかしトリブス名とその氏族との間にその他の原則――たとえばそれらのトリブスが設置された年の執政官名――を想定するだけの根拠は、それ以上に薄弱である。となれば、特定の氏族が、そのような土地所有を介して当該トリブスを支配下に治め、そこを自らの権力基盤としていたのではないかとする推測が、自然、成り立つこととなる。前四九五年における農村トリブスの設置を、「身分闘争」との関連で捉えている研究者に共通して見られるのも、このような形での有力氏族による農村部の支配である[41]。

だが、史料が示唆しているような当該氏族の所領の存在という点はともかくとして、そこからさらに論を進めて、いま述べたような形での有力氏族による農村部の支配まで語ることができるのかどうか。つまり、都市トリブスを基盤とした平民に対抗するため、パトリキ貴族は自らの被護民が土地を所有し彼らの支配下にあった地域に農村トリブスを設置して、それによる平民会のコントロールを目指したとまでいえるのかどうか[42]。その答えを求めるためには、「身分闘争」についての研究成果と突き合わせながら、より広い文脈の中で、この問題を考えていく必要性があるだろう。

三 「身分闘争」と初期トリブス

前述の問題を解明する手掛かりとして、まずは農村トリブス内における人的構成[43]から見ていくことにしよう。というのも、これは一見して自明なようでありながら、これまでの議論では、この点が曖昧にされたままでそれぞれの主張がなされてきたように思われるからである。

さて、つとにかのマックス・ウェーバーは、もし氏族名を冠した農村トリブスが当該氏族による「領主制荘園」のごときものであったならば、他のパトリキ貴族はいったいどこに土地を所有していたのか、といった主旨のことを述べている。(44) たしかに、その種の農村トリブスがもっぱら特定氏族の所有地のみから成り立っていたとすれば、たとえば、サトリクムから出土した碑文により注目を集めているウァレリウス氏など、共和政初期に執政官を輩出し、しかも農村トリブスにその名をとどめていない他のパトリキ貴族が、いったいどこに所領を占めていたのか説明がつかなくなる。少なくとも論理的には、氏族名を持った農村トリブスに当該氏族以外のパトリキ貴族も所領を有し、彼らもまたそこに所属していたと考えられるのである。もっとも、［b］群が地名由来の農村トリブスだとすれば――本書はそうではない可能性の方を支持するが――、それらのトリブスに他のパトリキ貴族が所属した可能性は考えられるが、史料上それを裏づけることはできない。それゆえ、［a］群の氏族名由来が明らかな農村トリブスにも、当該氏族以外のパトリキ貴族が所領を有し、彼らもまたそこに所属していたという点は確実といってよいだろう。

それでは、パトリキ貴族以外のいわゆる平民身分のローマ市民についてはどうであろうか。最近の研究の中で平田氏が強調するように、(45) 共和政初期の被護民は、一部で主張されているような非市民であったわけではなく、ローマ市民のうちの平民身分に属する者たちにほかならなかった。とはいえ、平民がすべてパトリキ貴族の被護民だったわけでもなく、彼ら被護民以外の「一般平民」(あるいは「自由な平民」)も存在していた。(46) 史料によれば、パトリキ貴族と彼らにより動員された被護民が、平民とたびたび激しく対立しているのであり(Liv. 2. 35. 3-4; 3. 14. 4; 3. 16. 5)、「身分闘争」はパトリキ貴族対その被護民の争いではなかったのである。(47) しかも平田氏の算定によれば、パトリキ貴族の被護民は、平民身分全体の少数部分をなしたにすぎなかったようである。(48) とすれば、パトリキ貴族の一族とその被護民以外のローマ市民＝一般平民もどこかに居を構え、土地を所有し、いずれかのトリブスに所属していたということになる。

ところで伝承によれば、前四七二年、平民の政務官はトリブス民会で選ぶべしという提案が出されたが(成立は翌年)、「それは、被護民の投票権を通じて意のままに護民官を任じる可能性を貴族たちから奪うものであった」(Liv. 2. 56. 2-3)という。最近の研究をもとにすれば[49]、トリブス民会という呼称に拘って、このときの民会を平民会とは別の、パトリキ貴族にも参加が許されていたいわゆる「トリブス民会」と捉える必要はない。トリブス民会という呼称で強調されているのはむしろ、平民により構成されていた平民会が、すでにこの時点で、トリブス単位の投票システムを採用していたという点にある。たしかに、それ以前の護民官がどのように選出されていたのかという疑問は残るが(おそらくクリア民会か)[50]、トリブス単位の平民会では、パトリキ貴族がその被護民を使って影響力を行使する心配はないという判断がなされ、護民官の選出が平民会によってなされたことが、ここからは読み取れるのである。本書での理解では、前四七一年段階ですでに二一というトリブス数に達していた平民会(トリブス民会)は、おそらくパトリキ貴族の被護民たちも参加することができたであろうにもかかわらず[51]、一般平民の支配するところとなっていたのである[52]。

とすれば、少なくとも前五世紀の前半という時点で見る限り、彼ら平民が主に商工業を営む都市的要素からなり、四つの都市トリブスにのみ所属していたと想定すること[53]、あるいはその裏返しの指摘として、農村トリブスがパトリキ貴族とその被護民の居住する地域からなり、農村トリブスの新設が、都市トリブスをもとにした平民の集会に対する攻勢であったと想定することは[54]、不適となる。というのも、その場合には、二一分の四のトリブスにしか属さない平民が、トリブスを単位とした平民会において、そもそもどのようにしてその意見を貫徹させることができたのか説明がつかなくなるからである[55]。もっともここでも、パトリキ貴族との関係が史料的に不明な［b］群の農村トリブスにもっぱら平民が所属していたという可能性は考えられるが、しかしその場合には、いわゆる「身分闘争」がほかならぬトリブス間の抗争という様相を呈したに違いない。だが、そのような痕跡は史料上見当たらないのであり、［a］［b］両群のトリブスについて、名称的にはともかく、構造的な違いは確認できないのである。

結局のところ、「身分闘争」研究との照合による論理的な可能性が主たる論拠となっているが、農村トリブスの人的構成としては、［a］［b］の農村トリブスはともに、複数のパトリキ貴族とその被護民、そして一般の平民から構成されていたと結論づけてよさそうである。(56)

とするならば、個々の農村トリブスについて、クラウディウス氏やファビウス氏の事例をもとに、特定の氏族が一族と被護民とに土地を分け与えながらローマ周辺に所領を構え、ことによると「氏族長」の統率下、極めて自立性の高い「国家内国家」を形成していたかのように思い描くのは、(57)誤りということになる。またこのことと関連させるならば、次のようなリウィウスの記述が示唆に富む。リウィウスによれば、前節でふれたクレメラ河畔の戦いへ向けたファビウス氏出兵の際、

もし母市に〔ファビウス氏と〕勢威ひとしい二氏族があって、一方はウォルスキを、他方はアエクィを己れの敵に求めるなら、ローマ人が静穏な平和を過すうちに近隣の人民は悉く服属されもしように。（鈴木一州氏の訳文参照）(58)

という噂があったという。このことは、たとえファビウス氏の話が事実であったとしても、同氏のように名祖となっているトリブスを基盤に一族の力で同様の戦争を遂行しうるような氏族が、ほかには存在しなかったことを暗示しているのではなかろうか。(59)興味深いことに、前節の検討からすれば、当然そのような役割が期待されるはずのクラウディウス氏についても、言及がなされてはいないのである。

それでは、初期の農村トリブスがこのような人的構成を持っていたとして、そこからさらに踏み込んで、個々の農村トリブス内における人的関係を探るならば、それはどのようになるのであろうか。どの氏族がどのトリブスに属したのかについて不明な点が多い以上、たとえば「政治的同盟」の有無など、同一トリブスに属するパトリキ貴族間の関係については、残念ながらよくわからない。また、パトリキ貴族とその被護民との関係については、従来多くの研究が積み重ねられてきたのでそちらに委ね[60]、ここでは「身分闘争」との照合という点からとりわけ重要な、同一トリブスに属するパトリキ貴族と一般平民との関係について論じていくことにしよう。「身分闘争」の経過から容易に推察されるように、彼らは互いに敵対的な関係にあったといえるのかどうか、次に、少ないながらも初期トリブスの内部事情を窺わせる史料をいくつか拾い上げ、この点を検討していきたい。

まず取り上げたいのは、「トリブス民」(tribules)という語が直截に現れるリウィウスの記述である(Liv. 5. 32. 8-9)。ちなみに、この「トリブス民」という語は、かつてTh・モムゼンにより、アエラリウスに対立する概念として、土地を所有しそれゆえにトリブスへの登録も認められた「完全市民」という意味合いを担わされていたが、現在ではこれがそのような専門語ではなく、同じトリブスに所属する者を指し示す日常語にすぎなかったことが認められている[61]。

さて、前三九一年、ウェイイからの戦利品を横領したとして護民官に告発されたカミッルスは、

……トリブス民と被護民——彼らは平民の大きな部分をなしていたのであるが——を家に呼び集め、彼らの考えを尋ねたところ、課せられた分だけの罰金を掻き集めるつもりであるが、彼を無罪とすることはできないという答えを手にしたので、亡命しローマを離れた……[62]。

同じ事件を記した他の史料には(Dion. Hal. 13. 5. 1; Dio fr. 24. 4-6; Plut. *Cam*. 12. 2)、「トリブス民」という語は現れず、

そもそもこの事件の歴史的信憑性自体が不明だが、少なくともこの記述からは、リウィウスあるいは彼が典拠とした史料が、トリブス民をどのようなものとして把握していたかを窺い知ることができ、非常に興味深い。被護民とイコールではないまでも、同じトリブス所属の有力者に緊急の事態で相談を受け、場合によっては彼に社会的・経済的援助をするような存在として「トリブス民」は描かれているのである。しかしながら、被護民との類比から、この記述をもとにトリブス民の従属的な側面のみが強調されるとすればそれは誤りである。というもの、他の史料では、被護民と並んで「友人」(Dio fr. 24. 4-6; Plut. *Cam*. 12. 2)や「親類縁者」(Dion. Hal. 13. 5. 1; Dio fr. 24. 4-6)、あるいは「戦友」(Plut. *Cam*. 12. 2)などが挙げられており、これらの記述で力点が置かれているのは、このようなカミッルスに近しい人々でさえ裁判において彼を救うことができなかった、あるいは救おうとしなかったという点だからである。従属性というより、ここからはむしろ、同一トリブスへの所属を根拠とする、一般トリブス民と有力者との親密な関係の方が読み取られるべきであろう。

トリブス内における人的関係を探る手掛かりとして次に注目したいのは、パトリキ貴族と平民の衝突、あるいは両者の駆引きの場面において見られる特定のパターンである。とりわけ、護民官が平民会においてなんらかの重要な提案をなそうとしている場合、あるいはパトリキ貴族の一員を訴追しようとしている場合のパトリキ貴族側からの対応が目を惹く。まず特徴的なのは、彼らが一族、友人そして被護民の一団を連れて、暴力的にそれらの民会に介入している事実である。国制上、パトリキ貴族は平民会に参加する権利を有しておらず、また平民会ではいわゆる一般平民の方が優勢であったと考えられる以上、パトリキ貴族がこのようにある種の威圧手段や直接的暴力により平民会の不成立を狙ったのは、予想されるやり方である。

だが、それと並んで史料には、パトリキ貴族側が懇願・嘆願により盛んに説得を試みている様子が、繰り返し描かれているのである。[63] たとえば、前四六一年におけるカエソ・クインクティウスの訴追時には、事ここに至って遂にカエソもやむをえず、心中大いに腹立たしく思いながらも一人ひとりにとりなしを頼んでまわった。近親の者、市民団の有力者がついて行った。(鈴木一州氏の訳文参照)(64)

また、前四六〇年には、何年来かの課題となっていた執政官の命令権制限に関する法案を護民官が提出しようとした際に、

……父たちは平民の間をめぐり歩き、人の輪に入って行っては時宜にかなった言葉を繙く。自分たちが国家をいかに苦況に導いているか、よく見るように戒める。(鈴木一州氏の訳文参照)(65)

といった形で、「父たち」(パトリキ貴族あるいは元老院議員)は平民を説得しようとしているのである。

よく知られているように、常に外敵の脅威に曝されていた共和政初期のローマにあっては、平民に「徴兵拒否」という切札が存在した以上、パトリキ貴族たちはわが身の安全のためにも、強圧的な手段のみで平民に臨むことはできず、ときには一定の譲歩覚悟で穏健に接しなければならなかった。そこで、パトリキ貴族たちは各個人の権威やパトリキ身分全体としての権威に訴えながら、民会の場に集まった平民の説得にあたっているのである。これまでに挙げた史料では、残念ながらこの説得の様子をこれ以上詳らかにすることはできない。しかし、前四世紀初頭のウェイィへの移住をめぐるやりとりに、この種の説得がさらに具体的に描き出されているので、それを見ておくことにしよう。

ことの発端は、ウェイィ陥落後の前三九五年における護民官の提案であった。この年、護民官は、平民の一部と元老院の一部をウェイィに移住させ、ローマ人が共通の国家を持つ二つの都市に住むことにしようと提案したのである

が、当然のことながら「父たち」により激しい反対がなされ、この問題は未解決のまま前三九三年にまで持ち越されることとなった(Liv. 5. 24. 4-5. 25. 13)。そして前三九三年、この問題が再び持ち出されるや、カミッルスが反対のために強力な論陣を張った。リウィウスは、次のように述べている。

> 第一人者〔カミッルス〕によるこのような激励により刺激された父たちは、老いも若きも、法案が投票に移される日に一団をなしてフォルムへと駆けつけ、トリブスの間に分散して、各人が彼らのトリブス民を捉えては、涙ながらに次のように訴えはじめた。彼ら自身や彼らの父たちが、その安全のために非常に勇敢にそして非常な幸運をもって戦った、かの祖国を見捨てることがないようにと……[66]。

このように「父たち」が暴力によってではなく、懇願によってことを運んだ結果、法案は一票差で否決され、このことに喜んだ元老院は、ウェイィの土地から七ユゲラずつが平民に分配されるよう決議したという(Liv. 5. 30. 7-8)。ちなみに、ウェイィへの移住の問題は、「ガッリア人の災厄」の後もう一度持ち出されるが、またもやカミッルスによる長広舌と、とある予兆によって否決され(Liv. 5. 49. 8-5. 55. 2)、結局、前三八七年、このウェイィの地には四トリブスが新設されることになるのである(Liv. 6. 5. 8)[67]。

このリウィウスの記述は、いわゆる「トリブス民会」にパトリキ貴族も参加が許されていたのかどうかといった文脈で、これまでにもよく引用されてきた史料である[68]。しかしここで改めて注目したいのは、パトリキ貴族の参加云々ではなく、先にも述べたように、「父たち」による具体的な行動の仕方である。すなわち、この史料が提供している貴重な知見は、「父たち」が、ほかならぬ「各人の所属するトリブスごとに」説得にあたったと述べられている点にある。その他の箇所では、あたかも平民全体に対して無差別に説得がなされたかのように述べられているが、ここではそれがさらに具体的に、実は各自のトリブスへと分散し、同一トリブスの所属民に訴えるというやり方であったことが記されているのである。

また、前四四六年のアリキアとアルデア間の土地争いにおいて、その裁定を委ねられたローマ人民が、こともあろうに問題の土地を自らの公有地であると裁定しようとした際、

両執政官は、神がみよ、人びとよ、この破廉恥行為の証人たれ、と呼びかけ、父たちの領袖連を招き寄せる。彼らと共に諸トリブスをめぐり歩き、懇請する……。（鈴木一州氏の訳文参照）(69)

という記述が見られる。前三九三年の記述を参照するならば、ここにおいても次のような場面が再構成されるのではなかろうか。平民が投票のためにトリブスごとに整列している中を、両執政官を先頭にした有力元老院議員たちが、トリブスごとに説得にあたった。たしかに、彼らは全員で説得して廻ったように描かれている。だが各トリブスにおいては、説得にあたるメンバー内に、そのトリブス所属の有力者がいるということが重い意味を帯びていたのではないかと。

このように、一トリブス内の人的関係として、パトリキ貴族とその被護民との緊密な結びつきはもちろんのこと、パトリキ貴族と一般トリブス民＝平民との間にも、実は特殊な共属意識が働いていたことが推察されるのである。だが、トリブス内における有力政治家の影響力という点となると、次のようなことも併せ強調しておかなければならない。これまでに挙げてきた史料よりわかるように、有力政治家たちは各トリブス民に対してそもそも命令を下しているわけではなく、説得にあたっているのであり、それは単純に支配-被支配という言葉で表現されるような関係ではなかった。またリウィウスによれば、前四四六年においては、説得も虚しく平民は「破廉恥な」決定を行っているし、

また、前三九三年にあっては、反対票がわずか一票だけ賛成票を上回ったにすぎなかった。つまり前述のような説得が試みられた場合でも、パトリキ貴族によるそれぞれのトリブスの掌握は常に絶対といったわけではなく、事柄の性格次第でトリブス民が有力者の意思に反した決定を下すこともあったということである。

おわりに

ローマの領域拡大に合わせてトリブスの数も漸次増大していく時代、すなわち前三八七年以降におけるトリブス内での有力政治家の影響力や、彼らによる自己のトリブスの操縦・操作といった論点は、すでにテイラーの研究以来、十分に強調されてきたところである。それに対して本章では、それ以前のいわゆる「初期トリブス」の時代を主たる考察対象とし、それらのトリブス内部における人的関係（内部構造）の解明に努めてきた。そこから得られた考察結果は、ひとまず次のようにまとめることができよう。

初期トリブスのうち、パトリキ貴族の名を冠した農村トリブスに関する史料からする限り、かの氏族が一族や被護民の力をもって当該トリブスを支配下に置いていたかのような像が思い描かれることになるが、農村トリブスの人的構成を検討し、「身分闘争」の経過に照らし合わせるならば、それは誤りである。というのも、もしそうであるならば、護民官が主催し、少なくとも前四七一年以降はトリブス単位の構成をとっていたと思われる平民会が、「身分闘争」時における平民側の主たる闘争拠点となったことの説明がつかなくなるからである。しかしながら他方で、このような平民会のあり方からして、パトリキ貴族たちが、同一トリブス所属の平民たちと常に敵対的関係にあったのかというと、そうではない。彼らは、平民会に対して単に暴力的にそして威圧的に臨んだだけではなく、再三再四、平民会に集う民衆を説得しようと試みているのであり、しかもそれは自己の所属するトリブスを単位とするものであった。すなわちここからは、おそらくトリブス内における日常的なつながりから生じた結びつきと影響力をもとに、平民会を構成するトリブスという次元から、より効果的にそれを操作しようと試みるパトリキ貴族の姿が読み取れるのである。

ここにはまた、前二八七年のホルテンシウス法へといたる、その後の「身分闘争」の発展を理解する鍵も潜んでいる。この「身分闘争」の終焉は、通常、ノビレス貴族の成立によりパトリキ貴族と護民官＝平民会との対立が実質的意義を失ったことに伴う、護民官と元老院との提携・癒着、護民官の体制内化(あるいは平民会そのものの体制内化)として説明されてきた。[70]だが、トリブスに焦点を合わせて考えるならば、この「終焉」は、単に政治的・社会的上層における変化の結果としてだけではなく、前三八七年にいたるまでの初期トリブスで垣間見られたような、トリブス内における有力者と一般トリブス民との関係からも説明されるべきであろう。パトリキ貴族およびそれに加えて新たに支配者層へと参入してきた平民の上層が、それぞれ自己の所属するトリブスにおいて、同一トリブスの所属民に対し親密な関係を取り結びある程度の影響力を行使するようになっていたとするならば、たとえ平民会の決議が全ローマ市民を拘束するものとなろうとも、平民会の決議内容に関して支配者層にはある程度の保証が存在したのではないかと思われるからである。

ただし、テイラーもすでに、「ノビレス貴族のトリブス民はある意味で彼の被護民であった」と述べているが、[71]前述のごとく、トリブス内には「狭義の被護民」と「一般平民」とがともに所属していたと考えられる以上、これは混乱をもたらしかねない表現であり、私はもちろん、このような形での保護‐被護関係による民会のコントロールという旧説を、単純に繰り返すつもりはない。だが、F・ミラーのように、[72]機関としての民会の性格を云々する前に、その民会を構成していたトリブスという次元での人的関係をおさえておく必要性があるとはいえよう。

このように従来通りトリブスの持っていた政治的意義を強調するとして、次のような点にも注意を促しておきたい。それは、テイラーの研究以来、各トリブス内における有力政治家の影響力があまりにも自明のものとされ、彼らによる個々のトリブスの掌握が過度に評価されてはこなかったかという点である。クラウディア区やファビア区から導き出される有力氏族による農村部の支配は、たとえそれら二トリブスに関してそのような事態が確認されたとしても、それを農村トリブス全体に敷衍して一般化することはできない。農村トリブスは、そこに所領を構えた有力氏族の磐石の権力基盤だったのではなく、同じくそこに属する一般平民との間の社会的・政治的関係に大きく左右される、多分に流動的な権力関係の場であったように思われるのである。

もっとも、ここでは直接考察の対象としなかった前三六七年以降の時期、すなわちノビレス貴族の支配が確立されてくる時期において、彼らによる個々のトリブスの掌握が、以前のパトリキ貴族の場合に比べて格段に伸展したことは予想される。そこで次章では、このいわゆる共和政中期におけるトリブスを取り巻く政治状況を見ていくことにする。

註

＊本章では、*L'année philologique* による雑誌略号以外にも、以下の略号を用いる。

CAH^2: *The Cambridge Ancient History*, 2nd ed., Cambridge 1982-.

（1）「身分闘争」についての比較的新しい研究として注目に値するのは、K. A. Raaflaub (ed.), *Social Struggles in Archaic Rome. New Perspectives on the Conflict of the Orders*, Berkeley/Los Angeles/London 1986 [= *Social Struggles*]. また、T. J. Cornell, The Failure of the plebs, in: E. Gabba (ed.), *Tria Corda. Scritti in onore di A. Momigliano*, Como 1983 [= Cornell, *Failure of the plebs*], 101-120 は、短いながらも、研究史上の問題点を摘記し、「身分闘争」についてのすぐれた概

観となっている。

（2） ただし、J. von Ungern-Sternberg, The End of the Conflict of the Orders, in: *Social Struggles*, 353-377 および K.-J. Hölkeskamp, Die Entstehung der Nobilität und der Funktionswandel des Volkstribunats: Die historische Bedeutung der *lex Hortensia de plebiscitis*, *AKG* 70, 1988, 271-312 は、全く正反対の立場からではあるが、ともに「身分闘争」の終焉に関する通説に批判的である。

（3） 拙稿「共和政期ローマの社会・政治構造をめぐる最近の論争について――ミラーの問題提起（一九八四年）以降を中心に――」『史学雑誌』一〇六-八、一九九七年、六三―八六頁。

（4） Ed. Meyer, Der Ursprung des Tribunats und die Gemeinde der vier Tribus, in: Meyer, *Kleine Schriften* I, 2nd ed., Halle (Saale) 1924, 333-355; U. von Lübtow, *Das römische Volk. Sein Staat und sein Recht*, Frankfurt am Main 1955, 55-57.

（5） 邦語文献としては、祇園寺信彦「古代羅馬の平民」『日伊文化研究』四、一九四二年、五四―六三頁、森祐三「プレブス」『古代史講座六』学生社、一九六二年、五九―九四頁。なお、鈴木一州「ローマ共和政の成立と発展」『岩波講座世界歴史二』岩波書店、一九六九年、一〇九―一四六頁には、テイラーの研究（後註（7）参照）を踏まえたうえでのトリブスへの言及が見られる。また、弓削達『ローマ帝国論』吉川弘文館、（一九六六年）一九八二年、四五―九九頁は、「共同体論」の視角からローマ共和政初期・中期の歩みを概観しているが、その際、同じくテイラーの研究成果をもとにトリブス制がかなり詳しく取り上げられている。

（6） たとえば、O. Hirschfeld, Zur Geschichte der römischen Tribus, in: Hirschfeld, *Kleine Schriften*, Berlin 1913, 248-257 は、平民の不満→平民への公有地分配→農村トリブスの設置という脈絡で。

（7） L. R. Taylor, *The Voting Districts of the Roman Republic. The Thirty-five Urban and Rural Tribes*, Roma 1960 [= Taylor, *Voting Districts*].

（8） 古い研究ではあるが、トリブス内の人的構成に比較的留意しているものとして、G. Niccolini, Le tribù locali romane, in: *Studi in onore di P. Bonfante nel 40 anno d'insegnamento* II, Milano 1930, 235-251. また最近出された、J. Cels-Saint-Hilaire, *La Rêpublique des tribus. Du droit de vote et de ses enjeux aux dêbuts de la Rêpublique Romaine (495-300 av. J.-C.)*, Toulouse 1995 は、トリブス新設と身分闘争との関係に着目した興味深い研究であるが、結論は本章と大きく異

なっている。当書の簡単な内容紹介とその批判については、本書第一章註(63)参照。

(9) たとえば、R. Thomsen, *King Servius Tullius. A Historical Synthesis*, Copenhagen 1980, 250; 317 など。

(10) E. Ferenczy, L'immigrazione della《gens Claudia》e l'origine delle tribù territoriali, *Labeo* 22, 1976, 363-364 も、エトルリア系諸王のもとで、パトリキ貴族の勢力が削がれることはなかったとする立場。また、E. S. Staveley, The Nature and Aims of the Patriciate, *Historia* 32, 1983, 45-46 は、「トリブス改革」ではなくケントゥリア制についての言及であるが、血縁的紐帯に代えての人為的グループ制の導入が、必ずしも貴族の影響力の失墜をもたらすものではないことを指摘している。

(11) R. T. Ridley, The Enigma of Servius Tullius, *Klio* 57, 1975, 147-177.

(12) また、セルウィウスの改革意図を「反氏族的」とした場合でも、M. Torelli, Rome et l'Etrurie à l'époque archaique, in: *Terre et paysans dépendants dans les Sociétés antiques. Colloque international tenu à Besançon les 2 et 3 mai 1974*, Paris 1979, 282-283 や J. Cels-Saint-Hilaire/C. Feuvrier-Prévotat, Guerres, échanges, pouvoir à Rome à l'époque archaique, *DHA* 5, 1979, 110-121 が指摘するように、彼の改革意図が有力氏族の支配する農村部にまで貫徹されえず、そこでは氏族の利害を強く反映したトリブスが作られた可能性も考えられる。

(13) J. Ellul, Réflexions sur la révolution, la plèbe et le tribunat de la plèbe, *Index* 3, 1972, 160-162; J. Gagé, Mercure et le Centurion. Remarques sur l'encadrement centuriate et ses rapports avec les《Tribus》dans la Rome du début du Ve siècle, in: Gagé, *Enquetes sur les structures sociales et religieuses de la Rome primitive*, Bruxelles 1977, 185-213; J.-C. Richard, L'œuvre de Servius Tullius: Essai de mise au point, *RD* 61, 1983 [= Richard, *RD*], 189; Richard, Patricians and Plebeians: The Origin of a Social Dichotomy, in: *Social Struggles* [= Richard, *Patricians and Plebeians*], 126 n. 81. それほど明示的ではないが、E. Ferenczy, *From the Patrician State to the Patricio-plebeian State*, Budapest 1976 [= Ferenczy, *Patrician State*], 19-20, 32.

(14) Richard, *Patricians and Plebeians*, 126 n. 81. 「身分闘争」とのかかわりに言及しているわけではないが、M. Humbert, *Municipium et civitas sine suffragio. L'organisation de la conquête jusqu'à la guerre sociale*, Paris/Roma 1978, 65-76 も、レギッルス湖畔の戦い後にラテン人から奪った土地に、前四九三年ごろ農村トリブスが作られたとする。レギッルス湖畔の戦いの評価については、平田隆一「Foedus Cassianum における平和と戦争に関する規定について」『歴史』六八、一九八七年、一一六頁参照。

(15) Ferenczy, *Patrician State*, 20; Gagé, *op. cit.*, 202.

(16) たとえば、Taylor, *Voting Districts*, 6-7 n. 13; R. M. Ogilvie, *A Commentary on Livy Books 1-5*, Oxford (1965) 1970, 292.

(17) A. Alföldi, *Ager Romanus antiquus*, *Hermes* 90, 1962, 187-213; Alföldi, *Early Rome and the Latins*, Ann Arbor 1965 [= Alföldi, *Early Rome*], 288-318.

(18) もちろん細部において見解の相違は見られるが、アルフェルディの説明を基本的に受け入れるのは、J. Heurgon, *Rome et la Méditerranée occidentale jusqu'aux guerres puniques*, Paris 1969, 257-260; H. Bengtson, *Grundriss der römischen Geschichte mit Quellenkunde* I, 3rd ed., München 1982, 57-58; H. Bellen, *Grundzüge der römischen Geschichte* I, Darmstadt 1994, 13-14, 29-31; 平田隆一「初期ローマの領域と人口」『歴史』五五、一九八〇年[=平田「領域と人口」]、一八一二二頁、原田俊彦「最初期 censor の活動と性格——censor の習俗監視序論——」『早稲田法学』六五-四、一九九〇年、八一一三頁。

(19) T. J. Cornell, *The Beginnings of Rome. Italy and Rome from the Bronze Age to the Punic Wars (c. 1000-264 BC)*, London/New York 1995 [= Cornell, *Beginnings of Rome*]. 他方、G. Franciosi, Storia di 'gentes' e storia di famiglie. Una messa a punto storico-cronologica, in: Franciosi (ed.), *Ricerche sulla organizzazione gentilizia romana* II, Napoli 1988 [= *Organizzazione gentilizia* II], 13-17 は、これらを王政の転覆とともに消え去ったエトルリア系の氏族であるとする。

(20) Liv. 2. 16. 5: His civitas data agerque trans Anienem; vetus Claudia tribus additis postea novis tribulibus qui ex eo venirent agro appellati.

(21) 異なった読みと解釈を提唱しているのは、Ogilvie, *op. cit.*, 274-275.

(22) K. A. Raaflaub, The Conflict of the Orders in Archaic Rome: A Comprehensive and Comparative Approach, in: *Social Struggles*, 45 n. 124; 平田隆一「ローマ共和政初期のパトロネジ=クリエンテラ」長谷川博隆編『古典古代とパトロネジ』名古屋大学出版会、一九九二年[=平田「パトロネジ」]、一〇三一一〇四頁。

(23) L. Capogrossi Colognesi, La città e la sua terra, in: A. Momigliano/A. Schiavone (eds.), *Storia di Roma* I, Torino 1988, 283-286.

(24) 平田「領域と人口」、一〇頁、平田「パトロネジ」、一〇八頁。

(25) ちなみに、アルフェルディも、これらの記述が伝える移住の日付については否定的ながら、社会構造についてはこれを受け入れる。Alföldi, *Early Rome*, 315 n. 2.
(26) T. P. Wiseman, *Clio's Cosmetics. Three Studies in Greco-roman Literature*, Leicester 1979, 59-65.
(27) J.-C. Richard, Les Fabii à la Crémère: Grandeur et décadence de l'organisation gentilice, in: *Crise et transformation des sociétés archaiques de l'Italie antique au* V^{e} *siècle av. J.-C.*, Roma 1990 [= Richard, *Fabii*], 245-262; K.-W. Welwei, Gefolgschaftsverband oder Gentilaufgebot? Zum Problem eines frührömischen familiare bellum (Liv. II 48, 9), *ZRG* 110, 1993, 60-76.
(28) A. Ruggiero, Mito e realtà nella vicenda storica della 'gens Fabia', in: G. Franciosi (ed.), *Ricerche sulla organizzazione gentilizia romana* I, Napoli 1984, 272-273.
(29) W. Kubitschek, *De Romanarum tribuum origine ac propagatione*, Wien 1882, 12.
(30) Taylor, *Voting Districts*, 40-41; Ruggiero, *op. cit.*, 275-278; 平田「パトロネジ」、一一四頁、註(53)。
(31) E. Badian, *JRS* 52, 1962 (Review of Taylor, *Voting Districts*), 201; Richard, *Fabii*, 258.
(32) Fest. 451L では、五〇〇〇名の被護民。
(33) 平田「パトロネジ」、一〇四頁。ちなみに、平田氏は、三〇〇(三〇六)名という数字がなんらかの史実を反映しているとすれば、その中には、ファビウス氏やその被護民ばかりではなく、ファビア区に住む他の「トリブス成員」も含まれていたのではないかと推測する(一一四頁、註(53))。
(34) H. Malcovati (ed.), *Oratorum Romanorum fragmenta*, 4th ed., Torino 1976, 8. M. Porcius Cato, no. 74.
(35) Pl. Fraccaro, La tribus Veturia e i Veturi sabini, *Athenaeum* 2, 1924, 54-57.
(36) M. Torelli, L'iscrizione《latina》sulla coppa argentea della tomba Bernardini, *DArch* 1, 1967, 38-45. なお、当論文の詳しい紹介は、石川勝二『古代ローマのイタリア支配』溪水社、一九九一年、一六五―一六九頁。
(37) A. Romano, La 'gens Veturia' e le scelte diplomatiche di Roma nei secoli V e IV a.C., in: *Organizzazione gentilizia* II, 261-268 も同様の見解。
(38) Taylor, *Voting Districts*, 40.
(39) Taylor, *Voting Districts*, 43; Ruggiero, *op. cit.*, 278-279. また、S. Arcella, Religiosità e presenza politica degli

Orazi fra il VI e il IV secolo a.C., in: *Organizzazione gentilizia* II, 169-172 は、ホラティウス氏のアルバ・ロンガ起源を主張する立場から、このような解釈を支持している。

(40) Taylor, *Voting Districts*, 283 など。また、A. Momigliano, The Origins of Rome, in: *CAH*² VII-2, Cambridge 1989, 96-100 は、クラウディウス氏やファビウス氏を the band chief という概念で捉え、これらの有力氏族による土地所有が農村トリブスのもとになっていたと考えている。

(41) Ellul, *op. cit.*, 161-162; Cels-Saint-Hilaire/Feuvrier-Prévotat, *op. cit.*, 128-129.

(42) 最近における初期トリブスについての唯一の専論といってよいセル＝サン＝イレールの研究も（前掲註(8)）、基本的にはこのような理解を前提に書かれている。

(43) 「パトリキ貴族」および「平民」という二身分が、いつ、いかにして成立したのかという論争の多い問題についてはここではふれない。詳しくは、Staveley, *op. cit.*, 24-57; Cornell, *Failure of the plebs*, 101-120; Richard, *Patricians and Plebeians*, 105-129; A. Momigliano, The Rise of the plebs in the Archaic Age of Rome, in: *Social Struggles*, 175-197 など参照。

(44) M・ウェーバー／渡辺金一・弓削達訳『古代社会経済史――古代農業事情――』東洋経済新報社、一九五九年、三六一頁、三八九頁。

(45) 平田「パトロネジ」、一〇六―一〇九頁。

(46) P. A. Brunt, *The Fall of the Roman Republic and Related Essays*, Oxford 1988, 401.

(47) E・マイヤー／鈴木一州訳『ローマ人の国家と国家思想』岩波書店、一九七八年、二四―二五頁。

(48) 平田「パトロネジ」、一一〇―一一五頁。

(49) J. Farrell, The Distinction between comitia and concilium, *Athenaeum* 64, 1986, 407-438.

(50) R. E. A. Palmer, *The Archaic Community of the Romans*, Cambridge 1970, 219 は、クリアとケントゥリアの並存という観点から、前四九三―四七一年におけるクリア民会での護民官選出を強調する。

(51) Cels-Saint-Hilaire, *op. cit.*, 315-323 は、前四四九年前後の一〇農村トリブスの設置にいたるまで、氏族の支配地とそこに住む被護民とはトリブス組織の埒外にあったと考えているが、根拠は薄弱。

(52) ただし、A. Drummond, Early Roman *clientes*, in: A. Wallace-Hadrill (ed.), *Patronage in Ancient Society*, London/New York 1989, 107 は、被護民も場合によっては、平民側の運動を支持したのではないかとする。

(53)　Ogilvie, *op. cit.*, 294; Ellul, *op. cit.*, 160–162.

(54)　Ellul, *op. cit.*, 161-162; Cels-Saint-Hilaire/Feuvrier-Prévotat, *op. cit.*, 128–129. また、被護民がもともとは農村に住む(自由人)非市民であり、主に前五世紀中葉以降、彼らに市民権が与えられたことに伴い農村トリブスが設置されたとするマグドゥランの見解も、前四九五年段階ですでに二一農村トリブスが存在したとするならば成り立たない。A. Magdelain, Remarques sur la société romaine archaique, *REL* 49, 1971, 103-127. 被護民＝ローマ市民という点からのマグドゥラン批判は、G. Piéri, Statut des personnes et organisation politique aux origines de Rome, *RD* 59, 1981, 589-590; 平田隆一『エトルスキ国制の研究』南窓社、一九八二年、一六三頁、註(87)。

(55)　同様の批判は、A. Drummond, Rome in the Fifth Century II, in: *CAH*² VII-2, 235-237.

(56)　農村トリブス内の人的関係を明らかにするにあたっては、土地所有関係からのアプローチも、重要な手掛かりを与えてくれるのではないかと予想される。ところが、「氏族の共有地」(ager gentilicius)という範疇がはたして存在したのか、公有地もトリブス内に含まれたのかあるいはあくまでも私有地のみがトリブスに属したのか、等々の問題とかかわって、トリブス内における土地所有関係の解明は、それ自体が、未解決の部分を多く残す難問となっている。そこで本章では、この問題に深く立ち入ることなく、次のような点だけを指摘しておきたい。すなわちそれは、現在この問題に最も積極的に取り組んでいるカポグロッシ・コロニェージが、氏族名に由来するトリブス内の土地所有者として、複数のパトリキ貴族とそれに加えて平民をも想定している点である。Capogrossi Colognesi, *op. cit.*, 275-286. カポグロッシ・コロニェージは、「氏族の共有地」が前三六七年まで存続していたと強く主張している論者であり(L. Capogrossi Colognesi, Alcuni problemi di storia romana arcaica: *ager publicus*, *gentes* e clienti, *BIDR* 83, 1980, 29-65)、それゆえパトリキ貴族の力をかなり高く評価する立場にあると思われるが、その彼にあっても、「氏族の共有地」をトリブスの外に求めているため、トリブス内部の土地所有関係については、われわれの仮説と合致する結果となっているのである。

(57)　「氏族長」についての言及はないが、たとえば、Thomsen, *op. cit.*, 140.

(58)　Liv. 2. 49. 2: Si sint duae roboris eiusdem in urbe gentes, deposcant haec Volscos sibi, illa Aequos, populo Romano transquillam pacem agente omnes finitimos subigi populos posse.

(59)　A. Drummond, Rome in the Fifth Century I, in: *CAH*² VII-2, 153が同様の指摘。ただし、トリブスについての言及はない。

(60) 平田「パトロネジ」が、関連史料と参考文献を網羅して、現段階での研究状況をよく伝えている。

(61) H・M・ラースト／鈴木一州訳「セルウィウスの改革」古代学協会編『西洋古代史論集II』東京大学出版会、一九七五年、訳註(35)参照。ただし、森前掲論文、七四—七八頁および弓削前掲書、六五—七三頁はモムゼン流の解釈を採用している。なおアエラリウスについて詳しくは、本書第六章参照。

(62) Liv. 5. 32. 8-9: . . . cum accitis domum tribulibus clientibusque, quae magna pars plebis erat, percontatus animos eorum responsum tulisset se conlaturos quanti damnatus esset, absolvere eum non posse, in exsilium abiit, . . .

(63) 共和政期ローマの政治における演説の重要性に関しては、拙稿「雄弁家と民衆——帝国形成期ローマの政治文化——」『岩波講座世界歴史五　帝国と支配』岩波書店、一九九八年、二二一—二四三頁参照。

(64) Liv. 3. 12. 1: Tum demum coactus cum multa indignitate prensabat singulos. Sequebantur necessarii, principes civitatis.

(65) Liv. 3. 17. 10: . . . patres circumire plebem inserentesque se in circulos sermones tempori aptos serere, admonere ut viderent in quod discrimen rem publicam adducerent.

(66) Liv. 5. 30. 4-5: His adhortationibus principis concitati patres, senes iuvenesque, cum ferretur lex agmine facto in forum venerunt, dissipatique per tribus suos quisque tribules prensantes orare cum lacrimis coepere ne eam patriam pro qua fortissime felicissimeque ipsi ac patres eorum dimicassent desererent, ...

(67) 平民と元老院の一部を大々的にウェイィの地へと移住させようという、この一見して非常に突飛な提案は、いったい何を意味しているのだろうか。オグルヴィーは、この伝承の背後に、前一世紀の同盟市戦争でイタリアの「首都」としての地位を脅かされたローマによる、防御的プロパガンダを読み取っている。Ogilvie, *op. cit.*, 741-742.

　それに対して、確たる論拠はないものの、私には、それがウェイィ陥落後のトリブス新設をめぐる混乱をなんらかの形で反映した記述のように思われてならない。前五世紀を通じて、一七の農村トリブスが漸次設置されていったという説に立つとすれば、前三八七年における四トリブスの新設は、従来の路線の延長線上にあって、さほど大きな問題を引き起こしはしなかったであろう。しかしながら、本書第一章で述べたように、前四九五年段階ですでに一七農村トリブスの設置が完了し、トリブス数は二一に固定しており、しかも前四七一年以降、そのトリブスという単位が政治的にも重要な意味を帯び始めていたとしたらどうであろうか。ウェイィ領の獲得によって著しく拡大した領域を、いったいどのように処理するのかといった問題が、非常に重要な課題として浮上してきたに違いないし、トリブス新設という新たな政策で臨むにあたっては、その決定にいたるまでに、支配者層の間でかなりの論争を引き起こしたに違いない。ところが、リウィウスは、トリブス新設との直接的なかかわりで、このような混乱については何も述べていないのである。平民と元老院の一部をそこに移住させるという奇妙な提案に姿を変えて、初めてトリブスが増設された際の衝撃が伝えられているのではなかろうか。

(68) たとえば、L. R. Taylor, *Roman Voting Assemblies. From the Hannibalic War to the Dictatorship of Caesar*, Ann Arbor 1966 (1990), 62; 原田俊彦「ホルテンシウス法(lex Hortensia)以前のトリブス(tribus)集会について」杉山晴康編『裁判と法の歴史的展開』敬文堂、一九九二年[=原田「トリブス集会」]、五二一—五二二頁。

(69) Liv. 3. 72. 1-2: . . . deos hominesque testantes flagitium ingens fieri patrum primores arcessunt. Cum iis circumire tribus, orare. . . .

(70) 邦語文献として詳しいのは、原田「トリブス集会」、五一一—五三二頁、原田「Livius におけるホルテンシウス法以前の plebs 集会の決定」『早稲田法学』六七-二、一九九二年、一六九—二二七頁。

(71) Taylor, *Voting Districts*, 305.

(72) F. Millar, The Political Character of the Classical Roman Republic, 200-151 B.C., *JRS* 74, 1984, 1-19; Millar, Politics, Persuasion, and the People before the Social War (150-90 B.C.), *JRS* 76, 1986, 1-11; Millar, Political Power in Mid-Republican Rome: *Curia* or *Comitium*?, *JRS* 79, 1989, 138-150; Millar, Popular Politics at Rome in the Late Republic, in: I. Malkin/Z. W. Rubinsohn (eds.), *Leaders and Masses in the Roman World. Studies in Honor of Zvi Yavetz*, Leiden/New York/Köln 1995, 91-113; Millar, *The Crowd in Rome in the Late Republic*, Ann Arbor 1998.

第三章　共和政中期における有力政治家のトリブス操作

はじめに

　第一章で略述したように、前三八七年、旧ウェイィの地に四トリブスが設置されて以来一四の農村トリブスが新設され、前二四一年にいたってトリブス数は最終的に三五となった。これら前三八七年以降に新設されたトリブスにもローマの有力氏族の名が見えることから、彼らがトリブス新設の際、所属トリブスを変更することによりそこでの勢力の扶植を企図したのではないかと指摘したのは、L・R・テイラーである。[1]その結果、トリブスが民会の単位として政治的にも機能し出した前四七一年以降、とりわけ前四世紀から前三世紀にかけての時期、ローマの有力政治家たちが自己のトリブスの掌握、あるいはトリブス拡大の際の操作を通じて、政治的権力基盤を確立することにいかに意を注いでいたのかが明らかとなった。このテイラーの見解は、わが国においてもすでに弓削達氏によって詳細に紹介がなされているし、[2]またそれを踏まえての個別研究も存在する。[3]のみならず彼女の研究は、いまや取り立てて言及の必要性がないほどに学界の共有財産になっているといってもよいだろう。このような研究状況の中で、共和政中期のトリブスに関し、本章においては改めて以下の二点を問題としたい。

　その第一は、トリブスの新設ではなく、既存トリブスの拡大時における有力政治家によるトリブス操作についてである。前二四一年におけるトリブス新設の停止と相前後して、新たに市民権を獲得した地域、あるいはローマ市民が新たに移住した地域に対して既存トリブスが拡大される場合があった。前二四一年のトリブス新設停止以降となると、もちろんこのような形でのトリブス拡大が、ローマ市民団の拡大に対応する唯一の方法となる。その際問題となってくるのは、当該地域の住民に対して隣接するトリブスが拡大されるのではなく、離れたところに存在したトリブスが割り当てられた場合、そこにはいったいどのような利害関係が反映されていたのかという点である。この点に関してもテイラーによる考察はなされているが、本章で敢えてこれを取り上げるのは、トリブス拡大時における有力政治家の関与について、重要な論点がいまだ相応の評価を受けてはいないように思われるからである。

第二点は――これは前章からの引き続いての課題となるが――有力政治家による個々のトリブス掌握がいかにして可能であったのかを、トリブス内部の人的結合あるいはそこでの権力関係の次元から明らかにしていくことである。前章でも指摘したように、この点に関しては、テイラーによってもほとんど手がつけられていない。その理由の大半は史料状況にあるが、そもそも共和政初期・中期に関する重要な史料であるリウィウスの記述は、たとえばトリブスの設置について、「この年ローマでは、○○と○○という二つのトリブスが加えられた」といった具合に簡潔を極めており、その内部事情について多くを語ってはいないのである。なるほど前三世紀のトリブスに関しても、つとにCh・マイヤーによって、トリブス内には近隣関係やその他の共同性によりある種の社会的結合関係が存在したこと、そしてそれをもとにごく少数の有力者がトリブス内の票を左右していたことが指摘されている。(4)だが、トリブスの内部にまで一定程度踏み込んだこのマイヤーの指摘も、実は共和政末期の史料をもとに前三世紀の状況を推測したものにすぎない。

それに対して本章では、あくまでも共和政中期に関する史料からどこまでそのような社会的結合関係が読み取れるのかを考察の中心に据えていくが、その際用いたのは、既知の事件を通してその背後にあるトリブスの姿を浮き彫りにするという方法である。もちろん、「事件」から「構造」を読み取るこのような方法が、どうしても恣意的な解釈に流されがちになるということは承知している。だが前記の史料的制約のもとでは、この種の試みもある程度の有効性を主張することができるのではないか。幸いにしてわれわれは、共和政中期のローマにあってそのような方法に応える素材として、前三世紀後半に行われたいわゆる「ケントゥリア民会の改革」を手にしている。詳しくは後述するように、この改革によりケントゥリア民会の投票単位であるケントゥリアとトリブスとがなんらかの形で結びつけられることになった。いうまでもなく、ケントゥリア民会は共和政期ローマにおける最も重要な制度のひとつであっただけに、そこに改革が生じたこととの関連からトリブスの内部構造についてもなんらかの知見を得ることができるのではないかと期待されるのである。

以上のような構想のもと、まず第一節においては、トリブス拡大時における有力政治家の関与について、従来その含意が十分に強調されてはこなかったと思われる論点を検討する。続く第二節と第三節では、「ケントゥリア民会の改革」とそれに付随した諸事件を取り上げ、可能な限りトリブスの内部構造に迫っていくことにする。このような考察をもとに、有力政治家による自己のトリブス掌握といった観点から、ローマ共和政中期におけるトリブスの実態を明らかにしていくこととしたい。

一　トリブス拡大時における操作

前一八八年、護民官であったC・ヴァレリウス・タッポは、それまで「投票権なき市民」(civitas sine suffragio)の地位に甘んじていた三つの自治都市、すなわちフォルミアエ、フンディ、アルピヌムに完全市民権を付与することを提案した。それに対して、四名の同僚護民官がこの提案は元老院の承認を得ていないとして反対したが、タッポは、市民権の付与は元老院の権限ではなくローマ人民の特権に属すると反論し、結局のところ、四名の護民官が拒否権を撤回して、市民権付与の提案は民会を通過したのであった(Liv. 38. 36. 7-9)。見るからに強引なこのタッポの行動の背後には、ローマ政界の有力者であった大スキピオの存在が推定されている。

もちろんここで問題となってくるのは、完全市民権を獲得した三自治都市がどのトリブスに登録されたのかという点である。テイラーも指摘するように、領域的な連続性を配慮しての方法として考えられるのは、隣接するテレティナ区かオウフェンティナ区への登録であった。ところが、フォルミアエとフンディはアエミリア区に、アルピヌムはコルネリア区にそれぞれ登録されたのである。この結果、当地ではアエミリア区とコルネリア区が、あたかも飛び地のように存在したことであろう。この「不自然な」トリブス登録の説明として、テイラーは大スキピオの「家族的伝統」(family traditions)という要因を持ち出している。[5] すなわち、コルネリア区は大スキピオ自身の属するコルネリウス氏のトリブスであり、またアエミリア区は彼の妻の属するアエミリウス氏のトリブスであったので、これらいずれも彼と極めて関係の深い二トリブスがこのとき意図的に選び出されたとするのである。[6]

実は、コルネリウス・スキピオ家がコルネリア区の所属であったという証拠はなく、同様にアエミリウス氏がアエミリア区の所属であったという証拠もない。だが、アエミリウス氏からスキピオ家に養子に入った小スキピオの例を考えるだけでも、両家の緊密なつながりは明らかであり、このとき敢えて選ばれた二つのトリブスがコルネリウス氏とアエミリウス氏の名を冠する二トリブスであったというのは、全くの偶然とも思われない。テイラーが指摘する「家族的伝統」という要因は十分考えられよう。[7]

それに対して、R・F・ヴィシュニアは次のようにテイラーを批判する。テイラーの主張するようにコルネリア区とアエミリア区とがすでに大スキピオの勢力下にあったのだとするなら、いまや完全市民となった者たちをそれら二トリブス以外のトリブスへと登録し、そこにおける彼らの投票を期待した方がむしろ賢明ではなかったかと。[8] たしかに、民会での投票という観点から考えれば、自己のトリブスをできるだけ小さく抑えておく方が有利であるし、他方、市民権の付与により恩義を感じている新市民は、他のトリブスへと登録しそこでの勢力の拡大をはかった方が有利であったように思われる。[9] そこでヴィシュニアは、前一八八年のトリブス登録の動機を別のところに求めるのであるが、[10]

むしろここで重要なのは、ヴィシュニアが疑問視した事実、すなわち不利ではないにしてもとうてい賢明とは思われないトリブス登録をわざわざ大スキピオが採用したのはなぜかを考えてみることではなかろうか。

同様の素材は、大スキピオの場合ほど明確ではないものの、前三世紀後半のC・フラミニウスの事例でも見られる。前二三二年、護民官のフラミニウスは、約五〇年前にセノネス族より奪い取っていた土地(ager Gallicus)とピケヌムの地に、ローマ市民を「個人的土地分配」という形で送り込む法案を提出した(Lex de agro Gallico et Piceno viritim dividundo)。[11] これは元老院議員がフラミニウスの父親まで引っ張り出して抵抗しようとした有名な法案であるが、それほどまでに激しい衝突をもたらした理由がいったい何であったのか、つまりフラミニウス側と元老院側双方の意図をめぐっては活発な論争が展開されてきた。[12] 両者の意図がいずこにあったのかはともかく、当該地方に土地を獲得したローマ市民に対しては、前二四一年に新設された隣接するウェリナ区が拡大されるとともに、ポッリア区が割り当てられたのである。これにより、それ以前、おそらくローマ近郊にのみ割り当てられていたポッリア区は、少なくとも二箇所に分断された地域から構成されるトリブスとなった。テイラーはこのようにポッリア区が選び出された背景として、他のトリブスやあるいは同盟市民の土地で取り囲まれていたポッリア区にはもはや領域的連続性を前提にしての拡大が望めず、それゆえトリブス間の規模均衡への配慮から、このような形でのポッリア区の拡大がもたらされたに違いないとしている。[13]

その後、前二二〇年、フラミニウスが監察官であった年、フラミニア街道とともにその街道沿いに位置する都市フォルム・フラミニも彼によって建設されたのではないかとされている。このフォルム・フラミニには、隣接するプレスティナとともに、オウフェンティナ区が割り当てられたが、オウフェンティナ区は本来、ラティウム南部に対応したトリブスであった。そこでテイラーは、この「不自然な」トリブス配分の背景として、オウフェンティナ区がほかならぬフラミニウスの所属トリブスだったのではないかという興味深い推定を行っている。ところがテイラーは、それが恩義を感じている人々を登録することによる特定のトリブス掌握の試みであった可能性も指摘しており[14]、彼女の見解には揺れが見られるのである。ここには、前一八八年の事例で見たのと同様の問題が浮かび上がっているといえよう。すなわちテイラーは、市民権の付与あるいはローマ市民の移住に伴うトリブス拡大の際に、その活動にイニシアティヴを発揮した政治家自身のトリブスへと当該住民が登録される場合があったことを指摘しながらも、そこに一定の躊躇を見せているのである。

帝政期にまで及ぶ射程で研究をなしたテイラーは、もちろんそのような事例がほかにも存在したことに気づいている。たとえば、同盟市戦争後に大量の新市民が生み出された際、おそらく前八六年の戸口調査においてトリブス登録が決定され、そこでは登録に責任を負ったマリウス-キンナ派の指導者たちが属するトリブスにも、新市民が多く登録されたことが指摘されている[15]。民会のより効果的な把握という観点からすれば、すでにある程度掌握がなされていたのであろう自己のトリブスや、自己の党派のトリブスではなく、敵対するスッラ派政治家のトリブスへと新市民を大量に登録し、そこにおけるスッラ派の権力の弱体化と自己の勢力の強化とを画策した方が賢明であったろう。しかしながら、同盟市戦争後のマリウス-キンナ派は、必ずしもそのような方法を採用しはしなかったのである[16]。さらに帝政期においては、皇帝が新たに市民権付与を行う際、新市民を皇帝自身のトリブスへと登録するのが一般的となるが、これについてはすでに共和政期にポンペイウスの先例があったことをテイラーは指摘している[17]。

さて、このような状況であるにもかかわらず、テイラーによる先の躊躇の背景として考えられるのは、ヴィシュニアの疑念同様、そのような形でのトリブス登録が自己のトリブスをいたずらに拡大するだけであり、一トリブス一票という民会での投票システムからして、それがとても有利とは思われないという点であろう。しかしながらここで重要なのは、その種の不利さにもかかわらず、共和政期の有力政治家たちが敢えて自己のトリブスの拡大をはかったという事実である。彼らがそれほどまでして自己のトリブスの拡大に拘ったのは、そのようにして息のかかった人々を

「トリブス民」(tribules) として登録することによる、トリブス次元でのパトロン関係の拡大を求めたからにほかならない。[18] もっともテイラーは、「ノビレス貴族のトリブス民はある意味で彼の被護民であった」と指摘しているのであるから、[19] トリブス内におけるそのような人的関係の存在にも十分気づいている。となればテイラーが考えていた以上に、共和政期のローマ人はトリブス内におけるパトロン関係を重要視していたということになろうか。民会での投票における直接的な損得勘定にそれを優先させる場合すらあったのである。

共和政初期・中期におけるイタリア半島内でのトリブス配分は実に複雑な様相を呈しているが、その理由はおそらく、トリブスの配分が単一の原則によったのではなく、状況に応じてさまざまな原則が複合的に採用されたことに起因している。(i)領域的連続性を重視しての配分、(ii)当該地方にすでに存在するトリブスへの配分、(iii)トリブス間の人的規模の均衡をできる限り維持しようとする配分、(iv)露骨な「党派政治」を理由とする自己の党派に有利な形での配分等々である。私はもちろん、このような原則のいずれもが存在した可能性を否定するつもりはない。ここで強調したのは、(iv)の動機でトリブス配分がなされた際に、一見したところわれわれには理解に苦しむようなトリブス配分がなされている点、すなわち、自分自身のあるいは自己の党派のトリブスを敢えて拡大するような形でのトリブス登録も存在したという事実である。

さらにいうなら、(iii)のトリブス間の均衡への配慮は、テイラーにおいてもしばしば強調される論点であり、なるほどこれは、「腐敗選挙区」や「一票の格差」等々、近代民主主義の選挙システムに慣れた身には非常に理解しやすい。しかしながら、前述のように、自己のトリブス民を拡大し自己のトリブスにおけるパトロン関係を拡大しようとする動機が共和政期ローマの有力政治家たちの間に存在したとするならば、あるトリブスを小さいままにしておくのが好ましいのか、あるいはできるだけ大きくするのが好ましいのか、ことはそれほど単純ではないことがわかってくる。とすれば、「トリブス間の均衡」なる発想をア・プリオリに共和政期のローマ人にも求めるのがそもそも妥当なのかどうかといった点も、当然、問題となってこよう。

二　ケントゥリア民会の改革とトリブス

1　改革の概要

周知のごとく、共和政期のローマには、構成要素の異なる三種類(ないしは四種類)の民会が存在した。そのうちのひとつであるケントゥリア民会は、執政官や法務官そして監察官といった高級政務官選出の機能を担っており、国家最高の政務官に就任し元老院内での権威の増大を目指す共和政期の有力政治家にとっては、最も重要な民会であった。ケントゥリア民会の構成上の特徴は、ローマ市民それぞれが原則的には財産額に応じていくつかのランクに分類され、さらにそれぞれのランクに一定数割り当てられたケントゥリアと呼ばれる投票単位へと割り振られていた点にある。詳細は省くが、それぞれのランクとケントゥリア数のみ記しておけば、騎士：一八、第一等級：八〇、第二等級：二〇、第三等級：二〇、第四等級：二〇、第五等級：三〇、その他：五、全体では一九三ケントゥリアとなる。このような投票単位の配分ゆえ、一般的にケントゥリア民会は、過半数の獲得という点からして騎士や第一等級に所属する富裕者に極めて有利な構成になっていたと考えられている。(20)

さて、このケントゥリア民会が、前三世紀の後半に重要な変革を被ったことは広く認められている。しかし、改革の行われた正確な時期、その内容、目的・意図となると、さまざまな説が出されいまだ定説を見ていない。というのも、この改革が行われたとされる時期はちょうどリウィウスの記述が失われた期間にあたっており、そもそもこの改革に関する直截的な記述などはなく、他の箇所におけるリウィウスの記述(Liv. 1. 43. 12-13)やキケロの言及(Cic. *Rep.* 2. 22. 39-40)などから改革の実態が再構成されているにすぎないからである。改革の内容として大方の合意が得られているのは、これにより三五トリブスとケントゥリアとがなんらかの形で結びつけられ、その結果、第一等級のケントゥリア数が八〇から七〇に減少したという点である。さらに、投票順が第一等級→騎士→第二等級となり、最初に投票する特権的ケントゥリアであるケントゥリア・プラエロガティウァ(centuria praerogativa)が騎士から第一等級へと変更されたという点を付け加えてよいかもしれない。これらのことから、改革の年代の上限と下限が決まってくる。上限はいうまでもなくトリブス数が三五に達した前二四一年であり(Liv. *Per.* 19)、下限はトリブス名を冠した第一等級のケントゥリア・プラエロガティウァとしてリウィウスに現れる前二一五年である(Liv. 24. 7. 12; 24. 8. 20)(21)。

以上を確認したうえで次に、改革のより詳しい内容について、いくつかの説を見ていこう。

(a) パンタガトゥス方式

先に挙げた全体的な合意点を考慮しながら、最もシンプルな形で改革後の民会を再構成したのが、一六世紀の修道士に遡るとされるパンタガトゥス方式である。この方式では、第一等級から第五等級までが一トリブスあたり二ケントゥリア(「青年組」(iuniores)と「老年組」(seniores))を割り当てられ、その結果、第一—五等級は各々七〇、そしてその他はこれまで通りで全体では三七三ケントゥリアとなる。これは、今世紀の前半にいたるまで広く受け入れられた説であった(22)。しかしながら、有力家系によるいわゆるノビレス支配が確固としていた前三世紀後半に、騎士や第一等級に著しく不利になるこのような「民主的」改革が本当に可能であったのか等々、多くの疑問点が生じるが、この説の致命的な欠点はなんといっても、改革後も全体のケントゥリア数が一九三のままであったとキケロが記していること

(Cic. *Rep.* 2. 22. 39)[23]、そして同じくキケロが、前一世紀においても第二等級までで選挙結果が出る場合があったことを示唆していることであろう(Cic. *Phil.* 2. 33. 82)。この説では、全体の過半数に達するには、少なくとも第三等級まで投票が進まねばならないからである。今日この説を唱える者はほとんどいない。

(b)　モムゼン方式

パンタガトゥス方式を基本において受け入れながらも、史料との食違いにいち早く気づいていたのはTh・モムゼンである。そこでモムゼンは、三七三のケントゥリアが民会での投票に際して、なんらかの形で元のままの一九三「投票ケントゥリア」に配分し直されたのではないかと考えた。すなわち二種類のケントゥリアが存在したと考えたのである。第一等級は、二種類のケントゥリアがいずれも七〇であるからそのままの形で符合するが、それ以下の等級はどうなるのであろうか。モムゼンははっきりとした自説を打ち出してはいないものの、たとえば改革後に第二等級の「投票ケントゥリア」が二〇から二五になったとして、七〇ケントゥリアのうち六〇は三つずつまとまって二〇「投票ケントゥリア」、残りの一〇は二つずつまとまって五「投票ケントゥリア」を構成、このようにして七〇→二五への調整が可能であることを示唆した[24]。

このようなモムゼンの説は、彼の天才的発想の妙を示してはいるものの、当時のローマ人がはたしてモムゼンと同様の発想にいたったかどうかとなるとその説明が巧みであればあるほど疑わしくなり、彼の説はあまりにも複雑で人為的であるとして、当初の信奉者はA・モミリアーノぐらいであった[25]。ところが、一九四七年のヘバ青銅板(Tabula Hebana)の公刊以来、モムゼン方式は、俄然、注目を浴びることになった。というのも、この碑文には、帝政期に入ってからの政務官選挙のための「予備選挙」(destinatio)に関してではあるが、三三トリブスに所属する元老院議員と騎士を一五の投票単位に配分し直す手続きが、まさにモムゼンがかつて考えたようなやり方で記されていたからである。[26] 以後、このモムゼン方式は多くの支持者を得ている。[27] しかし、批判がないわけではない。民会への適応が理論上可能となったとしても、かなり複雑な手続きであるという点に変わりはなく、それほどまでして第二等級以下もトリブスとケントゥリアを結びつける必要性があったのかといった疑問は残るし、また二種類のケントゥリアが存在したという不自然さも残るからである。

(c) ローゼンベルク方式

そこで、ヘバ青銅板公刊後も、モムゼン方式と並んで支持者が多いのが、[28] 今世紀初頭、A・ローゼンベルクによって唱えられた方式である。ローゼンベルクは、ケントゥリア民会の改革後も全体のケントゥリア数は一九三のままであったが、そのうちトリブスとケントゥリアが結びつけられたのは七〇という三五の倍数に変更された第一等級だけであり、それ以外はトリブスと結びつけられることがなかったと考えた。[29] 近年出されたL・J・グリーヴの論文は、関連史料の網羅的な検討から、第二等級以下にまでトリブスとの結びつきがなされたことを実証する決定的な史料がないことを強調している。[30]

この説を採る場合でも、第一等級から減らされた一〇ケントゥリアがどこへ廻ったのか、第二等級以下にどのような変化が生じたのかについてはさまざまなケースが考えられる。その中のひとつには、第二等級が以前の二〇から第一等級の一〇と他からの五を加えて三五ケントゥリアに増加し、この等級もまたトリブスと結びついていたとするE・S・ステイヴリー[31]や平田隆一氏の見解[32]がある。第二等級以下へのケントゥリアの配分は、単に算術的な問題ではなく改革の動機とも深くかかわってくるので、次項でもう一度ふれることにしたい。

以上、大きく三つに分けて改革の内容をめぐる議論を見てきたが、ここでは分類しきれない多様な説がほかにも見られる。[33]だが、かつてこの論争に積極的に関与したステイヴリーが最近の論考の中で述べているように、改革の目的あるいはその影響といった最も興味深い課題を解明するためには、改革の細かな内容はさほど問題とはならない。[34]この指摘はまた、本節にもあてはまる。というのも、本節は当時の時代背景を考えながら改革の内容をできるだけ詳しく再構成することではなく、確実に伝わる改革の内容を出発点としながら改革の背景を推し測り、それをもとにトリブスの姿を浮かび上がらせることをまさに課題としているからである。これまでの検討からして確実な内容とは、改革後も全体のケントゥリア数が一九三のままであったこと、そして第一等級が八〇から七〇ケントゥリアになり、しかもそれがトリブスと結びつけられたことである。

2　改革の目的

パンタガトゥス方式が広く受け入れられていた関係上、かつてこの改革の目的は、騎士および第一等級の投票力を相対的に低下させることによるケントゥリア民会の「民主化」であると考えられていた。しかしながら先にも述べたように、パンタガトゥス方式がもはや成り立たないことが明らかである以上、このような動機も受け入れがたい。それどころか、「民主化」によって勢力が減ぜられるはずのノビレス貴族の側から、しかも彼らの利害のためにこの改革はなされたという解釈が今日では有力となっている。[35]つまりこの改革を考える際のポイントが、全体のケントゥリア数や各等級間のケントゥリア数の変更から、ほかならぬトリブスとケントゥリアの結合をどう評価するかに移ってきたといえよう。そこで次に、この点に留意しながら、改革の動機・目的をめぐる諸説を検討し、トリブスの実態解明へ向けて議論を進めていくことにしたい。

(a)　都市-農村トリブス対立説

第一等級に属する富裕な者たちが、その所属トリブスにかかわりなく、八〇ケントゥリアのいずれかで投票を行う従来のシステムでは、都市ローマに居住し民会に参加することが比較的容易な都市トリブス所属民が極めて有利となる。彼らはローマの拡大により利益を得た商人や金融業者などからなっており、しかもその多くが解放奴隷であった。そこで、この台頭しつつある解放奴隷の影響力を抑えるために、第一等級のケントゥリアをトリブスと結びつけたというのがこの説である。(36) ローマのトリブス数は農村が三一、都市が四であるから、改革後の一トリブスにつき二ケントゥリアのもとでは、都市トリブス所属の解放奴隷は、全体でどれだけの数に上ろうとも、四×二の八ケントゥリアしか自由にできなくなる。これにより彼らの影響力は、第一等級七〇のうちの八ケントゥリアに限定されることになろう。このような意図からすれば、第一等級だけでは農村トリブス側も過半数に達することができない以上、理論的には、第二等級もトリブスとケントゥリアが結びつけられている方が合理的である。(37) また同様の意図からすれば、第三等級以下は必ずしも両者が結びつけられている必要性はないということになる。

解放奴隷を都市トリブスのみに所属させるのかそれとも農村トリブスへも登録を認めるのかといった問題が、前三一二年以来、有力政治家たちの政治的駆引きの焦点になっていたことを思えば、(38) すでにこの時期、解放奴隷がかなりの数に上り、それが政治問題化していたことが感じられる。しかしながら、そのうちの富裕な解放奴隷が、本当に第一等級を牛耳るまでに達していたのかとなると話は別であるし、軍務との関連で、そもそも解放奴隷が第一等級に所属したことを疑問視する見解さえ見られる。(39) また、解放奴隷がかつての主人との関係を断って、統一的行動をとるだけのまとまりを持っていたのかどうかについても不明である。実際のところ、この説に立つ論者の中には、解放奴隷がノビレス貴族の従者であったとする見解と、(40) ノビレス貴族に脅威を及ぼす勢力であったとする見解、(41) つまり全く正反対の理解が見られるのである。現段階では、都市トリブスと農村トリブスの対立を改革の背後に読み取るのは困難であるといえよう。

(b)　新-旧トリブス対立説

繰り返し述べてきたごとく、イタリア内での領域拡大に合わせて、前三八七年にアルネンシス区、サバティナ区、ステッラティナ区、トロメンティナ区の四トリブスが設置されて以来、前三五八年にポンプティナ区とプブリリア区、前三三二年にマエキア区とスカプティア区、前三一八年にファレルナ区とオウフェンティナ区、前二九九年にアニエンシス区とテレティナ区、そして前二四一年にはクイリナ区とウェリナ区の二トリブスが新設され、トリブス数も漸次増大していった(42)。このような新設のトリブスに第一等級に属するような富裕者が多く含まれた場合には、先の解放奴隷の場合同様、彼らが民会を牛耳る可能性がある。そこで、解放奴隷の影響力を無視しているわけではないものの、どちらかといえば、新トリブスの投票を一定数のケントゥリアへと封じ込めるという点を強調するのがこの説である(43)。前二四一年に設置されたクイリナ区とウェリナ区だけが問題になっていたとすれば、この改革の結果、それらの票は第一等級で七〇分の四の価値しか持たないことになる。また新トリブスを前二四一年の二トリブスに限定せず、前三八七年以来の一四トリブスとしても、なるほどそれらの投票は、第一等級における七〇ケントゥリアのうちの二八に制限されることになろう。

しかしながら、本当にそのような危険性が存在したのであろうか。前二四一年に新設された二トリブスだけが脅威となっていたとすれば、この二トリブスが以前に比してかなり大規模なトリブスであり多くの第一等級所属者を抱えていたという点が前提となるが(44)、この点については懐疑的な見解も見られる(45)。さらに、前二四一年の二トリブスについていえば、これらの土地がローマ領となってからトリブスが設置されるまでの間には長い期間が経過しており、トリブス新設の時点で、旧市民の移住、そしてノビレス貴族の影響力の浸透がかなりの程度進行していたとも考えられるのである。[46] 事実、これらの二トリブスにも、不確かながらローマ古来の有力氏族の家系が見られる。[47] そもそも前三八七年以来のトリブスの新設は、基本的には新たに市民権を獲得した新市民のためのものではなく、かの地へ移住しそこで土地を手にした旧市民を登録するためのものであった。そして彼らの中には、ローマの有力氏族の一部も含まれていたのである。[48] 先に紹介したようにテイラーが明らかにしたのは、まさにこのような形での新設トリブスにおけるローマの有力政治家による勢力の扶植ではなかったか。とすれば、そのようにしてできたいわゆる新トリブスが旧トリブスとの間に対立を生じたと考えるのは困難となろう。

以上見てきたように、都市トリブスと農村トリブスの対立あるいは新旧トリブス間の対立から、ケントゥリア民会改革の背景を政治的に説明しようとする二つの有力な見解は、現段階で十分に立証されているとはいえない。そこで、政治的動機を全く否定しているわけではないものの、この改革が第一義的には、市民原簿の一本化や行政機構の簡素化といった純粋に行政的な目的を持っていたとする見解や、[49] 軍事的な動機を強調する見解も見られる。[50] だが、あくまでもトリブスを焦点とした政治的動機から離れることなく、この改革の背景を考えることはできないものであろうか。

その際、若干ニュアンスを異にしながらも、Ch・マイヤーとステイヴリーの説明が示唆に富む。マイヤーは「真の選挙」の成立により、当日の民会参加者次第で投票結果がどうなるのかあらかじめ予測しがたくなってしまったという点、[51] 他方ステイヴリーは、新市民の登録により予測不可能な要因が増大したという点を挙げている。[52] すなわち両者が強調するのは、この時期なんらかの理由でケントゥリア民会における投票結果が「読みづらく」なり、そのことへの対応として、この改革が行われたのではないかということである。実際に選挙結果がどうこうなったというより、ノビレス貴族側からの漠然とした不安、あるいは今後、新市民がさらに増大した場合の将来的な保証が問題とされていたといえようか。

将来的な保証という点からすれば、テイラーの説を敷衍しながらトリブスの新設中止に関してU・ハックルが述べていることも示唆的である。(53) テイラーは、先にもふれたように、トリブスの増加に合わせてノビレス貴族の一部が新設のトリブスへと移住したことを強調した。それをうけてハックルは、ノビレス貴族側の人的資源等の事情をもってすれば、彼らの一部が常にそのような形で新設トリブスに移住することには限界があるとし、トリブス新設中止の動機として、今後新設されるトリブスが、「新人」政治家台頭の基盤となるのではないかという危惧の念が強く働いた可能性を指摘しているのである。このような動機からトリブスの新設が中止され、しかも既存のトリブスとケントゥリアとが結びつけられることにより、いまやどの地域の人々がどのトリブス-ケントゥリアで投票するのかが従来以上に明確になる。その結果、有力政治家にとって選挙運動はより効果的なもの、選挙結果はより見通しのきくものとなるはずであった。

もしこのような目的で「ケントゥリア民会の改革」が導入されたのであるとすれば、そこから読み取れるトリブスの実態は、各有力政治家による自己の所属トリブスの掌握である。繰り返すが、この改革のポイントは第一等級におけるケントゥリアとトリブスとの結合であり、そこに有力政治家による政治的意図が込められていた。彼ら有力政治家たちはケントゥリア民会の投票において重要な位置を占める第一等級の票をトリブスと結びつけることで、より効果的にケントゥリア民会を操作できると判断したのである。となれば、すでに彼らが各トリブスをなんらかの形で自らの影響下に置いていたことが予想されよう。先の検討よりすれば、農村トリブスだけあるいは旧トリブスだけというより、既存三五の全トリブスにわたって彼らが影響力を行使していたと考えるのが妥当である。しかも、第一等級の票を八〇から七〇に減らしてまで改革を断行したことを思えば、彼らによるトリブスの掌握度はかなりのものであったことが窺われる。そのようなトリブスの掌握なくしてこの改革は考えられない。

三　トリブス掌握の痕跡

さて、前記のようなトリブスの実態は、「ケントゥリア民会の改革」における状況証拠をもとにした単なる推論にすぎない。だが、改革後に生じた事件の中には、このような解釈の妥当性を裏づけるのではないかと思われるものがいくつかある。どれも従来、この脈絡では注目されてこなかった事件であり、質量両面で十分な説得力を持つとはいえないが、それでも前節における考察と照らし合わせるならば、おぼろげながらも当時のトリブスの内部構造を映し出しているように思われる。

ケントゥリア民会の改革後に属する出来事としてまず注目したいのは、前二一一年の執政官選挙における一幕である。執政官Cn・フルウィウスの指揮下で行われた選挙で、ケントゥリア・プラエロガティウァとなったウォトゥリア区の「青年組」(Voturia iuniorum)は、翌年の執政官としてT・マンリウスとT・オタキリウスを指名した。ところがその場に居合わせた当のマンリウスは、執政官のもとに進み出て、自身の目の具合を理由に、できることなら最初のケントゥリアの投票をやり直してくれるよう頼み込んだ。いまイタリアで行われているハンニバルとの戦闘を戦い抜くために、いったい誰がふさわしいのかをよく考慮するようにというのであった。そこでマンリウスの権威に動かされたウォトゥリア区の青年組は、誰を執政官にするか相談するため、ウォトゥリア区の「老年組」(Voturia seniorum)を呼び出してくれるよう執政官に要請した。その後、ウォトゥリア区内で極秘に相談をするための場所と時間が与えられ、軍事経験をもとに老年組が推薦する三名の中から、青年組はM・クラウディウス・マルケッルスとM・ウァレリウス・ラエウィヌスを翌年の執政官に選んだのであった(Liv. 26. 22. 2-13)。

同様の投票のやり直しは、前二一五年にも見られるが(Liv. 24. 7. 12-9. 3)、その直接的な動機はともかく、ここで注目したいのは、最初に投票するケントゥリアとなったウォトゥリア区の青年組が、当初の決定の変更を求められた際、ほかならぬ同一トリブスの老年組に助言を求めている点である。ここには、少なくとも第一等級内の同一トリブス所属民の間に、投票に関する綿密な検討と強い連帯が存在したことが窺われる。ことによると、青年組は事前に相談を行ったうえで投票に臨んだが、選出された本人による辞退という予期せぬ結果に直面し、トリブス内部での相談のやり直しを求めたのかもしれない。ケントゥリア民会の改革で第一等級のケントゥリアとトリブスとが結びつけられることにより、どのような効果が期待されえたかが、如実に示された事件といえよう。ちなみにこのときの選挙では、ウォトゥリア区の青年組が選んだ二名が、そのまま翌年の執政官に選出されている。ケントゥリア・プラエロガティウァが投票全体へと及ぼした影響力を思えば、[54]第一等級においてケントゥリアとトリブスとが結合されたことの意味合いは、一層重要なものとなってこよう。

いまひとつ取り上げたいのは、前二〇四年の戸口調査の際に起こったやや奇妙な事件である。この年の監察官のひとりM・リウィウス・サリナトルは、無罪の彼に有罪判決を下し、しかもそのような彼を執政官と監察官に選出したという理由で、マエキア区を除く三四トリブスの全ローマ市民を「アエラリウスに留め置いた」という(Liv. 29. 37. 8-15)。アエラリウスとは、詳しいことは不明ながらも、なんらかの不名誉な理由で通常より高額の戦時特別税を支払わなければならなかった市民と考えられている。[55]歴史家リウィウスによるこの記述は、改革後のケントゥリア民会においてトリブスとケントゥリアの結合が第二等級以下にまで及んだ論拠としてよく引かれる史料である。[56]というのも、M・リウィウスに有罪判決を言い渡した民会は平民会(トリブス民会)とも考えられるのでそちらはともかく、彼を執政官と監察官に選出した民会は明らかにケントゥリア民会であり、改革後のケントゥリア民会で選挙結果がわかるのは、少なくとも投票が第二等級にまでいたった段階であることからして、どのトリブスが自分を選出したのかM・リウィウスが判断するためには、第二等級以下にもケントゥリアとトリブスの結合がなされていなければならないと考えられるからである。

だがもちろんここでの関心は、第二等級以下のケントゥリアとトリブスとの結合如何ではなく、あくまでもこの事件を通して見えてくるトリブスの実態である。まず、われわれが確実な証拠として手にしている第一等級のみにおけるケントゥリアとトリブスの結合という事実から出発するとすれば、どうなるのであろうか。その場合には、第二等級以下がトリブスごとにどのような投票を行ったのかわからないにもかかわらず、M・リウィウスは第一等級の票をもってトリブスごとの動向を判断した、あるいはそれをもって各トリブスの票を代表させたということになろう。[57] 他方で、かりに第二等級以下にもトリブスとケントゥリアとの結びつきがなされていたとすれば、その場合、第一等級と第二等級以下の投票について各トリブスの一致が見られたので、M・リウィウスはトリブスごとの動向を読み取ることができたということになろう。つまりいずれの場合にせよ、なんらかの方法でトリブスの総意を汲み取るのを許すほどに、トリブス内には各等級を越えての意見の一致が見られたということになるのである。そのような実情を前提とすることによって初めて、M・リウィウスの行動は合理的なものとなる。[58] さらにいえば、民会における投票結果がこのような形で当該トリブス所属者の「連帯責任」をもたらす危険性があったとすれば、そのことは当然、トリブス内で事前になんらかの意見調整を行う必要性を高めていたに違いない。

以上たかだか二例ではあるが、これらからは、ケントゥリア民会改革後にトリブスの内部がどのように編成されていたのか、その様子をわずかながらも窺い知ることができるように思われる。もちろん、ここで見られたトリブスの団結を即、特定の有力政治家によるトリブス操作の結果と捉えることはできないかもしれない。だが、トリブス内における彼らの存在が、第一等級の投票やそれ以下の等級の一致団結した投票に全く影響を与えなかったとは考えられない。トリブスの強い結束力のうちに、投票へ向けて自己のトリブス内での意見の統一をはかろうとする有力政治家たちの強力なイニシアティヴを読み取るのは行きすぎであろうか。

とはいえ、ケントゥリア民会の改革後、有力政治家たちが常に自己のトリブスを自由にできたのかというと、必ずしもそうではない。たとえば、有名な例としては、前二〇二年に大スキピオが、アフリカでの指揮権に関して両執政官と利害が対立したにもかかわらず、ほかならぬ三五全トリブスから支持を得ているのである(Liv. 30. 27. 3-4; 30. 40. 10)[59]。リウィウスの記述を文字通りに受け取るならば、このときの執政官たちは、自己の所属するトリブスの支持さえ獲得することができなかったということになろう。なるほど、ここで問題となっているのは平民会(トリブス民会)であり、平民会では、司会を務める護民官による巧みな操作や身分闘争に遡る記憶などが作用して、本節で取り扱っているケントゥリア民会とは異なった力学が働いていたのかもしれない。また、ハンニバル戦争期の非常時という要因、さらにスキピオ派による平民会に対する異例の影響力という要因は考えられよう[60]。しかしながら、そうではあっても、有力政治家による各トリブスの掌握という観点からすれば、それがうまくいかない場合があったという事実に変わりはないのである。

おわりに

以上見てきたように、有力政治家によるトリブスの掌握を想定しなければ説明がつかないような諸事例が存在する一方で、そのような掌握のもとでは考えられないような行動を平民会がとっている。これらを整合的に解釈するには、どのように考えればよいのだろうか。平凡な結論ではあるが、史料が語るところそのままに、おそらく真実はその中間にあった。

トリブス内における有力政治家と一般トリブス民との関係は、もちろん、単純に支配-被支配として定義できるものではなかった。また、最近の保護-被護関係(クリエンテラ)の見直しと照らし合わせるならば、[61]有力政治家が保護-被護関係を通じて、自己のトリブスを完全にコントロールしていたとア・プリオリに考えるのも誤りである。トリブス以外の多様な社会的結合が存在したことや、一トリブス内に複数の有力政治家がいて彼らの利害が必ずしも一致したわけではないことなどは、トリブスとしてのまとまりにとって少なからず障害要因となっていたに違いない。[62]トリブス内における人的結合は、従来考えられてきたように強固な絆だったのではなく、より流動的でより緩い結びつきだったのである。それゆえ、特定の政治家が自己のトリブスを常にそして完全に掌握するのは、おそらく困難であったと思われる。

しかしながらこのようにいうことは、トリブスを単位とした紐帯が、他の社会的結合と同列あるいはそれ以下の価値しか持たなかったことを意味するものではない。第一節のトリブス拡大時に関する考察から間接的ながらも明らかとなったように、共和政中期から末期にかけての有力政治家たちは、ときとして市民権の付与によって自己に恩義を感じている人々を自己のトリブスへと登録するという、投票システムからしてあまり得策とは思われないような手段を敢えて採用していた。それほどまでして、自己のトリブス内におけるパトロン関係の涵養に努めていたのである。また、第二節で検討したごとく、最も重要なケントゥリア民会にトリブスという単位が導入されたことを思えば、それ以前において、トリブスがすでに有力政治家の権力基盤となっていたことは十分考えられる。少なくともケントゥリア民会の改革以降は、トリブスをある程度掌握していなければ高級政務官への選出が難しくなった以上、自己のトリブスの掌握や他のトリブスへの影響力の増大は、有力政治家たちにとって、政治活動上の不可欠の前提となったに違いない。先行するトリブス掌握度がどの程度であろうと、遅くとも「ケントゥリア民会の改革」の時点で、当時の有力政治家たちは、自らの権力を確立するための枠組みとして、トリブスという単位を自覚的に選び取ったのだといえよう。

註

＊本章では、*L'année philologique* による雑誌略号以外にも、以下の略号を用いる。

CAH: *The Cambridge Ancient History*, Cambridge 1923-1939.

*CAH*²: *The Cambridge Ancient History*, 2nd ed., Cambridge 1982-.

CIL: *Corpus Inscriptionum Latinarum*, Berlin 1863-.

*OCD*³: S. Hornblower/A. Spawforth (eds.), *The Oxford Classical Dictionary*, 3rd ed., Oxford 1996.

RE: G. Wissowa/W. Kroll/K. Mittelhaus/K. Ziegler (eds.), *Paulys Real-Encyclopädie der classischen Altertumswissenschaft*, Stuttgart 1894-1980.

（1）　L. R. Taylor, *The Voting Districts of the Roman Republic. The Thirty-five Urban and Rural Tribes*, Roma 1960［= Taylor, *Voting Districts*］, 277-315.

（2）　弓削達『地中海世界とローマ帝国』岩波書店、一九七七年、六七―七四頁参照。

（3）　たとえば、岩井経男『ローマ時代イタリア都市の研究』ミネルヴァ書房、二〇〇〇年、第六章。

（4）　Ch. Meier, *RE* Suppl. VIII, Stuttgart 1956, s.v. Praerogativa Centuria.

（5）　ただし、本書第一章でふれたように、古代ローマ人は「領域的連続性」という点に、必ずしも頓着しなかったようにも思われる。

（6）　Taylor, *Voting Districts*, 307-308.

（7）　M. Humbert, *Municipium et civitas sine suffragio. L'organisation de la conquête jusqu'à la guerre sociale*, Paris/Roma 1978, 224-225 は、決定的動機ではないとしながらも、テイラー説を受け入れる。それに対して、H. H. Scullard, *Scipio Africanus: Soldier and Politician*, London 1970, 214-215 は、操作がより容易なローマ近郊の小トリブスが割り当てられたとする。

（8）　R. F. Vishnia, *State, Society and Popular Leaders in Mid-republican Rome 241-167 BC*, London/New York 1996, 156-157.

（9）　テイラーに対する同様の批判は、すでに、E. S. Staveley, *Greek and Roman Voting and Elections*, London 1972, 198 に見られる。

（10）　ヴィシュニアは、前二世紀初頭における大量移民の流入により崩壊させられたノビレス貴族間の「クリエンテラ関係の均衡」という理由を挙げている。Vishnia, *op. cit*., 157.

（11）　経緯に関して詳しくは、岩井前掲書、八七－一〇六頁。

（12）　岩井前掲書、一四四－一四八頁、Vishnia, *op. cit*., 25-34.

（13）　Taylor, *Voting Districts*, 86.

（14）　Taylor, *Voting Districts*, 306; G. Bradley, *Ancient Umbria. State, Culture, and Identity in Central Italy from the Iron Age to the Augustan Era*, Oxford 2000, 144-145.

（15）　Taylor, *Voting Districts*, 309-311.

（16）　テイラーはここでも、「マリウス-キンナ派は一貫性を欠いていた」といった評価で、この矛盾した事実を切り抜けようとしている。Taylor, *Voting Districts*, 315.

（17）　Taylor, *Voting Districts*, 21-22.

（18）　ちなみに、フラミニウスの所属トリブスがどこであったのかはいまだ確定していない。それゆえ、彼がオウフェンティナ区ではなく、ほかならぬポッリア区の所属であり、前二三二年にポッリア区が選び出された動機こそが自己のトリブスへの登録であった可能性もある。

（19）　Taylor, *Voting Districts*, 305.

（20）　詳しくは、E・マイヤー／鈴木一州訳『ローマ人の国家と国家思想』岩波書店、一九七八年、三七－四五頁。なお、同書〈註の部〉七七－八二頁には、ケントゥリア民会の改革に関する学説史もかなり詳しく取り上げられている。ただし、このようなケントゥリア民会の評価に対する最近の批判としては、鷲田睦朗「ローマ共和政「最後の時期」における高位公職選挙――ケントゥリア民会の制度とその運用状況から――」『西洋史学』一九九、二〇〇〇年、四四－六〇頁参照。

（21）　「改革」を前一七九年に置くのは、Cl. Nicolet, La réforme des comices de 179 av. J.-C., *RD* 39, 1961, 341-358; Nicolet,

L'ordre équestre à l'époque républicaine (312-43 av. J.-C.) I, Paris 1974, 20-23.　そもそもニコレは、一九三ケントゥリアからなるいわゆる「セルウィウス体制」を前三世紀末にまで引き下げる独特のクロノロジーを採用している。批判は、R. Develin, The Voting Position of the Equites after the Centuriate Reform, *RhM* 122, 1979, 157-158.

(22)　G. W. Botsford, *The Roman Assemblies from Their Origin to the End of the Republic*, New York, 1909 (1968), 211-228; T. Frank, Rome after the Conquest of Sicily, in: *CAH* VII, Cambridge 1928 (1954), 801-802.

(23)　ただし、当該箇所をあくまでも改革以前の「セルウィウス体制」についての記述とするのは、G. V. Sumner, Cicero on the *Comitia Centuriata*: *De Re Publica*, II, 22, 39-40, *AJPh* 81, 1960, 136-156.　批判は、L. R. Taylor, The Corrector of the Codex of Cicero's *De Republica*, *AJPh* 82, 1961, 337-345; E. S. Staveley, Cicero and the *Comitia Centuriata*, *Historia* 11, 1962, 299-314.

(24)　Th. Mommsen, *Römisches Staatsrecht* III, 3rd ed., Leipzig 1887 (Graz 1969), 269-281.

(25)　A. Momigliano, Studi sugli ordinamenti centuriati, *SDHI* 4, 1938, 509-520 (= in: Momigliano, *Quarto contributo alla storia degli studi classici e del mondo antico*, Roma 1969, 363-375).　ちなみに各等級のケントゥリア数は、騎士：一八、第一等級：七〇、第二等級：三六、第三等級：一四、第四等級：一四、第五等級：三六、その他：五、合計一九三ケントゥリア。

(26)　ヘバ青銅板の内容について詳しくは、弓削達『ローマ帝国の国家と社会』岩波書店、一九六四年、一六五―一八六頁参照。新たに発見された断片をもとに、ここに刻まれた法は、現在、ウァレリウス-アウレリウス法と呼ばれている。M. H. Crawford (ed.), *Roman Statutes* I, London 1996, no. 37.

(27)　G. Tibiletti, Il funzionamento dei comizi centuriati alla luce della tavola *Hebana*, *Athenaeum* 27, 1949, 210-245; F. Gallo, La riforma dei comizi centuriati, *SDHI* 18, 1952, 127-157; J. J. Nicholls, The Reform of the *Comitia Centuriata*, *AJPh* 77, 1956, 225-254; L. R. Taylor, The Centuriate Assembly before and after the Reform, *AJPh* 78, 1957 [= Taylor, *AJPh*], 337-354; Taylor, *Roman Voting Assemblies. From the Hannibalic War to the Dictatorship of Caesar*, Ann Arbor 1966 (1990), 87-90; マイヤー前掲訳書、七〇―七一頁。ただしマイヤーは、ヘバ青銅板公刊以前の版では、モムゼンを批判していたようである。

(28)　Pl. Fraccaro, La riforma dell'ordinamento centuriato, in: *Opuscula* II, Pavia 1957, 171-190.　より慎重ながらも、R. Develin, The Third Century Reform of the Comitia Centuriata, *Athenaeum* 56, 1978 [= Develin, *Athenaeum*], 346-376.

(29) A. Rosenberg, *Untersuchungen zur römischen Zenturienverfassung*, Berlin 1911 (New York 1975), 62-91.

(30) L. J. Grieve, The Reform of the *Comitia Centuriata*, *Historia* 34, 1985, 278-309.

(31) E. S. Staveley, The Reform of the *Comitia Centuriata*, *AJPh* 74, 1953 [= Staveley, *AJPh*], 1-33; Staveley, Forschungsbericht. The Constitution of the Roman Republic 1940-1954, *Historia* 5, 1956, 112-119.

(32) 平田隆一「ローマの民会——その特質・形成・展開——」『西洋史研究』新輯二一、一九九二年、一五八—一六〇頁。

(33) 古い説であるが、一九三という全体数を残そうとしたものとして、E. Cavaignac, L'as et les comices par centuries, *JS* 9, 1911, 247-260 は、騎士：一八、第一等級：七〇、第二等級：七〇、第三等級：一〇、第四等級：一〇、第五等級：一〇、その他：五、合計一九三ケントゥリア。V. Arangio-Ruiz, La riforma dell'ordinamento centuriato, in: *Scritti varii dedicati al prof. C. Arnò*, Modena 1928, 3-13 は、騎士：一八、第一等級：七〇、第二—四等級：全体で七〇、第五等級とその他で三五、合計一九三(Arangio-Ruiz, *Storia del diritto Romano*, 7th ed., Napoli 1957, 86-88 も同様)。また、基本的にはニーブールの説に立ち返ったとされる E. Schönbauer, Die Centurien-Reform, in: *Studi in memoria di E. Albertario* I, Milano 1953, 699-737 は、騎士：一八、第一—第五等級：各トリブスにつき二ケントゥリア、全体で七〇、その他：一、合計八九ケントゥリア。G. V. Sumner, Aspects of the History of the *Comitia Centuriata* in the Middle and Late Republic, *Athenaeum* 40, 1962 [= Sumner, *Athenaeum*], 37-84 は、前三世紀の改革時に採用されたのはパンタガトゥス方式だが、その後、前一世紀にスッラによりモムゼン方式が導入されたとする。

(34) E. S. Staveley, Rome and Italy in the Early Third Century, in: *CAH*[2] VII-2, Cambridge 1989 [= Staveley, *CAH*[2]], 440-441.

(35) ただし、「ローマ共和政＝民主政」論との関連で、この改革のうちに「民主化」を読み取ろうとする解釈も再び現れてきた。F. Millar, *The Crowd in Rome in the Late Republic*, Ann Arbor 1998, 16-17.

(36) Rosenberg, *op. cit.*, 79-82; Staveley, *AJPh*, 23-33; F. Càssola, *I gruppi politici romani nel III secolo a.C.*, Trieste 1962 (Roma 1968), 96-107；マイヤー前掲訳書、七一—七二頁。

(37) Staveley, *AJPh*, 31.

(38) Taylor, *Voting Districts*, 132-149.　また、本書第七章参照。

(39) Taylor, *AJPh*, 349-350.

（40）Rosenberg, *op. cit.*, 81-82; Càssola, *op. cit.*, 102-107.
（41）Staveley, *AJPh*, 29-30.
（42）個々について詳しくは，I. Bitto, *Tribus e propagatio civitatis* nei secoli IV e III a.C., *Epigraphica* 30, 1968, 20-58 参照。
（43）Fraccaro, *op. cit.*, 186-190; Momigliano, *op. cit.*, 374; Taylor, *AJPh*, 348-349; Taylor, *Voting Districts*, 299-305. ただし，テイラーの主張は，改革の推進者であるノビレス貴族が，彼らにとって操作がより容易でありかつまたそれに成功していたトリブスという単位をケントゥリア民会にも導入したという重要な指摘を含んでいる。平田前掲論文，一五九頁は，四つの都市トリブスと前二四一年の二トリブスの封じ込めを目的と考える。
（44）Fraccaro, *op. cit.*, 188-189.
（45）Taylor, *Voting Districts*, 65; A. J. Toynbee, *Hannibal's Legacy. The Hannibalic War's Effects on Roman Life* I, London 1965, 377-387.
（46）E. T. Salmon, *The Making of Roman Italy*, London 1982, 63.
（47）Taylor, *Voting Districts*, 271-276 によれば，クイリナ区にはクラウディウス氏，ウェリナ区にはウェトゥリウス氏の一部が属していた。
（48）Taylor, *Voting Districts*, 66-67; Salmon, *op. cit.*, 3 n. 12; 41 n. 208; 47; Humbert, *op. cit.*, 178 n. 82; 321-322.
（49）Gallo, *op. cit.*, 151-157; Nicholls, *op. cit.*, 248-250; Sumner, *Athenaeum*, 72-79.
（50）Develin, *Athenaeum*, 372-376; Develin, *The Practice of Politics at Rome 366-167 B.C.*, Bruxelles 1985［= Develin, *Practice*］, 19-20.
（51）Meier, *RE* Suppl. VIII, 579-580.
（52）Staveley, *CAH*^{2}, 441-442.
（53）U. Hackl, Das Ende der römischen Tribusgrundungen 241 v. Chr., *Chiron* 2, 1972, 156-157.
（54）ただし，鷲田前掲論文，五七頁はケントゥリア・プラエロガティウァの影響力について否定的。
（55）Pl. Fraccaro,《Tribules》ed《aerarii》. Una ricerca di diritto pubblico romano, *Athenaeum* 11, 1933, 150-172. なお，アエラリウスについて詳しくは，本書第六章参照。
（56）Grieve, *op. cit.*, 282-283.

(57) Develin, *Athenaeum*, 357-358.

(58) もっとも、このような大胆な手段がとられた真の動機が、私的敵対関係からアルネンシス区所属の同僚監察官C・クラウディウス・ネロただ一人をアエラリウスとすることにあったかのような説明を歴史家リウィウスは行っており、となれば、M・リウィウスの判断基準自体もいささか疑わしくなってくる。

(59) Scullard, *op. cit.*, 171-172.

(60) J. Briscoe, The Second Punic War, in: *CAH*^{2} VIII, Cambridge 1989, 67-74.

(61) 拙稿「共和政期ローマの社会・政治構造をめぐる最近の論争について——ミラーの問題提起(一九八四年)以降を中心に——」『史学雑誌』一〇六-八、一九九七年、六三—八六頁。

(62) Develin, *Practice*, 128-130.

第四章　共和政末期の選挙不正とトリブス

はじめに

前一三三年のティベリウス・グラックスの改革によって始まる共和政末期は、市民相互の間に血腥い争いを見たまさに「内乱の一世紀」であったが、(1)もちろんそこにおいても武力衝突が日常的に生じていたわけではない。通常の政治の世界で展開されていたのは、従来通りの選挙戦であった。周知のごとく、共和政期のローマでは執政官を最高位とした任期一年の政務官が統治にあたっており、各政務官は夏から秋にかけて開催される民会での選挙により選出されていた。このようなローマの選挙が、クリエンテラと呼ばれる保護‐被護関係をはじめとした人的結合により支えられていたことを解明したのは、M・ゲルツァーである。(2)それにより、共和政期ローマの政治家たちが、場合によっては何世代にもわたる人脈を一身に手繰り寄せながら、熱心に選挙運動を展開していた様子が明らかとなった。そればかりでなく、共和政期ローマの政治全般をタテ・ヨコの人的結合関係から捉えることの有効性も、ゲルツァーの研究により確立されたといえよう。(3)

本章で取り上げるのは、このような人的結合のうち、共和政末期のトリブスを基盤としたそれと選挙との関連である。選挙はもちろん共和政末期以前からも行われていたが、本書第二章や第三章で論じたように、ことトリブスとのかかわりとなると、共和政初期・中期の状況を史料はほとんど語らない。ところが共和政末期に関しては、まずなによりも同時代史料としてキケロが利用できるようになること、そして選挙戦のエスカレートとともに選挙不正が横行したことにより、トリブス内が選挙へ向けてどのように組織化されていたのか、各政治家が自己のトリブスをどのように掌握しようとしていたのかについて興味深い事実が明らかとなるのである。もちろん、このような共和政末期の選挙に関する研究は従来から国制史の分野で手掛けられており、[4]近年では選挙不正に関する研究も多々見受けられるようになった。[5]だが、そこではあくまでも選挙や選挙不正が考察の中心をなしており、トリブスはそれを説明するための背景といった取扱いにすぎない。[6]それに対し本章では、とりわけ選挙不正という「非日常性」の分析を通して共和政末期のトリブスの内部構造を浮かび上がらせること、そして同時にそのトリブスという次元で展開されていた政治の実態を明らかにすることを課題としている。

　ところで、以上のことを考えるにあたって、周知のようでありながら、従来あまり強調されることのなかった論点をあらかじめ指摘しておきたい。それは、共和政ローマの政務官職が一年任期であり、それゆえ原則的には毎年、選挙が実施されなければならなかったという点である。のみならず執政官に始まり財務官等の下級政務官で終わる選挙は、毎年複数回に及んだ。夏から秋にかけてはまさに「選挙の季節」であり、[7]共和政期ローマの選挙はいわば「年中行事」化していたといえようか。[8]しかもそれが翌年の国家の指導者を選出する行事であってみれば、共和政期のローマでおよそ政治に携わろうと考えている者にとって、その興味・関心の中心をなしていたのは当然である。たとえば、キケロの書簡を紐解くなら、属州総督その他の理由で地方に滞在していたローマ政治家にとって、誰が次期政務官に選出されたのか、あるいは選出されそうなのかは、なによりも気懸かりな事柄であったことが知られる。そこで、このような毎年の選挙に備えて共和政期ローマの政治家たちは、あらゆる種類の人的結合を作り出しておく必要性に駆られていたに違いないが、その中にあって本書で取り上げてきたトリブスをめぐる人的結合はひときわ重要な位置を占めていたに違いない。[9]つまり、共和政期ローマの選挙がさまざまな人的結合により支えられていたのみならず、毎年繰り返される選挙の存在自体が、逆に共和政期ローマ独自の人的結合を作り出してもいたと考えられるのである。

一　分配係とトリブス

1　名前のわかる分配係

共和政末期においては、選挙不正に関する法がいくつか出され[10]、また選挙不正の実態に関しても多くの言及がなされている。その中にあってトリブスとの関係でとりわけ興味深いのは、「分配係」(divisor)と呼ばれる人々の活躍である。一般的な理解によれば、分配係は本来、各政治家がパトロン関係の一環として、自己のトリブス民に対し金銭を分配するのを手助けする役目を担っていたが、選挙戦のエスカレートとともに他のトリブスに所属する政治家のためにも便宜をはかるようになり、その結果、選挙買収の一大根源になっていったという[11]。ただし、分配係を史料上確実に辿りうる上限は前九〇年ごろであり(Cic. *Orat.* 2. 257)、せいぜい遡っても前一〇一年のマリウスとの関連においてである(Plut. *Mar.* 28. 5)[12]。そこで通説の理解とは異なり、分配係が伝統的な役職ではなく、選挙運動激化の中で共和政末期になって初めて出現した可能性も考えられよう。ともあれ、このような分配係がトリブスと極めて結びつきの強い存在であったことは確かなので、まずは、分配係として名前のわかっている幾人かの人物から見ていくことにしよう[13]。

キケロ『弁論家について』の中には、C・ユリウス・カエサル・ストラボの発言として、「私が最近、分配係のヌンミウスについて、……あの男はマルスの野でその名を得たのだ、といったのがそれです」(Cic. *Orat.* 2. 257. 大西英文氏の訳文参照)といった記述が見られる。ここでは、選挙が開催されるマルスの野でヌンミウスが貨幣(nummus)を配っていたことと、彼の名前(Nummius)とが掛詞とされ、物笑いの対象となったことが述べられているのである。F・ミュンツァーはこの記述を[14]、カエサル・ストラボ自身が造営官に選出された前九一年の選挙時の出来事ではないかと推定している。

次に、キケロ『ウェッレス弾劾演説』によれば(Cic. *Verr.* 1. 23; 1. 25; 2. 3. 161)、あの有名なシキリア総督ウェッレスの父親C・ウェッレスが分配係であった。彼の政治経歴についてはほとんど不明であるが、おそらく前八一年、スッラによる元老院議員補充の際に元老院に入ったのではないかとされている[15]。キケロは当然のことながら、「こそ泥にしてかつ分配係にすぎない者の薫陶によって育て上げられてそのような人間となったのだから」(Cic. *Verr.* 2. 3. 161)といった非常に厳しい調子でウェッレス父子のことを記している。また、『ウェッレス弾劾演説』には、「ウェッレスの父親の弟子であり友人でもあったロミリア区のクイントゥス・ウェッレス」なる人物も姿を現している(Cic. *Verr.* 1. 23)。ウェッレス一族中の人物であるクイントゥスは、ウェッレス(父)から分配係としての手解きを受けたのかもしれない。ちなみにウェッレス自身のトリブスがどこであったのかは明らかではないが、L・R・テイラーはこの記述をもとにロミリア区を推定している[16]。また同じ箇所には、「最も巧妙な分配係の一派に属し」といった表現も見られるので、分配係相互になんらかの人脈が形成されていたことも推定されよう。さらに『ウェッレス弾劾演説』に関する古註からは(Ps.-Ascon. 212St)、「当時、民衆に金銭を分配することで非常に悪名の高かった」騎士身分のプブリキウスなる人物がいたことが知られる。

キケロはまた、前六〇年一月二〇日付のアッティクス宛書簡において次のように述べている。

ところで、ガイウス・ヘレンニウスとかいう護民官がいる。君は彼のことをまったく知らないはずだ。いや、知っているかもしれない。なぜなら、彼は君と同じトリブスに属しており、しかも彼の父親のセクストゥスはい

つも君らに金銭を分配していたのだから。(根本和子/川崎義和氏の訳文参照)(17)

関連記述としては、別の書簡に、「君と同じトリブスの、ヘレンニウスとかいうつまらない貧乏な輩」(Cic. *Att.* 1. 19. 5)といった表現も見られる。先のプブリキウス同様、分配係という言葉こそ使われていないものの、記述の内容からして、セクストゥス・ヘレンニウスなる人物が分配係であったのは確実である。ここからは、そのセクストゥスの子のガイウスが護民官に就任していること、そしてなによりも重要な情報として、分配係であればその息子ともどもトリブス民の間でかなり名前が知れ渡っていたのではないか、ということが読み取れる。

これら五名に比べ、比較的事情が明らかなのは、あのアウグストゥスの実父C・オクタウィウスである。アウグストゥスの属したオクタウィウス氏は自治都市ウェリトラエの名門家系であるが、ウェリトラエの政務官を務め両替商でもあった祖父の代までは騎士身分にとどまった。それに対して、アウグストゥスの父であるC・オクタウィウスは新人としてローマ政界へと乗り出し、前六一年には法務官にまで達した。スエトニウスによれば、この人物もまた「両替商であったとか、さらには、分配係として選挙に関する活動に携わる人物の一人であった」と何人かは伝えているという。ただしスエトニウス自身は、「青年時代から財産も豊かで世間の評判もよかった」オクタウィウスが、そのような活動に携わっていたとは信じがたかったようである(Suet. *Aug.* 3. 1. 國原吉之助氏の訳文参照)。

さて、以上の六名に及ぶ分配係のうち、幾人かは騎士身分の者であったことが明らかであるし(プブリキウス、C・オクタウィウス)(18)、また後に元老院議員になった者もいる(C・ウェッレス、C・オクタウィウス)。名前のわかる人物からする限り、一般に指摘されているように、分配係をトリブス内のある程度の有力者と考えてよさそうである。もっとも、素性の明らかな分配係の少なさは、名もなき一般民衆が分配係を務めるケースが多々存在したことの反映であるのかもしれない。だが少なくとも、トリブス民に金銭を分配するというその職務内容からして、彼らが同じトリブス民の間でかなり名の知れた人物であったと主張することはできよう。ちなみにCl・ニコレは、「多数の分配係が暴力によってその法（前六七年のカルプルニウス法――後述）に反対しようとしていたために……」(Ascon. 75C)といったアスコニウスの記述を主たる根拠に、彼らが「一身分」(ordo)を構成するほどのまとまりを持っていたかのように考えているが[19]、さすがにそこまで主張するのは史料的にいって無理がある。

プロソポグラフィの成果としてむしろ注目すべきは、P・J・J・ファンデルブルークによって提出された論点であろう。ファンデルブルークは、分配係セクストゥス・ヘレンニウスの子が護民官になっていること、またC・ウェッレスの子は法務官にまでなっていること、さらにC・オクタウィウスの子があのアウグストゥスであったことをもとに、社会的上昇の手段として分配係を捉えている[20]。なにぶんサンプル数が少なすぎるので一般化には慎重でなければならないが、分配係を務めることの意義のひとつをその点に求めるのはおそらく正しいであろう。ただし、ファンデルブルークが社会的上昇の要因として重要視する分配金の一部着服という論点は、すでに父の代からかなり裕福であったC・オクタウィウスの例からして[21]、あまり適切な指摘とは思われない。私がむしろここで強調したいのは、分配係として活躍した際の、一方では自己のトリブス民の間で獲得されたであろう知名度[22]、そして他方では、次に述べるような、ローマの有力政治家との間で取り結ばれたであろう親密な関係といった人的結合の方である。

2　分配係と有力政治家

分配係と個々の政治家との接触の様子を、前七〇年におけるウェッレスの場合について、少し具体的に見ていこう。キケロ『ウェッレス弾劾演説』には、次のような情報がキケロのもとにもたらされたことが述べられている。

シキリアの金の入った実に多数の金袋が、さる元老院議員のもとから騎士身分の人物の家に移された。そしてそのうちの十余りの袋が、私の造営官選挙〔対策〕の名目で、くだんの元老院議員の家に残され、夜には、すべてのトリブスから分配係が彼〔ウェッレス〕の家に呼び集められた。（大西英文氏の訳文参照(23)）

そして、ウェッレスは集まった分配係を前に、

自分が法務官に立候補した際、また、最近の執政官、法務官の民会選挙の際、彼ら分配係にどれほど惜しみなく金をふるまったかを語って聞かせ、その上で続けて、もし私〔キケロ〕を造営官職から蹴落とすことができたら、ほしいだけの金を与えてやると約束した。（大西英文氏の訳文参照(24)）

ここでまず注目すべきは、すべてのトリブスから、分配係がウェッレスの家に呼び集められているという点である。前六三年のクロディウスの場合においても、同様のことが述べられており(Cic. *Har. resp.* 42)、このように選挙を前にして、政治家が自己の家に全トリブスから分配係を呼び集めるという形での接触が、一般的であったと思われる。前五四年のキケロの書簡には、「スカウルスは自宅で、トリブスごとに市民を満足させた」(Cic. *Att.* 4. 17. 4)といった表現や、あるいは「選挙の前に、一箇所にまとめてトリブスごとに金が公然と分配されているのを見たまえ」(Cic. *Att.* 4. 19. 1)といった表現が出てくるが、これも同様の事態への言及といえよう。さらに前六一年には、自宅に分配係をとどめることを国家反逆とし、捜査が現役の政務官の家にまで及びうるという元老院決議も出されているのである(Cic. *Att.* 1. 16. 12)。最近R・リリンガーが指摘したように(25)、ここからは、共和政末期になると有力元老院議員の「家」(domus)が政治活動の重要な舞台となっていた一齣が窺われる。

しかしながらこれらの事実から、分配係があたかも個々の政治家に従属する手下であったかのように見なされるとすれば、それは誤りである。この点は、分配係と併記されることが多いセクエステル(sequester)と呼ばれる人々との比較により明確となろう。セクエステルとは本来、係争の対象となっている物を一時的に保管する係争物保管人を意味したが、選挙買収とのかかわりでは、事前に約束された買収金を当該候補者の当選が確定するまで一時的に預かっておく「保管人」「仲介人」を指していた(26)。しかもA・W・リントットが指摘するように(27)、このようなセクエステルは中立的な第三者というより各候補者に雇われ選挙資金を管理する「出納係」のような存在でもあり、彼らは各候補者に対して私的で緊密な関係にあったのである。現に、「彼らのセクエステルとともに」(cum sequestribus suis)といった表現も見られる(Ascon. 83C)。

それに対して分配係は、同じく各政治家と個々の選挙民とを結びつける仲介役になっていたとはいえ、あくまでも自己の所属するトリブスを活動範囲とし、政治家からの依頼のもとトリブス単位で票の取りまとめを行う職業的存在であったと考えられるのである。先に紹介したウェッレスの家における会合の場面では、「ある者はそれを実現するのは不可能だ」とウェッレスの提案を拒否しているし、またその会合の様子を「いかにも善意をもって」キケロに通報したのが、ほかならぬ分配係のひとりであったのが印象的である(Cic. *Verr.* 1. 23)。さらに前項におけるプロソポグラフィの成果を加味するならば、一トリブス内の投票をなんらかの形で左右しえたであろう影響力という点で、分配係は単なる選挙買収の請負人であったのみならず、トリブス次元で展開される政治において無視しえない一種の「顔役」的存在であったのかもしれない。

さて、このような分配係を政治的立身出世において利用したことが明らかなのは、なんといってもウェッレスである。彼は、自身が法務官に立候補する際に、分配係に三〇万セステルティウスを支払ったとされているし(Cic. *Verr.* 2. 4. 45)、たびたびふれてきたように、前七〇年の造営官選挙の際には、分配係を集めてキケロの落選を画策している(Cic. *Verr*. 1. 23)。「愛想がよく人気のある息子を伴ってトリブス中を駆け巡り、父親の友人、つまり分配係の誰彼に声をかけ、誰彼の家を訪問してまわった」という記述が見えることからすれば、ウェッレスの選挙運動では分配係である父親から引き継いだ人脈が大いにものをいったのであろう。前七〇年には結果として失敗したとはいえ、分配係を最大限に活用した政治家ウェッレスの姿が、非常によく浮かび上がってきている。

他方、同じく共和政末期の政治家クロディウスに関しても、分配係との接点が少なくとも二つ存在する。まず、一般的には誇張された表現と解されているが[28]、キケロによれば、前六三年にクロディウスは、ムレナのために分配係を家に呼び集め殺害したという(Cic. *Har. resp*. 42)。H・ベンナーは、後のクロディウスの政治活動に与えた影響という点で、この前六三年における分配係との接触を重要視している[29]。また、前六〇年にクロディウスを平民へ移籍させるための提案を行ったのが、分配係の息子とされる護民官C・ヘレンニウスであった(前出)。

このように、ウェッレスおよびクロディウスの政治活動における分配係の重要性は明らかである。だがこの二名の人物は、周知のごとく共和政末期においてかなり特異な存在であっただけに、分配係は特定のスキャンダラスな政治家によってのみ利用されたにすぎなかったのではないかという疑問が当然、生じてこよう。そこで次に、前六七年の事件を手掛かりに、元老院議員全般と分配係との関連を考えていくことにする。

この前六七年の事件に関してはクロノロジー上の問題点が存在するが[30]、おおよその事件の経過は次のように再構成できよう。すなわち、この年の護民官C・コルネリウスは選挙買収に関する法を提案したが、非常に厳しい内容を持っていたとされる「コルネリウス提案」に対して、元老院は、より穏やかな対抗法案を提出するよう執政官に命令した。カッシウス・ディオによれば、このような厳しい法はかえって訴追の機会や有罪判決の機会を失わせるという理由からであった(Dio 36. 38. 4-5)。そして最終的には、執政官のC・カルプルニウス・ピソによるカルプルニウス法が通過したのである。コルネリウス提案同様、カルプルニウス法に関してもその詳しい内容は不明であるが、罰則としては、罰金に加え公職からの永久追放という非常に厳しい内容のものであったことが知られている(Dio 36. 38. 1; Schol. Bob. 78-79St)。

コルネリウス提案を穏やかなものに変更するという意図のもとで出されながらも、カルプルニウス法自体がこれまた非常に厳しい内容を持っていたというのは不可解な話である。そこでE・S・グルーエンは、そこに選挙買収に対する「改革派」(＝コルネリウスあるいはその背後にいたポンペイウス)対「保守派」(＝執政官ピソおよび元老院)の対立を読み取ってはならないのであり、どちらも選挙買収禁止法の提案者・後援者たらんとして政治的駆引きを行ったにすぎない。コルネリウスの提案を民衆が支持しているのを看取したピソは、現実に譲歩した形で法案を修正し、その結果、最終的に両者はほぼ同じような内容を持つことになったのではないか、と推測している。(31)

グルーエンの主張は、元老院を牙城としたいわゆる閥族派が、あたかも無為無策ですべての改革に反対する反動主義者であったかのように捉える理解への反論として提出されたものであり、その限りでは鋭い指摘といえよう。だが両法案をめぐる駆引きは、単に誰が法の提案者・後援者になるのかといった次元にとどまらなかったように私には思われる。この点を考えるにあたって注目したいのは、コルネリウス提案の内容に関する記述である。この事件に関する主要史料であるアスコニウスには、キケロの断片として次のような記述が見られる。

……護民官たちによって、もしも罰則が分配係にまで及ばないならば、選挙買収は決して根絶されることがないであろうと教えられたとき、ローマ民衆はこのコルネリウスの法を切望し、元老院決議によって提案されたかの法(＝カルプルニウス法)を否決しようとしていた……。(32)

この記述からすると、選挙買収に関する二つの提案において大きな争点となっていたのは、ほかならぬ分配係の取扱いであったことが読み取れよう。元老院に集う政治家たちは、少なくとも当初、分配係をも巻き込んだ捜査と処罰とに二の足を踏み、そこにまで対象が及ばないような対抗法案を画策していたように思われるのである。ただし、アスコニウスの記述によれば、カルプルニウス法に対しても分配係は執拗な抵抗を示しているので(Ascon. 75C)、最終的には、カルプルニウス法にも分配係に対する処罰がなんらかの形で盛り込まれていた可能性はある。[33] その場合、先にグルーエンが指摘したように、元老院寡頭派は一般民衆の反応を踏まえる形で譲歩したのかもしれない。

選挙買収禁止法をめぐるこの前六七年のやりとりや、選挙買収が一段とエスカレートしたその後の時期における分配係の変わらぬ活動などからは、共和政末期の多くの元老院議員にとって、分配係がいかに重要な存在だったかが知られる。対立する候補や対立する陣営との間で、激しい選挙戦を戦い抜かなければならない時代にあって、トリブスという枠組みで活動する分配係の協力は不可欠だったのである。ところが、このような不可欠さの一方で、彼ら分配係には常に、侮蔑的・否定的評価がつきまとっていた。たとえばキケロには、「こそ泥にしてかつ分配係」(Cic. *Verr.* 2. 3. 161)といった表現が見られるし、分配係の活動を威嚇し規制しようとする動きも見られる(Cic. *Verr.* 1. 4; *Comm. Pet.* 57)。もちろんこれを、他人の行為を批難しながらも自身は同様の手段を用いる政治家特有の欺瞞、あるいは主たる史料であるキケロお得意のレトリックとして片づけることもできよう。しかしここでは、分配係に対するこのアンビヴァレントな対応が意味するところのものを、共和政期ローマの政治文化といったより広い文脈の中で捉え直し、共和政期ローマの政治と社会の特殊性に迫っていきたい。

二　選挙不正とパトロン関係

1　自己のトリブスへの配慮

共和政末期のローマにおいては、現代のそれと見紛うばかりの選挙運動が活発に展開されていた。たとえば、支持者の一団を引き連れての市内巡回はもちろんのこと、握手戦術(Val. Max. 7. 5. 2)や「名告げ奴隷」(nomenclator)を利用した選挙戦術すら存在した(*Comm. Pet.* 41)。「名告げ奴隷」とは選挙運動中の候補者に常に付き添い、すれ違う選挙民が誰であるのかを候補者に教える奴隷である。候補者はそれをもとに、各選挙民に親しげに名前で呼びかけて彼らの好意を獲得した。あたかも名前を知っているかのように振る舞うことが選挙民を欺くことになるにもかかわらず、清廉潔白で名高い、かの小カトですらこの「名告げ奴隷」を用いていたことが知られている(Cic. *Mur.* 77)[34]。

活発な選挙運動と歩調を合わせるかのようにして選挙不正も盛んであり、それを取り締まるために多くの法が出された[35]。この種の選挙不正関連法には、われわれの感覚からは直ちに理解しがたいような内容が盛り込まれていることが多く、その解釈をめぐっては論争が絶えない。だが選挙不正に関する情報は、共和政期ローマ社会の特殊性を考えるうえでの貴重な手掛かりともなっているので、以下、それらを検討していくが、その際の要点をあらかじめ指摘しておきたい。それは選挙不正と共和政期ローマ人の間に広く行き渡っていた伝統的なパトロン関係に基づく行為とが、実は極めて見分けのつきにくいものだったという事実である[36]。この点を念頭に置きながら、具体的事例を見ていくことにしよう。

前六七―六四年のいずれかの時期に出された法で、一般的には「随行員の数に関するファビウス法」と呼ばれているものがある。これは『選挙運動備忘録』で活写されているように(*Comm. Pet.* 34-38)、候補者の家に伺候したりあるいは候補者に付き従ってフォルムへ赴いたりする随行員(sectator)の数を制限した法である。この随行員に関しては、さらに前六三年、執政官であったキケロが、元老院決議をもとに前六七年のカルプルニウス法(前出)の犯罪構成要件をより厳密なものとする形で規制を行ったことが知られている。その結果、「金で雇われた」(mercede)随行が、カルプルニウス法に抵触するとして禁止されたのであった(Cic. *Mur.* 67)。ところがキケロは、『ムレナ弁護演説』において、被告ムレナに従った随行員について次のように述べている。

身分の低い人々は、まさにわれわれの立候補のとき付き従うことに尽力することによってのみ、われわれの身分に対して恩義を貸したり返したりすることができるのである。……休みなく随行できるのは身分の低い友人、仕事が忙しくない友人で、彼らの多数は恩恵を受けた立派な人を見捨てたりはしないものだ。(谷栄一郎氏の訳文参照)(37)

ここでキケロは、ムレナの随行員がカルプルニウス法およびそれを補完した前六三年の元老院決議には違反しないことを縷々述べているのであるが、その際のポイントは「友人」としての行為という点である。だが、「身分の低い友人」「仕事が忙しくない友人」への「恩恵」についてはおよそ察しがつくであろうし、それが「金で雇われた」随行と実際どれほど異なっていたのかは、大いに疑問である。さらに続く箇所においては、

いつも彼らが言っていることだが、彼らは法廷でわれわれの利益を代弁できないし、財産の保証人にはなれない

し、家に招くこともできない。彼らはわれわれからこれらすべてを求めるが、われわれから得たことに対し、自分たちがこのように尽くす〔随行〕以外の方法では報いることができないと考えている。（谷栄一郎氏の訳文参照(38)）

といった記述も見られる。ここで語られているのは、まさに伝統的なパトロン関係における保護者と被護民との相互行為である。普段の恩義に応えるために、あるいは将来の恩義に備え被護民が選挙運動中の保護者に随行することは、共和政期のローマにおいては伝統的・慣習的な行為だった。となれば、そのような行為と「金で雇われた」随行員との境界線が曖昧となるのは当然のことといえよう。

このような伝統的パトロン関係と選挙不正との境界線の曖昧さは、本章における関心の中心であるトリブス内部における選挙運動においてさらに明瞭となる。前六三年にキケロが提案した先の元老院決議には、「剣闘士の見世物のときに無差別にトリブスごとに席が提供されたり、一般人に無差別に食事を提供したりすれば、カルプルニウス法に違反する」(Cic. *Mur.* 67)という規定も含まれていた。そして同じく『ムレナ弁護演説』において、キケロは次のように述べている。

われわれの時代であれ、われわれの父親の時代であれ、これを人気取りと言うにせよ気前のよさと言うにせよ、大競技場やフォルムで友人たちやトリブス民に席を提供するという行為がなされなかった時があるであろうか。身分の低い人々は、このような特典や便宜を古くからの慣習により、自分と同じトリブス民から受け取っていたのである。（谷栄一郎氏の訳文参照(39)）。

ここには、「パンとサーカス」の名で広く知れ渡っているように、剣闘士の試合や戦車競技の際に席を提供すること、あるいは饗宴への招待や祝儀という形で食事を提供することと選挙不正との関連が語られている。キケロによれば、この種の行為自体は決して違法だったわけではなく、もてなしの対象が誰であるのかが問題であった。先の随行員同様、ここでの「友人」もその定義次第で法の抜け道を提供していた可能性が考えられるが、ここで注目しておきたいのはむしろ「トリブス民」の方である。すなわち、カルプルニウス法とそれを補完した元老院決議により禁止されたのは、あくまでも自己のトリブス民以外へ向けた「無差別な」便宜であり、同じトリブスに属するトリブス民に対して同種の便宜をはかることは、慣習的に認められていたのみならずむしろ義務と感じられるほどの行為だったことが読み取れよう。(40) 現代日本の選挙でいえば、紛らわしい行為として選挙前に禁止されているのは、あくまでも自己の選挙区内における便宜の供与である。それに対して、古代ローマでは、まさに自己の「選挙区」にあたるトリブス内ではあらゆる便宜の供与が認められ、それ以外のトリブスでは禁止されていたのである。ここには、パトロン関係を基盤とした特殊ローマ的な政治文化が如実に窺われよう。

なるほどこれらの記述は法廷弁論におけるものだけに、当然そこには誇張が含まれていることが予想される。しかしいうまでもなく、誇張は虚構ではない。キケロ自身、自己のトリブス民に対して実際にこの種の配慮を行っていたことが、ある書簡から明らかとなる。前五四年九月付の弟クイントゥス宛書簡において、キケロは、「ローマでは見世物が催されるころだが、トリブス民のことはピロティムスに任せてきた」と記している(Cic. *QFr.* 3. 1. 1)。このとき、酷暑を避けてローマを離れ故郷のアルピヌムに滞在していたキケロは、九月上旬から開催されるローマ祭におけるトリブス民への座席の手配を、解放奴隷であるピロティムスに託してきたのであろう。ちなみにキケロの属するトリブスはコルネリア区であり、そのコルネリア区の「トリブス民」を推薦する書簡も、ほかに二つ残されている(Cic. *Fam.* 13. 23. 1; 13. 58)。

また、時代は少し下るが有名な事例として、アウグストゥスが次のような行動に出たことが知られている。

……アウグストゥスは自己のトリブス民であるファビア区とスカプティア区の人に対して、彼らが選挙の当日、いかなる政務官候補者からも、一切物をねだらないように、自分の財布から一人に一〇〇〇セステルティウスずつ分け与えた。(國原吉之助氏の訳文参照)[41]

時代はすでに帝政期に入り、共和政期以来の「自由な選挙」はその意義を失いつつあったが[42]、そのような時期のしかも当代随一の実力者であるアウグストゥスでさえ、「自己のトリブス民」(tribules sui) に対するこの種の配慮を欠かすことができなかったのである。ファビア区は養父カエサルのユリウス氏から引き継いだトリブスであり、スカプティア区はオクタウィウス氏の出身地である地方都市ウェリトラエが属したトリブスではないかとされている。もしそうであれば、実家と養家両方のトリブスへの配慮を律儀にこなしているアウグストゥスの姿が印象的であろう。

このような共和政期におけるパトロン関係という文脈に位置づけてみるならば、前節で検討した分配係に対する政治家たちのアンビヴァレントな対応も理解しやすいものとなる。選挙買収と伝統的なパトロン関係との境界線が非常に曖昧な政治風土のもとでは、まさにその曖昧さを利用して、たとえ自らが同種の手段を用いている場合でも、政敵への誹謗中傷といった戦術上、分配係が選挙不正の根源とされ政敵批難の格好の素材を提供したことがまずは考えられる。しかしながら、共和政期ローマの政治家による自己のトリブスへの配慮といった側面に注目して考えるならば、次のような解釈も可能となる。すなわち、分配係を介して他のトリブスの票を獲得することは、選挙戦に勝利するための必要不可欠の手段として認識されていた一方で、同様の手段により、トリブスという枠組みにおける自己のパトロン関係が掻き乱されることに対しては、根強い反発が存在したのではないかと。この点を考えるにあたっては、「ルルコ提案」と呼ばれる前六一年の法案が非常に示唆に富んでいる。

前六一年の護民官であるルルコによって提案され、結局のところ、法として成立することがなかったある法案に関してキケロは次のように伝えている。

この法について新しいことは、トリブス内で賄賂を約束した場合、それを実際に与えなければ無罪であるが、もし与えたなら、生きているかぎり各トリブス民に対して三〇〇〇セステルティウス支払わなくてはならない、というものだ。（根本和子／川崎義和氏の訳文参照）[43]

よくよく眺めてみるならば誠に奇妙な内容の提案である。前半部では、買収の違約を奨励しているようにも見えるし、後半部では実際に買収を行った者に対して引き続いての買収を義務づけているかのようにも見える。しかも、「生きているかぎり各トリブス民に対して三〇〇〇セステルティウス」の支払いとなると、その総額はあまりにも莫大な額になることが予想されよう。そこで、「各トリブス民に対して」の箇所は「各トリブスに対して」と写本を修正するのが一般的となっているが、[44]この修正は、トリブス内のパトロン関係を考える際に非常に重要なポイントとなるので、少し詳しく検討していくことにしよう。

まずは、比較のための数字をいくつか挙げるなら、トリブス民一人あたりに与えられた金額としては、前五二年に執政官の選挙運動を展開していたミロが、「トリブスごとに各人に一〇〇〇アス（＝四〇〇セステルティウス）[45]与えた」ことが知られる（Asc. 33C）。また先に引用したように、アウグストゥスが、選挙不正を未然に防ぐためにファビア区とスカプティア区のトリブス民に自らの財布から支払った金額は、一人あたり一〇〇〇セステルティウスであった（Suet. *Aug.* 40. 2）。なるほどこれらの額は、ここで問題となっているルルコの提案における三〇〇〇セステルティウスより小額である。しかし後者が犯罪行為に対する一種の罰則金の額であることを考えれば、この差は十分説明可能といえようか。

他方、一トリブスの買収にいったいどれくらいの金額が必要であったのかの手掛かりも存在する。たとえば、前節で紹介した前七〇年の選挙の際に、キケロの造営官職への当選を妨害するために契約された額は、五〇万セステルティウスであった。これをウェッレスによる支払いの総額と捉える見方もあるが、[46]キケロの落選を請け負ったのがわざわざロミリア区の分配係クイントゥス・ウェッレスであったと記されている以上、全トリブス買収のための総額というより、あくまでもロミリア区買収のために分配係とウェッレスとの間で契約された額と捉えるのが妥当であろう。[47]とすれば一トリブスを買収するための金額として、三〇〇〇セステルティウスとの開きはあまりにも大きい。さらに、ケントゥリア・プラエロガティウァ買収のためになんと一〇〇〇万セステルティウスが注ぎ込まれたことも知られている(Cic. *QFr.* 2. 15. 4)。ケントゥリア・プラエロガティウァはケントゥリア民会で最初に投票する特権を持つケントゥリアであっただけに、比較の対象としてはその重要性が違いすぎるが、ひとつの目安とはなろう。

このように見てくるならば、罰則金の支払い対象を「各トリブス」とするのでは、その金額があまりにも小額となってしまうことが明らかとなった。とはいえ、読みを「各トリブス民」のままにしておく場合でも、支払いが生涯にわたるとなるとやはりその総額が莫大なものとなることが予想され、法の内容について深刻な疑問が生ずる。だが、当該法案が結局のところ成立しなかったこと、またJ・リンダスキが指摘するように、ルルコの背後に理想主義者小カトの存在が推定されることからすれば、[48]ルルコの提案に実現不可能なほどの厳しい罰則規定が盛り込まれていた蓋然性は極めて高いのではないか。そして、まさにそのような性格にこそ、この法の重要な特徴があるのではないかと思われるが、この点を立法意図から考えていくことにしよう。

M・イェーネは、候補者と投票人との間に不信を掻き立てることにより買収を抑えようとした点に、[49]またA・ヤコブソンは、投票人が投票の約束を守らなかった場合に備えて、候補者の側が自己の利害を保護しようとした点に、それぞれこの法の意図を読み取っている。[50] だがいずれの解釈にしても、買収が首尾よくなされた場合の生涯にわたる金の支払いという部分に関しては、十分な説明となってはいない。トリブス内におけるパトロン関係に着目し、この点についての興味深い解釈を提出したのがリントットである。リントットによれば、この提案の背後にあるのは、あるトリブスに対して金を支払った者は、それが特定の選挙を目的としたものではなくパトロン関係の一環であることを示さなければならないという原則であったという。[51] しかしそのリントットにしても、「生きているかぎり」を文字通り毎年繰り返される行為としては捉えず、「一回きりの支払い」(a once and for all payment) としているが、リントットの躓きの原因も、「毎年トリブス民それぞれに三〇〇〇セステルティウスの支払い」ではかなりの高額になってしまうという点にある。だが先に指摘したように、そもそもこれを実現可能なものとして捉えようとする前提が誤っているのであり、そうでないと考えれば、リントットの解釈をさらに進めることも可能となる。すなわちそこには、分配係を通じた選挙買収という形でいったん他人のトリブスを買収しそれに成功したからには、その実現が不可能なほどの支払いを継続しなければならないと定められていたのであり、そこから読み取れるのは、他人のトリブスへと介入しそこにおける伝統的なパトロン関係を攪乱することに対する、激しい反発と強い嫌悪の念ということではないだろうか。

2　他トリブスの票の獲得

さて、ここまで論じてきたことは、このような形でのトリブス民への配慮により、特定の政治家が常にそして完全に自己のトリブスの票を手中にしていたことを意味するものではない。「トリブス民にあって好意を持たれている者」(gratiosus apud tribules) と呼ばれるトリブス内の有力者に関し、その影響力に限界があったことは、すでにわが国においても、安井萠氏により指摘されている[52]。たしかに論理的に考えてもそのような掌握には無理がある。というのも、一トリブスにはほぼ例外なく複数の有力政治家が存在したと考えられるが、彼らが常に政治的意向において一致していたとは限らず[53]、そのような場合、トリブスの票が割れて予期せぬ結果に終わることもありえたからである。ただし、ヴァティニウスに関してキケロは、「彼のようにセルギア区の票を失ったセルギア区民は、ローマ建国以来ヴァティニウスが初めてだ」とまでいいきっている（Cic. *Sest.* 114; *Vat.* 36）。このキケロの発言を、セルギア区を越えてトリブス全般にあてはめることができるのかどうかは難しい問題であるが、少なくともここからは、あるトリブス所属の候補者が自己のトリブスの票を失うことがいかに恥ずべき事態であったかは読み取れよう。

選挙での成功を目指す政治家にとって、このような自己のトリブスの掌握以上に深刻な問題が、民会の投票システムから生じてくる。周知のごとく、共和政期ローマの民会は一人一票の単純多数決ではなく、グループ投票制による多数決を採っていた。そこでたとえば、下級政務官を選出する平民会（トリブス民会）においては、たとえ自己のトリブス票を完全に掌握しその総数がどれだけに上ろうとも、それは所詮、全投票の三五分の一をなすにすぎなかったのである。執政官や法務官などの高級政務官を選出するケントゥリア民会においては、事情はいささか複雑になるが、少なくとも投票の重要な部分を占める第一等級の七〇票は三五トリブスと結びつけられており、自己のトリブスの掌握はここでも第一等級の七〇分の二にしかならなかった[54]。つまり、平民会（トリブス民会）においてもケントゥリア民会においても、自己のトリブスの掌握は投票結果のほんの一部分に影響を与えたにすぎなかったのである。

そこで当然、選挙で当選するためには、他のトリブスの票をどのように獲得するかが課題となってくる。前節で論じたように、分配係を通じての他のトリブスへの干渉はまさにそのような必要性から生じたものであるが、共和政期ローマの有力政治家にとって、これは不可欠とはいえ好ましからざるやり方と見なされていった。それに対して彼らが理想としたのは、他のトリブスに属する「友人」の手助けで、当該トリブスの票を獲得するという方法だったのである。それゆえ共和政期ローマの有力政治家にとっては、まずは自己のトリブスを掌握しそしてそれを他の候補者へと融通することが、政治家としての重要な資質であった。たとえば、キケロ『プランキウス弁護演説』においては、次のような記述が見られる。

……また、われわれの子供たちに対して次のようなことが禁止されるべきではない。すなわち、自分と同じトリブス民の面倒を見、彼らに愛情を施すこと、そして友人のために自己のトリブスを用立て、また自らが候補者である場合には彼らから同様の奉仕を期待することである。というのも、そのような行為は、義務感で満ち溢れ、配慮の心で満ち溢れ、そして伝統の精神で満ち溢れさえしているのだから。(55)

先に書簡を紹介した前五四年時点のキケロも(Cic. *QFr.* 3. 1. 1)、彼自身はすでに執政官にまで到達していたにもかかわらず、トリブス民に対する配慮を停止することはできなかった。おそらく、息子マルクスの政治的昇進、さらには子孫のことを考えての行動であろうが、それのみならず、自己のトリブスの票を他人に融通するという重要な行為を首尾よく成し遂げるためにも、ゆめ疎かにはできなかったのであろう。

このように選挙の際、自己のトリブスを友人(他人)に都合したり、あるいは他のトリブスの票を都合してもらったりすることは、共和政期ローマの政治家にとって、日常的業務になっていたことが予想される。そしてそれがある程度組織化されてもいた様子を窺わせるのが、「ソダリタスに関するリキニウス法」(Lex Licinia de sodalitatibus)と呼ばれる法である。ソダリタス(sodalitas)とは、共通の活動を目的として取り結ばれた団体・結社であり、そのうち、とりわけ選挙不正を目的とした団体・結社は、侮蔑的な意味を込めてソダリキウム(sodalicium)とも呼ばれていたとされている。それゆえ同法は、「ソダリキウムに関するリキニウス法」(Lex Licinia de sodaliciis)と記される場合もある。

ちなみに両者とも、その構成員を意味する語はソダレス(sodales)であった。[56]

さて、「ソダリタスに関するリキニウス法」(以後、単にリキニウス法)は、前五五年にポンペイウスとともに執政官であった三頭政治家のクラッススにより制定された法であるが、実はその正確な対象が何であったのかに関しては古くから論争がある。[57] H・モウリツェンの整理によれば、これまでの見解は大きく三つに分かれる。[58]

その第一は、『パウリ古典古代学事典』で〈組合〉(collegia)の項目を執筆したE・コルネマンにすでに見られ、[59] F・M・デ・ロベルティス以降、[60] 通説化していた見解である。[61] この説は、クロディウスにより(再)結成された組合=結社をその対象として想定する。前五八年の護民官であったクロディウスは、前六四年の元老院決議により禁止されていた組合を復活させ、おそらくそれと同時に都市ローマの地縁的単位ウィクスの組織化を促進した。[62] 第一の説は、前五五年のリキニウス法が、クロディウスにより創出され政治的暴力の温床となっていたこのような組合=結社をそのターゲットとしていたと捉えるのである。前五六年の元老院決議を伝える史料に、ソダリタスと並んで「十人組」(decuriatus)への言及がなされていることは(Cic. *QFr*. 2. 3. 5)、たしかにクロディウスが結成した組合=結社との類似性を強く示唆している。それに対して、コルネマン以前にTh・モムゼンにより提起され、[63] その後J-P・ウァルツィンに引き継がれた第二の見解では、[64] 当該法を一連の選挙不正関連法の文脈に位置づけ、その対象をあくまでも政治エリート間における選挙買収のための「政治クラブ」と捉える。[65] モウリツェン自身が支持するのはこの見解であり、モウリツェンは、関連史料の網羅的な検討の結果、クロディウスの一団がこの法の対象とされていたことは史料的に確認しえないとする。[66] 残る第三の見解は、J・リンダスキに始まるとされる第一説と第二説との折衷案であり、[67] この説はリキニウス法の対象として、政治的暴力と選挙不正の双方を想定している。

以上のモウリツェンの整理にもかかわらず、実は諸説はもう少し入り組んでいる。というのも、リキニウス法に先だって、前五六年二月に似かよった内容を持つ元老院決議が出されており、モウリツェンの整理では、この元老院決議に関する評価とリキニウス法に関する評価とが区別されていないからである。両者を全く同じ内容のものと捉える立場についてはそれでよい。しかし両者を別内容と捉える立場、あるいは両者の関連を想定しながらもその内容を微妙に異なったものとして捉える立場の場合には不都合が生ずる。たとえば、デ・ロベルティスの見解をよくよく見てみるならば、彼は前五六年の元老院決議の主たる対象をクロディウスの組合と考えているにすぎず、前五五年のリキニウス法に関しては、エリートの「政治クラブ」をも含めて政治目的の組合全般を想定していることが明らかとなる。デ・ロベルティスの見解を引き継いだといわれている研究者についても同様のことが指摘されよう。つまり、モウリツェンが第一の見解に分類している研究者の中にも、第三の見解に属する研究者が多く含まれているのであり、現在ではむしろこの折衷案が主流ではないかと思われるのである。[68] たしかに前五六年の元老院決議とリキニウス法とを無関係として処理することができないとすれば、[69] クロディウスの組合=結社による政治的暴力をこの法の全くの対象外とすることは難しい。とはいえ、当該法の主たる対象が何であったのかとなれば、やはり第二説の主張する「政治クラブ」を想定するのが妥当なように私には思われる。当該法とのかかわりで名前の知られる人物がいずれも、クロディウスの組合より「政治クラブ」との関連を示唆しているからである。

まず、リキニウス法によって訴えられた人物として、五名の名前が知られている。[70] 具体的には、P・ヴァティニウス、C・メッシウス、Cn・プランキウス、T・アンニウス・ミロ、M・ヴァレリウス・メッサッラの五名であるが、その経歴に目を向けるなら、彼らはいずれも造営官以上、場合によっては執政官にまで上り詰めた政治家であったことが明らかとなる。ただし、彼らがその種のソダリタスに属していたのか、あるいはそれを利用したにすぎなかったのかはいまひとつはっきりとしない。他方、キケロの弟であるクイントゥスが兄の選挙運動のために書き送ったとされている『選挙運動備忘録』には、ここ二年間のうちに裁判での弁護を通してキケロに結びつけられたソダリタスとして、四つが挙げられている。C・フンダニウス、Q・ガッリウス、C・コルネリウス、C・オルキウィウスのソダリタスがそれである(*Comm. Pet.* 19)。ここでもこれらの人物の素性を調べてみるならば、先の五名ほど大物ではないものの、彼らもまたなんらかの政務官職に就任した政治家であったことが判明する。[71] さらに「〇〇のソダリタス」といった表現からして、これらの事例では、彼らが当該ソダリタスの単なる一員であったのみならず、その中心人物であった可能性が極めて高いといえよう。

『プランキウス弁護演説』から明らかなように(Cic. *Planc.* 37)、このような性格を持つソダリタスによる集票あるいは選挙買収の場はトリブスであった。一トリブスに一つのソダリタスしか存在しなかったのか、あるいは複数のソダリタスが競合していたのか、その詳細は不明ながら、第一節で見た分配係の場合同様、ソダリタスもまたトリブス単位で作動していたのである。先に紹介した前六四年の『選挙運動備忘録』におけるQ・キケロの筆致からすれば(*Comm. Pet.* 19)、少なくともこの時点では、ソダリタスの利用がなんら後ろめたさを伴うものではなかったことが明らかとなる。トリブスを政治基盤とする共和政期ローマの政治家たちは、来るべき選挙に備え、他のトリブスの票を獲得するためにこの種の「政治クラブ」を大いに活用していたのであろう。[72] 前五五年のリキニウス法により、選挙買収の温床ともなっていたソダリタスは禁止されることになったが(Cic. *Planc.* 45; 47)、繰り返し述べてきたような共和政期ローマの政治文化から判断して、名称はともかくその種の選挙協力は根強く残存していたのではなかろうか。[73]

リキニウス法はさらに、少し異なった角度からもトリブスに関する貴重な情報を提供している。それは、この法をもとにして設置された法廷の審判人の構成とかかわる知見である。共和政末期のローマにおいて、選挙不正等を含め違法行為を裁くための機関をなしていたのは常設査問所(quaestio perpetua)と呼ばれる法廷であり、そこでは審判人(iudex)と呼ばれる陪審員が審理・判決にあたっていた。[74] 前七〇年のアウレリウス法以来、この審判人を構成していたのは、元老院議員、騎士、トリブニ・アエラリィからなる三身分であり、[75] おそらくそれぞれの身分三〇〇名、全体では九〇〇名からなる審判人は、まずは審判人名簿(album iudicum)に記載され、訴訟のたびごとに、その一部が審理・判決にあたった。詳細は不明ながら、被告・原告双方で審判人の忌避(reiectio)が行われた後、最終的に判決を下した審判人の数としては、七五名や五一名といった数字が知られている。[76]

それに対して、リキニウス法のもとでは、審判人を構成するためにまず原告により四トリブスが選出され、そのうちの一トリブスが被告により忌避された後、残りの三トリブスの所属メンバーから審判人が構成されたのであった(Schol. Bob. 160St)。[77] 各トリブスから選出された審判人の素性やその人数等々詳しいことは不明であるが、キケロは「すべての人々から」(ex omni populo)と表現しており(Cic. *Planc.* 41)、本来の審判人名簿とは別個に、当該法廷のためにトリブスごとに作成された審判人名簿が利用されたのではないかと推定されている。[78] 本書第五章の考察が正しければ、従来の法廷においても、トリブニ・アエラリィと呼ばれた審判人はトリブスごとに選出されていた。とすれば、少なくとも手続き的にはトリブニ・アエラリィ選出のやり方に準じて、各トリブスから審判人が選出されたのかもしれない。[79] 選び出されたトリブスの具体例としては、前五四年のメッシウス裁判に関して、ポンプティナ区とウェリナ区とマエキア区の三トリブスが知られている(Cic. *Att.* 4. 15. 9)。またより詳しい事情が知られるのは、同じく前五四年のプランキウス訴訟の場合であり、このときは、原告のラテレンシスによってまずは、マエキア区、レモニア区、オウフェンティナ区そしてクルストゥミナ区の四トリブスが選び出され、被告側によって、そのうちのマエキア区が忌避された模様である。

このようなやり方では、トリブスの選び出し方次第で、従来の法廷に比べ原告に極めて有利な形で法廷が構成される可能性が生じてくる。しかしそれにもかかわらず、当該法廷が敢えてこのような審判人の選出方法を採用した理由について、キケロは『プランキウス弁護演説』で次のように説明している。

要するに、われわれの意見は以下のようであった。すなわち、かの協定〔共謀〕を通じて——それは正確にというより社交上、ソダリタスと呼ばれているのだが——買収人(largitor)となった者については、そのトリブスがたとえどこであろうとも、彼が不名誉な買収により腐敗させたトリブスの所属員こそが、最もよくかの人物のことを知っているのだと。かくして元老院は、彼〔被告〕が買収によって関係を持ったトリブスが被告のために指名されるのであってみれば、同じ人々が審判人ともなれば証人ともなるであろうと考えたのであった[80]。

キケロはここで、買収の対象となったとされるトリブス自身に被告を裁かせることにより買収容疑に白黒をつけるのがこの法の本来の主旨であったにもかかわらず、原告のラテレンシスは、買収容疑とは関係なく被告プランキウスに不利なトリブスばかり選出したと批難しているのである。キケロによれば、このときのラテレンシスは、プランキウスにより買収されたとされていたテレティナ区やウォルティニア区などを選ぶべきであった。だが先にも紹介したように彼は、マエキア区、レモニア区、オウフェンティナ区そしてクルストゥミナ区の四トリブスを選び出したのであった(Cic. *Planc.* 38)[81]。

先にもふれたように、ここからはソダリタスをもとにした選挙買収の場がほかならぬトリブスであったことが明確に読み取れるが、またそれとともに別の興味深い事実も明らかとなる。すなわちこのキケロの記述には、われわれの感覚では収賄の嫌疑がかけられるはずのトリブス自体が贈賄の被告を裁くという、極めて不可解な規定が述べられているのである。すでにL・ファショーネは、選挙候補者により買収を受けたトリブスが批難されるのではなく、むしろ「被害者」のように取り扱われているという点に注目している[82]。たしかに、いわゆる収賄の側が一貫して処罰の対象とはならなかった点が、共和政期ローマの選挙買収の特徴をなしている。だがこのような事実をもとに、買収されたトリブス民があたかも「被害者」のように捉えられ、リキニウス法の意図が彼らに自由な投票を保証することにあったかのように理解されるなら、それは誤りである。この点は、当該法廷の審判人としてトリブスから選出されるのがいったいどのような種類の人々であるのかを思い浮かべれば明白となろう。すなわち、たとえ従来の審判人名簿からではないにせよ、当該法廷の主催政務官が選出したのは、従来通り元老院議員や騎士身分、あるいはせいぜいトリブニ・アエラリィといったトリブス内の有力者ではなかったかと思われる。もちろん彼らの中には、選挙買収を行ったとして直接的な嫌疑がかけられているソダリタスのメンバーは含まれていなかったことであろう。とすれば、この法による審判人の構成に反映されているのは、買収されたトリブスの選挙民それぞれの利害というより、先の「ルルコ提案」同様、ソダリタスをもとにした選挙買収により一時的にパトロン関係を掻き乱された、各トリブス内における有力者の利害ではなかったかと思われてくるのである。

ところで、「友人」の協力にせよ、「政治クラブ」の利用にせよ、実際にこのような形で他のトリブスの票を獲得することがどれだけ成功したのかというと、自己のトリブス票の獲得同様、否それ以上にうまくいかない場合もあった。たとえばキケロは、パラティナ区の票を都合するのに失敗したクロディウスの例を挙げているし(Cic. *Sest.* 114; *Dom.* 49)、またある書簡では、自身にかかわる経験として、「ファウォニウスは、自分のトリブスよりも私のトリブスの方でうまくやった。ルッケイウスのトリブスでは、全く駄目だった」と述べている(Cic. *Att.* 2. 1. 9)。ここにはおそらく、キケロ自身は自己の所属するコルネリア区の票をファウォニウスのために都合するのに成功したが、ルッケイウスは失敗したことが述べられているのであろう。(83) ことによるとファウォニウスは、先のウァティニウス同様、自己のトリブス票の獲得に失敗したのかもしれない。となれば、自己のトリブスの掌握さらには他のトリブス票の獲得へと向けた共和政期ローマの政治家たちの涙ぐましい努力にもかかわらず、それは結局のところ、民会での投票においてそれほどの効果を発揮しえなかったのではないかという疑問が生じてくる。(84) そこで最後に、近年における共和政期ローマの社会・政治構造の見直しといったテーマに関連づけながら、この点を論じておきたい。

従来のいわゆる〈クリエンテラ・モデル〉(85) は、選挙結果に対する人的結合関係という要因をあまりにも不動なものとして捉えそれを過度に評価してきた。さまざまな被護民を糾合した有力政治家がいわばピラミッドの頂点に位置し、それらピラミッド間の連合や対立のうちに、選挙をはじめとした共和政期ローマの政治が動いていたかのような社会・政治像がこれである。だが、このような理解は、もはやそのままでは成り立たない。クリエンテラと呼ばれる保護‐被護関係はたしかに共和政期のローマ社会に存在してはいたものの、それは従来主張されてきたよりはるかに流動性の高い結びつきであり、また従来想定されてきたようにローマ市民団全体を覆い尽くすような関係でもなかったことが明らかとされたからである(86)。

他方で、そのような理解を批判する形で提出されたいわゆる〈民主政モデル〉は、今度は人的結合を過小に評価し、ローマ市民団全体があたかも「個」に分解されていたかのように捉えて、弁論の力でもって彼らに必死に訴えかける政治家といった側面を強調しすぎてきた。たとえば、コンティオを素材にして別稿でも論じたように(87)、ギリシア世界同様、共和政期のローマにおいても、たしかにフォルムに集う民衆に直接訴えかけ彼らを説得するための雄弁術は政治家の資質として重要視されていた。しかしながら、それらの説得の場面をより丁寧に見ていくならば、一定のシナリオのうちに発言者が巧みに限定されながら討論が進行していた様子も窺えるのであり、古代アテナイのような「自由な討論」がどこまで実現していたのかは、さらに検討が必要である。また、共和政末期の選挙の実態を告げる貴重な史料である『選挙運動備忘録』から、「浮動票」獲得の重要性を読み取ろうとする研究も見受けられるが(88)、同史料にさまざまな「人脈利用」(amicorum studia)の重要性が少なからぬスペースで語られているのも厳然たる事実であり、『選挙運動備忘録』からもっぱら「民衆の好意」(popularis voluntas)獲得のための運動のみを読み取るのでは行きすぎとなろう。

蓋し、共和政期ローマの選挙民会や立法民会の実態としては、状況に応じていわゆる〈クリエンテラ・モデル〉と〈民主政モデル〉との間を揺れ動く民会像を思い描くのが妥当なところであろう。すなわち、ときに縦横に張り巡らされた人的結合が有効に働く場合もあれば、ときに候補者のカリスマ性がものをいう場合もあったのではないか。さらにモウリツェンが強調するように、(89) たとえば執政官の選挙において各投票人が各々二票を手にしていたのだとすれば、「人的絆」(personal ties)と「大衆的支持」(public support)という二つの要素の共存さえ可能かもしれない。というのも、各投票人が一票を「人的絆」に基づいて投票し、他の一票を「大衆的支持」に応じて投票した可能性が十分考えられるからである。いずれにせよ、〈クリエンテラ・モデル〉からすべてが説明可能なわけではないが、とはいえ〈民主政モデル〉からすべてが説明可能なわけでもないといえよう。(90)

トリブスをめぐる人的結合の特徴も、このような社会・政治像に合致する。本書第二章や第三章で論じてきたように、共和政初期や中期にあってすら、各トリブス内における有力政治家たちはトリブス民をあたかも被護民のような従属者として、その支配下に置いていたのではない。民会での投票へ向けて彼らを説得したり、ときには彼らに懇願したりしなければならなかったのである。このようなトリブス内における人的関係は、〈クリエンテラ・モデル〉が説くように、民会における投票へと自動的に結びついていたとはおよそ考えられない。とはいえ、トリブス内の有力者と各トリブス民との関係が従来のようにクリエンテラとしては捉えられないことが明らかになったからといって、それが共和政期ローマの政治にあって全く意味を持たなかったかのように主張されるとすれば、これまた誤りである。もちろん本章で見てきたように、自己のトリブス票の獲得や他トリブス所属者への融通が、常にうまくいっていたわけではなかった。しかしながら、さほど緊密ではない関係であったとはいえ、それが選挙や立法民会において一定の影響力を発揮しえたことは十分考えられよう。そしてここでなによりも重要なのは、民会における投票へのその直結度がどうであれ、共和政末期の有力政治家たちが自己のトリブス掌握のために、トリブス民に対して不断の配慮を惰らなかったという事実であり、トリブス民の側でもそれを当然のごとくに期待していたという事実である。すなわち、共和政期のローマ人は、有力政治家も一般民衆もまさに「トリブスに生きていた」といえようか。

おわりに

以上、共和政末期の選挙と選挙不正の検討を通して、トリブスの構造とそこで展開されていた政治の実態を明らかにしてきた。最近の「ゲルツァー批判」の流れからいくと、トリブスをめぐる人的結合も過大に評価してはならないということになるのであろうが、しかしそれでも、共和政期ローマの政治家たちが、自己のトリブスへの配慮や他のトリブスの獲得へ向けて不断の努力を重ねていた様子が明らかとなったであろう。繰り返しとなるが、共和政期のローマでは毎年、翌年の統治政務官を選出するために複数の選挙民会が開催されていた。そこで、そのような選挙がローマ人の社会・政治生活の中心をなしていたのは当然である。またその際、民会での投票単位の構成からすれば、トリブスという枠組みとそこにおける人脈の形成が彼らローマ人にとっていかに枢要な課題であったのかも、予想されるところである。この点は、本書終章で取り上げるような「自由な選挙」が消滅した帝政期のトリブスとの対比により、一層明白なものとなろう。

ところで、共和政期ローマの選挙について、本章でふれなかった重要な特徴として、選挙の実施場所がもっぱら都市ローマであったという点がある。最後に、このことがトリブス問題にどのようにかかわってくるのかを簡単に論じておきたい。

選挙が開催されるのがもっぱら都市ローマであったことと関連して、トリブス関係の活動が展開されたのもそのほとんどが都市ローマに限定されていたように思われる。このことは、「トリブス民」とはいえそこで対象となっていたのが文字通り同じトリブスに属するすべてのローマ市民ではなく、たかだか都市ローマに集う同一トリブスの所属民にすぎなかったことを意味しよう。民会への参加者に関する推定同様[91]、おそらく彼らは全トリブス民の数パーセントにすぎなかった[92]。すべてのトリブス民を含み込むような人的関係が存在したわけではなかったのである。しかし現実問題として考えるならば、民会での投票をいかにコントロールするかが主たる目的であった以上、実際に都市ローマへ赴くことのできる人々、あるいはすでに都市ローマに居住している人々を、ローマという場で把握しておけばそれで十分だったことであろう。とはいうものの、イタリア各地に分散したトリブス民をこのように都市ローマにおいて掌握する作業も、それほどたやすいものではなかったことが予想される。なるほど、これらの人々は選挙や立法民会の際に互いに顔を合わせるとはいえ、それだけでは相互の結びつきはあまりにも弱い。そこで分配係との関連でふれたように、個々の政治家の「家」が、トリブス民結集のための核になっていた可能性が考えられるが、それと並んでトリブスとしてのまとまりをある程度維持する機能を担っていたのではないかと注目されているのが、〈トリブス本部〉の存在である。

いくつかの史料は分配係の活動の場が、主としてマルスの野であったことを伝えている(Cic. *Orat.* 2. 257; *Har. resp.* 42)。周知のごとく、マルスの野は高級政務官を選出するケントゥリア民会が開催された場所であるから、分配係がマルスの野との関連で言及されているのは、民会当日における彼らの活動を示唆するものとも考えられよう。だが彼らの活動は、なにも民会の当日に限られたわけではなかった。考古学的にはまだ確認されておらず、また文献史料上の根拠もあまり確固としたものとはいえないが(Cic. *Mur.* 72; Suet. *Iul.* 41. 2)、おそらくマルスの野に各トリブスの〈本部〉が存在したらしいことが、すでにテイラー等により推定されている[93]。そして選挙以前においても、分配係が、自己の属するトリブスの〈本部〉で、トリブス民に金銭を分配したりあるいは分配の約束をしていたのではないかと考えられているのである。さらに、ニコレの研究[94]を発展させたE・ドゥニオの推定によれば[95]、この〈本部〉にはトリブス民の名簿が保管されており、各トリブス民はそこで、民会における「投票板」(tabella)と交換するための身分証明書的な「札」(tesserula)を受け取ったのではないかとされている。なるほど身分証明書的な「札」の存在に関しては、その後、C・ヴィルルーヴェが関連史料(Varr. *RR*. 3. 5. 18)の詳細な検討から否定的な結論にいたっているし[96]、また〈トリブス本部〉に関する史料的根拠もたしかに薄弱である。しかし、分配係がイタリア各地に分散した自己のトリブスを駆けずり廻った形跡はないので、都市ローマに各トリブスの〈本部〉が存在し、そこが分配係の活動の場のみならず、各地に分散した同一トリブス所属民の少なくとも選挙に関する情報交換の拠点となっていた可能性は十分考えられるのではなかろうか。

註

＊本章では、*L'année philologique* による雑誌略号以外にも、以下の略号を用いる。
RE: G. Wissowa/W. Kroll/K. Mittelhaus/K. Ziegler (eds.), *Paulys Real-Encyclopädie der classischen Altertumswissenschaft*, Stuttgart 1894-1980.

（1）長谷川博隆「内乱の一世紀」『古代ローマの政治と社会』名古屋大学出版会、二〇〇一年(初出は一九六九年)、九一―一三三頁、拙稿「「元老院最終決議」考――ローマ共和政末期における政治的殺人――」『史学雑誌』九八-八、一九八九年、一―三五頁。

（2）M. Gelzer, *Die Nobilität der römischen Republik*, (Leipzig 1912) Stuttgart 1983; Gelzer, Die römische Gesellschaft zur Zeit Ciceros, in: Gelzer, *Kleine Schriften* I, Wiesbaden 1962, 154-186.

（3）このような〈ゲルツァー理論〉に対する批判については、拙稿「共和政期ローマの社会・政治構造をめぐる最近の論争について――ミラーの問題提起(一九八四年)以降を中心に――」『史学雑誌』一〇六-八、一九九七年［＝拙稿「最近の論争」］、六三―八六頁参照。

（4）Th. Mommsen, *Römisches Staatsrecht* III, 3rd ed., Leipzig 1887-1888 (Graz 1969), 161-198; E. S. Staveley, *Greek and Roman Voting and Elections*, London 1972; Cl. Nicolet, *Le métier de citoyen dans la Rome républicaine*, Paris 1976.

（5） Th. Mommsen, *Römisches Strafrecht*, Leipzig 1899, 865-875; H. Aigner, Gab es im republikanischen Rom Wahlbestechungen für Proletarier?, *Gymnasium* 85, 1978, 228-238; R. Urban, Wahlkampf im spätrepublikanischen Rom. Der Kampf um das Konsulat, *GWU* 34, 1983, 607-622; L. Fascione, *Crimen e quaestio ambitus nell'età repubblicana*, Milano 1984; J. Linderski, Buying the Vote: Electoral Corruption in the Late Republic, *AncW* 11, 1985, 87-94; E. Deniaux, De l'*ambitio* à l'*ambitus*: Les lieux de la propagande et de la corruption électorale à la fin de la république, in: *L'urbs. Espace urbain et histoire (Ier siècle av. J.-C.-IIIe siècle ap. J.-C.)*, Paris/Roma 1987, 279-304; A. W. Lintott, Electoral Bribery in the Roman Republic, *JRS* 80, 1990, 1-16; E. A. Bauerle, *Procuring an Election: Ambitus in the Roman Republic, 432-49 B. C.*, Ph.D. The University of Michigan 1990; P. Nadig, *Ardet ambitus. Untersuchungen zum Phänomen der Wahlbestechungen in der römischen Republik*, Frankfurt am Main 1997.

（6） ただし、L. R. Taylor, *Party Politics in the Age of Caesar*, Berkeley 1949［= Taylor, *Party Politics*］, 62-64; Staveley, *op. cit.*, 196-198 は、選挙におけるトリブス掌握の重要性を全般的に取り扱っている。また、邦語文献としては、安井萠「ポンペイウス、カエサルと政務官選挙――両有力者による権力掌握過程の一断面――」平田隆一・松本宣郎共編『支配における正義と不正――ギリシアとローマの場合――』南窓社、一九九四年、一二七―一四八頁、安井「共和政ローマの「ノビリタス支配」――その実体理解のための一試論――」『史学雑誌』一〇五-六、一九九六年［=安井「ノビリタス支配」］、三八―六六頁が重要。

（7） 吉村忠典『古代ローマ帝国――その支配の実像――』岩波新書、一九九七年、二〇四頁。

（8） ヤコブソンは、選挙の際にはエリートが一般民衆に対してひたすら選挙運動＝懇願(petitio)を行うことにより一時的に価値が転倒するとし、そこにカーニヴァル的な要素すら見ている。A. Yakobson, *Elections and Electioneering in Rome. A Study in the Political System of the Late Republic*, Stuttgart 1999, 218.

（9） トリブス民会や平民会のみならず、執政官や法務官を選出する最も重要な民会であり、ケントゥリアをその投票単位としていたケントゥリア民会においても、トリブス単位での票の獲得がいかに重要であったのかは、『選挙運動備忘録』中の有名な記述によく示されている(*Comm. Pet*. 18; 32)。

（10） 諸法に関しては、G. Rotondi, *Leges publicae populi romani*, Milano 1912 (Hildesheim/Zürich/New York 1990) 参照。また訴追の具体例については、M. C. Alexander, *Trials in the Late Roman Republic, 149 BC to 50 BC*, Toronto/Buffalo/

London 1990 が詳しい。

(11) 基本となっているのは、W. Liebenam, *RE* V, Stuttgart 1905, s.v. Divisores.

(12) 通説の根拠とされるのは、プラウトゥス『黄金の壺』(Plaut. *Aulularia* 108-109) とその古註 (Ps.-Ascon. 212St)、そしてキケロ『アッティクス宛書簡集』(Cic. *Att.* 1. 18. 4) である。そのうちプラウトゥスは、magister curiae といった表現を用いているので、これが本当に古註のいうような分配係を指すのかどうかについては疑問の余地がある。ちなみに、R. E. A. Palmer, *The Archaic Community of the Romans*, Cambridge 1970, 67-68 は、magister curiae をギリシア語の demarchos (区長) にあたる表現と捉えている。またキケロの書簡も、分配係が共和政末期以前に遡る伝統的役職であったことを積極的に示しているわけではない。

(13) とりわけ参考になるのは、Cl. Nicolet, *L'ordre équestre à l'époque républicaine (312-43 av. J.-C.)* [= Nicolet, *Ordre équestre*] II, Paris 1974, no. 179; no. 249; no. 293; no. 381; no. 382.

(14) F. Münzer, *RE* XVII, Stuttgart 1937, s.v. Nummius.

(15) H. Habermehl, *RE* VIII-A, Stuttgart 1958, s.v. C. Verres.

(16) L. R. Taylor, *The Voting Districts of the Roman Republic. The Thirty-five Urban and Rural Tribes*, Roma 1960 [= Taylor, *Voting Districts*], 264.

(17) Cic. *Att.* 1. 18. 4: Est autem C. Herennius quidam, tribunus pl., quem tu fortasse ne nosti quidem; tametsi potes nosse, tribulis enim tuus est et Sextus, pater eius, nummos vobis dividere solebat.

(18) Cic. *Verr.* 2. 4. 45 には、実名は挙げられていないが、ウェッレスが法務官となるのを手助けした複数の「騎士身分の分配係」が示唆されている。

(19) Nicolet, *L'ordre équestre* I, Paris 1974, 603-604.

(20) P. J. J. Vanderbroeck, *Popular Leadership and Collective Behavior in the Late Roman Republic (ca. 80-50 B.C.)*, Amsterdam 1987, 62-64.

(21) Nicolet, *Ordre équestre* II, no. 293.

(22) H. Mouritsen, *Plebs and Politics in the Late Roman Republic*, Cambridge 2001, 113 n. 68 は、オクタウィアヌスによるカエサルの遺贈金分配に関与した「トリブス責任者」(curatores tribuum) と比較して、分配係によるトリブスの組織化は、そ

の包括性という点で「トリブス責任者」より劣っていたかのように考えている。だが、App. *BC*. 3. 88 に現れるピュラルコスがそもそも「トリブス責任者」を指すのかどうかは不確かであるし、また「トリブス責任者」が全トリブス民の記録を保管していたとするのも推測にすぎない。

(23) Cic. *Verr*. 1. 22: fiscos complures cum pecunia Siciliensi a quodam senatore ad equitem Romanum esse translatos, ex his quasi X. fiscos ad senatorem illum relictos esse comitiorum meorum nomine, divisores omnium tribuum noctu ad istum vocatos.

(24) Cic. *Verr*. 1. 23: commemorasse istum quam liberaliter eos tractasset, et iam antea cum ipse praeturam petisset, et proxumis consularibus praetoriisque comitiis: deinde continuo esse pollicitum quantam vellent pecuniam si me aedilitate deiecissent.

(25) R. Rilinger, *Domus* und *res publica*. Die politisch-soziale Bedeutung des aristokratischen “Hauses” in der späten römischen Republik, in: A. Winterling (ed.), *Zwischen “Haus” und “Staat”. Antike Höfe im Vergleich*, München 1997, 73-90.

(26) Mouritsen, *op. cit*., 113-114.

(27) Lintott, *op. cit*., 8.　ただし、リントットは、bankers と表現する。

(28) J. O. Lenaghan, *A Commentary on Cicero’s Oration De Haruspicium Responso*, Hague/Paris 1969, 164-165 など。

(29) H. Benner, *Die Politik des P. Clodius Pulcher. Untersuchungen zur Denaturierung des Clientelwesens in der ausgehenden römischen Republik*, Stuttgart 1987, 68.　ただし、そのような見解に対して、テイタムは否定的。W. J. Tatum, *The Patrician Tribune Publius Clodius Pulcher*, Chapel Hill/London, 1999, 58.

(30) 詳しくは、M. Griffin, The Tribune C. Cornelius, *JRS* 63, 1973, 196-213; E. Gruen, *The Last Generation of the Roman Republic*, Berkeley/Los Angeles /London 1974, 213-216; B. A. Marshall, *A Historical Commentary on Asconius*, Columbia 1985, 215-217.

(31) Gruen, *op. cit*., 213-216.

(32) Ascon. 74-75C: . . . populus Romanus . . . cum a tribunis plebis doceretur, nisi poena accessisset in divisores, exstingui ambitus nullo modo posse, legem hanc Corneli flagitabat, illam quae ex S. C. ferebatur repudiabat, . . .

(33) Marshall, *op. cit.*, 261は、当該法には分配係についての規定は含まれなかったが、彼ら分配係は選挙不正に関するあらゆる法に反対したのではないかとする。

(34) 「名告げ奴隷」の利用も選挙不正のひとつであったとし、前七〇年のアウレリウス法によりそれが禁止されたとする見解もある。Bauerle, *op. cit.*, 50-52.

(35) より詳しくは、拙稿「選挙買収禁止法とローマ共和政末期の政治――A・W・リントットの近業にふれて――」『名古屋大学文学部研究論集』一一三、一九九二年、二三一―四〇頁参照。

(36) Bauerle, *op. cit.*, 254-259; Lintott, *op. cit.*, 10-11.

(37) Cic. *Mur.* 70: Homines tenues unum habent in nostrum ordinem aut promerendi aut referendi benefici locum, hanc in nostris petitionibus operam atque adsectationem. . . tenuiorum amicorum et non occupatorum est ista adsiduitas, quorum copia bonis viris et beneficis deesse non solet.

(38) Cic. *Mur.* 71: Ipsi denique, ut solent loqui, non dicere pro nobis non spondere, non vocare domum suam possunt. Atque haec a nobis petunt omnia neque ulla re alia quae a nobis consequuntur nisi opera sua compensari putant posse.

(39) Cic. *Mur.* 72: Quod enim tempus fuit aut nostra aut patrum nostrorum memoria quo haec sive ambitio est sive liberalitas non fuerit ut locus et in circo et in foro daretur amicis et tribulibus? Haec homines tenuiores praemia commodaque a suis tribulibus vetere instituto adsequebantur ＊＊＊

(40) 自己のトリブスへの配慮に関しては、T. P. Wiseman, *New Men in the Roman Senate 139 B.C.-A.D. 14*, Oxford 1971, 130-142; Staveley, *op. cit.*, 202-206; Bauerle, *op. cit.*, 6 n. 5 など。

(41) Suet. *Aug.* 40. 2: . . . Fabianis et Scaptiensibus tribulibus suis die comitiorum, ne quid a quoquam candidato desiderarent, singula milia nummum a se dividebat.

(42) 詳しくは、本書終章参照。

(43) Cic. *Att.* 1. 16. 13: Novi est in lege hoc, ut qui nummos in tribu pronuntiarit, si non dederit, impune sit, sin dederit, ut quoad vivat singulis tribulibus HS CIƆ CIƆ CIƆ debeat.

(44) D. R. Shackleton Bailey (ed.), *Cicero's Letters to Atticus* [= Shackleton Bailey, *Cicero's Letters to Atticus*] I, Cambridge 1965, 324; Nadig, *op. cit.*, 57.

(45) Marshall, *op. cit.*, 171.

(46) M. Jehne, Die Beeinflussung von Entscheidungen durch "Bestechung": Zur Funktion des *ambitus* in der römischen Republik, in: Jehne (ed.), *Demokratie in Rom? Die Rolle des Volkes in der Politik der römischen Republik*, Stuttgart 1995, 57 n. 33.

(47) Yakobson, *op. cit.*, 145 n. 76.

(48) J. Linderski, The Mother of Livia Augusta and the Aufidii Lurcones of the Republic, *Historia* 23, 1974, 470.

(49) Jehne, *op. cit.*, 69.

(50) Yakobson, *op. cit.*, 140.

(51) Lintott, *op. cit.*, 8.

(52) 安井「ノビリタス支配」、五一—五四頁。

(53) 有名な例としては、カエサルとその政敵であるL・ドミティウス・アヘノバルブスが、ともにファビア区の所属であった。Taylor, *Party Politics*, 62-63.

(54) 詳しくは、本書第三章参照。

(55) Cic. *Planc.* 45: . . . neque hoc liberis nostris interdicendum est, ne observent tribules suos, ne diligant, ne conficere necessariis suis suam tribum possint, ne par ab iis munus in sua petitione respectent. Haec enim plena sunt officii, plena observantiae, plena etiam antiquitatis.

(56) J. Hellegouarc'h, *Le vocabulaire latin des relations et des partis politiques sous la rêpublique*, Paris 1972, 109-110.

(57) わが国における研究としては、毛利晶「紀元前六四年の元老院決議とコンピターリアの担い手たち」『史学雑誌』一〇三-三、一九九四年、二九—三〇頁が詳しい。

(58) Mouritsen, *op. cit.*, 149 n. 1.

(59) E. Kornemann, *RE* IV-1, Stuttgart 1901, s.v. Collegia.

(60) F. M. De Robertis, *Il diritto associativo romano dai collegi della repubblica alle corporazioni del basso impero*, Bari 1938, 100-124.

(61) S. Treggiari, *Roman Freedmen during the Late Republic*, Oxford 1969, 176-177; J.-M. Flambard, Clodius, les col-

lèges, la plèbe et les esclaves. Recherches sur la politique populaire au milieu du Ier siècle, *MEFRA* 89, 1977, 120-122; Flambard, Collegia Compitalicia: Phénomène associatif, cadres territoriaux et cadres civiques dans le monde romain à l'époque républicaine, *Ktèma* 6, 1981, 164-165; F. M. Ausbüttel, *Untersuchungen zu den Vereinen im Westen des römischen Reiches*, Frankfurt am Main 1982, 91-92.

(62)　池田勝彦「P・クローディウスとプレブス・ウルバーナ」『文化史学』三七、一九八一年、四一—六〇頁、拙稿「P・クロディウスをめぐる最近の諸研究——ローマ共和政末期の「都市民衆」とのかかわりで——」『名古屋大学文学部研究論集』一〇七、一九九〇年、八七—一〇二頁。

(63)　Th. Mommsen, *De collegiis et sodaliciis Romanorum*, Kiel 1843 [= Mommsen, *De collegiis et sodalicis*], 42-60.

(64)　J.P. Waltzing, *Étude historique sur les corporations professionelles chez les Romains* I, Louvain 1895, 111-112.

(65)　ほかには、Wiseman, *op. cit.*, 132-134; Tatum, *op. cit.*, 205; 225-226 など。

(66)　Mouritsen, *op. cit.*, 149-151.

(67)　J. Linderski, Ciceros Rede pro Caelio und die Ambitus- und Vereinsgesetzgebung der ausgehenden Republik, *Hermes* 89, 1961, 106-119.

(68)　Bauerle, *op. cit.*, 276-278; Lintott, *op. cit.*, 9; Nadig, *op. cit.*, 59-67.

(69)　毛利前掲論文、三〇頁参照。

(70)　Bauerle, *op. cit.*, chap. II, no. 34; no. 38; no. 39; no. 43; no. 47.

(71)　詳しくは、G. Laser (ed.), *Commentariolum petitionis*, Darmstadt 2001, 141-143 の註釈参照。

(72)　キケロ『プランキウス弁護演説』(Cic. *Planc*. 45.　cf. 47)に、「トリブスの十人組」(decuriatio tribulium)なる表現が見られることを根拠に、トリブス内が投票あるいは選挙買収のためにさらに下位区分されていたのではないかという興味深い推定もなされている。Mommsen, *De collegiis et sodalicis*, 58-60; Nadig, *op. cit.*, 60-61; Mouritsen, *op. cit.*, 150-151.

(73)　ちなみに、リキニウス法に関する主たる史料である『プランキウス弁護演説』においてキケロは、プランキウスに対する容疑はすべて gratiosus としての彼の活動から説明可能だ、という論法で訴えを退けようとしている(Cic. *Planc*. 44-47)。

(74)　詳しくは、A. H. M. Jones, *The Criminal Courts of the Roman Republic and Principate*, Oxford 1972, 45-85; 柴田光蔵『増補　ローマ裁判制度研究——元首政時代を中心として——』世界思想社、一九七〇年参照。

(75) トリブニ・アエラリィについては、本書第五章参照。

(76) 詳しくは、本書第五章の付論参照。

(77) 通常の審判人が、iudices delecti と呼ばれたのに対して、このようにして選出された審判人は、iudices editicii と呼ばれた。

(78) Jones, *op. cit.*, 67; Nadig, *op. cit.*, 65.

(79) ただしトリブニ・アエラリィの場合とは異なり、元老院議員も排除されてはいなかったものと思われる。

(80) Cic. *Planc.* 37: Hoc igitur sensimus: cuiuscumque tribus largitor esset per hanc consensionem, quae magis honeste quam vere sodalitas nominaretur, quam quisque tribum turpi largitione corrumperet, eum maxime iis hominibus, qui eius tribus essent, esse notum. Ita putavit senatus, cum reo tribus ederentur eae, quas is largitione devinctas haberet, eosdem fore testes et iudices.

(81) ちなみに、テレティナ区はプランキウスの所属トリブスであるが、トゥスクルム出身のラテレンシスの所属トリブスはパピリア区であり、マエキア区以下の四トリブスではない。これらの四トリブスはなんらかの理由で、ラテレンシスと結びつきが深いと考えられていたのであろうか。

(82) Fascione, *op. cit.*, 76; 79; 83; 96; 143.

(83) Shackleton Bailey, *Cicero's Letters to Atticus* I, 350-351.

(84) 安井「ノビリタス支配」、五四頁。

(85) 〈クリエンテラ・モデル〉〈民主政モデル〉といった表現は、Mouritsen, *op. cit.* による。

(86) 関連文献など詳しくは、拙稿「最近の論争」参照。

(87) 拙稿「雄弁家と民衆——帝国形成期ローマの政治文化——」『岩波講座世界歴史五 帝国と支配』岩波書店、一九九八年、二二一—二四三頁。

(88) R. Morstein-Marx, Publicity, Popularity and Patronage in the *Commentariolum Petitionis*, *ClAnt* 17, 1998, 259-288.

(89) Mouritsen, *op. cit.*, 102-106.

(90) ヤコブソンは、F・ミラーに始まる〈ゲルツァー理論〉批判の流れに沿いながらも、人的結合を必ずしも軽視しない立場に立っている。Yakobson, *op. cit.*, 97-103; 109-111.

(91) マクマレンの研究以来、民会への参加者の少なさが、共和政期ローマの政治を考える際の重要な論点として注目されてきた。R. MacMullen, How Many Romans Voted?, *Athenaeum* 58, 1980, 454-457. 最新のモウリツェンの研究は、民会参加者をマクマレンよりさらに低く見積もっている。Mouritsen, *op. cit.*, 18-37.

(92) ちなみに、立法民会に関しては、あるトリブスの投票人が五名以下であった場合、おそらく最低定員を満たすために、主催政務官の指示のもと他トリブスの所属者がそこで投票したのではないかと考えられている。Staveley, *op. cit.*, 209 (論拠は、Cic. *Sest.* 109). それほどまでに少ない参加者のケースもありえたということであろうか。

(93) Taylor, *Voting Districts*, 14-15; Taylor, *Party Politics*, 62; Taylor, *Roman Voting Assemblies. From the Hannibalic War to the Dictatorship of Caesar*, Ann Arbor 1966 (1990), 69; Staveley, *op. cit.*, 196-197 など。

(94) Cl. Nicolet, Le livre III des《res rusticae》de Varron et les allusions au déroulement des comices tributes, *REA* 72, 1970, 113-137; Nicolet, Tessères frumentaires et tessères de vote, in: *L'italie prêromaine et la Rome rêpublicaine. Mélanges offerts à J. Heurgon*, Paris/Roma 1976, 695-716.

(95) Deniaux, *op. cit.*, 291.

(96) C. Virlouvet, Une allusion varronienne aux fraudes de Clodius? à propos *de res rusticae* III, 5, 18, *MEFRA* 108, 1996, 873-891.

第五章　審判人とトリブス

――トリブニ・アエラリィの再検討を中心に――

はじめに

前章までは、共和政期のローマにおける政治との関連を中心にしてトリブス内の人的結合関係を考察してきたが、共和政期ローマのトリブスは政治的機能と多分に重なり合いながらも、さまざまな社会的諸機能を有していた。

トリブスの社会的機能としてはまず、市民原簿を作成するための戸口調査(census)が、このトリブス単位で行われた。原則的には五年に一度実施された戸口調査においては、氏族名、個人名、父親あるいは保護者の名、トリブス名、家族名、そして年齢・所有財産等々の登録が行われ(*Tabula Heracleensis* 145)、それをもとに、ローマ市民団が新たに編成し直されることになったのである。[1] 戸口調査と密接に関連して、トリブスには、トリブトゥム(戦時特別税)を徴収するための単位、徴兵のための単位といった機能も備わっていた。本章第一節において少し詳しく紹介するように、戦争に際して市民から供出される軍資金にあたるトリブトゥムは、トリブスごとに徴収されていた。[2] またその詳細は不明ながらも、おそらく小さな都市国家段階のローマでは、兵士の徴兵はトリブスごとに行われていたと考えられている。[3] さらにトリブス民会や平民会、ケントゥリア民会における投票単位としてのトリブスのことを考え合わせるならば、[4] トリブスはまさに共和政の最初期から、ローマに生きた人々が社会生活・政治生活を営むうえでの必須の枠組みをなしていたといえよう。

さて、その中にあって、これまで比較的注目されることの少なかった機能として、審判人の選出単位あるいはその選出母体としてのトリブスという裁判機能がある。共和政期のローマにおいて、もともと裁判所としての役割を果たしていたのは民会であった。それに対して、早ければ前五世紀のうちに、また遅くとも前二世紀までには査問所

(quaestio)と呼ばれる法廷形態が現れたとされており、前一四九年のカルプルニウス法以降となると特定の犯罪を裁くために常設査問所(quaestio perpetua)も設置されるようになった。[5] これらの査問所において判決を下したのは、通常「審判人」と訳されているiudexである。当初これらの審判人は元老院議員の中から選出されていた。ところが、前一二三年(あるいは前一二二年)、C・グラックスがその改革の一環として審判人を元老院議員から騎士身分へと変更するに及び、常設査問所における審判人の構成は、政治闘争の重要な焦点をなすにいたった。スッラの独裁官時代を含め何度かの揺れを伴いながらも、この問題が一応の決着を見たのは前七〇年である。この年の法務官L・アウレリウス・コッタによって制定されたアウレリウス法は、審判人を元老院議員、騎士、そしてトリブニ・アエラリィ(tribuni aerarii)の三身分から構成されるべきこととしたのであった。

これら三種類の審判人のうち、トリブニ・アエラリィがいったいどのような人々であったのかは非常な難問であり、次節の概観からも窺われるように、一八三八年のJ・N・マヅヴィの論文以来、[6] 国制史あるいは政治史の分野でこれまでに何度も取り上げられ、分厚い研究史が形成されている。そしてそこにおいては、トリブニ・アエラリィがその名称からしてトリブスとなんらかの関連性を持っていたことが想定されるにもかかわらず、両者の結びつきを重視しない見解が主流を占め、その結果、トリブスの有する裁判機能もこれまで希薄に評価されてきた。だが従来の主流的見解にしても、史料の少なさが作用して、トリブニ・アエラリィの実態を十分満足のいく形で説明しているとはいいがたい。結論を先取りしていうならば、通説とは異なりそれをトリブスとの関連で捉える方が、史料相互の矛盾をよりよく説明できると私は考えている。このような理由から本章では、前七〇年のアウレリウス法において審判人とされたトリブニ・アエラリィの再検討を中心に据えて、審判人の選出とかかわるトリブスの裁判機能を明らかにしていくこととするが、そのようにして導き出されたトリブスの社会的機能はまた、史料的にはなかなか捉えがたい共和政期のトリブスの内部構造を窺い知る貴重な手掛かりともなることであろう。

一　トリブニ・アエラリィをめぐる研究史

トリブニ・アエラリィの実態に関して、われわれは大きく分けて二種類の史料を手にしている。そのひとつは、トリブニ・アエラリィの起源ないしその本来の任務を語源論的に説明した史料であり、もうひとつは先にふれた前七〇年のアウレリウス法以降、審判人とされたトリブニ・アエラリィに関する一群の史料である。トリブニ・アエラリィをめぐる研究史――すなわち後者にかかわる研究史――を見ていく前に、まず前者の起源を伝える史料を紹介しておこう。

1　トリブニ・アエラリィの起源

トリブニ・アエラリィの起源に関しては、いくつかの史料がそれを伝えているが、そのうち最も詳しいのは、ウァッロ『ラテン語論』である。

トリブトゥム(tributum)はトリブスから名づけられた。というのも、国民に課されたかの金銭〔トリブトゥム〕は、トリブスごとに(tributim)ケンスス額に応じて各個人から取り立てられていたからである。このことから割り当てられた金銭は、attributumと呼ばれた。このことからまた、兵士に支払うために金銭が割り当てられた人々はトリブニ・アエラリィと呼ばれた。割り当てられた金銭はaes militareであった。これが、プラウトゥスが語っているところのことである。すなわち「兵士がやってきて、金銭を要求する」と。そしてここから、彼らは milites aerarii ab aere と呼ばれている。というのも、彼らは給料を稼ぎだすから(7)。

ここでは、トリブトゥム同様、それを徴収する任務のトリブニ・アエラリィがトリブスとの関連で説明されている(8)。ただし、トリブニ・アエラリィが何をどこまで行っていたのかという具体的な仕事内容となると、後述するCl・ニコレの解釈をも許す曖昧な記述となっている。

ほかにトリブニ・アエラリィの古い任務を伝える史料としては、ゲッリウスが引く大カトの発言(Gell. *NA*. 6. 10)や、ガイウス『法学提要』(Gai. *Inst*. 4. 26-27)などがある。それらの史料からの知見によれば、兵士たちはトリブニ・アエラリィから aes militare と呼ばれる給料を受け取ることになっており、それが未払いの場合に pignoriscapio と呼ばれる「差押さえ」が認められていたという。これは前記ウァッロの説明と合致している。また、大カトの発言において、トリブニ・アエラリィの活動は未完了過去の時称で語られているので、大カトの時代(前二世紀前半)、そのようなトリブニ・アエラリィの活動はすでに過去のものとなっていたのかもしれない。

他方、トリブニ・アエラリィの語源を伝えるもうひとつの史料であるフェストゥスはやや異なった説明を行っている。フェストゥスによれば、「トリブニ・アエラリィは、給料を与えるから(a tribuendo aere)名づけられた」(Fest. 2L)という。トリブヌス(トリブニ)の説明として、トリブスとの関連ではなく、「与える」という意味の動詞 tribuo との関連を指摘しているのである。フェストゥスはまた、トリブトゥムについても同様に、動詞 tribuo との関連で説明している(Fest. 504L)。

さて、語源論としての当否はともかく、以上の史料を考え合わせるならば、われわれはトリブニ・アエラリィ本来の任務として次のような像を思い描くことができるだろう。すなわち、かつて兵士に対して給与を支払い、そのための金銭をトリブトゥム(戦時特別税)という形で各市民から徴収する人々がいたが、それがトリブニ・アエラリィであったと。またウァッロの証言をもとにすれば、そのような徴収は財産額に応じて「トリブスごと」に行われていたのである。[9]

トリブニ・アエラリィに関するこのような理解を、さらに一歩踏み出して論じているのがニコレである。[10] ニコレによれば、トリブニ・アエラリィは単純にトリブトゥムの徴収を行っていたのではなかった。配賦税(そのときどきの戦争によって必要とされた額を各々の市民に割り振った税)にあたるトリブトゥムをまず前払いし、次にそれを自己の所属するトリブスの各市民に割り振って徴収する任務を担っていたのがトリブニ・アエラリィだったという。そして配賦税の前払いという仕事の性格からして、彼らトリブニ・アエラリィが騎士ケントゥリアや第一等級に属する富裕者であった可能性が高いとしている。このようなニコレの研究によって、トリブニ・アエラリィを単にトリブトゥム徴収のための国家役人とするのではなく、[11] トリブス単位でその責任を負うトリブス内の責任者=有力者とする視点が開けてきたといえよう。[12] もちろんこのニコレの説にしても、トリブニ・アエラリィの起源を伝える史料が決定的に不足している中にあっては、ひとつの仮説にすぎない。とりわけ、彼らと彼らが属するトリブスとの結びつきを強調する部分はそうである。しかしながら、トリブトゥムがトリブスごとに徴収され、徴兵もまた当初はトリブスごとに行われていたという事実からすれば、ニコレの解釈は非常に蓋然性の高いもののように思われるのである。

このような解釈が正しいとすれば、そのことは当然、前七〇年に再び姿を現すトリブニ・アエラリィがどのような存在であったのかにも深くかかわってくるだろう。そこで次に、トリブニ・アエラリィの起源に関するニコレの説を念頭に置きながら、前七〇年に審判人とされたトリブニ・アエラリィの実態をめぐる研究史を見ていくことにしよう。

2　前七〇年以降のトリブニ・アエラリィ

ウァッロらが伝えるトリブニ・アエラリィ本来の仕事は、遅くとも第二次ポエニ戦争後には消滅した。というのも、すでにこの段階で、トリブトゥムの徴収や兵士への給与の支払いに直接責任を負っていたのは財務官であったように思われるからである。しかもローマがマケドニアに勝利し大量に戦利金が入った前一六七年以降となると、そのトリブトゥム自体、もはや徴収されなくなる（ただし廃止されたわけではない）[13]。

このように職務的には廃れていたはずのトリブニ・アエラリィが、前七〇年、元老院議員および騎士と並んで常設査問所の審判人を割り振られ、歴史の表層へと再び浮上してくるのである。そこで、この再び出現したトリブニ・アエラリィが、かつてのそれと同じなのかどうか、もし連続性があるとすればその本来の仕事を失ったあと彼らはどのような形で存続していたのか、前七〇年にそのようなトリブニ・アエラリィが新たに審判人とされたのはなぜなのか等々、前七〇年以降のトリブニ・アエラリィをめぐっては多くの疑問が存在する。先にも述べたように、トリブニ・アエラリィの実態に関しては、いまだ満足のいく通説が形成されているとはいえないが、とはいえ私なりの分類によれば、これまでの研究史において次の三つの見解が有力である。

(a)　三〇万セステルティウス説

トリブニ・アエラリィに関する本格的な研究を始めたマヅヴィによって提唱されしかもかつて有力であったのが、トリブニ・アエラリィを三〇万セステルティウスの財産資格者とする説である。

マヅヴィ以前の諸研究は、トリブニ・アエラリィを前項で述べたような兵士への給与の支払いといった面からのみ捉えていた。それに対しマゾヴィは、そのような機能がすでに失われていた前七〇年段階のトリブニ・アエラリィの実態として、なんらかの財産資格に基づいた集団を想定すべきことを唱えた。マゾヴィ自身は、トリブニ・アエラリィを騎士身分の下、しかし一般平民とは財産額により区別される階層としながらも、当の財産額に関しては史料的な手掛かりがないとしていた。[14] しかしその後、財産資格として三〇万セステルティウスが想定され（論拠は本章第三節参照）、トリブニ・アエラリィを騎士身分と一般平民との間に位置すると見なすこの説は支配的となった。[15] ちなみに、L・R・テイラーもこの説を採っている。[16]

「三〇万説」はかつて有力であったと述べたが、現在でも完全に廃れてしまったわけではない。たとえば『オックスフォード古典学事典』の第二版（一九七〇年）が、明示的ではないものの、騎士より低い財産資格を想定していたし、[17] またごく最近では、『ケンブリッジ古代史』第一〇巻（新版）を分担執筆したH・ガルステラーが、三〇万セステルティウスの財産資格を、「ありそうもないことはない」(not improbable)としており、[18] 次に述べる英語圏を中心とした第九巻の執筆者たちと見解が相違しているのが興味深い。

(b) 四〇万セステルティウス説

これに対して、現在における有力説といってよいのは、トリブニ・アエラリィの財産資格を四〇万セステルティウスとする説である。周知のごとく、この四〇万セステルティウスという財産資格は、騎士身分のそれにあたっている。一般的な理解によれば、共和政期のローマには、四〇万セステルティウスという財産資格を満たす「広義の騎士」と、彼らのうち一八騎士ケントゥリア（おそらく一八〇〇名の定員）に所属し官給馬の所持が認められた「狭義の騎士」という二種類の騎士が存在した。[19] 「四〇万説」はこの二種類の騎士に着目し、C・グラックスの裁判法やアウレリウス法によって審判人とされた騎士を狭義の騎士と捉え、他方、前七〇年に新たに審判人とされたトリブニ・アエラリィをここでいう広義の騎士と考えるのである。[20] 言い換えるならば、騎士身分に要求された財産資格を満たしながらも、いまだ一八騎士ケントゥリアへの登録が認められていない者たちが、ほかならぬトリブニ・アエラリィであったといえよう。

これは(a)で述べたような当時の有力説に対して、かつてモムゼンによって唱えられた批判[21]に遡る説であり、その後、三〇万説と並んでこの説に立つ論者もまま見られたが、いまやこのような捉え方は、少なくとも英語圏の研究者においては通説化したように思われる。『ケンブリッジ古代史』第九巻の新版においては、幾人かの執筆者が共通してこの見解を採用しているし、[22] さらにE・ベーディアンの執筆になる『オックスフォード古典学事典』第三版(一九九六年)は、トリブニ・アエラリィの定義に関する証拠はないと断りながらも、前記の三〇万説からこの説に変更されているのである。[23]

(c) 役職説

以上の二説は、三〇万セステルティウスにせよ四〇万セステルティウスにせよ、一定額の財産の所有をトリブニ・アエラリィの資格要件と考えている。それに対して、財産資格という点はもちろん考慮に入れながらも、単なる財産資格ではなく、ほかならぬトリブニ・アエラリィという役職への就任を重要視する研究がある。それをここでは第三の学説として分類しておきたい。これは、古くはJ・L・ストローン=デイヴィドソンによって強調された説であり、[24] その後、ニュアンスを異にしながらも、H・ラースト、[25] H・ヒル、[26] ニコレ、[27] H・ブルーンス[28] そして最近の研究としてはJ・ブライケン[29]が同様の見解を採っている。

そもそもトリブニ・アエラリィは、各トリブスにおいてトリブトゥムを徴収する一種の役人であったのであるから、これは当然といえば当然の説である。しかしそのような役割が消滅し、トリブニ・アエラリィ自身も史料に姿を現さなくなるために、この役職とのつながりは希薄に理解されてきたのであった。ストローン=デイヴィドソンやニコレによれば[30]、たとえ閑職としてであれ、トリブニ・アエラリィはその本来の役割が廃れた後も選出され続けたという。さらにニコレは、決して廃止されたのではないトリブトゥム徴収という任務のために彼らの名簿が作られ続けており、彼らはひとつの「身分」(ordo)を構成するほどのまとまりを持っていたとしている[31]。この説によれば、トリブトゥムが実質的に廃止された後も選出され続けたトリブニ・アエラリィが、そのままトリブニ・アエラリィとして、前七〇年新たに審判人を務めたのであった。三〇万説や四〇万説が、トリブトゥム徴収を担っていたかつてのトリブニ・アエラリィから前七〇年のトリブニ・アエラリィへのつながりに関して、どちらかといえば両者の断絶・変化を強調する立場であるのに対し、この「役職説」は両者の連続性を重視する立場といえよう。この説はまた、トリブニ・アエラリィとトリブスとの結びつきを前記の二説以上に強調する見解でもある。

私見によれば、このように前七〇年に審判人とされたトリブニ・アエラリィをトリブスに深く関連づけて捉えることにより、元老院議員でもなければ騎士でもない、まさに第三範疇としてのトリブニ・アエラリィの特徴がより鮮明になると思われる。もちろんここで便宜的に役職説として分類した中にもかなりの見解の相違が見られ、後述するように、私自身、役職説の各論者と見解を異にする点もある。しかしこのような捉え方は、基本的には正しい方向を指し示しているように思われるのである。そこで次に関連史料を検討しながら、役職説を敷衍させて本章なりの結論を導き出すことにしたいが、その前に前七〇年にいたるまでの審判人をめぐる状況を概観しておこう。というのも、前七〇年のトリブニ・アエラリィの実態を考える際に、前提として見落とすことのできない一連の動きが、そこには生じているからである。

二　前七〇年以前の審判人とトリブス

1　百人裁判所とトリブス

前七〇年以前における審判人とトリブスとのかかわりとしてまず取り上げたいのは、「百人裁判所」(centumvirale iudicium; centumviri)と呼ばれる法廷である。この法廷は、前一四九年に設置された常設査問所同様、複数の審判人によって審理がなされ判決が下される法廷であったが、ここで問題となってくるのは、それら審判人の構成とかかわる点である。小プリニウスの記述をもとにすれば、トラヤヌス帝代には一八〇名の審判人名簿から、通常、四つの「部会」(consilium)が作られていたことが知られる(Plin. *Ep.* 4. 24; 6. 33)。それに対して、共和政期における構成を伝える唯一の史料は以下のフェストゥスの記述である。

「百人裁判所」は「百人審判人」から名づけられた。というのも、ローマに三五のトリブス――トリブスはクリアとも呼ばれていたが――が存在した際、各々のトリブスから裁判を行うために三人ずつが選出され、彼らが「百人審判人」と呼ばれていたからである。たしかに、一〇〇人より五名多くいたけれども、より簡潔な命名法が採用されたため、「百人審判人」と名づけられたのであった。(32)

このフェストゥスの記述は、八世紀のパウルス・ディアコヌスの要約を通して伝えられている箇所であり、それだけにとりわけ慎重な取扱いが必要となる。本章にとって重要なのは、審判人がトリブスごとに選出されたという箇所の信憑性である。なるほど「トリブスはクリアとも呼ばれていた」という記述がまずは気になるが、しかしディアコヌスは〈クリア〉の項目においてもその数を三五と伝えており(Fest. 42L)、トリブスとクリアとを混同していた可能性が高いのである。つまりこのことは、「トリブスはクリアとも呼ばれていた」という彼のコメント部分の誤りを示しているにすぎず、その前後の記述までも否定するだけの十分な根拠とはならない。また定員が一〇五名(三五×三)になるにもかかわらずそれが百人裁判所と呼ばれたという説明も無理が感じられるが、この点については、共和政末期の信頼しうる史料であるウァッロに関連記述が見られる。ウァッロはその『農業論』の一節において、一般にいわれている数が文字通りそうではない周知の例として、百人裁判所を挙げているのである(Varr. *RR.* 2. 1. 26)。ただし、ウァッロは百人裁判所の実際の定員が何人かを伝えてはいないが。

以上のような点に鑑み、本章も通説的理解に従って、審判人の選出に関するフェストゥス/パウルスの記述を信頼に値するとしたうえで、この種の法廷がいつごろから存在したのか、そこではなぜトリブス単位で審判人が選出されたのかを見ていくことにしよう。

まず百人裁判所の起源をめぐっては、大きく分けて、十二表法以前に遡る古い起源を想定する説と、前二世紀以降の比較的新しい起源を想定する説とがある。J・M・ケリーの整理によれば[33]、初期の研究者の間では古い起源が主張されていたが、一九二八年のボッツァの研究以来このような見解に対する反発が生じ、新しい起源が主張されるようになったという。もっとも、従来の有力説に対して比較的新しい起源を強調する説は、すでに一八九九年に『パウリ古典古代学事典』の当該項目を担当したM・ウラッサクの見解に見られる[34]。ウラッサクはモムゼンを参照し[35]、百人裁判所の成立時期として前一四九年の常設査問所と同時期を考えているのである。わが国のローマ法研究者の幾人かも[36]、このウラッサクの見解を受け入れている。新しい起源を主張する説ではほかに、その上限を前二四一年とするO・

ベーレンツの説などがある。[37]

それに対してＦ・ラ・ローザ、[38] Ｗ・クンケル[39]そして当のケリー自身[40]が、古い起源説に立ち戻っている。古い起源を主張する説が論拠とするのは、方式書訴訟が一般的となった後も、この法廷では神聖賭金式法律訴訟（legis actio sacramento）が用いられ続けたこと（Gai. *Inst.* 4. 31）、国家権力の古いシンボルとされる槍（hasta）がこの法廷に立てられていたこと（Gai. *Inst.* 4. 16）、そして十二表法以前を示唆するゲッリウスの記述（Gell. *NA.* 16. 10. 8）などである。

多分にローマ法学の知見を要するこの論争に参加するだけの準備を、残念ながら私は持ち合わせていない。しかし現段階の判断としていえば、古い起源説の方がより説得的であり、そしてなによりも審判人の選出単位としてトリブスが選ばれたことの理由をよりよく説明しているように思われる。[41] ただし古い起源説を採る場合でも、以下の点は確認しておく必要があろう。すなわちそれは、たとえ百人裁判所が古い起源を持つ法廷であろうとも、フェストゥスが伝えるような構成は少なくとも前二四一年以降でないと成立不可能であるという点である。周知のごとく、ローマにおいてトリブス数が三五に達したのはようやくこの時点においてであり、前二九九年から前二四一年の間は三三トリブス、さらにそれ以前は三一、二九、二七、二五トリブス、そして前三八七年ウェイィの地に四トリブスが設置されるまでは二一トリブスの時代が続いた。当然のことながらこれは、古い起源説の最大の弱点となっている。

そこでクンケルは反論として、(i)それ以前の法廷が百人裁判所以外の名称で呼ばれていた可能性（定員が一〇〇名以下ということか）、(ii)審判人が一トリブスあたり四―五名ずつ選出されていた可能性、(iii)場合によるとトリブスごとではない別の方法により審判人が選出されていた可能性などを挙げている。[42] だがクンケル自身が述べるように、史料が語らない以上、この種の推測をこれ以上めぐらすのは無意味であろう。ともかく、(i)や(ii)の可能性を考えれば、トリブスごとに審判人が選ばれる百人裁判所の上限をトリブス数が三五に達した前二四一年に求める必然性はないということになる。

それでは、常設査問所とは異なり、なぜ百人裁判所では審判人がトリブスごとに選出されていたのだろうか。百人裁判所が古い起源を持つという前提に立ちながら、この問題を興味深く探求したのが先のケリーの論考である。

ケリーはまず百人裁判所の権限として、この法廷は、額の多少にかかわらず「相続財産返還請求訴訟」(hereditatis petitio)や「義務違反の遺言の訴」(querela inofficiosi testamenti)といった、もっぱら「相続」にかかわる分野を担当したという。(43) そのうえでケリーは、このような権限を持つ法廷がトリブスと密接にかかわっていた積極的な理由を次の点に求めている。すなわちケリーによれば、ローマの氏族は、同一氏族成員からの相続に対して、たとえ順位は下位であれ潜在的な相続権を保持し続けていた。他方、セルウィウス改革後のトリブスは、よくいわれるような「血縁的」(kinship-based) 性格から「地縁的」(locality-based) 性格へと完全に変化したのではなく、セルウィウス改革後もそれは氏族との結びつきをなんらかの形で保持し続けていた。ここからケリーは、「相続」という重要な民事事件は、トリブスごとに選出される審判人によって審理されたのではないかとする。当該相続問題に直接かかわる氏族の代表は、その氏族が属するトリブスからの審判人として百人裁判所に参加していた。また他のトリブスから選出され審判人の大部分をなした「中立的」な氏族の代表者たちは、特定の氏族-家族の存続／消滅が国家全体にかかわる公的な重要性を持っていた以上、当該氏族の相続問題にも目を光らせたのではないかと推測している。(44)

本書第二章で論じたように、セルウィウス改革という古い時点で考えた場合でも、トリブスと氏族との関係はかなり微妙な問題を孕んでいる。従来のように血縁原理→地縁原理といった説明では不十分であるという点は私も同意するが、ケリーが主張するように、セルウィウス改革後のトリブスが特定氏族の利害を代表する単位であり続けたとは思われない。だが、氏族とのかかわりを別にすれば、多分に血縁的でもあり地縁的でもあるような小規模な段階のトリブスをもとにした説明は、魅力的である。互いに近接して居住し、日常的に接していた「トリブス民」を必ず一人は含み込む審判人の構成は、とりわけ相続をめぐる争いでは好ましいものと判断されたのではなかろうか。事実関係の認定や当該人物の人となりの判定に、彼らの参加は大いに貢献したに違いない(45)。
先にも述べたように、百人裁判所の起源としてはそれを前二世紀中葉に求める説も存在する。だがいずれの説を採るにせよ、ここでひとまず次の点を確認することは可能であろう。すなわちそれは、少なくとも前一四九年以降として考えた場合、そこにはトリブスごとに選出された審判人を有する百人裁判所がすでに存在していたという点である。言い換えるならば、早ければ共和政の最初期から、また遅くとも前二世紀中葉から、審判人の選出単位（選出母体）という社会的機能をトリブスは担い始めていたのであった。

2　前八九年のプラウティウス法

前七〇年における審判人の選出を考える際、その先例として次に注目しておかなければならないのが、前八九年のプラウティウス法である。この法については、いまは散逸したキケロ『コルネリウス弁護演説』に関するアスコニウスの古註において、次のように記されている。

Cn・ポンペイウス・ストラボとL・ポルキウス・カトが執政官であった年、すなわち同盟市戦争の二年目には〔前八九年〕、騎士身分が法廷を支配していたが、この年、護民官のM・プラウティウス・シルウァヌスは、ノビレス貴族の支援によって法を通過させた。それがここでキケロが示しているような効力を持った法である。というのも、この法をもとにして、各々のトリブスは投票により、それ自身のメンバーの中からその年に判決を下すべき一五名を選出していたからである。これにより、元老院議員もまたかのメンバーのうちに含まれ、そして平民からさえ幾人かがそこに含まれる結果となった(46)。

ここには、各トリブスから各々一五名の審判人が選出されたことが語られている。クンケルによれば、前八九年という時点でトリブスごとに審判人が選出されたのには、特殊な状況が関連していた。すなわち、前九〇年に設置されたウァリウス法廷[47]によって、同盟市戦争勃発の責任者として元老院議員たちが裁かれる危険性があったが、当時の審判人はすべて騎士から構成されていた。そこで、彼ら騎士のみによって裁かれるのを恐れた元老院議員たちは、「民衆による選出」という方法を導入することによって、審判人の中に元老院議員を含み込ませようとしたのであり、そのためにはトリブス内における選出という方法こそがふさわしかったという[48]。

クンケルは、このように前八九年における審判人の選出をその年の特殊状況から説明し、百人裁判所との関連については、非常に慎重な態度をとっている[49]。しかし、その直接的な動機がなんであれ、前に検討したような百人裁判所がモデルとなり、それを先例としながら前八九年のプラウティウス法が作り出された蓋然性は非常に高いといえよう。新しい起源説が正しいとしても、すでに前一四九年段階で、トリブスごとの審判人の選出という方法は導入されていた。またクンケル自身が主張するように、百人裁判所が十二表法以前にまで遡る古いものであれば、この方法はすでに長い伝統を持っていたのである。

さて、先のアスコニウスの記述に戻るならば、そこには簡潔的ながらも、トリブスごとの審判人の選出という方法がいったいどのような結果をもたらしたのかが示されており、この点は次節におけるトリブニ・アエラリィの検討のためにも示唆深い。それによれば、各トリブスあたり一五名が選出された結果、従来の騎士に加え、元老院議員のみならず「平民からさえ幾人か」がそこに含まれることになったという。一五名という定員枠の少なさにもかかわらず、選ばれるべき元老院議員や騎士が足りなかったのであろうか[50]、「平民」が選ばれたトリブスもあったのである。もちろん「平民」とはいえ、彼らがいわゆる「一般平民」とは異なる富裕者であり、かつ各トリブス内におけるなんらかの有力者であったことは予想されよう。ともかくここでは、トリブスごとの選出という方法が導入され、それによって、従来のように元老院議員や騎士といった「身分」とは別の基準で審判人が選ばれたという点に注意を促しておきたい。さらに、先の百人裁判所ではその審判人を選出する主体がはたして各トリブス民なのかどうかは不明であったが[51]、このアスコニウスの記述からは、審判人が単に「トリブスごと」に選出されたのではなく、彼らがほかならぬ「トリブスの投票によって」選出されたという点も読み取れる。

前八九年のプラウティウス法によって設置された査問所は、民事を取り扱うそれまでの百人裁判所とは異なり、一種の刑事法廷であった。つまり、有力政治家がいつ刑事被告となるやもしれない分野に、そしてその結果次第では政治生命をも失いかねないような分野にも、トリブスごとに選出された審判人という制度がいまや導入されたのであった[52]。

3　スッラによる元老院議員の補充とトリブス

同盟市戦争およびその後の内乱によって元老院議員に欠員が生じ、前八一年、独裁官のスッラはその補充を行った。しかしこのときの措置は単なる欠員分の補充では終わらず、さらに三〇〇名の元老院議員が追加され、これ以降、元老院議員の定数は六〇〇名になったと考えられている。

この前八一年のスッラの改革に関して、内容の異なる二種類の史料が伝えられているが、E・ガッバは、一見して内容の矛盾するそれら史料の解釈として、二段階による元老院議員の補充を想定した。まずガッバによれば、サッルスティウスとハリカルナッソスのディオニュシオスが、先だつ戦争において功績のあった兵士が元老院議員として登録されたと伝えるのは(Sall. *Cat.* 37. 6; Dion. Hal. 5. 77. 5)、従来の三〇〇名の定員を割り込んだ分の補充にかかわる措置であり、このようなやり方には、前二一六年の独裁官M・ファビウス・ブテオによる先例が存在した(Liv. 23. 23. 6)。他方、アッピアノスとリウィウスの『梗概』が伝えるのは三〇〇名の騎士の登録であり(App. *BC*. 1. 100. 468; Liv. *Per*. 89)、これは先の方法により補充された三〇〇名にさらに三〇〇名の元老院議員を追加する措置にかかわるものであったという。[(53)]

トリブスとの関連で問題となってくるのは、後者三〇〇名の元老院議員追加の際に、「トリブスに対して各々についての投票権を与えることにより」、その選出がなされたとアッピアノスが記していることである。文字通りに解釈するならば、追加されるべき元老院議員を各トリブスがそれぞれ選出したということになるが、これはにわかに信じがたい方法である。たしかに、トリブスは民会の投票単位であり、民会において政務官に選出されることが、元老院に受け入れられるための重要な要因となっていた。だが、民会ではあくまでも三五トリブス全体の投票で決定がなされた。それに対しここでは、あたかも各トリブスが独自に、そのメンバーの中から新たに元老院議員を選出したかのような手続きが述べられているのである。またこの記事を伝えているのが、史料的価値に問題があるとされる後二世紀の歴史家アッピアノスだけであれば、[(54)]その信憑性に疑いを持つのも当然のことといえよう。

このような状況ゆえこのアッピアノスの記述は従来、スッラが補充すべき元老院議員のリストをトリブス民会に提出したことを示すにすぎないと考えられてきた。しかしガッバは、モムゼンの指摘をうけながら、[(55)]アッピアノスはここでもっと複雑な手続きについて述べているとする。ガッバの推測によれば、ここで述べられているのはあくまでもトリブスごとの元老院議員の選出であり、「およそ三〇〇名」という記述からしてちょうど三〇〇名だったのではなく、一トリブスあたり九名、全体では三一五名の元老院議員が選出されたのであったという。とはいえガッバも、トリブスごとのイニシアティヴまで想定しているわけではなく、スッラはあらかじめ選び出しておいた者のリストを各トリブスに提出し、各トリブスの役割はというと、それに投票するだけだったのであろうと付け加えてもいる。[(56)]

長谷川博隆氏は旧版の『岩波講座世界歴史二』（一九六九年）において、ガッバとそれを受け入れたテイラーの説[57]をいち早く紹介し、それが「一般の承認を得るか、仮説にとどまるかは、なお問題であろう」と興味深くコメントしている[58]。たしかにその後も、トリブス民会による決定という旧説を採る研究者も見られるが[59]、本章では、近年スッラに関する研究を精力的に進めてきたA・キーヴニー[60]や『ケンブリッジ古代史』におけるR・シーガーの見解にならい[61]、ガッバ説を支持しておきたい。

その際ポイントとなるのは、ガッバも強調したような、百人裁判所およびプラウティウス法との関連である。元老院支配の復活を強く望み保守主義者のごとく見なされているスッラが、ここで採った方法は一見したところ共和政の伝統から大きく逸脱しているように思われ、それだけに、アッピアノスの記述に対する疑いも生じてくる。ところが、トリブスごとの元老院議員の選出が、審判人の選出という形でれっきとした先例を持っていたとすれば、保守主義者スッラの措置は十分に説明可能なものとなるのである。なるほど百人裁判所や前八九年のプラウティウス法は、審判人の選出にかかわるものであり、前八一年のスッラによる元老院議員の選出（補充）と、一見したところその性格を異にしていた。だが実は、この二つの問題は密接に関連していた。というのも、スッラは常設査問所の審判人を騎士から元老院議員へと移そうとし、そのことに伴って生ずる審判人＝元老院議員の確保を主たる目的として元老院議員の補充・拡大を行ったと考えられるからである。とすれば、すでに前八九年に、「特別査問所」とはいえ審判人の選出に用いられていた方法が、このたび元老院議員＝審判人候補者の選出のために採用されたとしてもさほど不思議はないだろう。

このように、共和政末期の審判人とトリブスにかかわる一連の事件は、それらを互いに関連づけて考察するならば、審判人の選出という側面からトリブスの社会的機能を浮彫りにするものとなっている。すなわち、前七〇年の時点でいえば、各トリブスが審判人をそのメンバーの中から選出した経験を持っていたのは確実であるし、さらに元老院議員さえ選出していた可能性が高いのである。そしてこれらのことは、前七〇年にアウレリウス法によって選出された審判人、とりわけトリブニ・アエラリィをめぐる難題にも光を投ずると思われるので、いよいよこの点へと考察を進めていくことにしよう。

三　トリブニ・アエラリィの実態

1　財産資格をめぐって

トリブニ・アエラリィの実態を探る手掛かりとして、まずは、三〇万説および四〇万説で唱えられている彼らの財産資格から見ていくことにしよう。前者はその財産資格を三〇万セステルティウスとし、後者は四〇万セステルティウスとしているが、もしも財産資格が存在したとすれば、これら二つの見解のうち、いったいどちらが正しいのであろうか。

前七〇年に選出されたトリブニ・アエラリィに、なんらかの財産資格が求められていたのは確実である。ポンペイウスの改革を伝えるアスコニウスの古註は(Ascon. 17C)、これとの関連でよく引用される史料であるが、しかしその解釈に関しては難しい点が多々含まれており、それがはたして前七〇年のアウレリウス法における財産資格への言及であるのかどうかはさほど明確ではない[(62)]。それに対し、キケロ『ピリッピカ』第一演説(前四四年)は、トリブニ・アエラリィに財産資格が求められていたことを示唆している。

何だって？　ユリウス法によっても、いや、かつてはポンペイウス法やアウレリウス法によっても、このようなランクの人〔＝百人隊長〕には審判人の門が開かれてはいなかったと言うのだろうか。「財産資格が前提になっていたのだ」と彼は言う。でも、それは百人隊長級のみならず、ローマ騎士にも当てはまることだった。したがって、まことに勇敢で尊敬すべき人物であるならば、かつて部隊を指揮していた人〔＝百人隊長〕は、今も昔も審判人としての判決を下せるのである。〔長谷川博隆氏の訳文参照〕(63)

スエトニウスによれば、前四六年カエサルは、「審判人を二種類に、つまり、騎士身分と元老院身分の審判人団に限定し、三番目の審判人団だったトリブニ・アエラリィは廃止した」という(Suet. *Iul*. 41. 國原吉之助氏の訳文参照)。カエサルが廃止したその第三審判人団を復活させ、その名簿に百人隊長や一般兵士さえ登録しようとしたアントニウスに対して、ここでキケロは激しい批判を展開しているのである。ちなみに同様の批判は、一連の弾劾演説の中で繰り返しなされている(Cic. *Phil*. 5. 12-13; 13. 3; 13. 37)。先のキケロの言によれば、ユリウス法のもとにおいてもポンペイウス法のもとにおいても、そしてかつてのアウレリウス法のもとにおいても、財産資格を満たしさえすれば百人隊長にも審判人への道は閉ざされていなかった。つまり言い換えるならば、審判人となるためにはアウレリウス法以来、その必要条件としてなんらかの財産資格が求められていたということになろう。ただし、当の資格額がどれだけか、それがローマ騎士のそれと同額かどうかとなると、キケロの記述は決定的な証拠とはならない。

財産資格を三〇万セステルティウスとする三〇万説は、以下の二つの史料をその論拠としている(64)。そのひとつは、いまは散逸したキケロ『クロディウスおよびクリオ弾劾演説』(前六一年)に関して古註が伝える記述である。キケロの古註は、審判人たちが被告クロディウスから受け取った「三〇万あるいは四〇万セステルティウス」の買収金、これを失ったならば彼らは審判人に含まれ続けることができないであろうと記している(Schol. Bob. 91St)。この買収額のうち四〇万セステルティウスが騎士身分の財産資格にあたることから、三〇万セステルティウスの方がトリブニ・アエラリィのそれに相当するのではないかとされ、このコメントは買収によりいったん手にしたこれらの金を返却するならば彼らは再びかつての貧困状態に陥り、もはや審判人として要求された財産資格を満たすことができないという意味であろうと解釈されている。

もうひとつの論拠は、後のアウグストゥスの法廷改革を伝えるスエトニウスの記述である。スエトニウスによれば、アウグストゥスは従来の三審判人団に「第四の審判人団」を追加したが、彼らは「二〇万セステルティウス級」(ducenarii)と呼ばれたという(Suet. *Aug.* 32. 3)。この間の経緯はやや不明瞭ながらも、ほぼ以下のように再構成されるだろう。すなわち、先に述べた前四六年のカエサルの法廷改革によりトリブニ・アエラリィは審判人団から排除されたが、なんらかの事情でアウグストゥス時代には、元老院議員と騎士からなる三審判人団が存在していた(65)。アウグストゥスはこれらに第四の審判人団を新たに付け加えたのである。彼らは軽微の係争を取り扱うための審判人であり、二〇万セステルティウスという財産資格のより低い者からなっていた。そこで、彼らと財産資格が四〇万セステルティウスとされる騎士との中間に、かつてのトリブニ・アエラリィが位置したのではないかと推定されているのである。

これら三〇万セステルティウスの論拠とされる二史料のうち、後者の史料には三〇万セステルティウスという数字は現れず、前者の史料との関連から、この財産資格を裏づける史料として用いられているにすぎない。それゆえこれらの論拠のうち、独立した史料としての価値を持つのは、三〇万セステルティウスを直接伝えるキケロの古註の方である。この史料は一見したところ、三〇万セステルティウスという財産資格を証言する決定的な証拠のように思われるが、しかしながら当然、このような解釈には、四〇万説の立場から批判が出されている。

まず、ここで伝えられているのはあくまでも審判人に対する買収額であり、それを単純に財産資格と同一視することはできないとする批判がある。(66) なるほど、キケロ『ウェッレス弾劾演説』においても、「ある者は四〇万セステルティウス、ある者は五〇万セステルティウス、最低の者でも三〇万セステルティウスで買収した」といった類似の記述が見られるものの(Cic. *Verr.* 2. 3. 145)、しかしここで言及されている買収額に関しては、文脈的に判断して、それを審判人の財産資格と同一視する解釈がより妥当であると思われる。それに対して、J・W・クロフォードが紹介するような、(67) M・I・ヘンダーソン(68) およびベーディアン(69) による批判には説得力がある。彼らの批判によれば、ここで「三〇万あるいは四〇万セステルティウス」とされているのは、騎士とトリブニ・アエラリィそれぞれの財産資格ではなく、騎士とトリブニ・アエラリィ共通の財産資格であった。すなわち、この注釈者は騎士とトリブニ・アエラリィ共通の財産資格がいくらなのかわからなかったために、「三〇万あるいは四〇万セステルティウス」と表記したにすぎないという。事実この注釈者は別の箇所で、騎士とトリブニ・アエラリィとを「明らかに同一身分の人々」と記してもいるのである(Schol. Bob. 94St)。

このような史料批判からすれば、三〇万説の唱える三〇万セステルティウスという財産資格が、それほど確たる論拠のあるものとはいえないことが明らかとなる。それでは、トリブニ・アエラリィにもなんらかの財産資格が要求されていたのが確かである以上、それは四〇万説の説くように四〇万セステルティウス、つまり広義の騎士ということになるのだろうか。次に項を改めて、この四〇万説の妥当性について検討していくことにしよう。

2　キケロにおける記述の不統一

前七〇年以降のトリブニ・アエラリィに関する非常に顕著な特徴として、キケロにおける記述の不統一という問題がある。共和政末期のローマ社会を知るために不可欠な史料であるキケロの記述が、ことトリブニ・アエラリィに関しては一定していないのである。キケロは、複数の箇所において、元老院議員および騎士と並んでトリブニ・アエラリィを前七〇年の審判人として挙げている(Cic. *Att.* 1. 16. 3; *QFr.* 2. 4. 6; 2. 16. 3)。その際キケロは、トリブニ・アエラリィの積極的な定義を試みてはいないが、それでもいくつかの史料においては、トリブニ・アエラリィの実態について示唆がなされているので、まずはそれらの史料から見ていこう。

そのうちのひとつは、前六一年六月付『アッティクス宛書簡集』において(Cic. *Att.* 1. 16. 3)、クロディウスを裁いた審判人に言及した箇所である。かつて下劣なミュージックホール(あるいはダイス遊び)においてすらこれより見苦しい輩が座を占めたことはないとしたうえで、「汚れた元老院議員、すかんぴんの騎士、アエラティ(aerati)というよりむしろその名の通りアエラリィであるトリブニ」が挙げられている。ここでキケロが、アエラティとアエラリィとを掛詞にして審判人たちを皮肉っているのは明らかだが、両語がそれぞれどのような意味であるのかとなると、残念ながらはっきりとしない。(70) シャクルトン・ベイリーの註釈に従えば、(71) アエラティは「金持ちの」、アエラリィは「給料をかせぐ(賄賂を取る)者」という意味であり、とすればトリブニ・アエラリィは、本来、賄賂を取る必要もないほどに裕福なはずだという意味が込められているのだろうか。

また審判人としての言及ではないが、前五四年のプランキウス訴訟の際に、彼の無罪を嘆願しようと喪服に着替えて故郷アティナから駆けつけた「かくも多くの騎士、かくも多くのトリブニ・アエラリィ」のことが言及され、彼らが選挙戦の際にもプランキウスのために熱心な支援を行ったことが記されている(Cic. *Planc.* 21)。文字通り解釈すれば、ここからはアティナのような一地方都市にもかなりの数のトリブニ・アエラリィがいたことが読み取れよう。(72) 同じく審判人としての言及ではないが、前六三年カティリナの陰謀から国家を救わんと馳せ参じた人々を列挙する際に、キケロは、「騎士」「トリブニ・アエラリィ」「書記」そして最下層の貧民をも含めた「出生自由人からなる全大衆」を挙げている(Cic. *Cat.* 4. 15-16)。(73) ここでの列挙の順番は階層の上下を意味していると考えられるので、キケロの理解によれば、トリブニ・アエラリィは騎士の下、書記の上に位置し、一般平民とは区別される階層（あるいは身分）であったといえよう。

ところが、このようにトリブニ・アエラリィについて随所で言及がなされる一方で、前七〇年以降の審判人として元老院議員と騎士のみが挙げられ、トリブニ・アエラリィが省略されているケースがかなりあるのである（Cic. *Font.* 36; *Clu.* 121; 130; *Flacc.* 4; 96）。この矛盾は、従来多くの研究者の注目するところであり、これまでさまざまな解釈が試みられてきた。とりわけ三〇万説の理解では、騎士の財産資格が四〇万セステルティウスに対しトリブニ・アエラリィのそれは三〇万セステルティウスであるから、両者が混同されたということは由々しき問題である。三〇万説によるならば、この混同は、実生活において騎士とほとんど差のないトリブニ・アエラリィを騎士に含めて言及することにより、彼らのプライドを巧みにくすぐったキケロの法廷戦術であった[74]。

それに対し、四〇万セステルティウスの財産資格を唱える四〇万説の最大の利点は、まさにこのような記述の不統一を法廷戦術に帰すことなく、整合的に説明できるという点にある。キケロがときに騎士とトリブニ・アエラリィを混同しているということは、実態として両者の区別がつかなかったと考えるのが最も自然であるが、四〇万説の説くところによれば[75]、それは彼らが等しく四〇万セステルティウスという騎士の財産資格を満たしていたからである。彼らのうち騎士ケントゥリアに登録され狭義の騎士となった者は騎士の審判人団に登録され、そうではなく広義の騎士のままにとどまった者が、トリブニ・アエラリィとして第三の審判人団に登録されたのであった。

たしかに、トリブニ・アエラリィを騎士ケントゥリアに属していない広義の騎士と捉えるならば、彼らがときとしてキケロにより第二の審判人団である騎士（＝狭義の騎士）と混同して述べられているのは説明がつく。しかしながら他方で、このような解釈に対しては以下のような疑問が湧いてくる。

まず第一に、一八の騎士ケントゥリアに属した狭義の騎士が、最低でも三〇〇名[76]とされる審判人団を供給できたのかどうかという点である。一八の騎士ケントゥリアの中には、元老院議員の子弟であり元老院にいまだ議席を占めるにいたらない者がかなり含まれていたが(たとえば、*Comm. Pet.* 8. 33)、C・グラックス時代の裁判法(アキリウス法)によれば、審判人の選出にあたっては、このような元老院議員の子弟も元老院議員身分に数えられ騎士の審判人団からは排除されていた(*Lex repetundarum* 12-18)。そこで、もしも騎士ケントゥリアの定員が一八〇〇名であったとすれば、[77]このような人々や三〇歳に満たない者、六〇歳以上の者、さらに徴税請負人として海外で活動しローマ不在であった者等々をまずは取り除いて、はたして残りの騎士から三〇〇名の審判人を供給することができたのであろうか。

第二に、この点はこれまで取り立てて問題とされることはなかったが、もしもトリブニ・アエラリィが広義の騎士であったのなら、なぜ彼らは敢えてトリブニ・アエラリィと呼ばれたのか。前七〇年段階では少なくともその機能が廃れてしまっていた名称を、実態としては騎士に等しい者のためになぜわざわざ使ったのだろうか。実際のところ、キケロが彼らを法廷で騎士と呼んでもいたとすれば、審判人としての彼らを騎士とはせずにトリブニ・アエラリィと名づける必要性はどこにあったのだろうか。[78]

このことに加えて第三に問題となるのは、前四六年のカエサルの法廷改革を伝えるカッシウス・ディオの記述である。

> 彼〔カエサル〕は、できることなら最も潔白な部分が常に判決を下すようにと、元老院議員と騎士のみに審判人を託した。というのもそれ以前は、大衆からなる幾人かが彼らとともに判決を下していたからである。[79]

この記述をもとにすれば、カエサル時代にいまだ有効であったと考えられるアウレリウス法による審判人の中には、「大衆」(homilos)出身の者たちも含まれていたことになる。これがたとえ広義であれ騎士身分の者を意味したとは考えにくい。

キケロにおける記述の不統一を説明し、さらにこれらの疑問点にも答えていくにはどのように考えればよいのか。次に役職説を手掛かりに、本章なりの解釈を提示することにしよう。

3　トリブニ・アエラリィの実態

第一節で紹介したように、本章において役職説として分類しているのは、トリブニ・アエラリィをトリブス内の「なんらかの役職」として捉え、前七〇年に審判人とされた人々をそのような役職のためのリストに登録されていた集団(身分)とする説である。とはいえ、そこにおいても一定の財産資格は想定されており、その額を四〇万セステルティウスとする論者[80]とそれより低い(三〇万セステルティウス、あるいは額を明示せず)とする論者[81]とに分かれる。私見によれば、このように元老院議員でもなければ単純に騎士でもない、まさに第三範疇の審判人を想定することによって、役職説は、トリブニ・アエラリィが前七〇年に審判人とされた理由をよりよく説明するものとなっている。

たとえば、ブルーンスによれば[82]、このときのトリブニ・アエラリィの選出は、それまで審判人の登録をめぐって激しく争ってきた元老院議員と騎士との最終的な「妥協」を意味していた。ところが、四〇万説が説くように騎士が単純に三分の二を占めたのでは、明らかに騎士身分に有利であり妥協とはならない。そこでブルーンスによれば、財産資格としては騎士と同じであるが、騎士を構成する有力なメンバーである徴税請負人とは異なる範疇から第三の審判人が選出される必要があった。そしてそのような条件を満たす人々こそ、トリブス内における富裕な有力者の一団トリブニ・アエラリィだったという。最近のブライケンの研究も同様に、徴税請負人ではない騎士という点にトリブニ・アエラリィの特徴を求めている[83]。

他方、同じくトリブニ・アエラリィとトリブスとの結びつきを強調しながらも、ヒルはやや異なった説明を与えている。ヒルによれば、[84] 単純に騎士を審判人の三分の二としたのでは、「民衆による選択」を求める護民官の要求を満たすことができなかった。そこで、おそらくはトリブスの投票によって選ばれ続けていたトリブニ・アエラリィを第三の審判人団とすることによって、元老院議員と騎士間の妥協だけではなく、このような要求にも応えようとしたのであるという。実態として騎士に等しかったとはいえ、彼らはあくまでもトリブスによって選出されたトリブニ・アエラリィとして審判人に参加したのである。私なりに捉え直すならば、第三の審判人団の選出には、単なる財産資格ではなくトリブスによる選出という別原理が導入されたといえようか。

このように役職説の捉え方によるならば、審判人の構成をめぐる元老院議員と騎士との対立の中で第三者としてトリブニ・アエラリィが選ばれた背景が、理解しやすいものとなる。そしてまた、四〇万説に対して先に挙げた疑問点も説明可能なものとなるだろう。そこで次に、先の疑問点を役職説に従って検討するが、その際、役職説と私自身の見解との相違についても順次明らかにしていきたい。

まず第一点について。トリブニ・アエラリィの特徴を広義の騎士という点に求める必要性がなくなったとすれば、三〇万説同様に、第二の審判人団である騎士を狭義の騎士ではなく広義の騎士にまで範囲を拡げて捉える可能性が開けてくる。とすれば、彼らが最低でも三〇〇名の審判人名簿を満たすことは十分可能なことであった。ただしその場合には、トリブニ・アエラリィの方が、はたしてそれほど多く存在したのかという点が問題となってこよう。そもそも一トリブスあたり何人のトリブニ・アエラリィが存在したのかは全く不明であるが、騎士同様に最低でも三〇〇名の定員を満たすためには、閑職にもかかわらず一トリブスあたり一〇名近くが選出され続けていたと考えなければならない。そこでストローン=デイヴィドソンなどは、[85] 現役のトリブニ・アエラリィばかりではなくトリブニ・アエラリィ経験者もその対象となっていたのではないかと推定している。

だが、私はこの点で役職説とやや見解を異にし、すでに各トリブス内に存在したトリブニ・アエラリィから審判人が選ばれたのではなく、ほかならぬ前七〇年という時点で、審判人としての任務を果たすべく新たに選ばれた人々が、トリブニ・アエラリィと呼ばれたのではないかと考えている。すなわち、トリブニ・アエラリィは前七〇年段階で、審判人を託すほどにまとまった集団(身分)を形成していたのではなく、この改革により古くからの名称を復活させながら新たに作り出された集団にすぎなかったと捉えたい。とすれば、そのような目的のために選び出されたのである以上、彼らが審判人としての必要数を満たしたのは当然であろう[86]。

本章第一節で見たように、トリブトゥム徴収というトリブニ・アエラリィ本来の仕事はすでに第二次ポエニ戦争後には消滅していた。その後、トリブニ・アエラリィが存続していたことを示す直接的な証拠はない。なるほどキケロは、前一〇〇年の段階ですでに騎士身分に次ぐ身分としてトリブニ・アエラリィが存在していたかのように記しているが(Cic. *Rab. Perd.* 27)、これは一般的には、前六三年、同様の事態において演説を行ったキケロの時代錯誤的な発言であるとされている[87]。前七〇年にトリブニ・アエラリィが復活したことへの反証とはならないのである[88]。他方でトリブニ・アエラリィは、先にふれたように、カエサルの法廷改革により前四六年、再び歴史上から姿を消す[89]。そのような突然の消滅は、古くから存在し続けていた伝統的役職より、前七〇年にほかならぬ法廷改革のために導入された集団、その名称のみをかつてのトリブニ・アエラリィから引き継いだ集団にこそふさわしいのではなかろうか。もちろん前七〇年における復活の際には、本章第二節で見たように、それ以前からトリブスがなんらかの形で審判人の選出にかかわってきたという事実が、先例として大きく作用していたに違いない。

次に、役職説のように考えるとすれば、先に挙げた第二の疑問点に答えることも容易となる。そもそも役職説は、前七〇年のトリブニ・アエラリィがかつてのトリブニ・アエラリィと直接的なつながりを持つとするのであるから、彼らがトリブニ・アエラリィと呼ばれたのは当然のことだからである。だが、本章における解釈のように、前七〇年時点でその名称が復活されたにすぎないと考えても説明はつく。その際重要なのは、「トリブスによる選出」という点である。繰り返すように、各トリブス成員からトリブトゥムを徴収する任務を担う者がかつていたが、彼らは当該トリブスの有力者で、かつ当該トリブスの成員により選出されていた可能性もある(第一節参照)。それが本来のトリブニ・アエラリィであった。とすれば、たとえその任務が以前と異なっていたとはいえ、トリブスごとに選出された「トリブス代表」といった意味合いで、前七〇年の第三の審判人団がトリブニ・アエラリィと命名されたのではなかろうか。

最後に、第三点に関しては、たとえ役職説のような解釈を採るとしても、トリブニ・アエラリィの財産資格を四〇万セステルティウスとしたのでは説明がつかない。これでは、トリブニ・アエラリィの審判人団に、ディオが述べるような形で「平民」が加わる余地がなくなるからである。従来このディオの記述はそれほど注目されてこなかったが、もちろんこの難点に気づいている研究者はいる。たとえばニコレは、おそらく四〇万セステルティウス(場合によっては三〇万セステルティウス)の財産資格者からなるトリブニ・アエラリィは、そのことゆえに騎士身分と混同されたが、彼らはあくまでも「平民」に属したとしている。ニコレの見解では、騎士とは騎士ケントゥリアに属し官給馬を保持した人々にほかならず、ゆえにトリブニ・アエラリィと騎士との混同は、「礼儀上」はともかく厳密には許されないことであった。[90] 他方、最近のブライケンの研究は、トリブニ・アエラリィが徴税請負人とは異なり最も裕福な騎士に属したのではなかったので、その徴税請負人との距離ゆえに、ときに史料によって騎士より「平民」に近いように言及されたのではないかとする。[91] 結論はニコレとはまさに正反対であり、ブライケンの見解によれば、厳密な語の用法からしてトリブニ・アエラリィが「平民」と呼ばれたことの方がむしろ誤りとなる。

ときに騎士と同一視されることがある一方で、その中に平民も含まれる。この一見して矛盾した特徴を解明することが、トリブニ・アエラリィの実態を把握するポイントとなりそうである。

まず、多数の騎士に混じって平民も含まれていたという点から検討していこう。この点については、用語法の不正確さに帰さなくとも、本章で役職説とした捉え方の原点に立ち返って考えるならば説明がつく。この説は、トリブニ・アエラリィがトリブニ・アエラリィとなりえた主たる要件をあくまでもトリブニ・アエラリィとしての選出（おそらく各トリブスによる）に求め、財産資格をそのための必要条件にすぎないとする立場である。それゆえ、この財産資格を満たしさえすれば、平民も選出されえたのであった。[92]ただし、そこに平民も含まれていたのが確かである以上、当の財産資格は騎士と同じ四〇万セステルティウスではなく、それより低い額と考えざるをえない。[93]

このような形で選出された審判人の実態は、第二節で紹介した前八九年のプラウティウス法によるそれと似かよったものとなることが予想される。しかし、前八九年とは異なり、前七〇年にはおそらく元老院議員があらかじめ除かれており、その結果、実際に選ばれた者の大部分はトリブス内の有力者である騎士から成り立っていたのであろう。つまり、広義の騎士の中には、騎士の審判人団の一員として審判人に加わった者と、このトリブニ・アエラリィの資格で審判人となった者とがいたが、後者のトリブニ・アエラリィは、必ずしも平民を排除する範疇ではなかったのである。私見によれば、このようにトリブニ・アエラリィに騎士と平民が混在していたことを示す手掛かりが、実はキケロの記述中に存在する。先にも紹介したように、キケロは、カティリナの陰謀から国家を救わんと馳せ参じた人々を、「騎士」「トリブニ・アエラリィ」「書記」そして「出生自由人からなる全大衆」の順で挙げているが（Cic. *Cat.* 4. 15-16）、このうちの書記には、解放奴隷を含めた平民の上層のみならず、騎士身分の者もかなり含まれていたとされているのである。[94]つまり、ここでキケロは、「元老院議員」「騎士」「平民」といった厳密な三区分には該当しない範疇にも言及しているのであり、列挙の順番からして、トリブニ・アエラリィが書記同様の性格を持っていた可能性、すなわち騎士と平民の上層をともに含み込んでいた可能性は極めて高いといえよう。

以上のように理解すれば、トリブニ・アエラリィの中に「平民」も含まれていたという点は説明できる。だが、ときにキケロが彼らを騎士と同一視したのはなぜかという疑問は残されたままである。最後にこの点を考えておこう。

三〇万説やニコレのように、キケロの不正確な語法あるいは法廷戦略に帰さなくともひとまず説明はつく。というのも、実際にキケロが弁論を展開した法廷のトリブニ・アエラリィの中に、「平民」が一人も含まれていなかった可能性が考えられるからである。最低でも三〇〇名からなるトリブニ・アエラリィの審判人団は、全員が常にすべての法廷で審判人を務めたわけではなかった。各法廷の審判人としては、七五名や五一名という数字が伝えられているが、(95)前者の場合トリブニ・アエラリィは二五名、後者の場合は一六名となっている。いずれにせよ、それらのトリブニ・アエラリィに「平民」が含まれておらず、彼らが実際のところすべて騎士のみから成り立っていた可能性は十分に考えられよう。そのような法廷で審判人を務めたのは、まさに元老院議員と騎士であった。

だが可能性としてはともかく、騎士とトリブニ・アエラリィとの同一視は、やはりキケロの不正確な語法や法廷戦略に帰すのが妥当ではないかと私も考えている。ただしその場合でも、三〇万説より無理は少なくなる。というのも、三〇万説では、トリブニ・アエラリィ全体が三〇―四〇万セステルティウスという騎士より明らかに低い財産資格者であったにもかかわらず、彼らを騎士に含めたことになるが、本章での理解に従えば、そこに含まれた少数の平民を無視して、全体を騎士と呼びかけたことになるからである。審判人を務める平民上層の心をつかむための心理作戦か、あるいは、「一般平民」との相違の方を重視して彼らを騎士に含めたのか、いずれにせよ本章のように捉えるならば、キケロにおける記述の不統一に関しても、より説明しやすいものとなるであろう。

付論：三審判人団の投票結果

トリブニ・アエラリィの実態を解明するための直接的手掛かりとはならないが、三審判人団それぞれの投票結果がいくつか伝えられているのでここに紹介しておこう[96]。ディオによれば、前五九年のフフィウス法により、三審判人団の投票が別々に数えられることになったという(Dio 38. 8. 1)。おそらくその結果、このようなデータが存在することになったのであろう。ただしアスコニウスは、なぜかそれ以前の前六五年に関しても、三審判人団それぞれの投票結果を伝えている(下記①)[97]。

① 前六五年後半　L・セルギウス・カティリナに関する訴訟(Ascon. 89C)
元老院議員：有罪判決
騎士：無罪判決
トリブニ・アエラリィ：無罪判決
全体：無罪判決

② 前五六年三月　セクストゥス・クロディウス(クロエリウス)に関する訴訟(Cic. *QFr.* 2. 4. 6)
元老院議員：圧倒的多数で無罪判決
騎士：有罪無罪同数
トリブニ・アエラリィ：有罪判決
全体：三票差で無罪判決

③ 前五四年　M・リウィウス・ドルスス・クラウディアヌスに関する訴訟(Cic. *QFr.* 2. 16. 3)
元老院議員：有罪判決
騎士：有罪判決
トリブニ・アエラリィ：無罪判決

全体：四票差で無罪判決

④　前五四年七―九月　M・アエミリウス・スカウルスに関する訴訟(Ascon. 28C)

元老院議員：無罪判決(有罪判決 四名／無罪判決 一八名)

騎士：無罪判決(有罪判決 二名／無罪判決 二一名)

トリブニ・アエラリィ：無罪判決(有罪判決 二名／無罪判決 二三名)

全体：無罪判決

⑤　前五二年三―四月　T・アンニウス・ミロに関する訴訟(Ascon. 53C)

当初八一名の審判人が選出されたが、被告原告双方が三審判人団それぞれから五名ずつを「忌避」し、最終的には五一名が判決を下した。

元老院議員：有罪判決(有罪判決 一二名／無罪判決 六名)

騎士：有罪判決(有罪判決 一三名／無罪判決 四名)

トリブニ・アエラリィ：有罪判決(有罪判決 一三名／無罪判決 三名)

全体(五一名)：有罪判決

⑥　前五二年四月以降　M・サウフェイウスに関する訴訟(Ascon. 55C)

元老院議員：有罪判決(有罪判決 一〇名／無罪判決 八名)

騎士：有罪判決(有罪判決 九名／無罪判決 八名)

トリブニ・アエラリィ：無罪判決(有罪判決 六名／無罪判決 一〇名)

全体(五一名)：一票差で無罪判決

⑦　前五二年四月以降　M・サウフェイウスに関する訴訟(Ascon. 55C)

元老院議員：無罪判決

騎士：無罪判決

全体（五一名）：無罪判決（有罪判決 一九名／無罪判決 三二名）

トリブニ・アエラリィ：有罪判決

⑧ 前五二年四月以降 セクストゥス・クロディウス（クロエリウス）に関する訴訟（Ascon. 55-56C）

全体（五一名）：有罪判決（有罪判決 四六名／無罪判決 五名、うち元老院議員 二名、騎士 三名）

⑨ 前五一年六月 M・ウァレリウス・メッサラに関する訴訟（Cic. *Fam*. 8. 2. 1）

元老院議員：一票差で無罪判決

騎士：一票差で無罪判決

トリブニ・アエラリィ：一票差で無罪判決

全体：三票差で無罪判決

前六〇—五〇年代のローマを騒がせた面々が被告として顔を揃えているが、全体的に眺めるならば、元老院議員と騎士がむしろ同傾向の投票をし、トリブニ・アエラリィだけがそれとは異なった投票を行っているのが目を惹く（③⑥⑦）。しかもそのトリブニ・アエラリィの投票が、全体の投票結果に決定的な影響を与えている例もあるのである（③⑥）。しかしながら、元老院議員や騎士の内部でも有罪／無罪の票が割れているからには、これをもとに、元老院議員と騎士こそが社会層として近接し、騎士とトリブニ・アエラリィとはむしろ異質の社会層から成り立っていたとまで結論づけることはできないであろう。

おわりに

第一節でふれたように、トリブス研究の基本をなすテイラーの見解は基本的には三〇万説であり、トリブニ・アエラリィが各トリブス民によって選出されたという点を取り立てて問題としてはいない。しかしながら彼女の研究は、全く別の角度からトリブニ・アエラリィとトリブスとを関連づける結果となっている。テイラーによれば[98]、〈トリブス代表制〉、つまり各トリブスがほぼ等しく代表されるようにという発想が共和政期のローマには存在したという。これはいわばトリブス間のバランスに対する配慮であるが、スッラによる元老院議員補充の際のみならず、前七〇年の審判人の指名にもこのような配慮が働いていたのではないかとする。すなわち、元老院議員が少ないトリブスからは、より多くの騎士やより多くのトリブニ・アエラリィが指名されるようにし、少なくとも審判人の選出という点で各トリブス間の平等を保とうとしたのではないかとするのである。トリブスの政治的意義にいち早く着目したテイラーらしく、トリブスという枠組みの持つ重要性を最大限に強調する興味深い指摘といえよう。

だが私としては、テイラーが主張するような形で、古代ローマ人がトリブス間のバランスに配慮していたとは考えにくい。なるほどC・グラックス時代の裁判法においては、審判人の登録が「トリブスごと」(tributim)に行われているが(*Lex repetundarum* 14; 18)、これはあくまでも審判人の記載方法にすぎず、トリブス間のバランスまで配慮されたことを証明するものではない。すでに本書第三章で論じたように、新市民のトリブス登録をめぐっては「一票の格差」とは異なる別の動機も窺われるのであり、そもそも共和政期のローマ人には各トリブス間のバランスといった発想が欠如していたのではないかと思えるほどである。

それはともかく、ここまでのトリブニ・アエラリィの検討を通して、共和政末期におけるトリブスの実態について、次のように指摘することができるだろう。

一般にこの時期のトリブスは、イタリア全土にわたるローマ領の拡大によって、すでに〝形骸化〟していたと捉えられがちである。[99]とりわけ前九一年に始まった同盟市戦争の結果、ポー河以南の全自由人にローマ市民権が付与され、彼らはいずれかのトリブスに登録されることとなった。それにより、テイラーの推定によれば、[100]二、三のトリブスを除いてほとんどのトリブスが分断され、相離れたいくつかの地域が合わさってひとつのトリブスを構成するという状況がいまや顕著となった。また、たとえ分断されなくとも、個々のトリブスは以前に比べて格段に広い地域と多くの人々とを含み込んでおり、もはや、とてもかつてのような「地縁的共同体」と呼べる状態ではなかったと想像されるのである。しかしながら、そのようなトリブスに対し、常設査問所における審判人の選出という機能が割り振られたとすれば、当時のトリブスを〝形骸化〟していたと、そう簡単に片づけるわけにはいかない。なるほど、すでに形骸化していたトリブスが、単なる行政単位として利用されたにすぎないと捉えることもできよう。だが、本書第一章および別稿で記したように、[101]まさにそのような人工的単位を根拠にして新たな紐帯、新たな共属意識が生み出されてくることもありえたのではなかろうか。

本章での議論に即していえば、審判人の選出という社会的機能を担うことによりトリブス内の紐帯がより一層強化された可能性へ目を向ける必要がある。遅くとも前二世紀の半ば以降、百人裁判所で実践されていたトリブスごとの審判人の選出は、前八九年には査問所の分野にも導入され、しかもそこでの審判人の選出は各トリブス民によっていた。またこれとの関連で、一度限りではあるが、スッラ時代には、補充されるべき元老院議員がトリブスごとに各トリブス民によって選出された蓋然性も高いのである。さらに、本章での検討が正しければ、前七〇年に審判人とされ、これまでその実態に関して論争の絶えなかったトリブニ・アエラリィは、トリブスごとに各トリブス民によって選出されたトリブス内の有力者（大部分は騎士）であったと考えられる。その際、各トリブスによる審判人の選出とはいっても、最低でも数名から十数名に及ぶ審判人を、各トリブスが幾人かの候補者の中から文字通り「投票」によって選んでいたとは考えにくく、各トリブスによる審判人リストの提出といった形にとどまったかもしれない。とすれば、そのような審判人リストが各トリブスで作られる過程において、トリブス内の人的関係が大きく作用しトリブス内の有力者の意向が強く働いていたのではないかと想像されよう。またそのような審判人の選出に対応するため、トリブス内の紐帯を不断に取り結んでおく必要性は、以前にもまして増大したに違いない。

われわれは帝政期における民会の衰退とそれに伴うトリブスの〝真の形骸化〟とを知っているが、共和政末期のローマ人はそのような後々の発展を知ることなく、あくまでも彼らが生きた時点でトリブスという枠組みを捉え、その内部に人的結合を作り出してもいたのである。共和政末期のトリブスを考えるにあたっては、くれぐれもこの点を忘れてはならない。

註

＊本章では、*L'année philologique* による雑誌略号以外にも、以下の略号を用いる。

CAH: *The Cambridge Ancient History*, Cambridge 1923–1939.

CAH^2: *The Cambridge Ancient History*, 2nd ed., Cambridge 1982-.

OCD^2: N. G. L. Hammond/H. H. Scullard (eds.), *The Oxford Classical Dictionary*, 2nd ed., Oxford 1970.

OCD^3: S. Hornblower/A. Spawforth (eds.), *The Oxford Classical Dictionary*, 3rd ed., Oxford 1996.

RE: G. Wissowa/W. Kroll/K. Mittelhaus/K. Ziegler (eds.), *Paulys Real-Encyclopädie der classischen Altertumswissenschaft*, Stuttgart 1894–1980.

（1） ケンススそのものに関しては、アスティンの精力的な諸研究を参照。A. E. Astin, The Censorship of the Roman Republic: Frequency and Regularity, *Historia* 31, 1982, 174-187; Astin, Censorships in the Late Republic, *Historia* 34, 1985, 175-190; Astin, Livy and the Censors of 214-169 B.C., in: C. Deroux (ed.), *Studies in Latin Literature and Roman History* IV, Bruxelles 1986, 122-134; Astin, Cicero and the Censorship, *CPh* 80, 1985, 233-239; Astin, *Regimen morum*, *JRS* 78, 1988, 14-34; Astin, The Role of Censors in Roman Economic Life, *Latomus* 49, 1990, 20-36.

(2) トリブトゥムを含め税制全般に関する概説としては、長谷川博隆「ローマの財政機構——徴税について——」『古代ローマの政治と社会』名古屋大学出版会、二〇〇一年(初出は一九六二年)、二四一—二八三頁が非常に参考となる。ただし、T. J. Cornell, *The Beginnings of Rome. Italy and Rome from the Bronze Age to the Punic Wars (c. 1000-264 BC)*, London/New York 1995, 187は、戦時特別税の徴収をトリブス単位ではなくケントゥリア単位と捉える。

(3) トリブスの徴兵機能については、P. A. Brunt, *Italian Manpower 225 B.C.-A.D. 14*, Oxford 1971 (with a postscript 1987), 625-635; E. Gabba (tr. by P. J. Cuff), *Republican Rome, the Army and the Allies*, Oxford 1976 [= Gabba, *Republican Rome*], 53-56; Cornell, *op. cit.*, 188 参照。

(4) 民会の投票単位としてのトリブスに関しては、G. W. Botsford, *The Roman Assemblies from Their Origin to the End of the Republic*, New York 1909 (1968); L. R. Taylor, *Roman Voting Assemblies. From the Hannibalic War to the Dictatorship of Caesar*, Ann Arbor 1966 (1990) [= Taylor, *Voting Assemblies*]; E. S. Staveley, *Greek and Roman Voting and Elections*, London 1972 (1982) 参照。また、邦語文献としては、原田俊彦氏の一連の研究がある。原田俊彦「Livius におけるホルテンシウス法以前の plebs 集会の決定」『早稲田法学』六七-二、一九九二年、一六九—二二七頁、原田「ホルテンシウス法(lex Hortensia)以前のトリブス(tribus)集会について」杉山晴康編『裁判と法の歴史的展開』敬文堂、一九九二年、五一一—五三二頁、原田「プーブリリウス・フィロー法の歴史的意義」佐藤篤士先生還暦記念論文集刊行委員会編『歴史における法の諸相』敬文堂、一九九四年、一—二四頁、原田『ローマ共和政初期立法史論』敬文堂、二〇〇二年。

(5) 常設査問所に関しては、柴田光蔵『増補 ローマ裁判制度研究——元首政時代を中心として——』世界思想社、一九七〇年、一〇—六一頁、荻原英二「不当取得返還請求法の罰金刑について——一一三年、C. Porcius Cato の裁判の検討——」『紀尾井史学』六、一九八六年、二八—三四頁、荻原「ローマ共和政期の不当取得返還請求裁判について——告発意図および「審判人」の諸相——」『西洋史学』一五〇、一九八八年、三三—四七頁、荻原「カルプルニウス法再考——J. S. Richardson 説をめぐって——」『古代地中海世界——古代ギリシア・ローマ史論集——』清水弘文堂、一九九三年、一七一—一八六頁、荻原「不当取得返還請求の罪の成立について――紀元前一四九年以前の対応と処理をめぐって――」『上智史学』三九、一九九三年、一一九―一三八頁参照。

(6) J. N. Madvig, De tribunis aerariis disputatio, Hauniae 1838 (= in: Madvig, *Opuscula academica altera,* Hauniae 1842, 242- 263).

(7) Varr. *Ling*. 5. 181: Tributum dictum a tribubus, quod ea pecunia, quae populo imperata erat, tributim a singulis pro portione census exigebatur. Ab hoc ea quae assignata erat attributum dictum; ab eo quoque quibus attributa erat pecunia, ut militi reddant, tribuni aerarii dicti; id quod attributum erat, aes militare; hoc est quod ait Plautus:

Cedit miles, aes petit.

Et hinc dicuntur milites aerarii ab aere, quod stipendia facerent.

(8) ちなみに、ここで引用されているプラウトゥスの作品は、『黄金の壺』五二六行(*Aulularia* 526)。

(9) マヅヴィは、フェストゥスが〈primanus tribunus〉の項で記す内容も(Fest. 268-269L)、トリブニ・アエラリィに関するものではないかと推定している。Madvig, *op. cit.,* 260-261. また、リントットは、トリブニと名のつく役職がすべてなんらかの形でトリブスと結びついていた可能性を示唆する。A. Lintott, *The Constitution of the Roman Republic,* Oxford 1999, 53.

(10) Cl. Nicolet, *Tributum. Recherches sur la fiscalité directe sous la république romaine,* Bonn 1976 [= Nicolet, *Tributum*], 46-55.

(11) たとえば、E. v. Herzog, *Geschichte und System der römischen Staatsverfassung* I-2, Leipzig 1884 (Aalen 1965), 1025.

(12) ちなみにモムゼンは、トリブニ・アエラリィを「トリブス責任者」(Tribusvorsteher)とする理解に立ち、帝政期の碑文に現れる「トリブス責任者」(curatores tribuum)に関する知見をもとに、さらに詳しいトリブニ・アエラリィ像を描き出している。Th. Mommsen, *Römisches Staatsrecht* [= Mommsen, *StR*] III, 3rd ed., Leipzig 1887-1888 (Graz 1969), 189-196. このようなモムゼン説への支持は、L. R. Taylor, *The Voting Districts of the Roman Republic. The Thirty-five Urban and Rural Tribes,* Roma 1960 [= Taylor, *Voting Districts*], 8 n. 16; H. Galsterer, *Herrschaft und Verwaltung im republikanischen Italien, Die Beziehungen Roms zu den italischen Gemeinden vom Latinerfrieden 338 v. Chr. bis zum Bundesgenossenkrieg 91 v. Chr.*, München 1976 [= Galsterer, *Herrschaft und Verwaltung*], 26. 批判は、J. Lengle, *RE* VIa-2, Stutt-

gart 1937, s.v. Tribunus aerarius など。

（13）Nicolet, *Tributum*, 1-5; 46-47.

（14）Madvig, *op. cit.*, 261.

（15）A. W. Zumpt, *Das Kriminalrecht der römischen Republik* II-2, Berlin 1869 (Aalen 1993) 193-194; L. Lange, *Römische Alterthümer* I, 3rd ed., Berlin 1876 (Hildesheim/New York 1974), 432-433; T. R. Holmes, *The Roman Republic and the Founder of the Empire* I, New York 1923 (1967), 391-395; Lengle, *RE*, 2434-2435; A. H. M. Jones, *The Criminal Courts of the Roman Republic and Principate*, Oxford 1972, 86-90; H. H. Scullard, *From the Gracchi to Nero. A History of Rome from 133 B.C. to A.D. 68*, 4th ed., London 1976 (1979), 98 n. 11 (423) など。また、E・マイヤー／鈴木一州訳『ローマ人の国家と国家思想』岩波書店、一九七八年、二六三頁は、Lengle, *RE* に従う。

（16）Taylor, *Voting Assemblies*, 70; Taylor, *Voting Districts*, 293.

（17）P. Treves, *OCD*^{2}, s.v. tribuni aerarii.

（18）H. Galsterer, The Administration of Justice, in: *CAH*^{2} X, Cambridge 1996, 400 n. 8.

（19）騎士に関するわが国の研究としては、長谷川博隆「キケロ時代の騎士身分——土地所有について——」『古代ローマの政治と社会』(初出は一九五八年)、一三四—一四〇頁、井上智勇「Equites Romani 研究序説」『研究紀要』〈京都大学・文〉八、一九六三年、一—七四頁参照。

（20）M. I. Henderson, The Establishment of the *equester ordo*, *JRS* 53, 1963, 63-64; T. P. Wiseman, The Definition of 'eques Romanus' in the Late Republic and Early Empire, *Historia* 19, 1970, 79-81; P. A. Brunt, The equites in the Late Republic, in: Brunt, *The Fall of the Roman Republic and Related Essays*, Oxford 1988, 145-146; Brunt, Judiciary Rights in the Republic [= Brunt, *Judiciary Rights*], in: Brunt, *Fall of the Roman Republic*, 210-211. また、註で簡単にふれる程度であるが、A. Stein, *Der römische Ritterstand. Ein Beitrag zur Sozial- und Personengeschichte der römischen Reiches*, München 1927 (1963), 48 n. 2 も、この見解を支持している。

（21）Mommsen, *StR* III^3, 192-193; 532-533. ただしモムゼンは、古い時代のトリブニ・アエラリィと前七〇年以降のトリブニ・アエラリィとの関連を、全く別個の存在と捉えているわけではない。Mommsen, *StR* III^3, 191.

（22）A. Lintott, Political History, 146-95 B.C., in: *CAH*^{2} IX, Cambridge 1994, 46; 90; R. Seager, The Rise of Pompey, in:

*CAH*² IX, 225; E. Rawson, Caesar: Civil War and Dictatorship, in: *CAH*² IX, 458; D. Cloud, The Constitution and Public Criminal Law, in: *CAH*² IX, 509.

(23) E. Badian, *OCD*³, s.v. tribuni aerarii.

(24) J. L. Strachan-Davidson, *Problems of the Roman Criminal Law* II, Oxford 1912 (1991), 89-95.

(25) H. Last, The First Consulship of Pompey and Crassus, in: *CAH* IX, Cambridge 1932, 338-340.

(26) H. Hill, *The Roman Middle Class in the Republican Period*, Oxford 1952, 154-156; 212-214.

(27) Nicolet, *Tributum,* 46-55. ここでのニコレは、トリブニ・アエラリィの具体像として、「騎士ケントゥリアに属し官給馬を保持する者」+「第一等級所属者(=平民)」を想定している(51-53)。ところが、それ以前に出された、Cl. Nicolet, *L'ordre équestre à l'époque rêpublicaine (312-43 av. J.-C.)* [= Nicolet, *Ordre équestre*] I, Paris 1974, 598-610では、特定の財産資格(三〇万セステルティウスあるいは四〇万セステルティウス)を満たすが、騎士ケントゥリアには属さない人々=「平民」という側面を強調しており、両見解は明らかに矛盾している。

(28) H. Bruhns, Ein politischer Kompromiß im Jahr 70 v. Chr.: die *lex Aurelia iudiciaria, Chiron* 10, 1980, 263-272.

(29) J・ブライケン/村上淳一・石井紫郎訳『ローマの共和政』山川出版社、一九八四年、七五頁、一九七頁、J. Bleicken, *Cicero und die Ritter*, Göttingen 1995 [= Bleicken, *Cicero und Ritter*], 36-39.

(30) Strachan-Davidson, *op. cit.,* 93-95; Nicolet, *Ordre équestre,* 598-602; Nicolet, *Tributum,* 50-51.

(31) 元老院議員と騎士以外の「身分」に関しては、B. Cohen, Some Neglected *ordines*: the Apparitorial Status-Groups, in: Cl. Nicolet (ed.), *Des ordres à Rome,* Paris 1984, 23-60参照。コーエンも、閑職にもかかわらずトリブニ・アエラリィが存在し続けた可能性を示唆する。Cohen, *op. cit.*, 59 n. 166.

(32) Fest. 47L: Centumviralia iudicia a centumviris sunt dicta. Nam cum essent Romae triginta et quinque tribus, quae et curiae sunt dictae, terni ex singulis tribubus sunt electi ad iudicandum, qui centumviri appellati sunt: et, licet quinque amplius quam centum fuerint; tamen, quo facilius nominarentur, centumviri sunt dicti.

(33) J. M. Kelly, *Studies in the Civil Judicature of the Roman Republic,* Oxford 1976, 5-6. 起源をめぐる諸説についてはほかに、M. Kaser/K. Hackl, *Das römische Zivilprozeßrecht,* 2nd ed., München 1996, 52 n. 3参照。

(34) M. Wlassak, *RE* III, Stuttgart 1899, s.v. Centumviri.

(35) ただし、クンケルによればウラッサクによるモムゼンの利用の仕方は非常に恣意的であり、モムゼンの見解自体は微妙に変化しているという。W. Kunkel, *Untersuchungen zur Entwicklung des römischen Kriminalverfahrens in vorsullanischer Zeit*, München 1962, 116 n. 424.

(36) 船田享二『ローマ法』第五巻、岩波書店、一九七二年、四九―五三頁、真田芳憲「共和政末期における弁論術 Rhetorica と法学の解釈方法」『法学新報』七四-二・三、一九六七年、一五二―一五六頁、柴田前掲書、三七四頁。ただし、西村重雄「ローマにおける centumviri について――ローマ初期民事裁判のあり方をめぐって――」服藤弘司・小山貞夫編『法と権力の史的考察――世良教授還暦記念 上――』創文社、一九七七年、三―四五頁は、ウラッサク説を批判し古い起源を支持している。

(37) O. Behrends, *Die römische Geschworenenverfassung. Ein Rekonstruktionsversuch*, Göttingen 1970, 103-109.　ちなみに、テイラーはその起源を、「確実に前二四一年以降、おそらくは前二世紀」と表現する。Taylor, *Voting Districts*, 15.

(38) F. La Rosa,《decemviri》e《centumviri》, *Labeo* 4, 1958, 14-54.

(39) Kunkel, *op. cit.*, 115-119.

(40) Kelly, *op. cit.*, 5-8.

(41) 最近の法制史関連の概説書で見れば、ヴィアカーは決定的な判断を避けながらも、どちらかといえば前二世紀半ばを想定する。F. Wieacker, *Römische Rechtsgeschichte. Quellenkunde, Rechtsbildung, Jurisprudenz und Rechtsliteratur* I, München 1988, 435 n. 30.　また、カーザー／ハックルの概説書は、法廷そのものの起源は古いとするが、フェストゥスが述べるような構成については、非元老院議員にも審判人が開放された前一二二年以降を考えている。Kaser/Hackl, *op. cit.*, 52-53.

(42) Kunkel, *op. cit.*, 118-119.

(43) Kelly, *op. cit.*, 8-17.

(44) *ibid.*, 17-26.　なおケリーは、百人裁判所のこのような性格からして、その審判人がトリブスごとではなく、クリアごとに選出されていた可能性も示唆している。

(45) クンケルは、百人裁判所、すなわち複数の審判人による判決という陪審法廷が導入された背景には、国家権力が未成熟な段階で、多くの氏族を判決にかかわらせることにより敗訴した側が復讐に訴えるのを防止する意図があったとする。Kunkel, *op. cit.*, 119.

(46) Ascon. 79C: M. Plautius Silvanus tribunus plebis Cn. Pompeio Strabone L. Porcio Catone coss., secundo anno belli Italici cum equester ordo in iudiciis dominaretur, legem tulit adiuvantibus nobilibus; quae lex vim eam habuit quam Cicero significat: nam ex ea lege tribus singulae ex suo numero quinos denos suffragio creabant qui eo anno iudicarent. Ex eo factum est ut senatores quoque in eo numero essent, et quidam etiam ex ipsa plebe.

(47) ちなみに、アスコニウスが記す審判人の構成は、査問所全般に適用されたわけではなく、大逆罪に関するこのウァリウス法廷にのみ適用されたようである。Jones, *op. cit.*, 56.

(48) Kunkel, *op. cit.*, 116-117.

(49) クンケルがこのような見解を採る背景には、すでに前二世紀においてトリブスが、「緊密な紐帯としての性格」を失い単なる市民身分の表示方法にすぎなくなりつつあったという判断があるが(Kunkel, *op. cit.*, 116)、本章はそのような解釈を採らない。Kaser/Hackl, *op. cit.*, 53 n. 12も、百人裁判所とプラウティウス法、どちらがどちらに影響を与えたのかは決定しえないとする。

(50) テイラーのプロソポグラフィによれば、所属トリブス名の知られる元老院議員の数は、都市トリブスのうちのエスクイリナ区がゼロ、スブラナ区が一人(?)であった。Taylor, *Voting Districts*, 270-276. また、騎士に関するニコレのプロソポグラフィによれば、これら両トリブスに属する騎士の名は知られていない。Nicolet, *Ordre équestre* II, 1094-1097. このようなトリブスでは、「平民出身者」が選出されたのであろうか(詳しくは、本書第七章の表1参照)。

(51) Taylor, *Voting Districts*, 15 n. 39.

(52) ヒルによれば、Cic. *Verr.* 1. 38は、スッラによりこのプラウティウス法が廃止されたことへの言及であるという。Hill, *op. cit.*, 138 n. 2.

(53) E. Gabba, Il Ceto equestre e il Senato di Silla, *Athenaeum* 34, 1956, 124-138 (= The Equestrian Class and Sulla's Senate, in: Gabba, *Republican Rome*, 142-150; 256-259 [= Gabba, *Sulla's Senate*]); Gabba (ed.), *Appiani Bellorum Civilium Liber Primus*, 2nd ed., Firenze 1967, 343-345.

(54) 詳しくは、長谷川博隆「土地法における家畜の問題」『古代ローマの自由と隷属』名古屋大学出版会、二〇〇一年(初出は一九六九年)、二二一―二二三頁参照。

(55) Mommsen, *StR* III^3, 189 n. 2.

(56) 以上、Gabba, *Sulla's Senate*, 144-145.　ちなみにモムゼンは、三五(トリブス)×八(名)=二八〇(名)を想定している。

(57) Taylor, *Voting Districts*, 292-293.

(58) 長谷川博隆「内乱の一世紀」『古代ローマの政治と社会』(初出は一九六九年)、一二四—一二五頁。

(59) Th. Hantos, *Res publica constituta. Die Verfassung des Dictators Sulla*, Stuttgart 1988, 47-48.

(60) A. Keaveney, *Sulla. The Last Republican*, London/Sydney 1982, 174-175.

(61) R. Seager, Sulla, in: *CAH*² IX, 200-201.

(62) たとえば、R. Seager, *Pompey. A Political Biography*, Oxford 1979, 129; B. A. Marshall, *A Historical Commentary on Asconius*, Columbia 1985, 116.

(63) Cic. *Phil.* 1. 20: Quid? Isti ordini iudicatus lege Iulia, etiam ante Pompeia, Aurelia non patebat? "Census praefiniebatur," inquit. Non centurioni quidem solum sed equiti etiam Romano; itaque viri fortissimi atque honestissimi qui ordines duxerunt res et iudicant et iudicaverunt.　訳文については、D. R. Shackleton Bailey (ed. and trans.), *Cicero, Philippics*, Chapel Hill/London 1986 も参照。

(64) 前掲註(15)の諸文献参照。

(65) 可能性として考えられているのは、カエサルがトリブニ・アエラリィの審判人団を単純に廃止したのではなく、その名称を騎士に変更して第三審判人団そのものは残したか(Henderson, *op. cit.*, 64-65; Wiseman, *op. cit.*, 81; Nicolet, *Ordre équestre*, 607; Rawson, *op. cit.*, 458)、あるいは、後にアントニウスがなんらかの形で第三の審判人団を復活したかである(Cloud, *op. cit.*, 527 n. 187; Galsterer, *Herrschaft und Verwaltung*, 400)。

(66) Hill, *op. cit.*, 213; Bleicken, *Cicero und Ritter*, 13 n. 14.

(67) J. W. Crawford, *M. Tullius Cicero, The Fragmentary Speeches. An Edition with Commentary*, 2nd ed., Atlanta 1994, 261.

(68) Henderson, *op. cit.*, 63.

(69) E. Badian, Marius' Villas: The Testimony of the Slave and the Knave, *JRS* 63, 1973, 126-127.

(70) 詳しくは、R. Y. Tyrrell/L. C. Purser, *The Correspondence of M. Tullius Cicero* I, 3rd ed., Dublin/London 1904 (Hildesheim 1969), 210-211 参照。

(71) D. R. Shackleton Bailey (ed.), *Cicero's Letters to Atticus* I, Cambridge 1965, 315.

(72) 以下の本章註(86)も参照。

(73) ちなみに、Cic. *Rab. Perd.* 27では、「ローマ騎士」「トリブニ・アエラリィ」「他のすべての身分(ordo)に属する人々」の順で列挙がなされている。またトリブニ・アエラリィへの言及はないが、Cic. *Dom.* 73-75では、「元老院議員」「騎士身分」「徴税請負人のすべての組合」「書記」「都市大衆」が挙げられている。

(74) Zumpt, *op. cit.*, 196-197; Lengle, *RE*, 2434; Holmes, *op. cit.*, 394-395.

(75) 前掲註(20)の諸文献参照。

(76) アウレリウス法のもとで名簿に掲載された審判人の数に関しては、元老院身分が三〇〇名だったのは確かだが(Cic. *Fam.* 8. 8. 5)、それ以外の身分や全体の数については伝えられていない。そこで、三身分が等しい数の審判人を提供したとして、全体では九〇〇名とするのが一般的である。Mommsen, *StR* III³, 533; W. Kunkel, Quaestio, in: Kunkel, *Kleine Schriften. Zum römischen Strafverfahren und zur römischen Verfassungsgeschichte*, Weimar 1974 [= Kunkel, *Quaestio*], 71; Brunt, *Judiciary Rights*, 232; Jones, *op. cit.*, 60. しかしながら、ニコレやブライケンは、騎士とトリブニ・アエラリィが合わせて一〇〇〇名(一二五名×八常設査問所)、全体では一三〇〇名と推定している。Nicolet, *Ordre équestre*, 611-613; Bleicken, *Cicero und Ritter*, 42-43.

(77) もっとも、一八騎士ケントゥリアの実態に関しては不明な点が多く、定員がはたして一八〇〇名のままであったのかどうかも確実ではない。たとえばヘンダーソンは、騎士ケントゥリアの定員が一八〇〇名を越えていたことを強調。Henderson, *op. cit.*, 61-62. また、最新のブライケンの研究は、C・グラックスの法以降は騎士ケンススを満たす広義の騎士がすべて騎士ケントゥリアに属し、公有馬を所持するのは彼らのうちの一部(若者)であったとする。Bleicken, *Cicero und Ritter*, 54-57.

(78) ワイズマンによれば、トリブニ・アエラリィは栄誉ある称号だったので採用されたという。Wiseman, *op. cit.*, 80.

(79) Dio 43. 25. 1-2: *τά τε γὰρ δικαστήρια τοῖς τε βουλευταῖς καὶ τοῖς ἱππεῦσι μόνοις ἐπέτρεψεν, ὅπως τὸ καθαρώτατον ὅτι μάλιστα ἀεὶ δικάζοι· πρότερον γὰρ καὶ ἐκ τοῦ ὁμίλου τινὲς συνδιεγίγνωσκον αὐτοῖς*.

(80) Strachan-Davidson, *op. cit.*, 91-93; Bruhns, *op. cit.*, 270; Bleicken, *Cicero und Ritter*, 12-13. ちなみにヒルも、四〇万セステルティウスとする論者であるかのように引用されることもあるが(Nicolet, *Ordre équestre*, 598)、しかし厳密にいうと

ヒルの見解は、トリブニ・アエラリィに求められたのはおそらく四〇万セステルティウスより低い財産資格であり(二〇万セステルティウス?)、彼らのうち騎士の財産資格を満たす者が審判人を務めたとするものである。Hill, *op. cit.*, 214.

(81) Last, *op. cit.*, 339 は、三〇万セステルティウスを示唆する。

(82) Bruhns, *op. cit.*, 267-270.

(83) Bleicken, *Cicero und Ritter*, 38.

(84) Hill, *op. cit.*, 155-156.

(85) Strachan-Davidson, *op. cit.*, 94-95.

(86) 現役のトリブニ・アエラリィだけではなく、かつて審判人名簿にトリブニ・アエラリィとして登録されたことがある人物という意味で、「かくも多くのトリブニ・アエラリィ」(Cic. *Planc.* 21)といった事態が生ずることも可能であろう。もちろん、これがキケロの単なるレトリックにすぎない可能性は高いが。

(87) Hill, *op. cit.*, 214; Henderson, *op. cit.*, 70; Wiseman, *op. cit.*, 80 n. 69.

(88) なお、Nicolet, *Ordre équestre*, 601-602 が挙げる Ps.-Ascon. 233St = 167Or については、トリブニ・アエラリィの存続を実証するだけの史料価値はないと判断したい。

(89) ただしジョーンズは、Plin. *HN*. 33. 31 をもとに、アウグストゥスがトリブニ・アエラリィを復活させ、その結果、大プリニウス時代までトリブニ・アエラリィが審判人であり続けた可能性を示唆している。Jones, *op. cit.*, 89.

(90) Nicolet, *Ordre équestre*, 608-610. また、B. Kühnert, Zur sozialen Mobilität in der späten römischen Republik: *plebs* und *ordo equester*, *Klio* 72, 1990, 147-149 も、ニコレ同様に、トリブニ・アエラリィを平民上層であり厳密には騎士ではないとする。

(91) Bleicken, *Cicero und Ritter*, 38.

(92) キケロは『プランキウス弁護演説』(Cic. *Planc.* 21)において、一見したところ、平民が審判人から排除されていたかのような記述を残しているが、これは、裁判の支援に駆けつけた騎士やトリブニ・アエラリィとの対比で、裁判(傍聴?)からの排除が述べられているにすぎないと捉えたい。そもそも前七〇年のアウレリウス法以前においてさえ、審判人として平民が登録されたことなどなかったのであるから、もしこれが審判人にかかわる件であるのなら、「選挙民会にはすべてが参加していた平民をわれわれは法廷から遠ざけた」と、ここでわざわざ強調する必要性はなかったはずである。

(93) 当の資格額に関しては、結局のところ不明のままだが、三〇万説の唱える三〇万セステルティウスより、スエトニウスが伝え、史料上残された確実な数字である二〇万セステルティウスの可能性の方が高いのではないか。

(94) Cohen, *op. cit.*, 54-59. cf. N. Purcell, The *apparitores*: A Study in Social Mobility, *PBSR* 51, 1983, 136-137.

(95) Jones, *op. cit.*, 69-70. 具体例としては、本章の付論参照。なお、買収をできるだけ防止するために審判人の選出が証人尋問後になったのは、前五二年のポンペイウス法によってであった。Jones, *op. cit.*, 70.

(96) より詳しくは、M. C. Alexander, *Trials in the Late Roman Republic 149 BC to 50 BC*, Toronto/Buffalo/London 1990 参照。

(97) Th. Mommsen, *Römisches Strafrecht*, Leipzig 1899 (Graz 1955), 445 n. 5; G. Rotondi, *Leges publicae populi romani*, Milano 1912 (Hildesheim/Zürich/New York 1990), 399 は、ディオの伝えるフフィウス法の内容を受け入れる。

(98) Taylor, *Voting Districts*, 292-294; Taylor, *Voting Assemblies*, 69-70. また、Kunkel, *Quaestio*, 72 も同様の解釈か。

(99) たとえば、安井萠「共和政ローマの「ノビリタス支配」――その実体理解のための一試論――」『史学雑誌』一〇五-六、一九九六年、五四頁。

(100) Taylor, *Voting Districts*, 116-117.

(101) 拙稿「共和政期ローマの社会・政治構造をめぐる最近の論争について――ミラーの問題提起(一九八四年)以降を中心に――」『史学雑誌』一〇六-八、一九九七年、八〇―八一頁。

第六章　都市トリブス再考

――「トリブスから移す」とは何か――

はじめに

古代ローマにおける市民団の下位区分であるトリブスは全体で三五からなっていたが、一般的な理解によれば、これら三五トリブスは、そこに登録された市民の質という点からして互いに平等で均質な単位をなしていたわけではなかった。すなわち、そのうちローマの市域に対応する四つが「都市トリブス」(tribus urbana)と呼ばれ、四都市トリブスは他の三一「農村トリブス」(tribus rustica)と少なからずその性格を異にしていたと考えられてきたのである。スブラナ区、エスクイリナ区、コッリナ区そしてパラティナ区からなる四都市トリブスの位置関係をまずは確認しておくならば、図3のようになる。ただしここで掲げた図は、あくまでも便宜的な目安としてP・パロンビの近著から借用したものにすぎず[(1)]、互いの境界線(スブラ、カピトリウム丘、フォルムの所属)や外延(アウェンティヌス丘の所属、ポメリウムとの関連)など細かな点となると、古くから見解の対立が見られる[(2)]。

このように正確な範囲は不明ながらも、空間的にはほぼローマの市域に対応していた都市トリブスがいったいどのような特質を持っていたのかとなると、そこには通説と呼びうるほどの共通理解がすでに存在する。それを最も簡潔にかつ要領よく記しているのは、『オックスフォード古典学事典』(第三版)で〈トリブス〉の項目を担当したA・モミリアーノ/T・コーネルの記述であろう[(3)]。それによれば、他の農村トリブスに比べて、「社会的には劣格で政治的には不利な」(socially inferior and politically disadvantaged)と見なされていたトリブス、それが都市トリブスであったという。この通説的理解の論拠とされてきたものを私なりに整理するならば、以下の四点となる[(4)]。(i)前三〇四年以降、解放奴隷がそこに登録されたこと、(ii)監察官の「譴責」(nota censoria)のひとつとして「都市トリブスへの移動」=転

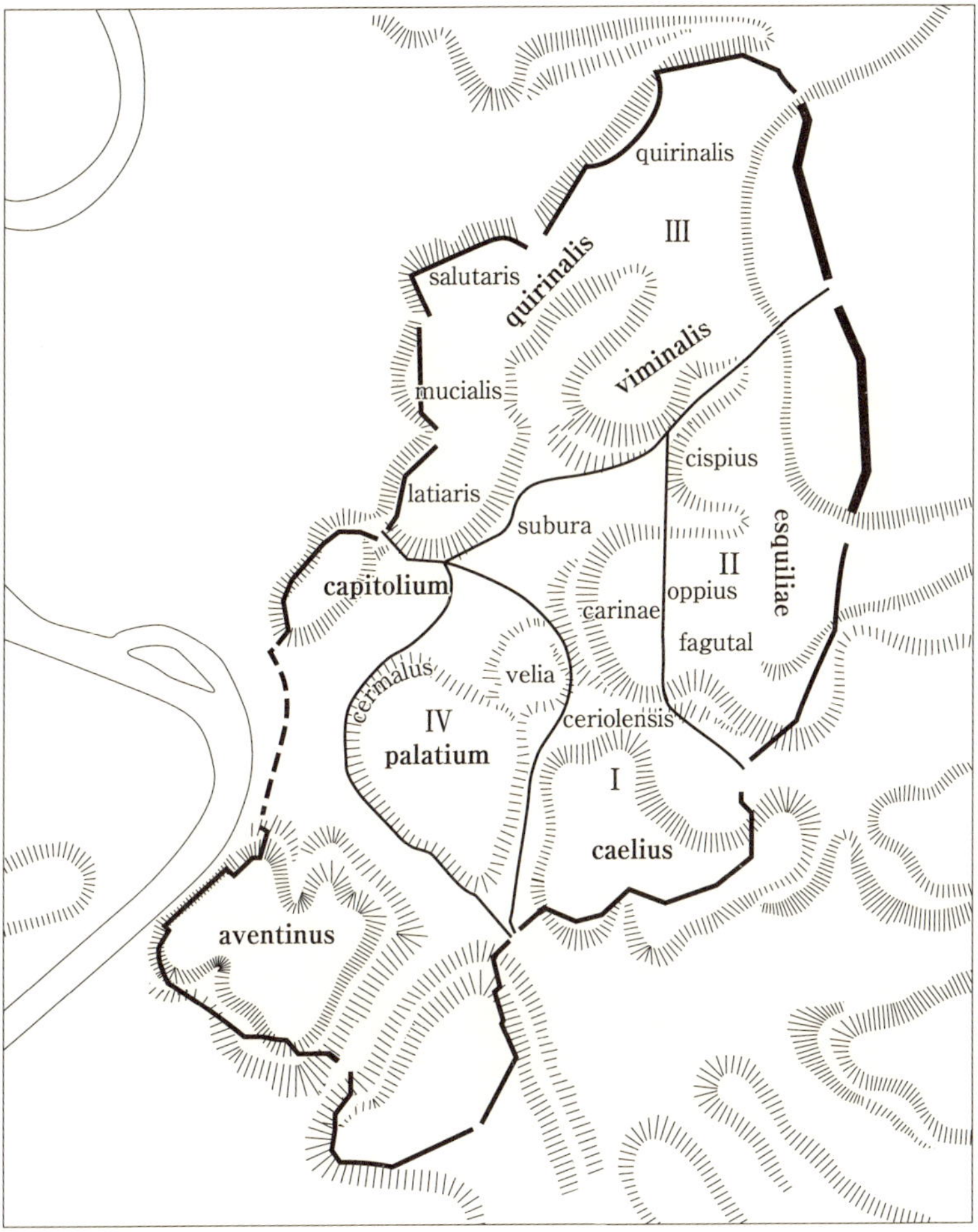

I スブラナ区　II エスクイリナ区　III コッリナ区　IV パラティナ区

図3　都市トリブスの配置

D. Palombi, *Tra Palatino ed Esquilino: Velia, Carinae, Fagutal. Storia urbana di tre quartieri di Roma antica*, Roma 1997, Fig. 23 より。

籍という手段があったこと、(iii)役者がそこに登録されていたこと、(iv)非嫡出子がそこに登録されていたことである。要するに、トリブスの中にはローマ市民団のうちの劣位・劣格な者たちがまとめて押し込められた類のトリブスが存在し、それがほかならぬ都市トリブスであったと通説は捉えてきたのである。(5)

ところが、通説の根拠となっている史料に目を向けるならば、関連史料は極めて乏しく、その乏しい史料状況にあって、先の四つの論拠が相互に支え合いながら、全体として前記トリブス像を築き上げていることが明らかとなる。その中でも比較的史料状況に恵まれているのは、(ii)の「都市トリブスへの移動」であるが、この「都市トリブスへの移動」は先の論拠においてとりわけ枢要な位置を占めている。というのも、その先後関係がどうであれ、このように監察官による譴責という形である種のスティグマを帯びた者たちがそこに登録された以上、つまりそこへの登録がなんらかの処罰性を伴っていた以上、都市トリブスは社会的には劣格で政治的には不利なトリブスであったに違いないとされ、逆に、そのようなトリブスであれば、解放奴隷や役者そして非嫡出子など社会的に劣格な者たちがそこに登録されたのも当然、と理解されてきたように思われるからである。

しかしながら詳しくは後述するように、「都市トリブスへの移動」とされているラテン語の原語は tribu movere であり、直訳としては「トリブスから排除する」あるいは「トリブスから移す」としかならないこの語は、そのままでは必ずしも「都市トリブスへの移動」を意味しない。そこでもし、監察官の譴責のひとつとして「都市トリブスへの移動」という手段が存在したという点が否定されるようなことがあれば、劣格者の登録をその核心とする都市トリブスの性格づけそのものに関しても再考の必要性が生ずるといえよう。このような見通しのもと本章では、関連史料の網羅的な検討から、「トリブスから移す」がいったい何を意味したのかについて考察することにしたい。

一　研究史の概観

「トリブスから移す」はあまり馴染みのないテーマであるだけに、まずは前二一四年のことを伝える一史料の引用から始めよう。

まず手始めに監察官たちは、カンナエの戦いの後、国家を見捨てたといわれていた人々を呼び出した。首謀者は、当時たまたま財務官をしていたM・カエキリウス・メテッルスであった。それから彼および彼と同罪の者たちが弁明するよう命じられたにもかかわらず身の潔白を示すことができなかったので、監察官は、イタリアを見捨てるための陰謀密約をなすために彼らが反国家的な会話を交わしたと判決を下した。彼らに続いて、捕虜であった者のうち、〔ローマに帰る〕途中こっそりとハンニバルの陣営へとたち帰り、それによって帰るであろうという誓約が果たされたと考えていた者たちが呼び出された。誓約の遂行をあまりにもずる賢く解釈したという理由からである。これらの者および先に言及した者から、彼らが公有馬を持っていた場合にはそれが取り上げられ、彼らはすべてトリブスから移されアエラリウスとされた。そしてまた、監察官の関心は、元老院あるいは騎士身分の統制でとどまらなかった。彼らは、青年組のリストの中から、正式の軍務免除を受けておらず、また病気がその理由でもないのに四年間軍務につかなかったすべての青年の名前を抽出した。そして二〇〇〇を越えるそれらの名前がアエラリウスとされ、彼らはすべてトリブスから移された。(6)

ここに見られるように、「トリブスから移す」という措置は、「風紀取締り」(regimen morum)をその重要な任務としていた監察官による「譴責」(nota censoria)のひとつとして現れる。監察官は、軍務不履行その他の理由から、市民としてあるいは統治階級としてふさわしくないと判断した人物に対して、譴責という形で制裁を加えることができたのであった。ただし、譴責とはいっても、必ずしも言葉による戒めにとどまったわけではない。たとえば、元老院議員にとっては「元老院からの追放」が、また騎士にとっては「公有馬の剝奪」という実質的な処罰が伴っていた。そして、これらの譴責とともに、ときには一般市民へもその範囲を拡大しながら、「トリブスから移す」および「アエラリウスとする」「アエラリウスに留め置く」(aerarium facere; in aerarios referre; inter aerarios referre; aerarios relinquere)といった二つの譴責が現れるのである。このうち「トリブスから移す」の具体的な内容としては、それを「都市トリブスへの移動」と解するのが現代の通説となっているが、次に研究史をごく簡単に辿りながら、この種の通説が形作られるにいたった経緯を確認しておこう。

「トリブスから移す」についての通説形成にあたって大きな役割を演じているのは、かつての有力説であったTh・モムゼン説を批判し、それを修正のうえ引き継いだPl・フラッカーロの見解である。まずモムゼンの説明によれば、「トリブスから移され、アエラリウスとされる」とは、一時的に(次回の戸口調査まで)全トリブスから排除され、それゆえ一時的に投票権も剝奪されて、非土地所有者同様に戦時特別税(tributum)を支払うのみの地位である「アエラリウス」に落とされることを意味していた。それに対して、トリブスへの所属を認められた完全市民＝一定額以上の土地所有者を表す言葉が、「トリブリス」(tribulis)であったという。つまり、トリブスへの所属の有無という点で「トリブリス」と「アエラリウス」とは対をなす概念であり、「トリブスから移され、アエラリウスとされる」とは、監察官の譴責による前者から後者への変更を意味したと捉えたのである。(7)

このようなモムゼン説に対してフラッカーロは、そもそも、「トリブスから移す」と「アエラリウスとする」とは別個の措置であり、アエラリウスやトリブリスはモムゼンが想定したような意味内容を持ってはいないとする。フラッカーロによれば、アエラリウスとはトリブス所属云々とはかかわりなく、通常より高額の戦時特別税を課された市民を意味し[8]、他方、トリブリスはモムゼンが想定したようなテクニカル・タームなどではなく、単に同一のトリブスに所属する成員を指す、いわば「トリブスのお仲間」といった意味合いにすぎなかったという[9]。つまり、「アエラリウスとする」という譴責は、トリブス所属云々とはかかわりなく、高額の戦時特別税を支払う身分への転落を意味したと捉えた。

フラッカーロはこのように、「アエラリウスとする」に関してモムゼンと別様の解釈を施しながらも、「トリブスから移す」に関しては、モムゼン説をほぼ踏襲している。フラッカーロによると、「トリブスから移す」とされた者は当初、「投票権なき市民」を意味する「カエレ人の表」(Tabulae Caeritum)へと登録されたのであり、彼らはそれにより戦時特別税支払いの義務を負うのみの存在と化した。他方、前三〇四年以降においては、都市大衆がすべて都市トリブスへと登録され都市トリブスが政治的な重要性を減じたのに伴い、監察官は農村トリブスにふさわしくないと判断した者を都市トリブスへと移すことになったという[10]。つまり「トリブスから移す」の内容として、前三〇四年を転機にした、「カエレ人の表」への登録＝「全トリブスからの排除」→「都市トリブスへの移動」＝転籍という変化が想定されているのである。フラッカーロ論文は、一九三三年に出された非常に古い研究であるものの、現在の諸研究も基本的にはこのフラッカーロの見解を引き継いでいるといってよいだろう[11]。

ただし、フラッカーロ説に対する一部修正は見られる。たとえばCl・ニコレの研究がそれであり、フラッカーロ説との相違は、「トリブスから移す」が一時期「カエレ人の表への登録」と同じ意味を持っていたかどうかにある。ピエリによれば、両者が同一であったことを示す直接的な証拠はなく、「トリブスから移す」が当初、全トリブスからの排除＝投票権の剝奪を意味していたとは考えにくいという。つまり、ピエリは、前三〇四年以降に初めて「トリブスから移す」という譴責手段が採用されたのであり、それは当初から「都市トリブスへの移動」を意味したと捉えるのである。[13] 最近、監察官と戸口調査に関する研究を精力的に進めてきたA・E・アスティンの見解も、これに近いのではないか。[14] 一方、都市トリブスに関するL・R・テイラーの研究により、四都市トリブスの中でも、コッリナ区やパラティナ区には元老院議員や騎士などの有力家系が属するのに対して、エスクイリナ区やスブラナ区にはその種の家系がほとんど姿を現さないことが明らかとされている。[15] そこでこのような研究成果をもとに、テイラー[16]やA・リントット[17]は、「トリブスから移す」が四つの都市トリブスのうちのいずれかへの移動を意味したのではなく、それらの中でもより劣格であった二トリブス、すなわちエスクイリナ区およびスブラナ区への移動を意味したのではないかとしてフラッカーロ説を修正している。

以上いずれの説を採るにせよ、少なくとも前三〇四年以降、「トリブスから移す」と呼ばれる監察官の譴責が「都市トリブスへの移動」＝転籍を意味したという点では一般的な合意が形成されているといえよう。[18] つまりこの年、監察官のQ・ファビウス・ルッリアヌスとP・デキウス・ムスとによって、解放奴隷が都市トリブスにのみ登録されることになったが、その結果、都市トリブスは劣格性を帯び、同時にそこへの転籍も一種の処罰性を帯びたのではないかとされてきたのである。前三〇四年における解放奴隷の都市トリブス登録はひとまずよいとして、[19] これ以降、「トリブスから移す」も「都市トリブスへの移動」を意味したと考えてよいのかどうか、本章で問題としたいのはまさにこの点である。

二　「トリブスから移す」と「アエラリウスとする」

まず文法的にいって、tribu movere は、奪格で示されたトリブスから対格で示される誰かを排除することを意味し[20]、それゆえ直訳としては、「(誰かを)トリブスから排除する」あるいは「(誰かを)トリブスから移す」となる。つまりそこから直接的に「トリブスを移す」という訳、ましてや「都市トリブスへの移動」といった意味が生じてくるわけではないのである[21]。単数形で書かれたこの場合のトリブスについては[22]、トリブス全体というより各自が属した個々のトリブスと解するのがより自然といえようが、ただし、「元老院から移す」(senatu movere)が「元老院からの追放」を意味したこととの類比でいえば(Liv. 39. 42. 5; 39. 52. 2; 42. 10. 4; 45. 15. 8; *Per.* 14; 18; 62; 98; Cic. *Clu.* 122; Sall. *Cat.* 23. 1)、モムゼンが唱えたような「全トリブスからの排除」といった可能性も捨てきれない。

このように語義的には「トリブスから移す」としかならないにもかかわらず、これまでの通説は、なぜそれが「都市トリブスへの移動」を意味すると捉えてきたのであろうか。管見によれば、モムゼン[23]以来そのような通説の論拠とされてきたのは、以下の三つの史料である[24]。これらはまた、都市トリブスの性格づけにかかわる重要な史料ともなっている。

史料-①　リウィウス(前一六八年)

以下の者を除いて、解放奴隷は四つの都市トリブスに登録されていた。すなわち五歳以上になる実子を持つ者——このような者は、直前に戸口調査を受けたところで戸口調査を受けるよう監察官は命じた——そして、三万セステルティウス以上の土地あるいは農地を所有する者、〔……(欠損)……〕、戸口調査を受ける権利が与えられていた。このことがこのように維持されていたので、クラウディウスは、次のように主張した。監察官は人民の命令もなしにいかなる市民からも投票権を奪うことはできない。まして〔解放奴隷といった〕一身分全体からはそうである。というのも、もしもトリブスから移すことができたとしても、それはトリブスを変更するよう命ずることにほかならず、それゆえ三五全トリブスから〔彼を〕排除できるということではない。これ〔全トリブスからの排除〕は市民権と自由とを剝奪することであり、戸口調査を受けるべき場所を決定するのではなく戸口調査から排除することを意味しているのだと。[25]

史料-② ハリカルナッソスのディオニュシオス（前二七九年？　ピュッロス王と和平交渉にあたったローマ側の使節C・ファブリキウス・ルスキヌスの発言）

もしもこのような言葉を発しながら、彼ら〔監察官〕が私を元老院のリストから削除し、不名誉な者たちのトリブスへと移し替えたとするならば、私は彼らに対し、正当にどのような言葉を返すことができるでありましょうか？　何をなすことができるでありましょうか？　それほど大きな不名誉に陥りそして私の子孫すべてをそれに巻き込んだ場合、私はその後、どのような人生を生きることになるのでありましょうか？……[26]

史料-③ プリニウス『博物誌』

さらに、国家そのものの区分と名誉とがほかならぬそこ〔農地〕から生じていた。農村トリブスは、農地を所有する人々からなる最も賞賛に値するトリブスであり、他方、都市トリブスは、怠惰という咎めによってそこに移されることが汚名を意味するようなトリブスだったのである。かくして、都市内の居住地に応じて、スブラナ区、パラティナ区、コッリナ区、エスクイリナ区からなる四トリブスだけが存在していた。[27]

このうち特に注目すべきは、史料-①の前一六八年に関するリウィウスの記述であろう。これは非常に意味のとりにくい箇所であるが、ここではS・トレッジャリの解釈に従って拙訳を掲げておいた。[28] それによると、おそらくは解放奴隷を全トリブスから排除しようとしたTi・グラックスに対して、同僚監察官のC・クラウディウスが、「トリブスから移す」と呼ばれる監察官の譴責は、「トリブスの移動」(mutare tribum)を意味するにすぎず、それは「全トリブスからの排除」(omnibus tribubus emovere)を意味しない、と実に明白に主張している。また解放奴隷がこのとき、最終的には都市トリブスのひとつであるエスクイリナ区に登録されたことを考えるならば、ここで主張された「トリブスの移動」は、具体的には「都市トリブスへの移動」を意味していたと考えて間違いなさそうである。

たしかにこれら三史料は、都市トリブスが劣格のトリブスであったことを前提とし、監察官による譴責手段としてそこへの移動を意味する「都市トリブスへの移動」という方法が存在したことを示唆しているようにも思われる。しかしながら結論からいうと、共和政末期に「トリブスから移す」がもともと何を意味していたのかがよくわからなくなっていたことが原因で、諸史料にこのような記述＝説明がなされたのではないかと私は考えている。もちろんこれは仮説の域を出るものではないが、以下、そのように考えられる根拠を示していきたい。

フラッカーロの研究以来、ともに監察官の譴責手段とはいえ、「トリブスから移す」と「アエラリウスとする」とは別個の措置であるとされ、それが「トリブスから移す」の実態を考える際の重要なポイントとなってきた。そこでまずはこの点を手掛かりに検討へと入っていこう。フラッカーロが指摘したように、そもそも「トリブスから移す」と「アエラリウスとする」とは、常に結びついた形で史料に現れるというわけではない。「アエラリウスとする」とだけ記されているケースが多々あるし(Cic. *Orat*. 2. 268; *Clu*. 126; Liv. 27. 11. 15; 29. 37. 13; Gell. *NA*. 4. 12. 1; 4. 20. 6; 4. 20. 11; Val. Max. 2. 9. 6-7; [Victor] *Vir. ill*. 50. 3; Nonius 280L)、役者に関する史料が大部分とはいえ、「トリブスから移す」とだけ記されているケースもある(Cic. *Rep*. 4. 10; *Orat*. 2. 272; Liv. 7. 2. 12; Val. Max. 2. 4. 4; August. *CD*. 2. 13)。さらにフラッカーロが強調するのは、「アエラリウスとする」という処分を受けている者がときには多数に上り、「トリブスから移す」に比べてそれがより軽い処罰であったことが予想されるという点である。(29) たとえば、前二五二年には、騎士身分に属する四〇〇名の若者がアエラリウスとされている(Val. Max. 2. 9. 6-7)。また前二〇四年には、なんとマエキア区を除く三四トリブスの全ローマ市民がアエラリウスとされているのである(Val. Max. 2. 9. 6-7; Liv. 29. 37. 13)。とりわけ後者などは、それがもし「トリブスから移す」を同時に伴っていたとすると、「トリブスから移す」の内容を「全トリブスからの排除」と解しても、あるいは単なる「都市トリブスへの移動」と解しても、実行はとうてい不可能である。マエキア区を除く全ローマ市民の都市トリブスへの転籍などとても考えられない(30)。

だが、フラッカーロの主張に反し、実は「トリブスから移す」の対象となった者たちもかなりの数に上った場合があるのである。たとえば、前一七四／一七三年には九名の元老院議員と「多数の騎士」が(Liv. 41. 27. 2; 41. 27. 13; 42. 10. 4)、同じく前一六九／一六八年には七名の元老院議員とこちらも「多数の騎士」が(Liv. 43. 15. 7; 43. 16. 1; 44. 16. 8; 45. 15. 8)、「トリブスから移された」ことが明らかとなる。そして、なによりもその対象者が多数に上ったことが窺われるのは、前節の冒頭で引用した前二一四年の事例である。この年には、元老院議員や騎士に加え、二〇〇〇名を越える「青年組」が軍務不履行のゆえにトリブスから移されたという。もちろんこれがハンニバル戦争時の異例の措置であった可能性はあるが、二〇〇〇名もの人物が一度にこの譴責の対象となっているという事実は、処罰の対象者の多寡を理由に「トリブスから移す」と「アエラリウスとする」とを区別すること、さらにはその区別をもとに「トリブスから移す」を「都市トリブスへの移動」とすることへ疑いを生じさせるのに十分といえようか。

このことに加え注目すべきは、同じ事件への言及が「トリブスから移す」および「アエラリウスとする」と記された場合と、単に「アエラリウスとする」とだけ記された場合とがあることである。たとえば、「トリブスから移す」に関して最も多くの事例を提供しているリウィウス自身、独裁官のマメルクス・アエミリウス・マメルキヌスが監察官の任期を五年から一年半に減じた前四三四年の事件を伝える際、監察官が彼を「トリブスから移し八倍額のケンススでアエラリウスとした」と記しているが(Liv. 4. 24. 7)、他方、前三一〇年の護民官P・センプロニウスの発言中での同事件への言及では、「アエラリウスとした」としか記していない(Liv. 9. 34. 9)。また前述の前二一四年の財務官M・メテッルス以下の者に対する処罰に関しては、リウィウスが、「彼らが公有馬を持っていた場合にはそれが取り上げられ、彼らはすべてトリブスから移されアエラリウスとされた」と記しているのに対して、ウァレリウス・マクシムスは、「公有馬を取り上げ、彼らがアエラリウスとなるようにした」とのみ記している(Val. Max. 2. 9. 8)。同じく前二一四年におけるハンニバルとの誓約を破った者に関しては、キケロもその『義務について』の中で何度か言及しているが(Cic. *Off*. 1. 40; 3. 113; 3. 115)、リウィウスとは異なり、「トリブスから移した」とは記していないのである(詳しくは後述)。

ところで、キケロは、その『クルエンティウス弁護論』において監察官の譴責手段に言及し、「一方は〔ある人を〕アエラリウスとするかあるいはトリブスから移すかする(in aerarios referre aut tribu movere)よう命じ、他方はそれを禁じる」(Cic. *Clu*. 122)と述べている。この中のautつまり「AかB」という表現形態からすれば、一見してキケロは、「アエラリウスとする」と「トリブスから移す」とを別個の手段と解していたようにも思われる。だがことはそれほど単純ではない。というのも、キケロがこの両措置に具体的に言及する場合には、必ずどちらか一方だけを記し、「トリブスから移しそしてアエラリウスとした」という記述が見当たらないからである(Cic. *Rep*. 4. 10; *Off*. 1. 40; *Orat*. 2. 268; 2. 272; *Clu*. 126)。『クルエンティウス弁護論』においてキケロが「AかB」という表現を用いた背後に読み取れるのは、彼がむしろこの両措置を「AかB」と表現しうる、ほぼ同じ内容の譴責と理解していたということではないだろうか。

このように見てくるならば、通説の説くところとは異なり、「トリブスから移す」と「アエラリウスとする」との区別はさほど自明ではなく、史料に「アエラリウスとする」とだけ記されている場合にも、同時に「トリブスから移す」という措置が伴っていたのではないかという疑問が湧いてくる。とすれば、フラッカーロによって否定された前二〇四年の事例にも「トリブスから移す」が伴っていた可能性が浮かび上がってくるが、その場合、三四トリブスに属するローマ市民の「都市トリブスへの移動」は説明が困難となる。だがそのことより、リウィウスの記述自体やリウィウスとキケロの記述の不一致からして重要なのは、そもそも「トリブスから移す」や「アエラリウスとする」に関して、共和政末期に十分な情報が伝わっていなかったのではないかという点である。キケロの記述を手掛かりに、この点をさらに詰めていくことにしよう。

前二一四年の監察官の譴責に関してリウィウスが伝える事実、とりわけハンニバルとの誓いをずる賢く破った者たちのことは(前出)、ローマ人にとってよほど印象深い事件だったらしく、キケロもその『義務について』の中でふれている。だが、先に指摘したように、そこでは「トリブスから移す」という表現は出てこない。キケロはまず第一巻において、彼らが全員、監察官により生涯、「アエラリウスに留め置かれた」と述べている(Cic. *Off*. 1. 40)。ところが第三巻にいたって、実はこのことに関して「伝承が一様ではない」と告白したうえで、彼が信を置くポリュビオスは(Polyb. 6. 58. 12)、使者一〇名のうち一名のみのハンニバルのもとへの強制送還を伝えていると紹介し(Cic. *Off*. 3. 113)[31]、さらに、C・アキリウスは、「もっと多くの者」が監察官の譴責の対象となっていたことを伝えているとするのである(Cic. *Off*. 3. 115)。

これらの箇所でキケロが伝承の不一致としてまず重視しているのは、処罰の対象となったのが、一〇名の使者全員なのか、そのうちの一名なのか、あるいはもっと多くの者なのかという点であったと見てよい。だが、われわれの考察からして注目すべきは、キケロの紹介する処罰の方法自体も伝承により異なっているという事実である。キケロ自身は第一巻で「アエラリウスに留め置かれた」としているが、第三巻でキケロの紹介するポリュビオスは、「ハンニバルのもとへの強制送還」のみを伝え、さらにアキリウスは「監察官によってあらゆる汚名の烙印を押された」と表現しているのである。すなわちここからは共和政末期の時点で、前二一四年の事件に関してなんらかの処罰がなされたことが伝えられてはいても、その細部についてはすでに不明瞭となっていたことが窺われる。そのような状況にあってリウィウスは、それを監察官による譴責と考え、型通りに「トリブスから移し、アエラリウスとした」と表現したのではなかろうか。

以上、前二一四年の事件をめぐる記述からは、「トリブスから移す」や「アエラリウスとする」に関し、それがいつ実際に遂行されたのかについて共和政末期には正確な情報がもはや残されていなかったこと、そしてそれと同時に、それらがもともと何を意味していたのかについても、遠く記憶の彼方であったことが読み取れるように思われる。ところが、「アエラリウスとする」に関していえば、共和政末期においてもそれはたしかに実施され続けていた。しかもその実態からは、非常に興味深い事実が明らかとなる。

キケロ『クルエンティウス弁護論』の中にはキケロが前六七年に行った法廷弁論への言及ではないかとされている箇所があるが、そこには前七〇年、つまり彼の同時代の戸口調査においてほかならぬアエラリウスとされたD・マトリニウスなる人物が現れる。これよりすれば、共和政末期においても、「アエラリウスとする」という譴責が実際に行われていたことが確実となる。ところが、「アエラリウスとする」に関しては、前四三四年の事件を伝えるリウィウスの記述を根拠に(Liv. 4. 24. 7)、高額の戦時特別税の支払いを課された者とするのが一般的であり(前述のフラッカーロ説参照)、当の戦時特別税の徴収は前一六七年以降、中断(実質的には廃止)されていた。事実、キケロの記述で問題となっているのも、アエラリウスとされた人物をそれにもかかわらず造営官の書記にするかどうかという点であり、戦時特別税の徴収云々ではない。つまり、この史料から判断すれば、キケロ時代には、「アエラリウスとする」とはそれ自体がなんらかの実態を伴った処罰というより、それによってさまざまな社会的不利益が生じかねない〈不名誉〉の烙印にすぎなくなっていたように思われるのである。これはもちろん「アエラリウスとする」だけにかかわる史料であるが、これまで検討してきたような「アエラリウスとする」と「トリブスから移す」との緊密な結びつきからすれば、「トリブスから移す」が共和政末期になお実施されていたとして、そこにも同様の変化が生じていたと考えて大きな誤りはないだろう。

以上の知見を前提としながら、「トリブスから移す」=「都市トリブスへの移動」の論拠とされる三つの史料に再び目を向けることにしよう。

アウグストゥス時代のふたりの歴史家[32]による史料-①と史料-②においてまず特徴的なのは、問題の表現がどちらも登場人物の発言中に現れているという点である。もちろんこのことが即、当該記述の信憑性の否定へといたるわけではないが、発言内容の細部が後代にまで正確に伝えられることの困難さを考えるならば、問題の箇所が同時代史料に遡るというより、リウィウスやディオニュシオス自身あるいは彼らの典拠となった歴史家による潤色である可能性を高めているとはいえよう。あるいはそれらの歴史家が自己の解釈を記した箇所にすぎないといった方がよいかもしれない[33]。とりわけ、「トリブスから移す」=「都市トリブスへの移動」の決定的な証拠とされる前一六八年のリウィウスの記述などは、監察官のひとりがもうひとりの監察官に対して、監察官であれば十分承知であるはずの内容を改めて語っており、いかにも不自然である。そもそも解放奴隷を都市トリブスへと登録(あるいは登録変更)することは、監察官の活動として、「トリブスから移す」とは別個の措置であろう。ここでのリウィウスの記述からむしろ透けて見えるのは、「トリブスから移す」を「トリブスの移動」とする解釈とそれを「全トリブスからの排除」とする解釈、これら二つの見解の並存・競合である。その中にあってリウィウス(あるいは彼の典拠)は、解放奴隷の都市トリブス登録との類比から前者を正しいと考え、その自らの解釈をクラウディウスの発言に託したのではなかろうか。

ところで、同じく帝政期の一群の史料からは、監察官の譴責手段として「カエレ人の表」への登録という方法があったことが知られる(Ps.-Ascon. 189St; Gell. *NA.* 16. 13. 7; Ps.-Acro. *Schol. in Hor. Ep. 1. 6. 62* = ed. Keller II. p. 235)[34]。なるほどそこに「トリブスから移す」なる文言は存在せず、また史料相互に完全な内容の一致が見られるわけではないものの、これらの史料が示唆しているのは、モムゼンによって指摘されたような、「トリブスから移す」=「全トリブスからの排除」とする理解といえよう。従来、カエレ人は、前三八〇年代かあるいは前三五〇年代に「投票権なき市民」となった最初の人々とされていた。それゆえ、モムゼンを批判のうえ引き継いだフラッカーロ以降の通説においても、前三〇四年に「トリブスから移す」が「都市トリブスへの移動」へと変化する以前の処罰を示すものとして、これらの史料は不都合なく受け入れられてきたのである。

ところが、いまやＰ・Ａ・ブラント(35)によってこのような解釈には不利となる主張が展開されている。ブラントによれば、カエレ人が「投票権なき市民」となったのは前二七〇年代の反乱後であり、この種の人々が登録された表が「カエレ人の表」と呼ばれたのは、彼らが最初の「投票権なき市民」だったからではなく、むしろ彼らが完全市民へと移行した最後の人々だったからであるという。もしそうであるとすれば、通説のクロノロジーに従う限り、ほかならぬ「トリブスから移す」が「都市トリブスへの移動」へと変化していた段階で、つまりそれが「全トリブスからの排除」という意味をすでに失ってしまった時点で、「投票権なき市民」の登録を行う「カエレ人の表」への登録と「トリブスから移す」とが同一視されたという、奇妙な結論にいたるのである。

このように「カエレ人の表」が何を意味したのかは難問であり、その解釈も揺れている。「カエレ人の表」に関して個別論文をものしたＬ・Ｊ・グリーヴなどは、そもそもそれは「投票権なき市民」を登録した表ではなく、アエラリウスとされた人々の表ではなかったかとさえ推測している(36)。この推測の当否はともかく、ここで注目しておきたいのは、アエラリウスを登録したにもかかわらず、前記の帝政期の諸史料がなぜ「カエレ人の表」への登録を「トリブスから移す」と同一視したかについてのグリーヴのコメントである。グリーヴによればそれは、「カエレ人の表」やアエラリウスなる制度が、前一六七年の戦時特別税の停止以降、共和政末期までにすでに不明瞭となっていたに違いないからであった(37)。「カエレ人の表」に関する以上のような知見をも勘案するならば、「トリブスから移す」や「アエラリウスとする」がもともと何を意味していたのかが共和政末期にはすでに不明瞭になっており、その事態をうけて執筆した帝政期の著作家たちの間では、一方で「トリブスから移す」を「カエレ人の表への登録」と同一視する解釈、つまりそれを市民権の一時的剝奪と考える解釈が、他方ではそれをリウィウスで見たような「都市トリブスへの移動」とする解釈が生じてきたと推測できよう。

さらにニコレによれば、前七年のアウグストゥスによる「市制改革」、つまり都市ローマの領域が一四の「区」(regio)へと編成替えされたことの背景には、実際のローマ市居住者と都市トリブスへの所属とがうまく対応しなくなっていた事実が存在するという。[38] すなわち、農村部から都市ローマへの人口流入に合わせて所属トリブスの変更がなされることがなくなり、その結果、全トリブスに所属するローマ市民を抱え込んだ都市ローマは、もはや従来の四都市トリブスの枠組みでは把握困難になっていたというのである。また都市トリブスの起源に関して二つの伝承が存在することの不自然さを根拠に、[39] すでにリウィウス時代に「都市トリブス」という呼称自体が廃れていたあるいは曖昧となっていた可能性すら指摘し、アウグストゥスの市制改革以来、「都市トリブス」が、もはやその実際の所属トリブスとは関係なく、「都市大衆」(plebs urbana)であるローマ市居住者を指し示すにすぎなくなったのではないかと推測している。[40]

もしもこのニコレの推定が正しいとするならば、[41]「都市トリブス」自体がアウグストゥス時代にすでにそのような変容を被っていた以上、リウィウスやディオニュシオスにおいて「トリブスから移す」に関する理解が混乱していたとしても納得がいく。さらには、それ以降の時代を生きた大プリニウスによる多分に回顧的な形での都市トリブスの性格づけが(史料-③)、どこまで史料批判に耐えうるのかも、当然問題となってこよう。事実、大プリニウスは、前八〇年代にマリウス・グラティディアヌスに対して像が建てられたことを記す際、「ローマでもトリブスが、すべてのウィクスにおいてマリウス・グラティディアヌスのために像を建立した……」(Plin. *NH*. 34. 27)とトリブスの関与に言及しているが、[42] 同じ事件を記した同時代史料としてのキケロは、「どのウィクスにも彼の像が建てられた……」としか述べていない(Cic. *Off*. 3. 80)。像の建立主体として、トリブスへの言及はないのである。これなどはまさに、ニコレの指摘する都市トリブス変容後の状況を反映した時代錯誤的な表現の一例であり、大プリニウスの都市トリブスに関する叙述全般に対しても疑問を投げかけるに十分な素材といえようか。

三　碑文に現れる関連表現

ところで、「トリブスから移す」や「アエラリウスとする」といった表現は、文献史料のみならず、共和政末期の法を刻んだ金石文中にも現れてくる。一見してこのことは、それらの処罰が監察官による単なる〈不名誉〉の烙印などではなく、実質的な処罰を伴う制裁であったことの確たる証拠のようにも思われ、もしそうであるならばそれは、前節での結論に対する重要な反証となるであろう。そこで次に当該碑文史料を検討し、先の仮説の当否を検証していくことにしたい。ちなみに、M・クロフォード編『ローマ法令集』の出現により(43)、研究史を含めた碑文史料に関する情報は、以前に比べ格段に利用しやすいものとなっている。

1　バンティア青銅板

関連する碑文は二つある。そのひとつは一般にバンティア青銅板(Tabula Bantina)と呼ばれている碑文の片面に刻まれたラテン語の法である(他の面にはオスク語の法が刻まれている)(44)。これは、伝えられている内容の不十分さから同定の非常に難しい法であり、これまでに、(i)アップレイウス農地法(45)、(ii)大逆罪に関するアップレイウス法(46)、(iii)不当利得返還に関するセルウィリウス・グラウキア法(47)、(iv)「刺殺者および毒殺者に関する法」(48)などさまざまな説が提出されてきた。『ローマ法令集』において当該法を担当したJ・S・リチャードソンは、これらの候補の中では(ii)の可能性が高いことを示唆しながらも、それが決して確定的なものではない点を強調している。[49]

さて、問題の箇所は、残存している法の一―六行目にあたる。これは、一般的にこの法により有罪判決を受けた者に対する処罰(禁止事項)を列挙した箇所とされている部分であるが、リチャードソンによれば、濫訴(calumnia)や馴合い訴訟(praevaricatio)などによって法の遂行を妨害する者に対する処罰であった可能性もあるという。[50] その禁止事項は、元老院および民衆法廷における発言・証言の禁止に始まり、審理員(recuperator)等として指名されることの禁止、高級政務官が着用した(トガ・)プラエテクスタやサンダル(solea)を身につけることの禁止、そして民会や平民会での投票の禁止にまで及んでいる。そして続く六行目に本章の課題と直接関連する表現が出てくる。この行は、欠損部のあと、relinquito の文字が刻まれ、その後は空白として残されている。『ラテン碑文集成』においてモムゼンは、

[. . . neive eum censor in senatum legito neive in senatu] relinquito.
(あるいは監察官は彼を元老院議員として登録することがないようにせよ。あるいは元老院に)留め置くことがないようにせよ。

と読み、[51] 従来の諸研究はこの『ラテン碑文集成』の補読に従ってきた。[52] それに対してリチャードソンは、ニコレの慧眼によるとしながら、

[mag(istratus) queiquomque censum habebit eum aerarium] relinquito.
(戸口調査を行う政務官は誰であれ、彼をアエラリウスに)留め置くようにせよ。

と補っている。もちろんこのような変更の根拠となっているのは、文献史料にたびたび現れる「アエラリウスとする」や「アエラリウスに留め置く」といった表現である（リチャードソンが挙げるのは、Cic. *Clu.* 122-126; Liv. 29. 37. 12-15. cf. Cic. *Off.* 1. 40）。

もしもリチャードソンの補読が正しいとすれば、ここで列挙されているのはいずれも具体的な内容を伴った処罰であり、しかもその直前には民会における投票の禁止という非常に厳しい内容が述べられているだけに、それに続く「アエラリウスに留め置く」が単なる監察官による〈不名誉〉の烙印にすぎなかったとする解釈には無理が伴うことになろう。この問題に関して補読の是非を云々するだけの能力は私にはないが、しかしそれでも、リチャードソンの読みに対する素朴な疑問をひとつ指摘しておきたい。それは、六行目に先行する処罰がいずれも否定辞neを伴った命令法未来による禁止の形で記されているのに対して（「○○ないようにせよ」）、リチャードソンの補読では最後の処罰だけが否定辞のneがつかない単なる命令法未来による命令となる不自然さである。この点を考慮するなら、従来のモムゼンによる補読の方がより妥当なようにも思われるが、ともかくここでは、バンティア青銅板のラテン語碑文に現れる当該表現があくまでも補読部分にかかわるものであること、そしてそれには「アエラリウスに留め置く」以外の有力な補読もあることを確認するだけで十分であろう。

2　不法利得返還法

もうひとつは、有名な「前一一一年の農地法」の反対面に刻まれた不法利得返還に関する法中の記述である。この法はかつて、前一〇四年あるいは前一〇一年のセルウィリウス・グラウキア法に同定されたこともあるが、近年では、それを前一二三／一二二年の護民官ガイウス・グラックス自身による制定とするか、あるいは彼の意を受けたアキリウス法（Cic. *Verr.* 1. 51; 2. 1. 26）とするのが一般的となっている。この法に関しては、クロフォード編『ローマ法令集』（担当はクロフォード）に加え、A・リントットによる詳細なモノグラフィも存在する。[53] [54]

さて、問題となるのはこの法の二八行目である。リントットの補読およびその拙訳を記すならば以下のようになる。ただし、『ラテン碑文集成』第一巻（第二版）および『ローマ法令集』においては、「トリブスから移す」のみが補読されており、「アエラリウスとする」は補読されていない。[55] [56]

［. . . *ioudicem q*］uei pequniam ex ［*h.l.*］ capiet, eum ob eam rem, quod pequniam ex h.l. ceper［*it, nei quis in ious educito nomenve eius deferto, neive cens*(or) *aerarium facito neive tribu mo*］veto neive equom adimito neive quid ei {eius}〈ob〉eam rem fraudei esto.

この法をもとに金銭を手にするであろう（審判人）に関し、そのことゆえに、つまりこの法をもとに金銭を受け取ったがゆえに、（彼を政務官の前へと引っ立てたり、告発したりすることのないようにせよ。また監察官は、彼をアエラリウスとしたり、トリブスから移したり）、あるいは公有馬を剝奪したり、あるいはそのことゆえに彼になんらかの処罰が及んだりすることのないようにせよ。

これは、審判人に関する記述後の一〇〇字を越える欠損部に続く箇所であるが、補読の詳細はもちろんのこと、そもそもこの規定の対象が引き続き審判人であるのかどうかについてさえ論争が絶えない。というのも、対象を審判人とすれば、「この法に基づいて審判人が受け取る金銭」が具体的に何を意味するのか、その解釈が非常に難しくなるからである。たとえばニコレは、やや歯切れの悪い表現ながらも、そこに審判人が収賄で訴えられることを先取りした規定を読み取っている。(57) つまりこの「金銭」を、審判人が受け取る賄賂と解しているのであろうが、このような解釈に対してはリントットが有力な批判を展開している。(58) 当のリントットは、審判人がその義務の遂行と引き換えに受け取る一種の「報酬」(grant or compensation in respect of his duties)を、(59) またそのリントットを批判するクロフォードは、審判人がその義務を永続的に遂行することに伴って被る損害に対する「補償・代償」をそこに読み取っている。(60)

だが、リントットやクロフォードの説明にしても、ニコレの説明同様それが十分説得的なものとは思われない。というのも、かりにそのような「報酬」や「補償・代償」が「この法をもとに」規定されていたのなら、それらの金銭の受取りがまさに法で認められているにもかかわらず、監察官がかの受取人を「トリブスから移す」というのがいったいどのような事態を想定しているのか、理解が困難だからである。そこでここでの規定の対象として、「審判人がこの法に反して為したなんらかの行いを知らせた者」(61) や、「当該法に規定された以下の額の罪を犯した者」(62) とする説も出されている(後述)。

当該規定の対象を審判人とするかどうかはともかく、ceper[*it*, . . . 以下の欠損部分の末尾には、. . . *tribu mo*]veto を補うのがこれまでは一般的であった。さらにリントットは、引用で見たように、aerarium facito をも補っている。もちろんここでもその論拠となっているのは、文献史料に現れる類似表現である。先にも述べたように、私には碑文の補読を云々するだけの能力はないが、しかしここまで「アエラリウスとする」や「トリブスから移す」といった表現を文献史料上で追ってきたことをもとにすれば、非常に奇妙なことに気がつく。すなわちそれは、これらの譴責が「公有馬の剝奪」とともに述べられる場合には、必ず「公有馬の剝奪」のあとに記され決してその前には記されないにもかかわらず、上記補読のままであると、この法においては唯一例外的に、監察官による「公有馬の剝奪」の前に「トリブスから移す」が現れることである。

文献史料よりすれば、「公有馬の剝奪」の前に記されるのはむしろ「元老院からの追放」であり、「元老院からの追放」(元老院議員)→「公有馬の剝奪」(騎士)→「トリブスから移す」(一般平民)といった順番は、ローマ人の序列観念にも合致する。それに対して、補読のままだと、なぜ敢えてこの順が逆にされているのかの説明が必要となる。そこで欠損部の末尾には「トリブスから移す」より「元老院から移す」を補読する方がよりふさわしいように思われるが、古い校訂ではそのような補読もなされていたようである。(63) だが、もちろんこれには大きな障害がある。というのも、よく知られているように、この法の審判人選出の規定自体によって審判人団からは元老院議員があらかじめ除かれており(ll. 12-19)、それゆえここでの対象を審判人とする限り、すでに元老院議員ではありえない者をさらに「元老院から移す」とする規定は全く無意味なものとなるからである。しかしながら先にも述べたように、当該規定の対象が審判人であるとするのはあくまでも推測にすぎず、しかもそのような推測により、十分納得のいく説明が提出されているわけではない。とすれば、問題の箇所に「元老院から移す」の語を補い、それをもとに当該箇所の対象を改めて考えていくという道筋は、依然、残されているといえようか。

そこでこの点を少し別の角度から考えてみたい。「公有馬の剝奪」が記されていることからして、当該箇所がいわゆる監察官による譴責とかかわる部分であったことは確実といえよう。おそらくそこには、法廷での判決とは別個に、監察官がなんらかの処罰を下すことに対する禁止規定があらかじめ盛り込まれていたものと思われる。ところで、アスコニウスの記述をもとにすれば、前一〇四年のカッシウス法以降、民会により「有罪判決を受けた者」や「命令権を剝奪された者」は元老院での議席を失うことになったという(Ascon. 78C)。他方、不法利得罪で有罪判決を受けた者とその処罰に関する一連の史料をもとに判断すれば(Suet. *Iul.* 43. 1; Tac. *Hist.* 1. 77; Plin. *Ep.* 2. 12)、遅くとも帝政期には、不法利得返還法廷で有罪判決を受けた者に対しても、「元老院からの追放」という同様の処罰が適用されていたことが知られる。(64) これは後のユスティニアヌス帝時代にいたって「破廉恥」(infamia)として統一がはかられる処罰のひとつであるが、共和政末期においてもすでにこの「元老院からの追放」という処罰が法的に定められていたのか

どうかは不明であり、論争がある。(65)

しかしながら少なくともここからは、民会での有罪判決や不法利得返還法廷での有罪判決に伴って生ずる処罰が、「トリブスから移す」ではなく「元老院からの追放」であったという点が明らかとなる。とすれば、不法利得返還法廷における有罪判決そのものに関する規定ではないにしても、当該法廷とのかかわりで生ずる行為に対する監察官の譴責手段としては、後にその痕跡が全く見られない「トリブスから移す」より、それとの関連で姿を現す「元老院から移す」=「元老院からの追放」を読み取っておくのがより妥当ではなかろうか。

以上、論証がやや込み入ったが、このように考えるならば、「トリブスから移す」ではなく「元老院からの追放」を補読すべきことの根拠が別の角度からも示されたように思われる。それでは、この規定の対象はいったい誰になるのであろうか。もちろん確証はないものの、ここではかつてA・W・シャーウィン=ホワイトが主張したように、(66)この法により定められた金額以下の金銭を得た「被告」がその対象であり、そのような人物が当該法廷の被告とはなりえないにもかかわらず、それとは別に監察官がその譴責手段により彼を「元老院から追放」することをあらかじめ禁じたのがこの規定の内容であった、とひとまず捉えておきたい。(67)

以上の考察よりすれば、いずれも補読部分中の金石文に現れる「アエラリウスとする」や「トリブスから移す」なる表現は、本章における仮説に対する決定的な反証とはなりえないと結論づけてよさそうである。

おわりに

冒頭でもふれたように、古代ローマに存在した三五トリブスのうちローマ市に対応する四つは「都市トリブス」と呼ばれ、これら都市トリブスは市民団の中でも劣格な者たちが登録された劣ったトリブスであると考えられてきた。このような理解は決して漠然とした印象に基づくものではなく、それなりの論拠を有しており、そのうちのひとつが、「トリブスから移す」という監察官の譴責を受けた者がほかならぬ都市トリブスへと移動させられているという事実であった。

それに対して本章においては以下のことが示された。すなわち、「トリブスから移す」についての関連史料を網羅的に検討していくならば、それを通説がいうように「都市トリブスへの移動」と解するといくつかの不都合が生ずること、「トリブスから移す」はむしろ、少なくともキケロ時代においては監察官による単なる〈不名誉〉の烙印にすぎなかったと考えた方が説明がつくことである。そしてそれにもかかわらず、一見したところ、「都市トリブスへの移動」とそれに伴う都市トリブスの劣格性を証明しているかに思われる史料の記述は、すでに共和政末期において「トリブスから移す」の本来の意味内容がわからなくなっていたことの反映ではないかと推測した。

このようにして導き出された結論は、いうまでもなく通説の論拠のひとつに対するネガティヴな論証にすぎない。代案として、「トリブスから移す」がもともと何を意味し、いつの時点からそれが単なる〈不名誉〉の烙印へと変化したのかを実証的に示すことができたわけではないし、また都市トリブスの性格づけに関する他の論拠、すなわち解放奴隷や役者、そして非嫡出子が都市トリブスへと登録されたという事実は、未検討のままだからである。「政治的に不利なトリブス」という論点に関しても考察はなされていない。しかしこれも冒頭でふれたように、都市トリブスの性格づけに関する諸論拠は密接に関連し合いながら劣格さをもととする都市トリブス像を作り上げているのであり、そのうち少なくとも監察官の譴責による「都市トリブスへの移動」という部分の事実関係が疑わしくなってきた以上、解放奴隷や役者そして非嫡出子の登録に関しても、改めて検討し直す必要性が生じてきたといえよう。そこで次章ではこの点へと歩を進め、現段階での史料状況から無理なく引き出せる都市トリブス像の獲得に努めたい。

註

＊本章では，*L'année philologique* による雑誌略号以外にも，以下の略号を用いる。

ANRW: H. Temporini (ed.), *Aufstieg und Niedergang der römischen Welt*, Berlin/New York 1972-.

CIL: *Corpus Inscriptionum Latinarum*, Berlin 1863-.

OLD: P. G. W. Glare (ed.), *Oxford Latin Dictionary*, Oxford 1982.

OCD[3]: S. Hornblower/A. Spawforth (eds.), *The Oxford Classical Dictionary*, 3rd ed., Oxford 1996.

RE: G. Wissowa/W. Kroll/K. Mittelhaus/K. Ziegler (eds.), *Paulys Real-Encyclopädie der classischen Altertumswissenschaft*, Stuttgart 1894-1980.

（1）D. Palombi, *Tra Palatino ed Esquilino*: *Velia, Carinae, Fagutal. Storia urbana di tre quartieri di Roma antica*, Roma 1997, Fig. 23.

（2）L. Richardson, jr., *A New Topographical Dictionary of Ancient Rome*, Baltimore/London 1992, s.v. Regiones Quattuor.　ちなみに，パロンビ前掲書には，Richter 等による直線的な区分図から von Gerkan 等によるより複雑な区分図にいたるまで，いくつかの説が紹介されており非常に参考となる。Palombi, *op. cit.*, Fig. 53-54.

（3）A. Momigliano/T. J. Cornell, *OCD*[3], s.v. tribus.

（4）L. R. Taylor, *The Voting Districts of the Roman Republic. The Thirty-five Urban and Rural Tribes*, Roma 1960 [= Taylor, *Voting Districts*], 11.

（5）L. R. Taylor, *Roman Voting Assemblies. From the Hannibalic War to the Dictatorship of Caesar*, Ann Arbor 1966 (1990), 65 では，「二級市民」(second-class citizens) といった表現が用いられている。

（6）Liv. 24. 18. 3-8: Primum eos citaverunt qui post Cannensem pugnam rem publicam deseruisse dicebantur. Princeps eorum M. Caecilius Metellus quaestor tum forte erat. Iusso deinde eo ceterisque eiusdem noxae reis causam dicere, cum purgari nequissent, pronuntiarunt verba orationemque eos adversus rem publicam habuisse, quo coniuratio deserendae Italiae causa fieret. Secundum eos citati nimis callidi exsolvendi iuris iurandi interpretes, qui captivorum ex itinere regressi clam in castra Hannibalis solutum quod iuraverunt redituros rebantur. His superioribusque illis equi adempti qui publicum equom habebant, tribuque moti aerarii omnes facti. Neque senatu modo aut equestri ordine regendo cura se censorum tenuit; nomina omnium ex iuniorum tabulis excerpserunt qui quadriennio non militassent, quibus neque vacatio iusta militiae neque morbus causa fuisset. Et ea supra duo milia nominum in aerarios relata tribuque omnes moti; . . .

(7) Th. Mommsen, *Römisches Staatsrecht* [= Mommsen, *StR*] II, 3rd ed., Leipzig 1887-1888 (Graz 1969) [頁数は復刻版による], 400-406. 支持は、W. Kubitschek, *RE* I, Stuttgart 1893, s.v. Aerarius; G. W. Botsford, *The Roman Assemblies from Their Origin to the End of the Republic*, New York 1909 (1968), 60-65; J. Suolahti, *The Roman Censors. A Study on Social Structure*, Helsinki 1963, 32-47 など。

(8) Pl. Fraccaro, 《Tribules》 ed 《aerarii》. Una ricerca di diritto pubblico romano, *Athenaeum* 11, 1933, 165-172.

(9) *ibid*., 153-154.

(10) *ibid*., 170.

(11) たとえば、E・マイヤー／鈴木一州訳『ローマ人の国家と国家思想』岩波書店、一九七八年、一三五頁、一四九頁。

(12) Cl. Nicolet, Appius Claudius et le double Forum de Capoue, *Latomus* 20, 1961, 683-720, esp. 711-712; Nicolet, *Le métier de citoyen dans la Rome rêpublicaine,* Paris 1976, 116-119.

(13) G. Piéri, *L'histoire du cens jusqu'ā la fin de la rêpublique romaine,* Paris 1968, 113-122.

(14) A. E. Astin, Regimen morum, *JRS* 78, 1988, 14-34, esp. 16-17. アスティンによる監察官と戸口調査に関する一連の研究としては、A. E. Astin, The Censorship of the Roman Republic: Frequency and Regularity, *Historia* 31, 1982, 174-187; Astin, Cicero and the Censorship, *CPh* 80, 1985, 233-239; Astin, Censorships in the Late Republic, *Historia* 34, 1985, 175-190; Astin, Livy and the Censors of 214-169 B.C., in: C. Deroux (ed.), *Studies in Latin Literature and Roman History* IV, Bruxelles 1986, 122-134 [= Astin, *Livy and the Censors*]; Astin, Livy's Report of the *lectio senatus* and the *recognitio equitum* in the Censorship of 169-8 B.C., *Historia* 37, 1988, 487-490 などがある。

(15) L. R. Taylor, The Four Urban Tribes and the Four Regions of Ancient Rome, *RPAA* 27, 1952-1954, 225-238.

(16) Taylor, *Voting Districts*, 10-12; 132-149.

(17) A. Lintott, *The Constitution of the Roman Republic*, Oxford 1999 [= Lintott, *Constitution*], 118.

(18) 前記文献のほかに、R. M. Ogilvie, *A Commentary on Livy Books 1-5*, Oxford 1965, 573; E. Fantham, Censorship, Roman Style, *EMC* 21, 1977, 41-53.　また新しい研究としては、Th. A. J. McGinn, *Prostitution, Sexuality, and the Law in Ancient Rome*, New York/Oxford 1998, 40-44 など。ただし、P. S. Derow, *OCD*³, s.v. censor は、「全トリブスからの排除」にのみ言及。また、E. Baltrusch, Regimen morum. *Die Reglementierung des Privatlebens der Senatoren und Ritter in der römischen Republik und frühen Kaiserzeit*, München 1989, 25 も、不明瞭な記述ながら、「都市トリブスへの移動」という変化を想定していないように思われる。

(19) この点に関して詳しくは、本書第七章参照。

(20) *OLD*, s.v. moueo.

(21) ちなみに、『オックスフォード古典学事典』においても、「監察官が課すことのできた〈トリブスから移す〉という処罰、それは事実上、都市トリブスへの左遷を意味した」(強調引用者)と表現されている。*OCD*³, s.v. tribus.

(22) Liv. 44. 16. 8 では、omnibus tribubus emovere なる表現が用いられている。

(23) Mommsen, *StR* II³, 404 n. 3.

(24) たとえば、Fraccaro, *op. cit.*, 170; Lintott, *Constitution*, 118 n. 113.

(25) Liv. 45. 15. 1-4: In quattuor urbanas tribus discripti erant libertini praeter eos, quibus filius quinquenni maior ex se natus esset, —eos, ubi proximo lustro censi essent, censeri iusserunt—et eos, qui praedium praediave rustica pluris sestertium triginta milium haberent, ＊＊＊ censendi ius factum est. Hoc cum ita servatum esset, negabat Claudius suffragii lationem iniussu populi censorem cuiquam homini, nedum ordini universo adimere posse. Neque enim, si tribu movere possit, quod sit nihil aliud quam mutare iubere tribum, ideo omnibus quinque et triginta tribubus emovere posse, id est civitatem libertatemque eripere, non, ubi censeatur, finire, sed censu excludere.

(26) Dion. Hal. 19. 18. 1: *Ἂν ταῦτα λέγοντες ἐκγράψωσί με τῆς βουλῆς καὶ μεταγάγωσιν*[2] *εἰς τὰς τῶν ἀτίμων φυλάς, τί πρὸς αὐτοὺς ἔξω λέγειν δίκαιον ἢ ποιεῖν; τίνα τὸν μετὰ ταῦτα βίον ζήσομαι τηλικαύτῃ περιπεσὼν ἀτιμίᾳ καὶ τοὺς ἐξ ἐμαυτοῦ πάντας περιβαλών;*

(27) Plin. *HN*. 18. 3. 13: Iam distinctio honosque civitatis ipsius non aliunde erat. Rusticae tribus laudatissimae eorum

qui rura haberent, urbanae vero in quas transferri ignominia esset, desidiae probro. Itaque quattuor solae erant a partibus urbis in quibus habitabant, Suburana, Palatina, Collina, Esquilina.

(28) S. Treggiari, *Roman Freedmen during the Late Republic*, Oxford 1969, 45-47.

(29) Fraccaro, *op. cit.*, 168-169.

(30) 前二〇四年の事件に関しては、本書第三章参照。

(31) ただし第一巻四〇節に関しては、後世の挿入の可能性も指摘されているが、そのような説の問題点については、A. R. Dyck, *A Commentary on Cicero*, De officiis, Ann Arbor 1996, 150-153 参照。

(32) ローマにおける歴史記述の問題に関しては、毛利晶氏が精力的に研究を展開しており、非常に参考になる。毛利晶「伝説とローマの歴史記述」弓削達・伊藤貞夫編『ギリシアとローマ――古典古代の比較史的考察――』河出書房新社、一九八八年、三二七―三五八頁、毛利「ファビウス・ピクトル・ノート」『文始』四、一九九九年、五―二九頁、毛利「ファビウス・ピクトルとローマにおける歴史記述の始まり」『五十周年記念論集』〈神戸大文学部〉、二〇〇〇年、二二三―二五九頁など。

(33) アスティンによれば、監察官の活動に関するもともとの典拠としては、(i)「大年代記」(annales maximi)、(ii)保存された元老院の記録、(iii)個々人の回想や記憶、が考えられるという。Astin, *Livy and the Censors*, 122-134. 前一六八年のやりとりに見られるようなエピソードの細部は、歴史家の「創作」ではないとすると、おそらくアスティンの挙げる(iii)に遡るものであろう。ただしアスティンは、(iii)に基づく記述の信憑性を必ずしも否定しているわけではない。

(34) 関連史料の拙訳は以下の通り。

偽アスコニウス

市民の風紀取締りのために、監察官が五年ごとに選び出されるのが常だった。彼らは実際のところ以下のように市民の譴責を行っていた。すなわち、元老院議員である者は元老院から追放される。ローマ騎士である者は公有馬を失う。一般市民は「カエレ人の表」に登録されアエラリウスとなる。これによって彼は、自身のケントゥリアのリストに載ることなく、戦時特別税の名のもと、その頭格と引き換えに金銭を提供するだけの市民となるのである(Ps.-Ascon. 189St: Regendis moribus civitatis censores quinto quoque anno creari solebant. Hi prorsus cives sic notabant: ut, qui senator esset, eiceretur senatu; qui eques R., equum publicum perderet; qui plebeius, in Caeritum tabulas referretur et aerarius fieret ac per hoc non esset in Albo centuriae suae, sed ad hoc [non] esset civis tantummodo, ut pro capite suo tributi nomine aera praeberet)。

ゲッリウス『アッティカの夜』

さらにわれわれは、カエレ人が「投票権なき自治市民」とされた最初の人々であったこと、そしてガッリア人との戦いの際、神聖なるものを受け入れ保護してくれたという理由で、ローマ市民権の栄誉は手にするが公務や諸々の負担からは免除される特権が彼らには認められていたことを聞き知っている。このためそれは「カエレ人の表」と呼ばれたが、その後事態は逆となり、監察官は譴責ゆえに投票権を剝奪された者がそこに登録されるよう命じていた(Gell. *NA*. 16. 13. 7: Primos autem municipes sine suffragii iure Caerites esse factos accepimus concessumque illis ut civitatis Romanae honorem quidem caperent, sed negotiis tamen atque oneribus vacarent, pro sacris bello Gallico receptis custoditisque. Hinc "tabulae Caerites" appellatae versa vice, in quas censores referri iubebant quos notae causa suffragiis privabant)。

偽アクロ『ホラティウス注解』

カエレ人には、投票権が認められない形でローマ市民権が付与された。というのも彼らは、市民権が与えられたあと敢えて反乱に立ち上がり、それゆえ彼らのケンススは、他の人々のケンススからは分離されて〔独自の〕表に登録されていたからである。かくして、何か不名誉なことをしでかした者は、「カエレ人の表」へと登録されることになった(Ps.-Acro *Schol. in Hor. Ep. 1. 6. 62* = ed. Keller II. p. 235: Ceritibus civitas Romana sic data, ut non liceret eis suffragium ferre, quia post datam ausi sunt rebellare, ideoque census eorum in tabulas relati a ceterorum censibus remoti erant. Sic factum est, ut, qui aliquid flagitiosum admiserat, in tabulas Ceritum referretur)。

(35) P. A. Brunt, *Italian Manpower 225 B.C.-A.D. 14*, Oxford 1971, 515-518. 支持は、T. J. Cornell, *The Beginnings of Rome. Italy and Rome from the Bronze Age to the Punic Wars (c. 1000-264 BC)*, London/New York 1995, 320-321. 批判は、H. Galsterer, *Herrschaft und Verwaltung im republikanischen Italien. Die Beziehungen Roms zu den italischen Gemeinden vom Latinerfrieden 338 v. Chr. bis zum Bundesgenossenkrieg 91 v. Chr.*, München 1976, 73.

(36) L. J. Grieve, *Tabulae Caeritum*, in: C. Deroux (ed.), *Studies in Latin Literature and Roman History* III, Bruxelles 1983, 26-43.

(37) *ibid.*, 43.

(38) Cl. Nicolet, *L'inventaire du monde. Géographie et politique aux origines de l'Empire romain*, Paris 1988, 201-223. ちなみにニコレは、アウグストゥスにより全イタリアが一一の「地方」(regio) へと区分された事実に関しても、従来のトリブスがもはや地域的区分あるいは行政単位として機能しなくなっていた点にその動機を求めている。

(39) リウィウスは、第一巻四三章一三節では、「都市トリブス」の成立をセルウィウス・トゥッリウス王時代に求めているが、他方、第九巻四六章一四節では、それが前三〇四年に初めて「都市トリブス」と名づけられ区別されたかのように記しているのである。

(40) Cl. Nicolet, Plèbe et tribus: Les statues de Lucius Antonius et le testament d'Auguste, *MEFRA* 97, 1985, 799-839, esp. 833-835.

(41) A. Fraschetti, *Roma e il principe*, Roma/Bari 1990, 181-182 は、ニコレの見解を支持する。

(42) 当該事件に関しては、拙稿「ローマ共和政末期の「街区」——都市ローマにおけるウィークスの実態——」長谷川博隆編『権力・知・日常——ヨーロッパ史の現場へ——』名古屋大学出版会、一九九一年、三四頁、および本書三一〇頁参照。

(43) M. H. Crawford (ed.), *Roman Statutes* [= *Roman Statutes*] I-II, London 1996.

(44) *Roman Statutes* I, no. 7.

(45) R. Maschke, *Zur Theorie und Geschichte der römischen Agrargesetze*, Tübingen 1906 (Napoli 1980), 75-113; F. T. Hinrichs, Die lateinische Tafel von Bantia und die "lex de piratis", *Hermes* 98, 1970, 471-502.

(46) H. Stuart Jones, A Roman Law Concerning Piracy, *JRS* 16, 1926, 170-171; A. N. Sherwin-White, *The Roman Citizenship*, 2nd ed., Oxford 1973, 130.

(47) G. Tibiletti, Le leggi *de iudiciis repetundarum* fino alla Guerra Sociale, *Athenaeum* 31, 1953, 57-73; Cl. Nicolet, *L'ordre équestre à l'époque républicaine (312-43 av. J.-C.)* I, Paris 1974, 555-558. また、U. Hall, The 'IIIvir a.d.a' of the 'lex Bantina', in: *Studi in onore di E. Volterra* I, Milano 1971, 199-206 は、むしろサトルニヌス以前の不当利得返還法を想定。長谷川博隆「フレゲッラエの叛乱考——ローマ市民権とラテン市——」『古代ローマの政治と社会』名古屋大学出版会、二〇〇一年(初出は一九六三年)、三八九—三九七頁も、同碑文を不当利得返還法の流れの中に位置づけている。

(48) A. W. Lintott, The *quaestiones de sicariis et veneficis* and the Latin *lex Bantina*, *Hermes* 106, 1978, 125-138.

(49) *Roman Statutes* I, 199. また、『オックスフォード古典学事典』で当該項目を担当したリントットも、一般的には大逆罪に関するアップレイウス法と考えられているとしながらも、他の可能性を否定してはいない。*OCD*³, s.v. tabula Bantina.

(50) *Roman Statutes* I, 205.

(51) *CIL* I², 582.

(52) たとえば、E. H. Warmington (ed.), *Remains of Old Latin* IV (Loeb), 296; S. Riccobono et al. (eds.), *Fontes iuris Romani antejustiniani* I, 2nd ed., Firenze 1941, no. 6 など。

(53) *Roman Statutes* I, no. 1.

(54) A. Lintott, *Judicial Reform and Land Reform in the Roman Republic. A New Edition, with Translation and Commentary, of the Laws from Urbino*, Cambridge 1992 [= Lintott, *Judicial Reform*].

(55) *CIL* I², 583.

(56) *Roman Statutes* I, no. 1.

(57) Cl. Nicolet, Les lois judiciaires et les tribunaux de concussion. Travaux récents et directions de recherches, in: *ANRW* I-2, Berlin/New York 1972, 205-207.

(58) Lintott, *Judicial Reform*, 122-123.

(59) Lintott, *Judicial Reform*, 123.

(60) *Roman Statutes* I, 102-103.

(61) Th. Mommsen, *Gesammelte Schriften* I, Berlin 1904 (Zürich/Hildesheim 1994), 54.

(62) A. N. Sherwin-White, Poena legis repetundarum, *PBSR* 17, 1949 [= Sherwin-White, *PBSR*], 7; Sherwin-White, The lex repetundarum and the Political Ideas of Gaius Gracchus, *JRS* 72, 1982 [= Sherwin-White, *JRS*], 24.

(63) Lintott, *Judicial Reform*, 122.

(64) 「破廉恥」(infamia)については、船田享二『ローマ法』第二巻、岩波書店、一九六九年、一八五―一八九頁、A. H. J. Greenidge, *Infamia. Its Place in Roman Public and Private Law*, Oxford 1894 参照。ちなみにグリーニッジは、「トリブスから移す」と「アエラリウスとする」に関するモムゼン説をいち早く批判した研究者のひとりであるが、グリーニッジによれば、共和政末期において「トリブスから移す」は、重い処罰としての「全トリブスからの排除」と軽い処罰としての「都市トリブスへの移動」という二つの意味を持っていた。Greenidge, *op. cit.*, 105-112.

(65) 詳しくは、荻原英二「不当取得返還請求法の罰金刑について——一一三年、C. Porcius Cato の裁判の検討——」『紀尾井史学』六、一九八六年、三二—三四頁参照。

(66) Sherwin-White, *PBSR*, 7; Sherwin-White, *JRS*, 24. もっとも欠損部の補読としては、シャーウィン＝ホワイトもそこに「トリブスから移す」を読んだままであるが。

(67) ちなみにリントットは、共和政期ローマの国制を取り扱った近著においては、「トリブスから移す」が共和政末期にもはや監察官の譴責との関連で史料に現れなくなることを確認し、その理由は、史料が上層民を取り扱っている場合、元老院議員としての地位や騎士としての地位の剥奪で十分な処罰と見なされたからであろうと指摘している。Lintott, *Constitution*, 118.「トリブスから移す」という譴責自体が廃れていたとするのか、あるいは単にそれを史料が記さなかっただけとするのかわかりにくい記述ではあるが、いずれにせよ、ほかならぬ共和政末期の、リントットの解釈によればまさに騎士身分の審判人がその対象となっていたはずの箇所に「トリブスから移す」を補読していることと、前記のような指摘とはどのように整合性を保ちうるのであろうか。

第七章　都市トリブスとローマ市民団の周縁

——解放奴隷・役者・非嫡出子——

はじめに

古代ローマにおける市民団の下位区分であったトリブスの最も基本的な機能は、ローマ市民の登録である。そもそも伝承によれば、セルウィウス王の時代、拡大した住民を新たにローマ市民団へと編入するための手段として、それまでのトリブス-クリア制に代えて、「地縁的」トリブス制が導入されたのであった[1]。以後、ローマ市民団の再編である戸口調査(census)はこのトリブス単位で実施され、完全ローマ市民であるということはいずれかのトリブスへと登録されることを意味していた。帝政期に入りトリブスがその政治的・社会的機能を悉く失っていく中にあっても、碑文にトリブス名まで刻む慣習はむしろ盛んとなるが、その理由のひとつは、トリブスに「市民身分の表示」という機能があったからにほかならない。

ところで、古代ローマは建国以来、一貫してその社会的流動性の高さを特徴としながらも、基本的には身分と階層により厳密に区分された社会をなしていた。大きくは奴隷と区別された自由人のうちローマ市民権を有するのがローマ市民であるが、彼らが構成するローマ市民団の内部にも、身分、出自、職業、所有財産等々の相違によりさまざまな差異が存在した。そしてそのような市民団内部の区分に対応して、トリブス間においても一定の格差が存在したのではないかとされている。すなわち、全体で三五からなるトリブスのうち地理的にローマの市域に対応する四つが「都市トリブス」と呼ばれ、そこにはローマ市民団の中でも特殊な人々が登録されたと考えられてきたのである[2]。

都市トリブスへと登録されたとして具体的に名が挙げられているのは、解放奴隷、役者、非嫡出子、それに加えて監察官による「譴責」を被った者である。最後に挙げた監察官の「譴責」を被った者とは、元老院議員や騎士といった自己の身分にふさわしい義務に反したとして、あるいはローマ市民としての義務に悖る行為をなしたとして一種の社会的な制裁を受けた人々であり、彼らもまた、「トリブスから移す」という監察官の「譴責」の結果、本来のトリブスから都市トリブスへの転籍を強いられたとされてきた。つまり現在の有力な見解は、ローマ市民団の周縁に位置し社会的に差別された人々をひとまとめにして押し込めた類のトリブスが存在し、それがほかならぬ都市トリブスであったと捉えてきたのである。そのようにして成り立つ都市トリブスは、当然のことながら、他の三一農村トリブスに比べて「社会的に劣格な」トリブスと理解されている。

また、これら都市トリブスへと登録された人々のうち、とりわけ解放奴隷がかなりの数に上ったことが予想されることから、他の農村トリブスに比べて格段に多くの構成員を抱え込んでいた都市トリブスは、「政治的に不利な」トリブスであったとも考えられている。これは、いわば一票の格差という観点から、都市トリブス登録者が著しく不利な取扱いを受けていたとする主張といえよう。さらに、農村トリブスの全体数が三一であるのに対して都市トリブスのそれは四であり、三一対四という形で都市トリブスが常に少数意見にとどまるという点も、「政治的に不利な」トリブスとする理解には含まれている。

このように長らく都市トリブスの劣格性を示す論拠とされてきたもののうち、第六章では「トリブスから移す」を取り上げ、それが「都市トリブスへの移動」＝転籍を意味するのではない可能性を指摘した。前章におけるこの見通しが正しいとするなら、劣格性の論拠とされている他の要素、すなわち解放奴隷や役者や非嫡出子の都市トリブス登録に関しても、その実態をいま一度より根本的なところから検討し直す必要性が生じてきたといえよう。そこで以下、これらローマ市民団の周縁に位置したとされる人々のトリブス登録をめぐる諸事情について検討し、前章での考察と合わせて、現時点で考えうる都市トリブスの性格について明らかにしておきたい。なおその際、主として都市トリブスの「社会的な劣格さ」に焦点を合わせることにし、それとは密接にかかわりながらも結局のところは投票システムへと帰着する「政治的な不利さ」といった論点に関しては、本章補論において別途取り上げることとする。

一　解放奴隷と都市トリブス

従来の通説は、「都市トリブスへの移動」がなんらかの処罰となるためにはそれが劣ったトリブスでなければならない、そしてそのような前提が成立するのは、解放奴隷がそこに押し込められた前三〇四年以降であると考えてきた。(3) つまり「トリブスから移す」についての議論と最も密接にかかわりながら、都市トリブスの劣格性の論拠とされてきたのは解放奴隷の都市トリブス登録である。そこでまずはこの解放奴隷の問題から検討していくが、ローマ社会における解放奴隷の位置づけ全般となると、とうてい私の手には負えない大問題となるので、ここではあくまでも課題を解放奴隷とトリブスとの関連に限定して論じることとする。(4)

1　Ap・クラウディウス・カエクスのトリブス改革

ハリカルナッソスのディオニュシオスによれば、すでにセルウィウス王の時代、解放奴隷にもローマ市民権が与えられ彼らは四都市トリブスへと登録されたというが(Dion. Hal. 4. 22. 4)、解放奴隷のトリブス登録が政治問題として浮上してくるのは、前三一二年の監察官Ap・クラウディウス以降である。Ap・クラウディウスは、それ以前の多分に神話的な人物に対して、初めて「血の通った人間」(personalità viva)としてローマ史上に登場してくる政治家とされており、(5) それだけにその人物像に関しては評価が分かれる。問題を「トリブス改革」に限定した場合でも、彼の行った改革の内容について研究者間で大きく見解が異なっている。少し長くなるが、まずはリウィウスの記すところを引用しよう。

ともかく、Ap・クラウディウスの監察官職により力を得た「フォルムの党派」(forensis factio)が、すでにCn・フラウィウスを造営官に選出していた。Ap・クラウディウスは最初、解放奴隷の息子を元老院議員として選定することにより元老院を汚そうとしたが、誰も彼の選定を有効とは認めず、また元老院内において彼が望んだような影響力を獲得することができなかったことを見てとるや、「都市下層民」(urbani humiles)をすべてのトリブスに分配することで、フォルムとカンプスを腐敗させたのであった。そしてフラウィウスを選出した民会が非常な不名誉を伴うものであったので、ノビレス貴族の多くは黄金の指輪と胸飾りをはずした。このとき以来、国家は二つの部分に分裂した。すなわち、一方では、良き人士の支持者にして信奉者である高潔なる人々が、他方では、「フォルムの党派」が、それぞれの道を突き進んでいたが、ついには、Q・ファビウスとP・デキウスとが監察官となり、ファビウスは、調和のためと同時に、民会が非常に卑しき者たちの手に握られることがないようにとの配慮から、「フォルムの大衆」(forensis turba)をすべて分離し四つのトリブスへと放り込んだのであった。そして彼はそれらを「都市トリブス」と名づけた。(6)

このリウィウスの記述が共和政末期における政治闘争の記憶で色濃く染め上げられていることは、すでにCl・ニコレの研究以来、(7)広く認められている。すなわち、ここで用いられている用語は共和政末期の実態を前四世紀に投影したものにすぎず、それゆえリウィウスが語るところを文字通りに受け取ることはできないというのである。しかしそれでもわれわれは、「フォルムの党派」「都市下層民」「フォルムの大衆」などと呼ばれ、最終的には前三〇四年の監察官によって都市トリブスへと押し込められたのがいったいどのような人々だったのかに関して、一定の見通しをつけないわけにはいかない。

かつてはTh・モムゼンによって、非土地所有者や無産市民にもこのとき初めてトリブス所属が認められたとする説が提出され、[8]これは広く受け入れられてもいた。[9]だが、Pl・フラッカーロの有力な批判によってモムゼン説が十分な史料的根拠を持たないことが明らかとなった結果、[10]このような理解はいまや支持しえなくなっている。[11]また、プルタルコスの伝えるところをもとに(Plut. *Publ.* 7. 7-8)、「遺言による解放奴隷」がこのとき初めてローマ市民権を得たのではないかとする説に対しても、C・マージ・ドーリアが説得的な批判を展開している。[12]

それに対しトリブス登録の変更をこの改革に読み取るのが現在の主流といえるが、その中でまず、リウィウスよりディオドロスの記述を重要視しながら、このとき全ローマ市民にトリブス変更が認められたとする理解が存在する。[13]ディオドロスによれば、Ap・クラウディウスは、「市民に対し、どこであれその希望するトリブスに登録される権利と、どこであれその欲するところで財産評価を受ける権利を与えた」という(Diod. 20. 36. 4)。たしかにここで対象とされているのは、取り立てて限定のない「市民」である。この説においては、Ap・クラウディウスによるトリブス改革の性格として、自己の権力強化を目的とした政治的側面より、どちらかといえばローマ軍の増強や徴税システムの再編[14]といった行政改革的側面が強調されている。[15]

ディオドロスの記述を重視するこの種の見解に対し、先のリウィウスの記述を比較的忠実に受け入れながら、ここで問題となっているのをローマ市民全体ではなく「ローマ市居住者」に限定して考えるのがより一般的な理解といえよう。ただし、そのローマ市居住者の具体的な内容となると、富裕者をも含む商業勢力を想定する説から、[16]どちらかといえば解放奴隷を含めた「都市大衆」(plebs urbana)と呼ばれる社会層を想定する説、[17]さらにはもっぱら解放奴隷を想定する説まで、[18]その力点の置き方は微妙に異なる。このような諸説が存在する中で私は、L・R・テイラーやS・

トレッジャリの見解に従い[19]、Ap・クラウディウスによる「トリブス改革」の対象を解放奴隷に限定して捉える説に立っている。その理由の第一は、これ以降、都市トリブスへの登録かあるいは農村トリブスをも含めた全トリブスへの登録かで問題となってくるのはもっぱら解放奴隷であり、ローマ市民全体はもちろんのこと、「都市大衆」全体がその対象となってくることさえないという点である。これは、政治闘争上、強力な支持者を必要としており、そのためにはあらゆる手段を講じたのではないかと思われる共和政末期の「民衆派」政治家においても等しく見られる現象である。とすれば、Ap・クラウディウスのトリブス改革を、共和政期ローマの政治史上でその模倣者すら存在しない著しく突出した事件とするより、共和政末期にいたるまでも繰り返し現れる解放奴隷のトリブス登録をめぐる政治的駆引きの嚆矢と捉えておくのがより自然であろう。

理由の第二は、かりにここでの対象を全ローマ市民あるいは都市大衆全体とすると、それが従来のトリブス制に対するかなりラディカルな変革を意味するにもかかわらず、史料をよくよく検討してみると、そのような改革の効果もそれに対する反応もあまりにも遅いという点である。この点は従来ほとんど注目されてこなかったが、Ap・クラウディウスのトリブス改革が前三一二年から翌年にかけての彼の監察官職のときであるのに対して、それへの対応がなされたのはようやく前三〇四年になってからであった。先に引用したリウィウスによれば、前三〇四年にいたって初めて、ノビレス貴族たちはことの重大さを理解したかのような記述となっている。しかもこの間に一度(前三〇七年)、別の戸口調査がなされているのである[20]。なるほど、監察官の任期が終了したあともAp・クラウディウスがその職を退くことなく、前三〇八年に執政官へと立候補した際、いまだ監察官にとどまっていたとする伝承が存在する(Liv. 9. 42. 3)。とすれば、少なくとも執政官に就任した前三〇七年にいたるまでAp・クラウディウスがその影響力を行使し、彼の改革に対して誰も手出しができなかった可能性はあろう。だがそれにしても、全ローマ市民がAp・クラウディウスの都合のよいように全トリブスへと再登録されたとすれば、あるいは都市大衆が全農村トリブスへと再登録されたとすれば、そこから生ずる勢力地図の激変は火を見るよりも明らかであり、前三〇四年以前においてもトリブス民会での選挙が何度も行われていたにもかかわらずその効果が前三〇四年に初めて現れ、それへの対応がこれだけ遅れてしまったというのは、いかにも不自然との印象を拭えない。

以上の理由から、たしかに解放奴隷なる語は直接史料には出てこないものの、[21]この改革のうちに解放奴隷のトリブス登録問題を読み取るのがより妥当であると私は判断している。ただし語義的な観点からも、humilesなる語が指し示すのはnobilesに対立するカテゴリーであり、[22]それが社会集団としての解放奴隷に限定して用いられたことはないとする批判が存在する。[23]だが、トレッジャリも指摘するように、[24]解放奴隷の息子を元老院議員として選定することに失敗したこととの関連で出てくる「都市下層民」は、叙述の流れから判断してやはり解放奴隷を示すと考えた方がよいだろう。

それでは、トリブス改革の対象が解放奴隷であった場合、なぜその効果とそれへの対応がこれほど遅れることがありえたのか。この点を考えるにあたっては、対象となった解放奴隷の実態とその再登録方法を見ておく必要があろう。まずテイラーは、農村部に住みながらも都市トリブスへと登録されていた解放奴隷、あるいは農村部に土地財産を所有していた解放奴隷をその対象として想定している。[25]それに対し、解放奴隷研究の側からこの問題にアプローチしたトレッジャリは、解放後にローマの市域に移り住んでいた解放奴隷が対象になっていたのではないかとする。[26]たしかに、先のリウィウスの記述になんらかの真実が含まれているとするならば、「フォルムの党派」や「都市下層民」といった表現からはローマ市居住者がその対象となっていたことが窺われる。しかしながら他方で、解放後に農村部にとどまり続けた解放奴隷がこのときことさら除外された理由は見つからない。私としては、農村部に居住する者を含めてすべての解放奴隷が対象となったが、実際のところはその大部分がローマ市居住者からなっていたと考えておきたい。

次に、彼ら解放奴隷はどのような形で農村トリブスへと登録変更されたのであろうか。リウィウスは、「すべてのトリブス」としか記していない。他方ディオドロスは、「どこであれその希望するトリブス」への変更が可能であったかのように述べているが、先にもふれた理由から、このときディオドロスが記すような無秩序にも等しい改革が試みられたとは考えにくい。トレッジャリが注目したように[(27)]、共和政末期にいたってC・マニリウスやクロディウスといったいわゆる「民衆派」の政治家たちは、解放奴隷に旧主人と同じ農村トリブスへの登録を認めようとしている(後述)。とすれば、Ap・クラウディウスによる前三一二年の措置もこれと同種の内容を持っていた可能性が高いといえよう。つまり、従来、都市トリブスにのみ登録されていた解放奴隷を旧主人が属する農村トリブスにも所属させようとする試みが、このとき初めてなされたのであり、その目的はおそらくこのような社会層を自己の支持基盤とすることにあったのであろう。

だが現実問題として考えた場合、いまだ公開で投票がなされていた段階で、旧主人と同一のトリブスへと所属させられた解放奴隷からどれだけの票が期待できたかとなると、疑問である。このトリブス改革をもとにAp・クラウディウスがトリブス民会を掌握し、それにより彼が自己の権力を強化するのではないかという危惧の念は、一般に考えられているほど強くなかったのではないか。さらにいえば、この措置が遡及的なものではなく、前三一二年以降にトリブスへと登録される解放奴隷にのみ適用された可能性もあるが、その場合、他のノビレス貴族の懸念はさらに小さかったことが予想されよう。このように考えてくるならば、史料が伝えるようにCn・フラウィウスの造営官職選出が本当にAp・クラウディウスによるトリブス改革に起因していたのか、その因果関係も当然疑わしいものとなってくる。しかしながら少なくともこの事件は、状態を前三一二年以前へと戻すのに十分な動機とはなりえた。前三〇四年、解放奴隷は再び四都市トリブスへと限定されたのであった。

さて、以上のような前三一二年の「トリブス改革」から前三〇四年の「反動」にいたるまでの一連の事件をもとに、都市トリブスの性格づけとしていったいどのようなことが読み取れるのであろうか。

まずここで押さえておかなければならないのは、前三一二年以前に解放奴隷が都市トリブスへと登録されていたのは、おそらくそこが劣位のトリブスであったからではなく、彼らの登録トリブスをその実際の居住地にできるだけ合致させようとする意図からではなかったかと考えられる点である。[28] 農村部に比べ商工業に従事する都市部の奴隷がより多く解放の機会を手にしていたことはつとに指摘されているし、[29] また農村部で解放された解放奴隷が新たな職を求めてローマ市へと移り住んだ事例も多かったに違いない。とすれば、前三〇四年における監察官の措置は単なる「反動」というより、解放奴隷のトリブス登録において〈居住地原則〉を復活させようとした試みとも解されよう。

とはいえ、「移住」や「居住」の定義自体の曖昧さからすでに予想されるように、[30] 地方都市（自治都市、ローマ市民権植民市等々）を含めた農村トリブスに属する地域からローマ市へと移住した者に対して、どれほど厳密にトリブス変更（＝都市トリブスへの登録）が行われていたのかはわかっていない。それゆえローマ市に居住しながらも農村トリブスに登録されたままの住民がかなりいた可能性はある。他方、ローマ領の拡大と奴隷解放の増加に伴い、農村トリブスの地域に居住しながらも都市トリブスへと登録された解放奴隷の数は増大していったに違いない。このような状況下では、二重の意味で実際の居住地と登録トリブスとの乖離が進行しつつあったと思われるが、その中にあって、都市トリブスがその居住地とはかかわりなく解放奴隷の登録トリブスであるとする認識は、確実に浸透していったことであろう。とすれば、通説の説くごとく、古代ローマ人の解放奴隷に対する評価と相俟って、都市トリブスを社会的に劣格であるとする評価も前三〇四年を起点に一定の広がりを持った可能性は否定できないといえよう。

2　共和政中期

Ap・クラウディウスの措置は、前三〇四年の監察官Q・ファビウス・ルッリアヌスとP・デキウス・ムスとによって元に戻され、解放奴隷は四つの都市トリブスへと登録されることになった。その後の詳しい経過は不明ながらも、リウィウスの『梗概』によれば、再び農村トリブスへの登録が認められていた解放奴隷は、前二三四―二二〇年のいずれかの時期にまたもや四都市トリブスへと限定されることになったようである(Liv. *Per.* 20)。そして最終的には、前一六九年の措置により彼らの境遇は一段と不利なものになったと考えられている。

以下の者を除いて、解放奴隷はそれまで四つの都市トリブスに登録されていた。五歳以上になる実子を持つ者――このような者は、直前に戸口調査を受けたところで戸口調査を受けるよう監察官は命じた――そして、三万セステルティウス以上の土地あるいは農地を所有する者、〔……(欠損)……〕、戸口調査を受ける権利が与えられていた。……これらのことが両監察官の間で討議され、ついには、次のような解決策へといたった。リベルタスのアトリウムにおいて公開で籤引きがなされ四都市トリブスの中からひとつのトリブスが選び出されるようにと、そしてかつて奴隷であった者はすべてそのトリブスへと放り込まれるようにと。籤はエスクイリナ区に当たった。Ti・グラックスは、すべての解放奴隷はこのトリブスで戸口調査を受けるよう決定されたと宣言した。(31)

引用文中の中略部で展開されているのは、前章において検討した「トリブスから移す」をめぐる両監察官C・クラウディウスとTi・グラックスとのやりとりであり、(32)最終的にはここで記されたように両者の妥協の結果、解放奴隷は籤引きにより選び出されたエスクイリナ区へと登録されたのであった。ただし以後の解放奴隷の登録はエスクイリナ区のみに固定されたわけではなく、戸口調査のたびごとに新たな籤引きが行われ、それをもとに都市トリブスがひとつ選び出されたのではないかと考えられている。(33)

さて、引用の前半部に見られる都市トリブス登録からの除外規定に関してテイラーは、解放奴隷にとって有利なこれらの措置をなしたのは前一七九年の監察官M・アエミリウス・レピドゥスとM・フルウィウス・ノビリオルであり、続く前一七四年の監察官によりなんらかの制限がなされた後、前一六九年、すでに農村トリブスへと登録されている者を除いてこのような措置は廃止されたのであろうと解している。(34) それに対して、他の史料との整合性を重要視し(Cic. *Orat*. 1. 38; [Victor] *Vir. ill.* 57)、リウィウスが記しているような形で解放奴隷を四都市トリブスへと登録したのも二つの除外規定を設けたのも、ともに前一六九年の監察官であったとする解釈も存在する。(35)

リウィウスの記述がかなり難解であるため、前一六九年前後の状況をめぐっては少なからず意見の相違が見られるものの、(36) ここでの関心にとっては次の点を確認しておくだけで十分であろう。すなわちそれは、マージ・ドーリアが述べるように、このリウィウスの記述を取り立てて疑うだけの材料がないとすれば、(37) 少なくとも解放奴隷の一部に対して農村トリブスへの登録が認められていたという点である。一般的には、「五歳以上になる実子を持つ者」という規定は「三万セステルティウス以上」という規定とは独立の資格要件であったと考えられており、(38) とすれば単に富裕な解放奴隷のみならず、実子を持つことのみを条件とする農村トリブスへの登録も可能であった。なるほど前に紹介したテイラー説に従えば、この種の除外規定は前一七九—一六九年までの極めて限られた期間にのみ適用されたことになる。だが、監察官の措置全般がその後の戸口調査に対して法的拘束力を持たなかったことを考えるならば、後の監察官たちが例外規定の適用をも含めて前一六九年以前のやり方に立ち返った可能性も考えられよう。

以上の考察からして、共和政期においても解放奴隷が都市トリブスへのみ登録されていたわけではないことが明らかとなる。一定の条件さえ満たすならば、解放奴隷も農村トリブスへと登録されるにふさわしいと判断されていたのである。しかしながら他方で、このように一定の条件を満たした解放奴隷だけが農村トリブスへの登録を許されたという事態は、当然のことながら、そうでない者との間に格差を生じさせ、そうでない者が登録された都市トリブスの評価を一段と低めることになったかもしれない。

3 共和政末期

共和政末期に入ると、解放奴隷がいわゆる「民衆派」政治家の格好のターゲットになる条件が整ってくる。[39] 前一二三年に穀物の安価な配給が始まり前五八年にはそれが無料となった結果、ローマ市へと流入する解放奴隷の数が飛躍的に増大した。また、前一三九年以降に導入された一連の秘密投票法（leges tabellariae）により、少なくとも民会の投票時においては解放奴隷に対するかつての主人の影響力が格段に弱められていた。このような条件のもと、共和政末期になると解放奴隷のトリブス登録をめぐる問題が政治課題として再浮上してくるが、まずは、そのアウトラインを確認しておこう。

「解放奴隷の投票に関する法」であったこと以外その実態が全く不明な、前一一五年の執政官M・アエミリウス・スカウルスによる立法の後（*Vir. ill.* 72. 5）、前八八年の護民官であるP・スルピキウス・ルフスが、同盟市戦争により市民権を獲得した新市民ともども解放奴隷を既存の三五全トリブスに登録すべく改革を行ったことが知られる。[40] しかし、その後のマリウス-キンナ派対スッラ派の内乱を経過するうちに、新市民はそのまま三五トリブスへと登録されたが、解放奴隷はスッラにより再び都市トリブスへと限定されたようである。[41] というのも、前六七／六六年、護民官のC・マニリウスが解放奴隷の全トリブスへの登録という問題を再度持ち出している（Ascon. 45C; 64C）。ところが、このマニリウス法も手続き上の不備を理由に廃案となった。その後、前五三年には法務官選挙に立候補していたクロディウスが、選挙公約として同種の提案を掲げていたが（Cic. *Mil.* 87; 89; Ascon. 52C; Schol. Bob. 173St）、しかし周知のごとく、クロディウスの公約も彼の殺害により実現を見ることはなかった。結局のところ、文献史料で見る限り、解放奴隷は都市トリブスに登録され続けたのであり、カエサルやアウグストゥス時代にも解放奴隷のトリブス登録に関して変更がなされた形跡は見られない。

さて、いずれも挫折しているとはいえ、デマゴーグとされるこれら「民衆派」政治家たちの活動の中で注目されるのは、彼らによって提案された解放奴隷の「全トリブスへの登録」がどのようなやり方だったのかである。この点に関して、キケロやアスコニウスはそれ以上の詳しい情報を提供していないが、後三世紀初頭の歴史家カッシウス・ディオはそれを知る手掛かりとなるような記述を残している。それによれば、「〔マニリウスは〕解放奴隷身分の者に対して、彼らを解放した者たちとともに投票する権利を与えた」(Dio 36. 42. 2)という。ここからモムゼンは、マニリウス法により解放奴隷は彼らの保護者である旧主人と同一のトリブスに属することを認められたのであり、スルピキウス法やクロディウスの予定されていた法案も基本的には同一の内容を持っていたと主張した[42]。

この点については、依然として「全トリブスへの登録」といった表現にとどめている研究者も見受けられるが[43]、ここではテイラーやトレッジャリに従い[44]、モムゼン説を受け入れておきたい[45]。論理的に考えても、そのような登録が最も自然であったと判断されるからである。政治が極度に混乱していた共和政末期とはいえ、解放奴隷にのみ全く自由なトリブス選択が認められたとはおよそ考えられず、彼らにも当然、登録のためのなんらかの原則が適用されたに違いない。とすれば最も可能性が高いのは出生自由人同様の〈居住地原則〉であるが、その場合、すでに出生自由人の間でも厳密な対応関係を失っていた実際の居住地への登録より——そもそもそのようなやり方では大部分の解放奴隷が都市トリブス登録のままとなろう——、旧主人と同一のトリブスへの登録がむしろ妥当なように思われるからである。キケロがクロディウスの法案に関して、「われわれの身柄をわれわれの奴隷たちに引き渡すための法案」(Cic. *Mil.* 87)と批難しているのも、この種の登録への言及かもしれない。

この一連のやりとりからは、共和政末期においてもおそらく解放奴隷の大部分が都市トリブスへと登録されていたこと、そして彼らの全トリブスへの分配が少なからぬ政治変動をもたらす要因と捉えられていたことが読み取れる。[46]だがここで留意すべきは、解放奴隷が社会的な劣格者でありそれゆえ彼らには都市トリブスこそがふさわしいとする言説、あるいはそのような彼らと同一のトリブスに属することを忌避する言説は、はっきりとした形では見られないという点である。解放奴隷のトリブス再分配への反対はあくまでも政治的、より正確にいえば投票システム上の理由からにすぎない。しかもその投票システム上の理由にしても、解放の権限が主人の側に留保されていた以上、たとえ「秘密投票制」のもととはいえ、意に添わぬ解放奴隷の、しかも一致団結した投票によって旧主人の利害がどれほど脅かされたのかは極めて疑わしいといえよう。[47]

このように見てくるならば、解放奴隷のトリブス再分配が支配エリートの間に激しい抵抗を引き起こした真の理由は、次のようなことではなかったかと思えてくる。すなわち、自己の属するトリブスの掌握という観点からすれば、自らの解放奴隷がそこに登録されるのはむしろ望ましかったが、しかし他人の解放奴隷も同様に登録されることからくる投票行動の不透明さ、つまり従来以上に「票が読めなくなる」ことへの危惧の念がそのような対応を引き起こしたのではないかと。[48]

ところで、共和政末期における都市トリブスに関して、ここでひとつ注目しておきたい事柄がある。それはキケロの不倶戴天の政敵であるクロディウスが、都市トリブスと極めて結びつきの深い人物であったという点である。[49]「君のパラティナ区」といったキケロの表現をもとに(Cic. *Dom.* 49)、クロディウス自身は一般的に、都市トリブスのひとつであるパラティナ区の所属とされている。テイラーは、前述のカエクスの時代にクラウディウス氏の一部が(クロディウスは名門クラウディウス氏の出身)農村トリブスからこの都市トリブスへと転籍したのではないかと推測しているが、[50]後述するように、パラティナ区はクラウディウス氏のほかにも多くの社会的上層を抱えるトリブスであった。そのような状況に起因してか、クロディウスは都市大衆の間で絶大なる支持を得ていたにもかかわらず、知人ウァティニウスの選挙に際し、このパラティナ区の票を都合するのに失敗している（Cic. *Sest.* 114; *Dom.* 49）。

さらにキケロによれば、「〔クロディウスは〕何度もトリブスを召集し、間を取り持ち、新コッリナ区を堕落しきった市民らの一団を登録させて構成しようとしていた」（Cic. *Mil.* 25. 山沢孝至氏の訳文参照）という。ここには、もうひとつの都市トリブス、コッリナ区とクロディウスとの結びつきが示唆されている。ちなみに、帝政期に属する碑文史料をもとに（*CIL* VI. 24627; 24628）、クロディウスの腹心の部下であるセクストゥス・クロディウス（クロエリウス）が、このコッリナ区の所属であった可能性も指摘されているが、[51] 当の「新コッリナ区」という表現がいったい何を意味するのかとなると難問であり、いまだ満足のいく説明はなされていない。[52]

たとえば、「用心深くも、伝統的な解釈にとどめている」[53] と評されたテイラーは、「新コッリナ区」という表現はすでにコッリナ区からの従者の一団を持っていたクロディウスが、同じコッリナ区から新たな従者の一団を召集したことを意味すると解している。[54] 他方、トレッジャリはそれを、クロディウスによってローマ市居住の解放奴隷が農村トリブスへと登録されることに伴い彼らが及ぼすに違いない影響力への言及であるとする。[55] またJ-M・フランバールは、ニコレの研究[56]に依拠しながら、同盟市戦争後に新市民登録のために当初予定されていた「二重トリブス」（tribus-bis）のごときものを想定している。[57]

この問題に関して私はといえば、次のように考えている。まず、同盟市戦争後の激しい抵抗のことを思い浮かべるならば、文字通りのトリブスの新設（＝新コッリナ区）はもちろんのこと、クロディウスがここでトリブス制のなんらかの変革を試みようとしていたとはおよそ考えられない。そもそもこのときのクロディウスは無官であった。そこでトレッジャリなどは、クロディウスの教唆により、「トリブス役人」（tribal officers）によってトリブス・リストの違法な改竄がなされたのではないかと推定しているが、もしそうであるならば、そのような違法性への直接的な攻撃の方がむしろ効果があったのではないか。つまりここでの「新コッリナ区」は、解放奴隷の農村トリブスへの再分配を含めトリブス制の変革にかかわる言及ではないとするのが妥当であろう。ところで、クロディウスが、ローマ市に居住するいわゆる「都市大衆」を政治活動の基盤としていたことはよく知られている。(58) その際彼は、「都市大衆」をウィクスという単位ごとに組織化し、民会における投票や広場・通りにおける暴力行使の圧力集団として利用していた。キケロはそれをもっぱら奴隷から成り立っていたかのように記述しているが、実際にはその中に解放奴隷や下層の出生自由人も含まれたことは間違いない。このようなクロディウスの従者がどのトリブスに所属していたのかを、キケロはそもそもどのように識別できたのであろうか。もちろん、彼らが民会での投票に際し当該トリブスの列に並んでいる場合にはそれも可能であろうが、奴隷をも含み込みながら、広場や通りにおいて圧力集団として活動している場合には、彼らの所属トリブスを判別することは不可能であったろう。

以上のようにいえるとするならば、ここでキケロが示唆しているのは、そのようなクロディウスの従者が、市民であるか奴隷であるかにはかかわりなく、また実際の所属トリブスがどこであるかにもかかわりなく、本来のコッリナ区を構成する地域のウィクスから動員されているという事実だったのではないかと思えてくる。奴隷をも含み込むそのようなクロディウスの従者の一団に向け、キケロはたっぷりと皮肉を込めながら、「新コッリナ区」と表現しているのではなかろうか。

詳細はともかく、これらの事実から明らかとなるのは、キケロがクロディウスの活動を「都市大衆」ひいては都市トリブスとのかかわりで理解し記述しているという点である。いうまでもなくクロディウスは、キケロにローマからの追放をもたらした張本人であった。そこでキケロが都市トリブスに対し、たとえ敵対的な評価あるいは侮蔑的な評価を下している場合でも、(59) その背後にほかならぬ政敵クロディウスへの敵意・憎悪が潜んでいる可能性が考えられよう。もしそうであるならば、キケロによる都市トリブスの評価やそのようなキケロに依拠した史料には、かなりのバイアスが予想されることになる。

4　碑文に現れる解放奴隷

文献史料から知られる都市トリブスと解放奴隷との関連は以上であるが、われわれは碑文史料からもいくつかの情報を得ることができる。

まずは、一九九六年からG・フォルニによって刊行されているローマ市民の〈トリブス一覧〉において、幸いにも共和政期にかかわる部分がすでに出版されているので[60]、それをもとに解放奴隷のトリブス登録を見ていこう。表1の(a)欄は、そのフォルニの研究をもとに、所属トリブス名がわかる共和政期の人物を一覧表にしたものである。それらのうちでフォルニが解放奴隷として挙げるのは六例であり、その内訳は、パラティナ区が四例、メネニア区が一例、そしてクイリナ区が一例となる[61]。そもそも碑文の少ない共和政期であることに加え、トリブス名を記している解放奴隷の数自体も非常に少ないのであるが、その中にあって、注目すべきことに農村トリブスの所属が二例存在するのである。わずか二例とはいえ、本節2で言及した解放奴隷の農村トリブス登録という措置が、碑文史料によっても具体的に裏づけられたといえよう。

次に、都市トリブスという観点からとりわけ重要な『ラテン碑文集成』第六巻、つまり「ローマ市」から出土した碑文に目を向けてみよう。表1の(e)欄は、『ラテン碑文集成』第六巻の索引をもとに、名前に「○○の解放奴隷」と明記されている人物に関して、その所属トリブスを一覧表にしたものである(時代はすべて帝政期)。ここでも知られる事例数は極めて少ないが、その中にあって、共和政期同様、都市トリブスのひとつであるパラティナ区の所属者が相対的に多いこと(六例)、そしてエスクイリナ区(一例)やスブラナ区(二例)といった他の都市トリブスにも解放奴隷が現れていることが目を惹く[62]。トリブス名の記載であることがほぼ確実な二一例のうち、都市トリブス全体の割合は九

表1　トリブス一覧(網かけは都市トリブス)

トリブス名	(a)	(b)	(c)	(d)	(e)	(f)	(g)	(h)
AEMILIA	22	14	4	9	1	0	0	39
ANIENSIS	16	9	5	18	0	0	0	57
ARNENSIS	24	11	2	15	0	0	1	47
CAMILIA	12	7	2	5	0	0	0	45
CLAUDIA	14	5	0	19	3	1	0	43
CLUSTUMINA	16	8	11	18	0	0	1	31
COLLINA	19	4	2	6	0	0	24	124
CORNELIA	20	12	13	11	0	0	0	25
ESQUILINA	1	0	0	0	1	4	1	7
FABIA	16	11	0	39	2	0	1	91
FALERNA	30	10	3	11	1	1	0	38
GALERIA	20	6	1	49	1	0	0	61
HORATIA	17	12	3	10	0	0	0	23
LEMONIA	14	10	4	7	1	0	0	26
MAECIA	19	14	3	4	1	0	0	24
MENENIA	18	10	2	4	0	0	0	26
OUFENTINA	14	9	2	10	0	0	0	37
PALATINA	21	5	0	47	6	0	3	151
PAPIRIA	13	21	1	15	0	0	1	47
POLLIA	27	11	0	19	0	0	0	101
POMPTINA	21	7	2	8	0	1	1	53
PUBLILIA	7	11	0	10	1	0	0	26
PUPINIA	14	7	1	12	0	0	0	22
QUIRINA	37	17	6	96	1	0	1	133
ROMILIA	23	7	2	4	0	0	0	17
SABATINA	9	5	3	5	0	0	0	18
SCAPTIA	5	2	1	2	0	0	0	35
SERGIA	31	13	2	32	0	0	1	49
STELLATINA	41	8	3	13	0	0	0	39
SUBURANA	2	1	0	0	2	0	3	11
TERETINA	38	14	6	15	0	1	1	22
TROMENTINA	15	9	2	15	0	0	0	20
VELINA	33	13	8	16	0	0	1	56
VOLTINIA	10	4	0	38	0	0	1	53
VOTURIA	10	3	2	3	0	0	0	21

(a) トリブスのわかる個人(共和政期)
(b) 元老院議員の氏族・家族(共和政期，推定を含む)
(c) 騎士(共和政期)
(d) 騎士(帝政期)
(e) 解放奴隷
(f) 役者
(g) 非嫡出子
(h) トリブスのわかる個人(ローマ市)

(a) G. Forni, *Le tribù romane* I-1, Roma 1996. (b) L. R. Taylor, *The Voting Districts of the Roman Republic. The Thirty-five Urban and Rural Tribes*, Roma 1960. (c) Cl. Nicolet, *L'ordre équestre à l'époque républicaine (312-43 av. J.-C.)* II, Paris 1974. (d) H. Devijver, *Prosopographia militiarum equestrium quae fuerunt ab Augusto ad Gallienum*, Leuven 1976-1993. (e)(g)(h) *CIL* VI, index. (f) H. Leppin, *Histrionen. Untersuchungen zur sozialen Stellung von Bühnenkünstlern im Westen des Römischen Reiches zur Zeit der Republik und des Principats*, Bonn 1992. よりそれぞれ作成。

例＝四三％となる。帝政期に入ってからも引き続き、解放奴隷は都市トリブスへと登録される傾向にあったとひとまずはいえようか。

だが他方で、共和政期同様に帝政期においても、農村トリブスに登録された解放奴隷が確実に存在したという事実も、ここからは読み取れるのである。『ラテン碑文集成』第六巻は前述のごとく「ローマ市」に対応する碑文を集めたものであるが、そこにおいてさえ農村トリブスへと登録された解放奴隷が一二例＝五七％、姿を現しているのである。[63] もっとも、碑文における表記方法の特徴まで含めて考えるならば、[64] 都市トリブス＝四三％、農村トリブス＝五七％という数字は額面通りに受け取るわけにはいかない。しかしながら、原則は厳しくともその運用が極めて柔軟であった古代ローマの諸制度を思うとき、たとえ解放奴隷の都市トリブス登録という原則がいまだ有効であったとして、実際には農村トリブスへと登録された「例外」もかなりの数に及んだのではないかと思われてくる。帝政期に入り民会がその実質的な機能を次第に失っていく中にあって、おそらくトリブス登録といった問題も、共和政期におけるような政治的な意味合いをほとんど失っていた。とすれば、少なくとも政治的観点からして、解放奴隷の農村トリブス登録に対し執拗な抵抗を生じさせない条件は共和政期より整っていたのではなかろうか。

『ラテン碑文集成』第六巻から得られる知見は以上であるが、ここでオスティアおよびプテオリといった港湾都市において見られるパラティナ区所属者について、簡単にふれておきたい。両都市からの碑文にパラティナ区所属者が多く現れることは従来から注目されてきた。これに関してテイラーは、それぞれ本来の所属トリブスとしてウォトゥリア区とファレルナ区を持っていたオスティアとプテオリが、港湾整備に強い関心を示していたトラヤヌス帝により「第二トリブス」(a second tribe)としてパラティナ区を割り当てられたのではないかと考えた。パラティナ区が選ばれた理由は、両港湾都市と首都ローマとの行政的な結びつきの強さであるという。[65] それに対してR・メグズやJ・H・ダームズなどは、そこに見られるパラティナ区は当該人物やあるいはその祖先が解放奴隷であったことに起因すると考え、系譜上奴隷出自である人物を確定するための指標としてパラティナ区の記載を用いている。[66]

パラティナ区が出現する理由としては、私もメグズやダームズの見解に与するが、さらにここで注目しておきたいのは、以下の事実である。オスティアにおける解放奴隷の子孫の中には、パラティナ区所属者がいる一方で、彼らの保護者のトリブス、つまりオスティア本来のトリブスであるウォトゥリア区所属者も幾人か存在する。[67] このことは一見したところ、最初パラティナ区へと登録された解放奴隷とその子孫が、社会的な上昇に伴いパラティナ区からウォトゥリア区へとその所属トリブスを変更したことの証拠のようにも思われよう。だが、後二世紀になるとオスティアの最高政務官である二人官就任者や都市参事会員の中にパラティナ区を記載する者が現れ、さらに都市参事会員の中には他の都市トリブスであるコッリナ区所属者も一例現れるのである。[68] 二人官に上り詰めながらもパラティナ区にとどまっているこの事例は、社会的な上昇に伴うパラティナ区からウォトゥリア区への所属トリブスの変更というパターンが決して一般的なものではなかったこと、[69] そしてまた、都市トリブスであるパラティナ区(おそらくはコッリナ区も)と農村トリブスであるウォトゥリア区との間には、どうやら明確な優劣関係の意識が存在しなかったことを如実に物語っているといえよう。

二　役者と都市トリブス

コルネリウス・ネポスがその『英雄伝』の序において述べているように、古代ギリシア世界とローマとの間における慣習の違いのひとつに、舞台に上がって演劇に携わる者に対する評価があった(Nep. praef.)。ギリシア世界ではそのような行為がなんら不名誉とはならなかったのに対して、すでに共和政期以来のローマにおいては、演劇や舞台にかかわった者たちが職業的に差別を被り、「トリブスから移す」という形で監察官の譴責の対象となっていたことが知られるのである。前章でも論じたように、通常、この「トリブスから移す」は、「都市トリブスへの移動」を意味したとされている。一方、モムゼンは、帝政期の碑文において役者のエスクイリナ区所属を示す碑文が三例存在し(*CIL* VI. 10097; 10103; 10105)、さらに女役者の息子が同じくエスクイリナ区所属であったことを示す碑文が一例存在することをもとに(*CIL* VI. 10107)、役者のエスクイリナ区所属を推定したのであった。[70] このように「トリブスから移す」に関して文献史料が提示する知見と碑文史料から得られる知見とは、一見したところ整合性を持っており、それらはともに役者の都市トリブス所属、とりわけエスクイリナ区への所属を指し示している。この種の理解はまた、劇場や役者に関する最近の諸研究においても基本的に引き継がれているといってよいだろう。[71]

役者が「トリブスから移す」という形で監察官の譴責の対象となっていたことを直截に伝える文献史料は、キケロ(Cic. *Rep*. 4. 10)、リウィウス(Liv. 7. 2. 12)、ウァレリウス・マクシムス(Val. Max. 2. 4. 4)そしてアウグスティヌス(Aug. *CD*. 2. 13)である。そのうち、リウィウスおよびそれに依拠したかあるいはそれと同一の典拠を利用したとされるウァレリウス・マクシムスは、[72] 前三六四年にエトルリアから導入された演劇の歴史を略述する中で「トリブスから移す」にもふれ、アテッラナ笑劇の役者は例外的に「トリブスから移す」の対象とはならなかったと指摘している。これよりすれば、それ以外の役者が「トリブスから移す」の対象となっていたことは読み取れるが、その「トリブスから移す」が具体的にどのような措置であったのかとなると、前記史料はそれを伝えない。ところが、従来この「トリブスから移す」という譴責は、少なくとも前三〇四年以降においては、「都市トリブスへの移動」＝転籍を意味すると捉えられてきた。それに対して前章では、「トリブスから移す」を「都市トリブスへの移動」とするこの解釈では史料相互の食違いについて説明がつかないことを指摘し、一見したところ「都市トリブスへの移動」を示唆するかに見える史料(Liv. 45. 15. 1-4; Dion. Hal. 19. 18. 1; Plin. *HN*. 18. 3. 13)は、共和政末期に「トリブスから移す」の意味内容がすでに不明瞭となっていたことの反映ではないかと推定した。その際、役者関連の史料を詳しく検討することができなかったので、ここではまず、それらの史料をもとに前章での仮説を補強しておきたい。

この問題を考えるにあたって示唆に富むのは、アウグスティヌスの記述である。アウグスティヌスはローマ人の神々を論ずる中で役者に対するローマ人の対応を取り上げ、キケロ『国家について』における小スキピオの発言として、

彼ら〔ローマ人〕は、演劇や舞台のすべてを恥ずべきものとみなしたので、その種類の人間がそのほかの市民の名誉を欠くのみでなく、さらに監察官の譴責によってトリブスから移されることを欲した。（岡道男氏の訳文参照）[73]

という箇所を引用した後、さらに次のように述べている。

まったく当然のこととして、ローマ市民のうち、みずから進んで役者となった者は誰でも、ただ顕職に就くことができなかっただけではなく、なおその上に、監察官の譴責によって、自分自身のトリブスにとどまることも（tribum propriam tenere）許されていなかった。（服部英次郎氏の訳文参照）[74]

文脈的に判断するなら、ここでアウグスティヌスが「トリブスから移す」という譴責の内容に関して、その言い換えを行っているのは確実である。とすれば、「自分自身のトリブスにとどまることも許されていなかった」とする表現からして、アウグスティヌスはそこに「自己のトリブスから排除されること」のみを読み取っているのであり、必ずしも「都市トリブスへの移動」を見ていたわけではないことが明らかとなる。もっともアウグスティヌスはもう一

度、「しかしローマ人は、演劇に携わる者によって平民のトリブス(plebeia tribus)が、ましてや元老院の議事堂が汚されることを許さない」とも言い換えている(Aug. *CD*. 2. 13)。おそらく元老院との対比で用いられている「平民の」といった限定詞は、元老院議員をも含めた全ローマ市民を登録しているはずのトリブス制に関して、そもそもアウグスティヌスが正確な知識を持っていなかったのではないかとの疑いを生じさせよう。後四世紀から五世紀にかけて生きたアウグスティヌスの証言は、それほど重要視することができないのかもしれない。

ところで私見によれば、このようなアウグスティヌスの判断を別にしても、役者の事例からは「トリブスから移す」の原義が、つまりそれがもともと何を意味していたのかが仄見えてくるように思われる。というのも、監察官設置直後のやや孤立した事例であり、しかもその信憑性が多分に疑わしい前四三四年の事例を除けば[75]、「トリブスから移す」が言及されるのは演劇とかかわった前三六四年の記述が最初であること、しかも他の事例とは異なり、役者においては「トリブスから移す」のみが現れ、「アエラリウスとする」という譴責が現れてこないことからして、「トリブスから移す」という譴責は本来、前四世紀の半ばにローマへと導入された演劇に携わる者に適用された措置ではなかったかと推測されるからである。

この「トリブスから移す」の原義を推考するにあたって重要なのは、演劇関連の先行研究において指摘されてきたように、役者のかなりの部分が奴隷や解放奴隷あるいは外国人からなっていたという点である[76]。最近出されたH・レッピンのプロソポグラフィ研究も、ミムス(mimus)と呼ばれる笑劇の一分野にローマ市民が比較的多く現れてくるものの、それでも演劇に携わった者の大部分が東方出身者や奴隷などの非ローマ市民からなっていたという結論に変更の必要性がないことを確認している[77]。とりわけ演劇がローマに導入された当初の段階では、論理的にいっても、役者はもっぱらローマ外の出自を持つ非ローマ市民からなっていたと考えてよいだろう。とすれば、このように大多数の役者が外国人であった状況下で、敢えて役者活動を行ったローマ市民の姿を思い浮かべるとき、彼らは監察官の譴責によって非ローマ市民である役者同様の立場に置かれたのではないかと思われてくるのである。

ただし共和政末期あるいは帝政期以降はともかく、演劇がローマに導入された当初の役者の評価に関しては、実は研究者の間で見解が分かれている。たとえば、つとにT・フランクは、共和政期において侮蔑的に取り扱われていたのは役者の一部(ars ludicra)であり、帝政期にいたって初めてそれが全役者に拡大されたとする見解を打ち出し、リウィウスの伝える当該箇所の「トリブスから移す」に関しても、それが不名誉な措置ではなくむしろ軍務免除を導き出すための特権的措置である可能性すら示唆した(78)。またレッピンは、当初はその宗教的性格ゆえに尊敬さえ集めていた役者に対して、前二世紀に入ってから「破廉恥」(infamia)が適用されたのであり、その理由は役者の潜在的な力に脅威を感じた統治貴族による差異化ではなかったかと主張している(79)。

しかしながら、フランク説に対してはその直後にW・M・グリーンにより詳細な批判がなされているし(80)、また「軍務からの免除」に限定しては、なるほどそれを宗教行事への関与ゆえの特権的措置とする見解がほかにも見られるが(81)、しかしその場合、「トリブスから移す」との関連をどのように解釈するのか、特権と譴責とが共存していたということなのか、説得的な説明はなされていない。他方、宗教行事への関与や「組合」の結成といった活動は、P・G・マック・ブラウンも述べるように、役者が尊敬の対象とまでなっていたことを積極的に示すものではない(82)。さらに共和政末期以降になって初めて、役者に対し「破廉恥」が適用されてくるとしても、それは彼らに対するローマ人の態度の変化というより、B・レヴィックが指摘するように、それまでの場当たり的な対応では不十分となったため、法や元老院決議といった形での成文化が必要とされた結果とも考えられよう(83)。

結局のところ、現在の史料状況からすれば、役者に対してローマ人の態度が変化したという主張を完全に否定することはできないものの、しかしここでは、アテッラナ笑劇に関する先のリウィウスの記述を重要視し、ローマ人の間では当初より役者に対して侮蔑的・軽蔑的態度が優越していたとする説に従っておきたい(84)。なお周知のごとく、古代ローマにおいて常設の劇場が建設されたのは、前五五年のポンペイウスによるものが最初である。演劇の導入に比べておよそ三〇〇年のこの遅れは、ローマ人が劇場あるいは演劇に対してそのはじめよりなんらかの否定的な態度をとり続けてきたことの証左かもしれない。

このように考えることが許されるならば、「トリブスから移す」の対象となった役者にはローマ市民団からの完全な排除ではないまでも、少なくとも投票権や軍務の喪失がもたらされたのではないかと思えてくる。つまりそれは本来、モムゼンが唱えたように「全トリブスからの排除」を意味していたのではなかろうか[85]。そしてこのような形での「トリブスから移す」は、おそらく役者に対してのみ適用され続けたのでも、また「都市トリブスへの移動」へと変化したのでもなく、前章で指摘したように、遅くとも共和政末期までには単なる「不名誉」の烙印へと転じていったのであろう[86]。

ところで後代の法史料からは、舞台とかかわった者が、売春者・売春斡旋人、剣闘士・剣闘士養成人、諸種の有罪判決を受けた者、不名誉な理由で軍務を解かれた者、重婚者・重婚責任者等々とともに、いわゆる「破廉恥」の対象とされたことが知られている[87]。ところが彼らに対する処罰としては、元老院議員・都市参事会員などの公職に就くことや審判人となることの禁止、代訴人によって訴訟をおこすことや証人になることの禁止、また相続における諸種の不利益などが想定されているものの[88]、管見による限り、「トリブスから移す」といった処罰は確認できない。もっとも、「破廉恥」とは別個に、監察官の譴責として「トリブスから移す」が存在した可能性はあるが、トリブスとかかわる処罰が「破廉恥」の一環として後代の法史料に現れないことの背景には、「トリブスから移す」が共和政末期の時点ですでに、その具体的な意味内容を失っていたという事実が深く関係しているのではなかろうか。

次に碑文史料の検討に移りたい[89]。表1の(f)欄は、レッピンのプロソポグラフィ研究をもとに所属トリブス名のわかる役者を一覧表にしたものである。行論の都合上、モムゼンの指摘した「母」が女役者である一例（*CIL* VI. 10107）をそこに含めてある。所属トリブス名まで判明する役者の数は全体で八例と少ないものの、モムゼンが注目したように、その中にあって四例がエスクイリナ区の所属であるという点は際立った特徴をなしている。しかも表１(h)欄から窺えるように、エスクイリナ区は碑文での名前表記中における最も頻度の低いトリブスであるが、そのようなエスクイリナ区を八名のうち四名もの役者が記しているのである。だがレッピンが指摘するように、より仔細に眺めるならば、モムゼンの主張がそれほど説得的ではないことが判明する。[90]

まずレッピンによれば、モムゼンが挙げる四例のうち、『ラテン碑文集成』第六巻一〇一〇七番は、女役者(archimima)ファビア・アレテの「保護者」がエスクイリナ区所属であることを示すにすぎず、エスクイリナ区所属の当該人物が役者であることを明示してはいないという。モムゼンは、『ラテン碑文集成』第六巻一〇一〇七番に関して、女役者のファビア・アレテが碑文を捧げているマルクス・ファビウス・レギッルスなる人物(エスクイリナ区所属)を「彼女の息子のように思われる」とし、この碑文を役者のエスクイリナ区所属を示す事例に数え入れたのであった。だがレッピンが指摘するように、彼が女役者の「保護者」の可能性は高い。親子関係にせよ保護-被護関係にせよ、少なくともこの碑文は、役者本人のエスクイリナ区所属を直接的に物語っているわけではない。

レッピンはまた、『ラテン碑文集成』第六巻一〇一〇五番のロンギヌスはマックスと呼ばれるアテッラナ笑劇の役者であり、そもそもこの劇の素人役者は「トリブスから移す」の譴責を免れていたとする(前述)。さらに、『ラテン碑文集成』第六巻一〇〇九七番に現れるティベリウスなる人物に関しては、彼が役者であったかどうかは疑わしいとしている。しかし前者については、帝政期に入るとアテッラナ笑劇の分野においてもプロの役者の進出が見られたとされるだけに、[91]レッピンの批判がどこまで有効かは疑問であろう。また後者についても、碑文の内容から判断してそれを役者への言及とする説は十分成り立つように思われる。とはいえ、モムゼンが挙げた四例のうち、役者の都市トリブス登録を伝える確実な論拠となると、一例しか残らないことになる(*CIL* VI. 10103)。

他方、レッピンの研究によれば、農村トリブスに所属する役者が現在までのところ同じく四例確認できる。すなわち、クラウディア区(*CIL* VI. 33976)、ポンプティナ区(*CIL* XIV. 2408)、テレティナ区(*CIL* XIV. 4624)に所属する役者がそれぞれ一名存在し、前一世紀に遡るとされるクレタのギリシア語碑文からは(*IGR* I. 975 = *ICret* IV. 222A)、ファレルナ区所属のケルススなる役者が知られているのである。ちなみに、共和政末期の有名な役者ロスキウスについては、ニコレがマエキア区所属を推定している。(92)なるほど、ロスキウスの場合に該当するように、これらの事例を例外として処理するのもひとつのやり方ではあろう。(93)しかしながら役者に関して、それらを例外と断定できるほどに確実な「原則」をわれわれは手にしていない。というのも、本章においてもすでにふれたように、「トリブスから移す」=「都市トリブスへの移動」と解する通説の妥当性はいまや疑わしくなっており、「トリブスから移す」は、役者の都市トリブス登録なる原則を碑文史料から読み取るための傍証として用いることができないからである。

先にも述べたように、役者には奴隷や解放奴隷が多かったものと思われ、おそらく帝政期に入っても、解放奴隷の都市トリブス登録という原則は生きていた。とすれば役者に関して、たとえ当人が出生自由人である場合でも、父や祖父の代に遡って奴隷出自であったことが原因で、彼らがエスクイリナ区を中心とした都市トリブスに登録されていた可能性も考えられるのではないか。あるいは彼らの住居と主な活動舞台がローマ市であったことが関連していたのかもしれない。

以上の考察からして、なるほど役者がローマ社会において卑しい職業のひとつと見なされ、侮蔑的・軽蔑的に取り扱われていたのは確かである。最近の論点を踏まえてより正確に表現するならば、(94)奴隷や解放奴隷からなる役者の中には舞台において人々を魅了し、その成功をもとに高い名声と多大な富を手にする者がいた一方で、出生自由人とりわけ元老院議員や騎士身分といった統治階級の者には、そのような舞台とかかわることがさまざまな処罰をもって禁じられていたのである。だがここで改めて強調しておきたいのは、このような称賛と侮蔑とが入り混じった役者に対するローマ人のアンビヴァレントな対応が、都市トリブスへの登録あるいはそこへの転籍といった形でトリブスをめぐる問題に直結していたと考えることはできないという点である。

三　非嫡出子と都市トリブス

さて、都市トリブスへと登録されたとされるもうひとつの範疇である非嫡出子に関しては、欧米においてもさほど研究が進展しているとはいえない。しかしわが国においては、樋脇博敏氏が積極的にこの非嫡出子の問題を取り上げており、[95]氏の研究成果は本章のテーマを考えるにあたっても非常に参考となる。

ローマ市民男子の名は、周知のごとく、個人名・氏族名・家族名の三つの構成要素から成り立っていたが(tria nomina)、さらに自らの出自について解放奴隷ではなく出生自由人であることを強調したい場合には、氏族名と家族名との間に「○○の息子」といった形で父親の名を記すのが一般的であった。この表記法に従うならば、本来「父親の名」が入るべきところに、SP. F. と記されている一群の人物が帝政期の碑文史料に現れる。これは通常、モムゼンの説に従って Spurii filius と読まれ、[96] spurius が一般名詞としては非嫡出子を意味すること、しかも Spurius なる個人名が帝政期に入るとほとんど姿を現さなくなることを根拠に、法的な意味での父を持たない非嫡出子が出生自由人であることを明記する必要性から、〈架空の親子関係〉を創出したのではないかと考えられている。[97]つまり、碑文における「スプリウスの息子」(SP. F.) なる表記から、われわれは実在したスプリウスという人物の子ではなく、非嫡出子の存在を推定することができるのである。

このような理解のもと、『ラテン碑文集成』第六巻の索引からこの種の人物を抜き出し、その所属トリブス名を一覧表にしたのが、表1の(g)欄であるが[98]、その検討に入る前に、ここでもまずはフォルニが提供する共和政期のデータを見ておくことにしよう。共和政期に関するフォルニの〈トリブス一覧〉からは、二例の「スプリウスの息子」を抽出することができる[99]。ただしそのうちシヌエッサの二人官の例は、彼の個人名もスプリウスであることからして、文字通り「スプリウスの息子」である可能性が高い。それに対し、残る一人はおそらく非嫡出子であると思われるが、この共和政期における唯一例の所属はコッリナ区である。ちなみにこの碑文は『ラテン碑文集成』第六巻にも収められている。

さて、『ラテン碑文集成』第六巻から知られる事例は全部で四一例であり、これはB・ローソンの抽出した事例数と合致している[100]。これよりすれば、全四一例中、コッリナ区が二四例、エスクイリナ区が一例、パラティナ区が三例、スブラナ区が三例と、都市トリブス全体では三一例＝七六％を占め、その多さが特徴的である。しかもコッリナ区の二四例は、全体の中でも群を抜いている。「ローマ市」から出土した碑文を対象としている関連で、たしかにコッリナ区の碑文総数自体も一二四例と多いが、しかし同じく都市トリブスでありこれも一五一例を数えるパラティナ区と比較するならば、やはりコッリナ区の多さは突出しているといえよう。モムゼンはこれらの碑文史料をもとに、帝政期において非嫡出子が原則的に都市トリブスへと登録されていたことを推定したのであった[101]。

たしかに都市トリブスが占める割合の高さは目を惹くものの、それでもいくつか留意すべき点がある。まずは、ローマ市からの出土であるにもかかわらず、解放奴隷や役者の場合同様、農村トリブスに登録された非嫡出子も確実に存在するという点である。アルネンシス区やクルストゥミナ区など、四一例中一〇例＝二四％の非嫡出子が農村トリブス所属となっている[102]。もちろんこれらを例外と見なすことはできるが、しかし解放奴隷や役者とは異なり、これら碑文からの知見以外に非嫡出子が原則として都市トリブスに登録されたことを示す文献・法史料をわれわれは手にしていないのである。非嫡出子が都市トリブスに多く現れる理由を、別のところに求めることはできないものであろうか。樋脇氏によれば、非嫡出子の大半は奴隷身分の父と自由身分(出生・解放自由人)の母から出生した子供であったという。[103] とすればローソンが指摘するように、このような出自を持ちしかもローマ市で生まれた人物の登録トリブスとしては、自然、都市トリブスが多くなったのかもしれない。[104] 奴隷である彼らの父が解放後に登録されるトリブスとしては都市トリブスが予測されるし、彼らの居住地からしても特定の農村トリブスの選択はむしろ不自然なように思われるからである。ただし、コッリナ区への偏りについては依然不明のままであるが。

次にそのコッリナ区に関しても重要な事実が見落とされがちである。それは、彼らが多く現れるコッリナ区が、都市トリブスの中でも決して劣ったトリブスではなかったという点である。共和政期に関するテイラーやニコレのプロソポグラフィによって、そこには騎士身分の者や元老院議員さえ属したことがすでに指摘されているし(表1(b)(c)参照)、帝政期の騎士身分の分布から判断しても(表1(d)参照)、パラティナ区ほどではないにしろ、コッリナ区が決して農村トリブスに引けを取らないトリブスであったことが確認される。つまり、劣格のトリブスであったから非嫡出子がそこに登録された、あるいは非嫡出子が登録されたからそれが劣格のトリブスと見なされたといった対応関係は、ことコッリナ区に関しては該当しないのである。ローソンによれば、非嫡出子に対する社会的スティグマの相対的な欠如、すなわちそれを恥ずべきもの秘匿すべきものと見なすような傾向の弱さがローマ社会の特徴をなすという。[105] とすれば、このような社会において、前記のような対応関係はそもそも生ずべくもないといえようか。

都市トリブスの劣格性とかかわってもう一点、ローマ市の事例ではないものの、非嫡出子でありコッリナ区に所属する人物の息子が、クイリナ区へとその登録を変更している事実にふれておきたい(*CIL* IX. 4967)。これは一見したところ、都市トリブスから農村トリブスへの登録替え、つまり一世代かけての社会的上昇の証拠とも考えられよう。しかしながら、父にあたる人物が皇帝あるいは執政官の下僚(praeco)であったこと以外、どのような理由からこの変更が行われたのかについての情報は残されておらず、それゆえ、都市トリブスの劣格性といった要因をア・プリオリに想定するのは危険であろう。ちなみに、同種の変更を伝えるもうひとつの碑文史料においては（CIL XIV. 2839）、もし補読箇所の読みが正しければ、父はコッリナ区の所属で息子はパラティナ区の所属、つまり都市トリブス間で所属トリブスの変更がなされている。

おわりに

最後に、これまでの考察結果を総合し、現時点で考えうる都市トリブスの性格についてまとめておきたい。

まず、碑文史料からすれば解放奴隷や役者そして非嫡出子が都市トリブスへと登録されていたことを知りうるが、そのうち都市トリブスへと登録されたことが文献・法史料からも確認されるのは解放奴隷のみである。なるほど「トリブスから移す」という譴責が都市トリブスへの転籍を意味したとするならば、役者も都市トリブスへと登録されたことになろう。しかしながら、前章および本章において検討したように、「トリブスから移す」はおそらくそのような意味内容を持ってはいなかった。また碑文史料からの知見にしても、役者や非嫡出子に関してそこには必ず農村トリブスへの登録といった「例外」が認められるのであり、碑文史料そのものからなんらかの原則を導き出すことはできない。

結局のところ、原則的に都市トリブスへと登録されたのが明らかなのは、通説が想定している範疇のうち解放奴隷のみということになる。とはいえ、解放奴隷に対するローマ人の態度を考えるならば、彼らの登録との関連で都市トリブスがなんらかの低い評価を受けていたことはひとまず否定できない。ただしそのようにいえるのは共和政期に関してのことであり、帝政期については、解放奴隷がもっぱら都市トリブスへと登録され続けていたのかどうかといった事実関係そのものが不明である。[106] また、かりにそうであったとしても、民会がその機能を悉く失っていく中にあって、農村トリブスへの登録かあるいは都市トリブスへの登録かといった問題は、はたしてどれほどの意味合いを持ちえたであろうか。

次に共和政期の都市トリブスを考えるにあたっても、つとにテイラーによって注目されているように、それをコッリナ区・パラティナ区とエスクイリナ区・スブラナ区の二種類に分け、より丁寧に見ていく必要性がある。[107] すなわち先にも述べたように、前者のコッリナ区とパラティナ区には共和政期に騎士身分の者や元老院議員が所属していたことが知られているし（表1(b)欄および(c)欄参照）、パラティナ区にいたってはいくつかのパトリキ貴族の家系さえ属していた。[108] 共和政期において、このような二トリブスが社会的に劣格な取扱いを受けていたとはとても考えられない。そしてここで改めて強調しておきたいのは、これら二トリブスこそ解放奴隷や非嫡出子が比較的多く姿を現すトリブスでもあったという事実である。つまり、都市トリブスの社会的な劣格さとその根拠とされる解放奴隷や非嫡出子の登録とは、実はうまく対応していないということになる。ところがテイラーの研究ですら、都市トリブス内における格差の存在に気づきながらも、都市トリブスをひとまとめにして評価するという誤った態度を少なからず踏襲しているのである。

他方で、エスクイリナ区とスブラナ区においては、共和政期の元老院議員や騎士がはっきりとした形ではその姿を現さない。もっとも騎士身分に関しては共和政期の事例数が少ないので、農村トリブスの中にも騎士が確認できないトリブスがいくつか存在するが（クラウディア区、ファビア区、ポッリア区、プブリリア区、ウォルティニア区）、しかし史料状況が幾分よくなる帝政期についても似かよった傾向が認められる。すなわち表1(d)欄からすれば、コッリナ区が六例、パラティナ区が四七例の騎士を記録しているのに対して、エスクイリナ区とスブラナ区はいずれもゼロである。同様の結論は、本章補論で検討するヘバ青銅板の規定からも導き出されよう。さらに表1(h)欄に見られる碑文総数そのものの少なさからは、[109]碑文を残す経済的余裕という観点からして、エスクイリナ区とスブラナ区とは元老院議員や騎士どころか富裕者の極めて少ないトリブスではなかったかとの印象すら受けるのである。

以上、史料的な再検討を経た末に残ってくるのは、エスクイリナ区とスブラナ区という二都市トリブスの社会的な劣格さである。これはおそらく共和政期に遡るものであり、そして碑文史料から判断する限り帝政期を通して継続していた。だがここで繰り返し強調しておくならば、この予想される劣格さは、解放奴隷や役者や非嫡出子が——ましてや監察官の「譴責」を受けた者が[110]——もっぱらそこに登録されたことから生じたわけではなかった。パラティナ区やコッリナ区にもこれらの人々が等しく登録されながらも、なんらかの理由でエスクイリナ区とスブラナ区は、農村トリブスはもとより他の都市トリブスとも異なる様相を帯びていたのである。そのなんらかの理由がいったい何であったのかは、残念ながら現時点の私にはわからないが。[111]

最後に誤解のないように断っておきたいが、本章は、古代ローマ社会において法的・社会的に差別された人々が存在したことを否定しようと意図するものではない。ローマ社会がさまざまな形でその構成員を差異化していたのはむしろ自明の事柄に属する。ここで見てきたような解放奴隷や役者、非嫡出子以外にも、剣闘士(経験者)とその養成人、売春婦(夫)とその斡旋業者などを周縁的存在として挙げることができよう。本章で指摘したのは、通説的理解とは異なり、このような法的・社会的差別が彼らのトリブス登録とは必ずしも連動してはいなかったということ、つまりトリブスがそのような差異化のために機能していたのではなく、それは一般的に考えられている以上に「ニュートラルな単位」だったのではないかということにほかならない。

補論：政治的な不利さをめぐって

補論として、都市トリブスの政治的な不利さについて簡単に論じておきたい。

まずモムゼンやテイラーは、ケントゥリア・プラエロガティウア、つまりケントゥリア民会において最初に投票する「特権」から都市トリブスが排除されていたのではないかと主張している。[112] だがこれは、実際にプラエロガティヴァを行使しているのが農村トリブスであるという状況証拠――アニエンシス区(Liv. 24. 7. 12)、ウォトゥリア区(Liv. 26. 22. 2)、ガレリア区(Liv. 27. 6. 3)の三例――と、後記のヘバ青銅板からの類推にすぎず、この種の規定の存在が史料上裏づけられているわけではない。

それに対して、一見したところ、都市トリブスが政治的に不利な取扱いを受けていたかのような記述が、帝政期のいわゆるウァレリウス-アウレリウス法に見られる。[113] これは従来、ヘバ青銅板(Tabula Hebana)として知られてきたものであり、一九四七年発見のヘバ青銅板自体からは、それが後五年に制定されたウァレリウス-コルネリウス法についての追加・変更規定であることしかわからなかった。しかしその後、一九八二年にそこに刻まれている内容を含み込む元老院決議がスペインで発見された結果(シアルム青銅板(Tabula Siarensis))、当該元老院決議をもとに法を制定したであろう後二〇年の執政官の名が明らかとなり、現在ではウァレリウス-アウレリウス法と呼ばれている。その内容に関してはすでに弓削達氏による詳細な検討が存在するが、[114] 全体は後一九年一〇月一〇日に亡くなったゲルマニクス・カエサルに対する栄誉決議であり、その一環として、後五年にガイウス・カエサルとルキウス・カエサルに対してなされたと同様に、執政官および法務官の「予備選挙」(destinatio)において、ゲルマニクスの名を冠した投票がなされるよう定めている。

そのうちここで直截に関連してくるのは、「予備選挙」に際して、三三トリブスに属する元老院議員および国家法廷を構成する（あるいは構成するであろう）騎士の票を、それぞれガイウス、ルキウス、ゲルマニクスの名を冠した五×三＝一五の投票単位（ケントゥリア）へと割り振ることが定められた箇所である。三三トリブスを一五ケントゥリアへと割り振るのであるから、そこにはいささか複雑な手続きが述べられている。具体的にはそれは、たとえば籤引きにより、第一、第二、第三、第四、第六、第七、第八、第九、第一一、第一二、第一三、第一四の箱にはそれぞれ二トリブスの投票が、また残りの第五、第一〇、第一五の箱にはそれぞれ三トリブスの投票がなされるようにし、全体として三三トリブスの元老院議員と騎士を一五のケントゥリアへと組み替える手続きであった（ll. 24-27）。

問題は、三三という数である。周知のごとく古代ローマのトリブス数は全体で三五であったが、当碑文にははっきりと「スクサナ（＝スブラナ）区とエスクイリナ区を除く三三トリブス」（l. 23）と記されているのである。このことは一見して、執政官および法務官の「予備選挙」という非常に重要な手続きから当該二都市トリブスが除外されていたことを意味していると思われよう。だが、他の箇所に目を通すならば必ずしもそうでないことが明らかとなる。

32 . . . , dummodo quod]ad eorum suffragium perti[nebit, si qui ex Suc(usana) tribu]
33 Esq(uilina)ue erunt, item si qua [in] tribu senator [ne]mo er[it a]ut si nemo eq(ues) erit et
senatoru[m . . .]
34 erunt,（中略）
35 . . . , ea omnia quae eius]
36 rei caussa in ea lege quam Cinna et Volesus co(n)s(ules) de (decem) centuris Caesar(um) tuler(unt)

scripta c[omprehensaue sunt]

37 [seruet,] . . .

ただし次のような条件で。もしもスクサナ区およびエスクイリナ区からの者がいた場合、同様にもしもトリブスに一人の元老院議員もいないか、あるいはもしも一人の騎士もおらずそして元老院議員の〔……(欠損)……〕場合、彼らの投票に関しては、……執政官のキンナとウォレススとがカエサルの一〇ケントゥリアについて定めたかの法において、この目的のために記されたかあるいは規定されたすべてのことを遵守するようにせよ。

これは、同碑文の三二―三七行目にかけての記述である。欠損部は多いものの、ここからは、エスクイリナ区とスブラナ区とが「予備選挙」から排除されていたというより、実際に「予備選挙」を行いうる資格の者がそこにはいなかったこと、また他の三三トリブスにも有資格者が一人もいない場合とともに、むしろ両トリブスに有資格者が現れた場合の配慮が、おそらく後五年のウァレリウス-コルネリウス法の規定に含まれていたことが読み取れよう。つまり法的・制度的な意味で都市トリブスが政治的に不利な取扱いを受けたことは、この碑文からも確認できないのである。

それでは「一票の格差」という論点についてはどうであろうか。都市トリブスの登録者が、解放奴隷の登録により農村トリブスに比べてかなり多数に上ったであろうことは容易に予想される。純粋に現象として眺めるならば、たしかに「一票の格差」は存在した。だがテイラーの研究によって、共和政も末期となると、都市トリブスのみならず農村トリブスの間でもその規模の大小にかなりのバラツキが生じていたことがすでに指摘されている[115]。その場合、論理的には自己の所属トリブスをできるだけ小さく保っておく方が有利となるはずであるが、実際に小規模なトリブスが誰の利害により小さいままなのかといった具体的な対応関係となると不明であるし、本書第三章で論じたように、むしろ自己のトリブスを大きくしようとする傾向さえ認められるのである。(116) さらにいえば、三五分の四である都市トリブスへと押し込められたことからする不利益は、まずもって「農村トリブス」対「都市トリブス」の対立といった形で表面化するはずである。ところが、そのような対立の構図は史料上からは読み取れない。そもそも解放奴隷をはじめとした都市トリブス民は、いわば「階級意識」のようなものを持ち、独自の利害のために統一的行動をとっていたわけではなかった。他方、ローマ市に居住したいわゆる「都市大衆」に関しては、ある程度そのような共同性を想定しうるが、しかしここで、ときとして見落とされがちなのは、表1(h)欄のトリブス分布より明らかなように、彼らは都市トリブスばかりではなく農村トリブスをも含めた全トリブスに所属していたという事実である。つまり彼ら「都市大衆」の政治活動は、必ずしも都市トリブス民による一致団結した活動を意味するものではなかったのである。

　このように考えてくるならば、都市トリブスへと登録されることの「政治的な不利さ」は、それほど過大に評価することができないのではないか。

註

*本章では、*L'année philologique* による雑誌略号以外にも、以下の略号を用いる。
*CAH*²: *The Cambridge Ancient History*, 2nd ed., Cambridge 1982-.
CIL: *Corpus Inscriptionum Latinarum*, Berlin 1863-.
*OCD*³: S. Hornblower/A. Spawforth (eds.), *The Oxford Classical Dictionary*, 3rd ed., Oxford 1996.

（1）本書第一章参照。

（2）都市トリブスに関しては、L. R. Taylor, The Four Urban Tribes and the Four Regions of Ancient Rome, *RPAA* 27, 1952-1954 [= Taylor, *RPAA*], 225-238 が、いまもって基本文献をなしている。

（3）たとえば、A. Momigliano/T. J. Cornell, *OCD*³, s.v. tribus.

(4) 解放奴隷に関する邦語文献としては、島田誠「元首政期のローマ市民団と解放奴隷」『史学雑誌』九五-三、一九八六年、一—三六頁[=島田「ローマ市民団と解放奴隷」]、島田『コロッセウムからよむローマ帝国』講談社、一九九九年、一三八—一八六頁が詳しい。

(5) デ・サンクティスの言(De Sanctis, *Storia dei Romani* II, Torino 1907)とのことであるが、未見。E. S. Staveley, The Political Aims of Appius Claudius Caecus, *Historia* 8, 1959, 410 および T. J. Cornell, The Conquest of Italy, in: *CAH*² VII-2, Cambridge 1989, 399 による。

(6) Liv. 9. 46. 10-14: Ceterum Flavium dixerat aedilem forensis factio, Ap. Claudi censura vires nacta, qui senatum primus libertinorum filiis lectis inquinaverat, et posteaquam eam lectionem nemo ratam habuit nec in curia adeptus erat quas petierat opes, urbanis humilibus per omnes tribus divisis forum et campum corrupit. Tantumque Flavi comitia indignitatis habuerunt ut plerique nobilium anulos aureos et phaleras deponerent. Ex eo tempore in duas partes discessit civitas: aliud integer populus, fautor et cultor bonorum, aliud forensis factio tendebat, donec Q. Fabius et P. Decius censores facti, et Fabius simul concordiae causa, simul ne humillimorum in manu comitia essent, omnem forensem turbam excretam in quattuor tribus coniecit urbanasque eas appellavit.

(7) Cl. Nicolet, Appius Claudius et le double Forum de Capoue, *Latomus* 20, 1961, 683-720.

(8) Th. Mommsen, *Römisches Staatsrecht* [= Mommsen, *StR*] II, 3rd ed., Leipzig 1887-1888 (Graz 1969) [頁数は復刻版による], 402-406; III, 3rd ed., 184-185.

(9) 詳しくは、E. Ferenczy, The Censorship of Appius Claudius Caecus, *AAntHung* 15, 1967 (= in: Ferenczy, *From the Patrician State to the Patricio-plebeian State*, Budapest 1976, 144-178), 52-53 参照[以下、引用は雑誌論文より]。

(10) Pl. Fraccaro, 《tribules》 ed 《aerarii》. Una ricerca di diritto pubblico romano, *Athenaeum* 11, 1933, 150-172.

(11) たとえば、Staveley, *op. cit.*, 414-415; H・M・ラースト/鈴木一州訳「セルウィウスの改革」古代学協会編『西洋古代史論集II』東京大学出版会、一九七五年、二六九—二七三頁参照。なお、同論文に関する鈴木氏の訳註には、先のフラッカーロ論文の詳しい紹介がある(二九二—二九三頁)。

(12) C. Masi Doria, Zum Bürgerrecht der Freigelassenen, in: M. J. Schermaier/Z. Végh (eds.), Ars boni et aequi. *Festschrift für W. Waldstein zum 65. Geburtstag*, Stuttgart 1993, 244-245.

(13) Ferenczy, *op. cit.*, 51-61; L. Loreto, La censura di Appio Claudio, l'edilità di Cn. Flavio e la razionalizzazione delle strutture interne dello stato romano, *A&R* 36, 1991, 191-197.

(14) Ferenczy, *op. cit.*, 60.

(15) Loreto, *op. cit.*, 193.

(16) Staveley, *op. cit.*, 415-416; R. A. Bauman, *Lawyers in Roman Republican Politics. A Study of the Roman Jurists in Their Political Setting, 316-82 BC*, München 1983, 32-39.

(17) Masi Doria, *op. cit.*, 248-249; Cornell, *CAH*² VII-2, 395-396; Cornell, *The Beginnings of Rome. Italy and Rome from the Bronze Age to the Punic Wars (c. 1000-264 BC)*, London/New York 1995, 374.

(18) S. Treggiari, *Roman Freedmen during the Late Republic*, Oxford 1969 [= Treggiari, *Freedmen*], 35-42.

(19) L. R. Taylor, *The Voting Districts of the Roman Republic. The Thirty-five Urban and Rural Tribes*, Roma 1960 [= Taylor, *Voting Districts*]; Treggiari, *Freedmen*, 35-42.

(20) 前三〇七年の監察官は、M・ウァレリウス・マクシムスとC・ユニウス・ブブルクス・ブルトゥスであり、後者は、前三一一年、Ap・クラウディウスによって選定された元老院議員のリストを無視しそれ以前のリストに基づいて元老院を召集した執政官のひとりでもあった。つまり、明らかに反クラウディウス派的人物が監察官のひとりに就任しているのであるが、フェレンツィは、前者のM・ウァレリウスを無条件なクラウディウス支持者とし、この間の政治をあくまでもAp・クラウディウスと反対勢力間の「妥協の産物」と捉える。Ferenczy, *op. cit.*, 48.

(21) 実は、*Vir. ill.* 32. 2. 1 および Ampel. 18. 6 においては、Q・ファビウスの活動として、「解放奴隷のトリブスからの排除」が述べられているが、マージ・ドーリアはこれを前二三〇年のQ・ファビウス・マクシムス・クンクタトルとの混同と捉える。Masi Doria, *op. cit.*, 245.

(22) Ferenczy, *op. cit.*, 56.

(23) Masi Doria, *op. cit.*, 247.

(24) Treggiari, *Freedmen*, 39.

(25) Taylor, *Voting Districts*, 135-136.

(26) Treggiari, *Freedmen*, 39-41.

(27) Treggiari, *Freedmen*, 41-42.
(28) Treggiari, *Freedmen*, 41.
(29) Treggiari, *Freedmen*, 106-110.　もっともトレッジャリの主張自体は、そのような傾向を過度に強調することを戒めるという点にあるが。
(30) N. Purcell, The City of Rome and the *plebs urbana* in the Late Republic, in: *CAH*^{2} IX, Cambridge 1994, 648-650.
(31) Liv. 45. 15. 1-6: In quattuor urbanas tribus discripti erant libertini praeter eos, quibus filius quinquenni maior ex se natus esset, —eos, ubi proximo lustro censi essent, censeri iusserunt—et eos, qui praedium praediave rustica pluris sestertium triginta milium haberent, ＊＊＊ censendi ius factum est. . . . Haec inter ipsos disceptata; postremo eo descensum est, ut ex quattuor urbanis tribubus unam palam in atrio Libertatis sortirentur, in quam omnes, qui servitutem servissent, conicerent. Esquilinae sors exiit; in ea Ti.Gracchus pronuntiavit libertinos omnis censeri placere.
(32) 本書第六章参照。
(33) Mommsen, *StR* III^3, 438 n. 1; Taylor, *Voting Districts*, 141; Treggiari, *Freedmen*, 47.
(34) Taylor, *Voting Districts*, 139-141.　なおトレッジャリは、実子に関する除外規定が、前一七四年に廃止されたのではないかとする。Treggiari, *Freedmen*, 43-45.
(35) J. Ch. Dumont, *Servus. Rome et l'esclavage sous la république*, Paris/Roma 1987, 57-63.
(36) 諸説については、Masi Doria, *op. cit.*, 252 参照。
(37) *ibid.*, 251.
(38) Mommsen, *StR* III^3, 437 に始まり、ほとんどの論者がそのような理解であるように思われる。
(39) 以下、Taylor, *Voting Districts*, 141.
(40) スルピキウスの活動に関しては、拙稿「前八八年のスルラのローマ進軍について」『歴史学研究』五五九、一九八六年、一六—二五頁参照。
(41) R. Seager, Sulla, in: *CAH*^{2} IX, 203.
(42) Mommsen, *StR* III^3, 439-440.
(43) たとえば、R. Seager, *Pompey. A Political Biography*, Oxford 1979, 39; B. A. Marshall, *A Historical Commentary on*

Asconius, Columbia 1985, 203-204 など。

(44) Taylor, *Voting Districts*, 144-145; Treggiari, *Freedmen*, 50.

(45) T. P. Wiseman, The Senate and the *Populares*, 69-60 B.C., in: *CAH*² IX, 337 もこのような解釈。

(46) テイラーは、立法のためのトリブス民会(平民会)における影響の大きさを重視する。Taylor, *Voting Districts*, 144-145. 他方、ワイズマンは、富裕な解放奴隷によるケントゥリア民会における影響まで想定している。Wiseman, *op. cit.*, 337.

(47) cf. Treggiari, *Freedmen*, 162-168; 193; 227.

(48) 前三世紀の後半に生じたトリブス新設の停止、および「ケントゥリア民会の改革」の背景にも同様の動機を読み取りうると私は考えている。本書第三章参照。

(49) クロディウス全般に関しては、池田勝彦「P・クローディウスとプレブス・ウルバーナ」『文化史学』三七、一九八一年、四一―六〇頁、拙稿「P・クロディウスをめぐる最近の諸研究――ローマ共和政末期の「都市民衆」とのかかわりで――」『名古屋大学文学部研究論集』一〇七、一九九〇年[=拙稿「クロディウスをめぐる最近の諸研究」]、八七―一〇二頁参照。

(50) Taylor, *Voting Districts*, 284-285.

(51) T. P. Wiseman, Caesar, Pompey and Rome, 59-50 B.C., in: *CAH*² IX, 405 n. 144.

(52) H. Benner, *Die Politik des P. Clodius Pulcher. Untersuchungen zur Denaturierung des Clientelwesens in der ausgehenden römischen Republik*, Stuttgart 1987, 127-130 などは、諸説を紹介・検討しながらも、自身の最終的な判断は控えている。

(53) J.-M. Flambard, Clodius, les collèges, la plèbe et les esclaves. Recherches sur la politique populaire au milieu du Ier siècle, *MEFRA* 89, 1977 [= Flambard, *MEFRA* 89], 149 n. 130.

(54) Taylor, *Voting Districts*, 145 n. 50. リンダスキはテイラー説を支持する。J. Linderski, *Roman Questions*, Stuttgart 1995, 649.

(55) S. Treggiari, A New Collina, *Historia* 19, 1970, 121-122.

(56) Cl. Nicolet, *Le mêtier de citoyen dans la Rome rêpublicaine*, Paris 1976 [= Nicolet, *Mêtier de citoyen*], 317-318.

(57) Flambard, *MEFRA* 89, 149-151; Flambard, Nouvel examen d'un dossier prosopographique: le cas de Sex. Clodius/Cloelius, *MEFRA* 90, 1978, 245 n. 40.

(58) 拙稿「クロディウスをめぐる最近の諸研究」、および拙稿「ローマ共和政末期の「街区」――都市ローマにおけるウィークスの実態――」長谷川博隆編『権力・知・日常――ヨーロッパ史の現場へ――』名古屋大学出版会、一九九一年、二九一―五六頁参照。

(59) そのようなニュアンスの表現は、たとえば、Cic. *Orat.* 1. 38 など。

(60) G. Forni, *Le tribù romane* I-1, Roma 1996, 2-90.

(61) no. 269 (PAL); 275 (PAL); 425 (PAL); 451 (QUI); 473 (MEN); 558 (PAL).

(62) AEM = 23519. CLA = 23636; 27609a; 27609b. ESQ = 9165. FAB = 220 (9); 220 (25). FAL = 37171. GAL = 22091. LEM = 38283. MAE = 36020 (?). PAL = 16796; 26178; 27806; 34626; 38918; 39039. POB = 32754. QUI = 18431. SUC = 19267; 26215. ただしフォルニは、スブラナ区の二例に関しても、Sub[itus] あるいは Sub[uranus] という家族名である可能性を指摘している。G. Forni, *Le tribù romane* I-2, Roma 1999, 626 n. 22.

(63) フォルニによる〈トリブス一覧〉は、現在までのところ帝政期に関してはA―Iの項目が刊行されている。参考までに、そこから『ラテン碑文集成』第六巻との重複を避ける形で解放奴隷を拾い上げるならば全二五例であり、その内訳は、パラティナ区一五例(=六〇%)、コッリナ区二例(都市トリブス全体では六八%)、クイリナ区二例、カミリア区、クラウディア区、ガレリア区、スカプティア区、セルギア区、トロメンティナ区各一例となる。

(64) 碑文上の記載において解放奴隷は、その保護者が皇帝である場合以外、自らが解放奴隷であることを明記するのを避ける傾向にあったとされている。L. R. Taylor, Freedmen and Freeborn in the Epitaphs of Imperial Rome, *AJPh* 82, 1961, 120-122; 島田「ローマ市民団と解放奴隷」、一六頁。

(65) Taylor, *Voting Districts*, 322-323. ニコレもテイラーに近い理解か。Nicolet, *Métier de citoyen*, 314.

(66) R. Meiggs, *Roman Ostia*, Oxford 1973 (1997), 190-191; J. H. D'Arms, *Commerce and Social Standing in Ancient Rome*, Cambridge, MA 1981, 121-148. 同様の解釈を採用するのは、H. Mouritsen, Mobility and Social Change in Italian Towns during the Principate, in: H. M. Parkins (ed.), *Roman Urbanism beyond the Consumer City*, London/New York 1997, 71. このように、パラティナ区あるいはコッリナ区表記を奴隷出自家系の指標として用いることに関するより一般的な検討としては、W. Eck, *Ordo equitum Romanorum, ordo libertorum*. Freigelassene und ihre Nachkommen im römischen Ritterstand, in: *L'ordre équestre. Histoire d'une aristocratie* (IIe *siècle av. J.-C.–*IIIe *siècle ap. J.-C.*), Paris/Roma 1999, 10-

14参照。

(67) Meiggs, *op. cit.*, 191.

(68) *ibid.*, 196-211; 511-517.

(69) cf. Eck, *op. cit.*, 11.

(70) Mommsen, *StR* III³, 443 および *CIL* VI. 10097 の解題。

(71) M. Ducos, La condition des acteurs à Rome. Données juridiques et sociales, in: J. Blänsdorf (ed.), *Theater und Gesellschaft im Imperium Romanum. Théatre et société dans l'empire romain*, Tübingen 1990 [= *Theater und Gesellschaft*], 21; J. Ch. Dumont, Le théatre dans la Ville, in: Y. Le Bohec (ed.), *Rome, ville et capitale, de César à la fin des Antonins*, Paris 2001 [= Dumont, *Théatre*], 314.

(72) 両史料における、エトルリア人への言及の相違に着目するのは、D. Briquel, Die Frage der etruskischen Herkunft des römischen Theaters bei den Schriftstellern der Kaiserzeit (Livius, Valerius Maximus, Cluvius Rufus), in: *Theater und Gesellschaft*, 93-106.

(73) Cic. *Rep.* 4. 10: Cum artem ludicram scaenamque totam in probro ducerent, genus id hominum non modo honore civium reliquorum carere, sed etiam tribu moveri notatione censoria voluerunt.

(74) Aug. *CD*. 2. 13: Ecce enim recte, quisquis civium Romanorum esse scaenicus elegisset, non solum ei nullus ad honorem dabatur locus, verum etiam censoris nota tribum tenere propriam minime sinebatur.

(75) 前四四三年に監察官職が初めて設置されたという事実、および前四三四年における「トリブスから移す」の原因となったアエミリウス法の信憑性に関しては、原田俊彦『ローマ共和政初期立法史論』敬文堂、二〇〇二年、一〇四―一〇六頁に詳しい。

(76) Ducos, *op. cit.*, 26; E. Rawson, *Roman Culture and Society. Collected Papers*, Oxford 1991, 485.

(77) H. Leppin, *Histrionen. Untersuchungen zur sozialen Stellung von Bühnenkünstlern im Westen des Römischen Reiches zur Zeit der Republik und des Principats*, Bonn 1992, 30-44.

(78) T. Frank, The Status of Actors at Rome, *CPh* 26, 1931, 11-20.

(79) Leppin, *op. cit.*, 71; 135; 160-161. また、E. S. Gruen, *Studies in Greek Culture and Roman Policy*, Leiden 1990, 87-90

は、「組合」の結成を重要視する。

(80) W. M. Green, The Status of Actors at Rome, *CPh* 28, 1933, 301-304; Ducos, *op. cit.*, 30 n. 16 も、フランク説を否定。

(81) E. J. Jory, Associations of Actors in Rome, *Hermes* 98, 1970; Dumont, *Théatre,* 313.

(82) P. G. McC. Brown, Actors and Actor-managers at Rome in the Time of Plautus and Terence, in: P. Easterling/E. Hall (eds.), *Greek and Roman Actors. Aspects of an Ancient Profession*, Cambridge 2002, 227.

(83) B. Levick, The *senatus consultum* from Larinum, *JRS* 73, 1983, 108-110.

(84) B. Warnecke, *RE* VIII-2, Stuttgart 1913, s.v. Historio; H. G. Marek, Die soziale Stellung des Schauspielers im alten Rom, *Altertum* 5, 1959, 103-104; Levick, *op. cit.*, 109-110; C. Edwards, *The Politics of Immorality in Ancient Rome*, Cambridge 1993 [= Edwards, *Immorality*], 98-136; Edwards, Unspeakable Professions: Public Performance and Prostitution in Ancient Rome, in: J. P. Hallett/M. B. Skinner (eds.), *Roman Sexualities*, Princeton 1998 [= Edwards, *Unspeakable Professions*], 66-95 など。

(85) C・エドワーズは、役者に関する最近の研究の中にあっては唯一例外的に、役者が「全トリブスから排除され投票権を奪われていた」とする論者である。Edwards, *Immorality*, 125-126; Edwards, *Unspeakable Professions*, 72.　ただし彼女は、「トリブスから移す」の研究史を踏まえたうえでこの見解に達しているわけではない。

(86) 詳しくは、本書第六章参照。

(87) 船田享二『ローマ法』第二巻、岩波書店、一九六九年、一八五―一八九頁、A. H. J. Greenidge, *Infamia. Its Place in Roman Public and Private Law*, Oxford 1894, 113-143.

(88) Greenidge, *op. cit.*, 154-170.

(89) Leppin, *op. cit.*, 189-313.

(90) 以下、Leppin, *op. cit.*, 73.

(91) Leppin, *op. cit.*, 27; 143; Dumont, *Théatre,* 313.

(92) Cl. Nicolet, *L'ordre équestre à l'époque républicaine (312-43 av. J.-C.)* II, Paris 1974, no. 300.

(93) Th. A. J. McGinn, *Prostitution, Sexuality, and the Law in Ancient Rome*, NewYork/Oxford 1998, 42.

(94) Ducos, *op. cit.*, 26.

(95) 樋脇博敏「ローマの家族」『岩波講座世界歴史四 地中海世界と古代文明』岩波書店、一九九八年[=樋脇「ローマの家族」]、二七三―二九四頁、樋脇「「名無しの権兵衛の娘」と自称する女」『史論』〈東京女子大〉五三、二〇〇〇年[=樋脇「名無しの権兵衛の娘」]、一―二七頁参照。

(96) Mommsen, *StR* III^3, 72 n. 4. cf. s(ine) p(atre) f(ilius).

(97) 樋脇「名無しの権兵衛の娘」一一―一三頁。

(98) ARN = 11191. CLU = 5163D. COL = 445; 5301; 5614D; 7459; 7911; 10025; 11012; 16663; 19515 (= I^2. 1315); 19519; 19876S; 20171; 23299; 24039; 25746; 26135; 26395; 26977; 27839D; 28640; 30795 (= 567?); 33279; 33922; 37615S; 38425. ESQ = 4462S (= 2310S). FAB = 2744. PAL = 21954; 24025; 25654. PAP = 36077. POM = 35127. QUI = 15007. SER = 15640. SUC = 392; 5754; 9897. TER = 20109. VEL = 21782. VOL = 3528.

(99) no. 81 (Sinuessa); 249 (Roma).

(100) B. Rawson, *Spurii* and the Roman View of Illegitimacy, *Antichthon* 23, 1989, 36 n. 72. ただしローソンの研究は、碑文番号への言及がない。

(101) Mommsen, *StR* III^3, 443; Greenidge, *op. cit.*, 196.

(102) ちなみに、帝政期に関するフォルニの研究から、『ラテン碑文集成』第六巻との重複を避ける形で非嫡出子を拾い上げるならば、全一八例であり、その内訳は、コッリナ区一〇例=五六%、パラティナ区一例(都市トリブス全体で六一%)、パピリア区二例、アエミリア区、カミリア区、スカプティア区、トロメンティナ区、ウォトゥリア区各一例となる。

(103) 樋脇「ローマの家族」二八二頁。

(104) B. Rawson, *op. cit.*, 36.

(105) *ibid.*, 11; 27-28; 39. ただしローソンは、都市トリブスそのものについては、それを劣位のトリブスとする見解を採っている(*ibid.*, 28; 30)。

(106) ハリカルナッソスのディオニュシオスは、「われわれの時代にいたるまでも、解放奴隷身分に属する者は、どれだけの数に上ろうとも、四都市トリブスへと登録され続けていた」と語り(Dion. Hal. 4. 22. 4)、アスコニウスも同種の記述を残しているが(Ascon. 52C)、これらがはたしてどこまで同時代史料としての有効性を持つのかについて、ここでは判断を留保しておきたい。

(107)　Taylor, *RPAA*, 225-238.

(108)　Taylor, *Voting Districts*, 284-286.

(109)　もっとも、碑文に残されているトリブス所属者の名前という点でいえば、後七〇年のウェスパシアヌス帝に対する有名な献呈碑文には、七〇〇名を越えるスブラナ区成員(trib. Suc. iunior.)の名が記されている(*CIL* VI. 200)。

(110)　cf. Taylor, *Voting Districts*, 10-12; 132-149; A. Lintott, *The Constitution of the Roman Republic*, Oxford 1999, 118.

(111)　ちなみにこの点に関して、テイラーは次のような仮説を提出している。すなわち、都市トリブスの威信を高めることに関心を持っていたAp・クラウディウスは、前三一二年、一族の者をパラティナ区へと登録し、彼らは前三〇四年の「反動」後もそこにとどまった。おそらくアエミリウス氏やコルネリウス氏の一部も、クラウディウス氏への対抗上かあるいはその支援のためパラティナ区へと登録を変更した。続く世代においても、元老院議員や有産者はパラティナ区をはじめとした都市トリブスへと登録されたが、スブラナ区およびエスクイリナ区へと登録された有産者の数は少なかった。その理由は、当該二地区に土地財産を所有している者が少なかったからである。そこで、前三世紀後半の「ケントゥリア民会の改革」において、これら二トリブスは最初に投票する「特権」であるケントゥリア・プラエロガティヴァ(centuria praerogativa)から排除され、二トリブスへの登録は望ましくないものとなった。それゆえ、共和政末期にスブラナ区の一部であるカリナエが有力政治家・貴族の住む地区となってからも、そこへの変更は行われなかったのであると。Taylor, *RPAA*, 230-234.

説明の基調となっているのは、各都市トリブスにおける土地財産所有者の多寡である。しかし共和政末期にはスブラナ区を構成する地区にも貴族が居住していたので、それ以前にエスクイリナ区とスブラナ区とが登録変更のための魅力を失っていたことを想定する必要性が生じ、前三世紀後半になされた「ケントゥリア民会の改革」において、プラエロガティヴァから両トリブスが排除されたことにそれを求めているのである。興味深い説ではあるが、この説にとってのポイントとなるプラエロガティヴァからの排除は、史料的に裏づけられているわけではない。また、かりにそうであったとしても、三五トリブスの中から籤引きによりただひとつ選び出されるプラエロガティヴァからの排除が、それほどの意味を持ちえたのであろうか。

とはいえ、テイラーの注目したような地誌学的な理由からエスクイリナ区とスブラナ区とがもともと富裕者の極めて少ないトリブスであり、そのような状況の継続が両トリブスの社会的評価に少なからぬ影響を与えたこと、そして帝政期においても富裕な解放奴隷の中には両トリブスへと登録されるのを嫌いなんらかのやり方でそれを回避する傾向が生じ、その結果として、両トリブスの成員から騎士や元老院議員へと社会的上昇を遂げる者が皆無に近かったという事態の推移は十分考えられよう。

(112) Mommsen, *StR* III³, 293 n. 5; Taylor, *RPAA*, 226.

(113) ウァレリウス-アウレリウス法に関しては、M. H. Crawford (ed.), *Roman Statutes* I, London 1996, no. 37 参照。テキストの補読も同書による。

(114) 弓削達『ローマ帝国の国家と社会』岩波書店、一九六四年、一四七―二〇四頁。また同法に関しては、新保良明「ローマ帝政初期における政務官選挙」『紀要』〈長野工高専〉一九、一九八八年、一二九―一四五頁も詳しい。

(115) Taylor, *Voting Districts*, 99. ちなみにテイラーが小規模なトリブス――少なくとも投票人の少なかったトリブス――として挙げるのは、アルネンシス区、カミリア区、ファビア区、メネニア区、プピニア区、ロミリア区、わけてもレモニア区である。

(116) もちろんテイラーも、「トリブス間の均衡」への配慮のほかに、前二世紀になると、トリブスの分配に「党派政治」(factional politics)といった要因が入り込んでくることを指摘している。Taylor, *Voting Districts*, 100. しかし私が拘りたいのは、その「党派政治」的要因なるものが、はたして自己あるいは自己の党派のトリブスを小さくとどめておこうとする方向だけであったのかどうかという点である。

終　章　帝政期におけるトリブスの変質

はじめに

第一章から第四章までは、共和政期のローマにおいてローマ市民がローマ市民として登録されるための基本単位であり、トリブス民会やケントゥリア民会での投票単位をもなしていたトリブスが、共和政期の有力政治家たちにとって、彼らの権力基盤としていかに重要視されていたのか、またそれをより強固なものとすべくその内部がどのように編成されていたのかを史料が許す限り検討してきた。他方、第五章から第七章までにおいては、トリブスが担っていた社会的諸機能を取り上げ、政治的な重要性とは少し異なった角度から共和政期のローマにおけるトリブスの特質と意義を明らかにした。さらに、そのようにして明らかとなったトリブスの社会的機能がトリブス内の紐帯に対して及ぼした影響に関しても考察してきた。

本書の課題は、あくまでも共和政期のローマにおけるトリブスの政治的・社会的機能を、そこに生きた人々の人的結合を中心に据えて見ていこうとするものであるが、共和政期における特徴をより明確なものとするためにも、帝政の成立によってトリブスがいったいどのような変容を被ったのかを確認しておく必要があるだろう。およそ一世紀にも及ぶ断続的な「内乱」を経た後に成立した皇帝支配の時代においては、王政期以来の基本制度であったトリブスも、当然のことながら、変質したことが予想されるからである。

まずは政治的に見た場合、帝政期に入り共和政期に実施されていたような「自由な選挙」が廃れていったことは、トリブス内の紐帯に少なからぬ影響を与えたに違いない。本書でもたびたびふれてきたように、共和政期の有力政治家たちは、ケントゥリア民会での高級政務官の選出、平民会(トリブス民会)での下級政務官の選出、さらには平民会における立法活動等々に備えて、自己のトリブス内の票を掌握しようとさまざまな努力をなしていた。ところが、政務官選挙が民会の場から元老院へと移され（詳しくは後述）、立法活動も不活発となるのに合わせて、[1]そのような必要性は皆無ではないにせよ格段に薄れていったと考えられるのである。これらの経緯について、第一節で論ずることにしたい。

他方、社会的機能に関しては、最も基本的であるはずの戸口調査とかかわる部分にさえ、カエサル時代からアウグストゥス時代にかけて大きな変化が生じていたことがすでに推定されている。E・ロ・カッショによれば、カエサル時代に、それまでのような都市ローマにおいて集中的に実施されていた戸口調査に代えて、地方都市ごとの戸口調査が導入されたという。市民団原簿の作成＝ローマ市民団の再編成という重要な活動が、それまでのトリブス単位から地方都市単位へと変更されたのであった。[2]これと関連してCl・ニコレは、前七年にアウグストゥスが都市ローマを一四の「区」(regio)とその下部単位としてのウィクス(vicus)へと再編したこと、また全イタリアを一一の「地方」(regio)へと編成替えしたことを取り上げ、その背景として、もはやトリブスという単位がローマ市民団把握のための十分な制度ではなくなっていた事実を読み取っている。[3]すなわち、都市ローマにおいては従来の〈四都市トリブス制〉に代えて〈一四区制〉が、イタリア全体においては従来の非常に込み入った〈三一農村トリブス制〉に代えて〈一一地方制〉が導入されたとするのである。

なるほど戸口調査におけるこのような変化は、[4]一見したところ純粋に技術的な問題であり、従来のトリブスのあり方になんら変化をもたらさなかったようにも思われよう。だが、戸口調査のために各トリブスの所属者がわざわざ都市ローマへと赴き、そこで互いに顔を合わせて互いの所属を確認するという機会が失われたことは、トリブスの所属地域がイタリア各地に分散するという条件下で、ただでさえそのまとまりに欠けていたトリブスの紐帯にとって、少なからぬ打撃であったに違いない。たとえ人工的・人為的な単位とはいえ、その政治的・社会的機能を媒介としながらある程度の紐帯を維持してきたトリブスが、いよいよ市民団の下部単位としての限界を露呈し始め、単なる「市民身分の表示」にすぎなくなる過程が進行しつつあったといえようか。

ところが、このように共和政期のトリブスが帯びていた政治的・社会的機能のほとんどが失われていく中にあって、帝政期においても唯一残された機能として注目されてきたものがある。それは、共和政末期以降に確立された「公的穀物の配給」(frumentum publicum)とかかわる機能であるが、第二節では、この公的穀物の配給とトリブスとのかかわりについて一定の見通しを得ることにしたい。さらに帝政期に入ると、われわれは碑文史料を通じて、共和政期にはとうてい望みえなかったようなトリブスの「内部構造」を窺い知ることができるようになるが、この碑文史料からの知見は何を意味しているのか、続く第三節で私見を提示することにしたい。

一　選挙民会の衰退とトリブス

1　カエサル時代から三頭政治家時代

帝政成立期における選挙民会の衰退を検討する前に、カエサルの独裁官時代から続く第二回三頭政治の時代にいたるまでの選挙民会の変遷を大まかに捉え、その特徴を指摘しておくことにしよう。

周知のごとく、前四九年に始まったポンペイウス＝共和派との内乱に勝利したカエサルは、前四四年三月一五日の暗殺にいたるまでの間、国家ローマの実質的な統治にあたることになる。カエサル時代における選挙の特徴は、一言でいえば、基本的には共和政期の選挙手続きを踏まえていたとはいえ、独裁官への就任からしてすでに予想されるように、それが異例ずくめであったという点である。たしかにスエトニウスによれば(Suet. *Iul.* 41. 2)、カエサルは特定の候補者への推薦に奔走するなど、共和政期の有力政治家に見られる伝統的政治行動をある程度踏襲していた。また、その選挙運動のタイミングを捉えての暗殺計画も存在したようである(Suet. *Iul.* 80. 4)。しかしながら、カエサルの短い統治期間を全体として眺めるならば、この時期の選挙は、以下の三点において、やはり共和政の慣例から大きく逸脱していたとの印象は拭えない。

まず第一に、前四九年に独裁官として選挙を主催したカエサル自身が翌年の執政官に選出されており、これは共和政の伝統において極めて異例のことであった。その後カエサルは前四七年を除き毎年執政官に選出されているが、前四五年の前半は単独執政官であり、続いて任期一〇年の執政官職に指名されている。しかもこの間、断続的に独裁官にも就任しており、前四六年には任期一〇年の独裁官、そしてついに前四四年には「終身の独裁官」(dictator perpetuus)に就任しているのである。(5) 前一〇四年から前一〇〇年にかけて連年執政官に就任したマリウスの例、単独執政官としてはポンペイウスの例、また独裁官としての統治に関してはスッラの先例があるとはいえ、「終身の独裁官」ともなれば、一人支配との区別はもはや難しい。そしてこのような形でカエサルを選出するため、毎年の政務官選挙は、平民会で実施されるそれを除いて、延期されたり補充選挙が行われたりと極めて不規則なものになっていた。

第二に、ときには自ら選挙を主催したカエサルの影響力のもとで、実質的にはカエサル派の人々が選出される論功行賞型の政務官選挙となっていたことである。もっとも、反カエサル派が東方その他に逃れローマ不在であってみれば、もっぱらカエサル派から政務官が選出されたのはむしろ当然といえようか。その中でもとりわけ注目すべきは前四五年の選挙である。この年の一〇月、カエサルは単独で務めた執政官職を任期半ばで辞任し、Q・ファビウス・マクシムスとC・トレボニウスに後任を委ねた(Dio 43. 46. 2-4. cf. Suet. *Iul.* 76. 2; 80. 3)。このような形での辞任と補充選挙は、なるほど帝政期においては頻繁になるとはいえ、共和政期においては極めて異例であった。また同年末の一二月三一日には、ファビウスの死去に伴い、さらに後任の執政官としてC・カニニウス・レビルスが急遽選出されるという事態が生じた(Plut. *Caes*. 58. 1; Dio 43. 46. 2-4)。同時代人のキケロがその書簡で皮肉っているように(Cic. *Fam*. 7. 30)、この事件からは、共和政期の選挙制度・政務官制度に対するカエサルの軽視が読み取れる。スエトニウスの表現によれば、「空席となったこの名誉職を、わずか数時間の任期なのに、これを欲した人にくれてやった」のであった(Suet. *Iul*. 76. 2. 國原吉之助氏の訳文参照)。カエサルが自らの統治意思を強烈に表現した発言として、「もしあなた方が恐怖心から尻込みするなら、私はあなた方に迷惑をかけるつもりは毛頭ない。私一人で国家の政治にあたろう」(Caes. *BC*. 1. 32. 7. 國原吉之助氏の訳文参照)という一節があまりにも有名であるが、選挙に対する先の姿勢は方向性においてこれと一致するものといえよう。

第三に、このことと密接に関連し、帝政期へ向けての変化として重要なのは、政務官の一部に対する「指名」がカエサルによりすでに実践されていたという点である。前四六年、任期一〇年の独裁官に指名されたカエサルは、平民会での選挙を除き、政務官選挙を行うことなく属州ヒスパニアへと出発した。それに代えてカエサルは、騎兵長官(＝独裁官副官)としてローマで指揮をとるレピドゥスのために、八名の首都長官(praefectus urbi)を指名した(Suet. *Iul*. 76. 2; Dio 43. 28. 2)。これは明らかに従来の法務官の任務を担うことを期待された職である。それゆえ、もしもこれが単純に時間のなさを理由とするものではなく[6]、カエサルの意図的な行為だったとするならば、政務官指名の制度化へ向けての地ならし的性格を持っていたのかもしれない。R・フライ＝シュトールバはこれを、「古い共和政選挙システムへの最初の破壊行為」と表現している[7]。首都長官職の指名以外にも、通常の政務官職に関する指名権付与の提案が何度かなされた後(カエサルがその都度辞退か?)、最終的には、前四五年の末かあるいは前四四年の初頭に護民官L・アントニウスによって法案が提出され、執政官を除く全政務官職の半数を「指名」する権限がカエサルに与えられた(Cic. *Phil*. 7. 16; Suet. *Iul*. 41. 2; Dio 43. 51. 3)。前四四年三月一五日の暗殺により、その権限が実際にどのように行使されたのかは定かではないが、暗殺の時点で、つまりパルティア戦役へと赴くに先だって、おそらく前四三年と前四二年の政務官のうち執政官と護民官がすでに決定されていたのではないかとされている。(8) もちろんこれはあくまでも法的な側面にすぎず、必要とあらば独裁官カエサルによる「推薦」がそれ以外の候補者にも及び、選挙全体が彼の影響力のもとで動いていたことは当然予想されよう。民会選挙の形骸化が確実に進んでいたのである。

カエサル暗殺後の時代に関しては、前四三年末にキケロが殺害されたこともあり、史料状況が悪化する。毎年の選挙を詳しく追うことができないのはもちろんのこと、全般的な傾向の把握も難しい。だがここで注目すべきは、前四三年一一月に制定されたティティウス法により、アントニウス、オクタウィアヌスそしてレピドゥスの三人が、「国家再建のための三人官」(triumviri rei publicae constituendae)に指名され、彼らに付与された向こう五年間の大権中には、全政務官の指名権も含まれていたという点である(App. *BC*. 4. 2; Dio 46. 55. 3)。ただし具体的なやり方は伝えられておらず、しばらくは民会が開催された形跡もあるが、全体的には、政務官職が三頭政治家間における政治的駆引きの道具に堕していたのでないかとされている。(9) もはや民会選挙という制度自体の崩壊が、カエサル時代以上に顕著となっていたといえよう。(10)

2　アウグストゥス時代の選挙

前二七年のいわゆる「帝政」成立の時点において、周知のごとく、「共和政の復活」が宣言され、その一環として長らく廃れていた共和政期の選挙も復活したと伝えられている(Suet. *Aug*. 40. 2; Dio 53. 21. 6-7)。(11) もちろん共和政期とはその実態を異にしているものの(後述)、先行する三頭政治家時代とは違って、少なくとも形の上からは「自由な選挙」が実施されていたのは確実といえよう。このような選挙の実態に関しては、すでにわが国においても、アウグストゥスによる皇帝権の確立と選挙との関連については弓削達氏により、(12)またユリウス-クラウディウス朝期全般における政務官選挙の特質については新保良明氏により、すぐれた個別研究がなされている。(13)そこでここでは、これらの先行研究を参照しながら、トリブスの衰退を考えるうえでの必要な範囲内でアウグストゥス期における選挙の特徴を整理しておくことにしよう。

この時期の選挙を考える際にポイントとなるのは、形のうえではいまや「自由な選挙」となった政務官選挙に対し、アウグストゥスによって、どのようなやり方でどの程度、選挙干渉がなされたのかを確定することである。その際、ノミナティオ(nominatio)、スッフラガティオ(suffragatio)、コンメンダティオ(commendatio)といった方法がそれぞれ注目されてきた。まず、ノミナティオとは、選挙を主催する政務官の有する主催者としての権限とかかわっている。共和政期以来の選挙では通常、立候補予定者が「申告」(professio)を行い、主催政務官による候補者名の受入れと審査がなされた後、候補者名の「公告」(nominatio)へといたった。アウグストゥスは、前二三年にいたるまで連年、執政官職に就任していた。そこで、彼は執政官としての権限を用い、このような手順で「公告」を行うか行わないかを決定することにより、毎年の選挙に干渉することができたのではないかと推測されるのである。しかしながらA・H・M・ジョーンズの研究によれば、実際のところは、アウグストゥスが特定の候補者の申告を拒否した事例は存在しないという。(14)

次に同じく共和政期以来の手段としては、特定の候補者の「推薦」という方法が存在した。第一人者となっていたアウグストゥスも、この方法を積極的に用いているが、「推薦」の実態を伝える主たるラテン語としては、スッフラガティオとコンメンダティオとがあり、一般的には前者が選挙運動における口頭での直接的な推薦を、後者は文書による推薦を意味したと捉えられている。(15)スッフラガティオによる「推薦」の例としてはスエトニウスが次のように伝える。

政務官選挙に関係するたびに、自分の支持する候補者と一緒にトリブスを歩き廻り、一般の慣例どおり、支持を懇請した。彼自身も国民の一人としてトリブスで一票を投じた。（國原吉之助氏の訳文参照）[16]

他方、カッシウス・ディオによれば、アウグストゥスは後八年以降、それまでの口頭による推薦や応援演説から文書による推薦者リストの提示、つまりコンメンダティオによる「推薦」に切り替えたという(Dio 55. 34. 29)。このコンメンダティオに関しては、それが単なる推薦であったのか、法的拘束力を伴う推薦なのか、あるいは事実上の指名なのか、その法的性格をめぐって古くから意見の対立がある。[17] なるほど、次期政務官の「指名」としてはカエサルや三頭政治家時代の先例があるものの、「共和政の復活」を謳ったアウグストゥスにとって、独裁政治を想起させるそのような政務官指名が賢明なものに映ったとは思われない。アウグストゥスの措置は、伝統的な単なる推薦行為と考えてよいだろう。しかしながらここでむしろ重要なのは、その法的性格がどうであれ、絶大なる権威を有していた皇帝アウグストゥスによる「推薦」は、事実上、拘束力を伴った「指名」に等しかったであろうという点である。[18] 上は元老院議員から下は一般民衆にいたるまで、アウグストゥスの意向を無視した形での投票は、たとえそれがなされたとしても、過半数を制するまでになったとはおよそ考えられない。

ところがアウグストゥスの治世当初においては、このような形での選挙干渉が決して完全なものではなかった痕跡がいくつか見られる。これは見方によれば、共和政期以来の「自由な選挙」がある程度継続していたことの証左であるが、しかし他方で、状況に応じて皇帝権力側からの干渉・介入が次第に強化されていることは、アウグストゥスにとってそのような「自由な選挙」の継続が必ずしも好ましい事態ではなかったことを物語ってもいる。

第一に、「前二三年の措置」として、アウグストゥスは執政官職を辞任し、上級属州総督命令権と護民官職権を手にしたが、これ以降、ほぼ毎年のように執政官選挙が混乱し、民衆は執政官職のひとつをアウグストゥスのために空けておくという事態が生じた。フライ＝シュトールバは、アウグストゥスが執政官職のひとつを支持者のために確保することには成功したが、他のひとつまでコントロールすることはできず、ノビレス貴族や民衆扇動政治家によりそれが悪用される可能性が残されていた、と解している。事実、前一九年には、M・エグナティウス・ルフスの執政官職獲得をめぐって混乱が生じ、おそらくアウグストゥスの介入のもと、Q・ルクレティウス・ウェスピッロが執政官に「指名」されている。時の権力者が次期執政官を指名するというやり方が、一時的とはいえ、復活しているのである。となれば、前一九年における執政官命令権(imperium consulare)の付与も、単なる名誉にかかわるものというより、実質を伴った措置と考えるのが妥当であろう。これによりアウグストゥスは、前二三年以前のように、必要とあらば執政官権限をもって選挙に介入する可能性を留保しておいたのではなかろうか[19]。

第二に、前一八年に選挙不正に関するユリウス法(Lex Iulia de ambitu)が出されていることである。詳細は不明ながらも、この法をもとに有罪判決を受けた者に対しては、五年間の公職追放が科されたことが伝えられている(Dio 54. 16. 1)。これは、前一九年の措置にもかかわらず、選挙買収を含めた「自由な選挙」が依然継続しており、当局がその統制に手を焼いていたことの証であるが、そこにはまた重要な変化の兆しも見て取れる。すなわち、違反の場合に科された五年間の公職追放は、共和政末期に出された同種の法に比べて決して厳しい内容とはいえないにもかかわらず[20]、同法によって有罪判決を受けた者の名前は一人も知られていないという[21]。アンビトゥスと呼ばれる共和政期以来の選挙不正が、次第にその重要性を失いつつあったことが窺われるのである。実際のところ、このユリウス法が当該法としては最後のものとなる。後三世紀前半の法学者であるヘレンニウス・モデスティヌスは、そのあたりの事情を次のようにコメントしている。「この法は今日、首都ローマにおいては失効している。というのも、政務官の選出は皇帝の配慮(cura)にかかわる事柄であり、もはや民衆の好意(favor)にかかわる事柄ではないのだから」(Dig. 48. 14.

11. 1)と。

第三に、モデスティヌスが述べるような民会選挙の衰退に大きく影響したのではないかと考えられる法が後五年に出されているのであるが、これに関しては項を改めて検討することにしよう。

3 後五年のウァレリウス-コルネリウス法

ウァレリウス-コルネリウス法は、後に述べるようなその重要性にもかかわらず、タキトゥスやスエトニウス、カッシウス・ディオ等々、文献史料には一切伝えられていない法である。一九四七年および一九五一年にイタリアのマリアーノ(古代名ヘバ)で発見された大小五つの断片からなる碑文によって(＝ヘバ青銅板(Tabula Hebana))、後五年に二名の執政官の名にちなむウァレリウス-コルネリウス法なる法が出され、そこには亡くなったガイウス・カエサルとルキウス・カエサルへの栄誉と関連させて、選挙手続きの変更が定められていたことが知られていた。当該碑文自体は、後一九年一〇月一〇日に亡くなったゲルマニクス・カエサルの栄誉を称えて、同様の措置がなされるべきことを規定したものであるが、碑文に記された法の名称が何であったのかは長らく不明であった。ところが、一九八二年にスペインの古代都市シアルムで発見された二つの断片からなる碑文より(＝シアルム青銅板(Tabula Siarensis))、先のヘバ青銅板の内容を含み込む元老院決議とそれをうけて法を制定したであろう二名の執政官の名が明らかとなり、この法は現在、後二〇年のウァレリウス-アウレリウス法と呼ばれている。さらに後二三年には、同様の措置がドルスス・カエサル(ティベリウス帝の息子)に対してなされたこともわかっている(Tac. *Ann.* 4. 9. 2)。[22]

さてヘバ青銅板に関しては、すでにわが国においても弓削氏により詳細な紹介と検討がなされている。[23] そのうちここで重要なのは、執政官と法務官選挙に際して導入された新たな手続きとかかわる部分であり、この手続きは一般的に、「予備選挙」(destinatio)と呼ばれている。すなわち、後五年の法には、民会での選挙に先だって六〇〇名の元老院議員と国家法廷を構成する騎士(三〇〇〇名か?)により「予備選挙」がなされるべきこと、その際、彼らがガイウスの名を冠した五ケントゥリアとルキウスの名を冠した五ケントゥリアのいずれかに振り分けられ、そこで投票すべきことが定められていた。後二〇年には、ゲルマニクスのためにさらに五ケントゥリアが追加されている。

新保氏の整理を参考にするなら、このような「予備選挙」導入の意図に関して、これまでの学説は大きく三つに分けられる。(24) その第一は、皇帝当局の政治的意図をそこに読み取ろうとする説である。適用された選挙が執政官と法務官であってみれば、これは当然の見解であり、元老院議員と騎士とに予備的な選挙を行わせることにより、民会での選挙結果に一定の方向づけを行おうとしたのではないかと解されているのである。たとえば、ジョーンズ(25)や弓削氏(26)は、騎士身分の者に予備選挙の大多数を占めさせることにより、彼らの投票によって「新人」の当選を促進することが意図されていたのではないかとする。他方、フライ=シュトールバは、選挙人である上層民の判断と、さらにはケントゥリアに名を冠した皇帝の一族という二重の権威を持ち出すことにより、民会の権限には直接ふれることなく実質的に選挙結果を左右しようとしたという点を強調している。(27)

しかしながら、ジョーンズ説への批判として、少なくとも執政官に関する選挙結果がこのような意図に合致しないことが早くから指摘されている。(28) また、後七年には再び選挙時に混乱が生じ、アウグストゥスが自ら政務官を指名するという事態にいたっている(Dio 55. 34. 2)。これらの事実に加え、このように政治的に重要なはずの法が文献史料に一切言及されていないことの不自然さを根拠に、それがむしろ騎士身分への配慮といった社会的性格を持っていたことを強調する第二の見解が存在する。そのうち、P・A・ブラント(29)、F・ミラー(30)、R・J・A・タルバート(31)などは、騎士とりわけ一八ケントゥリアには属していない騎士にも民会投票時におけるある種の栄誉を付与することにより、騎士と一般民衆との差異化をはかろうとしたのではないかとする。(32) 他方、R・サイム(33)やD・フラッハ(34)などは、これにより元老院議員と騎士との協調・連帯関係を作り出そうとしたと主張する。ちなみに、最近出版された『ケンブリッジ古代史』第一〇巻（新版）で当該時代の政治史を担当したJ・A・クルークは、この第二の説を'the more sober, and now prevailing, view'と評している。(35)

それに対して、A・J・ホラディの見解を参考としながら、(36)新保氏が主張するのが第三の見解である。新保氏によれば、アウグストゥスの関心は選挙結果よりむしろ選挙がもたらすクリエンテラ関係にあった。すなわち、アウグストゥスは同法によって、元老院議員と民衆との間に潜在的に存在し、選挙を機会にいつ顕在化するかもしれぬクリエンテラ関係を絶とうとしたのだと。選挙のたびごとに顕在化の危険性がある共和政期以来のクリエンテラ関係を、選挙自体を無意味なものとすることによって無力化することにこそ、その目的があったと捉えるのである。

そもそも過去の為政者の立法意図なるものは、一義的に確定するのが困難な類の事柄のひとつであるから、第一の説や第二の説、あるいは両説が同時に成り立つ可能性は残されている。アウグストゥスが、騎士の栄誉を高めるとともに彼らの力をも借りて民会選挙をコントロールしようとしたことは十分考えられよう。(37)しかしながら意図はともかく、この法をその結果から捉えた場合、つまりそれがローマにおける選挙にどのような変化をもたらし、そのことが共和政期以来の政治構造・社会構造にどのような変容を引き起こしたのかという観点から眺めた場合、ホラディや新保氏の主張は、非常に興味深い論点を提出している。すなわちそれは、選挙が人的関係により支えられていたのみならず、逆にそのような人的関係を不断に強化しあるいは新たに作り出してもいたとする論点である。このような見方については本書第四章でもふれたが、帝政成立期におけるトリブスの衰退を考える場合にも重要となろう。だがこのことを論ずる前に、後五年のウァレリウス-コルネリウス法と密接に関連していたと思われる後一四年の措置と、それ以降の選挙の実態を見ておくことにしよう。

4　後一四年以降の選挙

タキトゥスの『年代記』には、後一四年に生じた出来事に関して次のような有名な記述が見られる。

このとき始めて、選挙がマルスの野から元老院に移された。その日までは、なるほど最も重要な選挙は皇帝の意思一つで決まっていたが、いくつかの選挙はまだ、トリブス民の熱心な投票で決定していたのである。しかし、民衆はこの選挙権が奪われても、べつに不平を言うのでもなく、ただ無駄口をたたいていたにすぎない。元老院のほうは、莫大な贈賄や卑屈な平身低頭から解放されるので、この改革を喜んで受け入れる。……（國原吉之助氏の訳文参照[38]）

ここには重要なことがいくつか語られている。その中でなによりも重要な情報は、選挙がケントゥリア民会の開催されていたマルスの野から元老院へと移されたという点である。記述内容が、移動先として「元老院」(ad patres)のみを伝えるのである以上、これは騎士身分を多く含み込んだ既述の「予備選挙」への言及ではなく、それとは別個の措置への言及と考えた方がよいだろう。つまり、「予備選挙」の導入によりすでに形骸化の過程を歩み始めていた民会選挙が、いまや完全に元老院の場に移されるという事態が生じたのであった。しかも「予備選挙」においてはその対象が執政官と法務官のみであったが、この措置によっては、すべての政務官選挙が元老院の場へと移されたことも読み取れる。

ただし、カッシウス・ディオの証言によれば、少なくとも後三世紀初頭まで選挙民会は存続していた(Dio 58. 20. 4)。

また、後二〇年におけるゲルマニクスのための配慮や後二三年におけるドルススへの配慮のことを考えるなら、「予備選挙」も継続していた可能性が高い。しかしこの時点で、かつての「予備選挙」の場合とは異なり元老院の場であらかじめ候補者数を定員数に絞り込むという手続きが行われたのは確実であり、そこで決定された名簿の最終的承認が、「予備選挙」や民会選挙に求められたにすぎなかったであろう。ちなみに、古い制度を廃止するのではなくそれを残したままで骨抜きにしていくのは、共和政期以来、ローマ人お決まりのやり方であった。

フライ=シュトールバによれば、このように政務官選出の実質的な権限を託された元老院が、口頭での推薦が行き交う「選挙会場」のようになったのは、クラウディウス帝以降のことであったという[39]。事実われわれは、トラヤヌス帝代になると、小プリニウス『書簡集』から、この元老院選挙の様子をある程度具体的に思い描くことができるようになる。それによれば、おそらく「皇帝推薦候補者」(candidatus Caesaris)の決定がなされた後[40]、元老院内ではその他の候補者による自己紹介(宣伝)、推薦人による応援演説等々が続いたが、小プリニウスの時代には、この間の運動が元老院の品位を貶めるほどにひどく混乱していた模様である(Plin. *Ep*. 3. 20. 3-7)。事前に元老院議員の私邸(domus)や休憩所(statio)へ赴いての選挙活動なども見られた(Plin. *Ep*. 2. 9. 5)。また、「政務官に立候補するものは、饗応してはならぬ、贈物を送ってはならぬ、金銭を供託してはならぬ」といった告示の存在が知られていることからして(Plin. *Ep*. 6. 19. 1. 國原吉之助氏の訳文参照)、選挙買収まがいの行為も依然続いていたのであろう[41]。さらに、元老院内の選挙においても秘密投票制が導入されているが(Plin. *Ep*. 3. 20. 2)、その結果、候補者に代えて推薦人の名前が書き込まれたり、「多くの冗談や言うに醜き言葉さえ」書き込まれたりしたという(Plin. *Ep*. 4. 25. 1)。すでに元老院内での「選挙」においても意識の低下が生じていたことが読み取れる。元老院議員の意を越えたところで皇帝による実質的な指名というやり方が着実に浸透し、元老院議員の間に、ある種の無力感が漂っていたのかもしれない。

ここに見られるのはまさにウァレリウス-コルネリウス法の総仕上げである。同法をもとにした予備選挙により民会の形骸化は開始されていたが、実施一〇年足らずの間にその予備選挙すら形式化してしまうような手続きが導入されたのであった。これにより、ローマ社会にどのような変化がもたらされたのかも、いまや明白であろう。たしかに元老院内においては、依然として活発な選挙活動が展開され、おそらく賄賂等の共和政期以来のやり方も見られた。だが、共和政期における選挙との決定的な相違は、もはや投票へ向けて選挙民会を構成する一般民衆に訴えかける必要性がなくなったという点である。この点は、先のタキトゥスの引用に如実に表現されている。タキトゥスによれば、「後一四年の改革」により、官職への立候補を望む元老院議員たちは、「莫大な贈賄」(largitiones)や「卑屈な平身低頭」(preces sordidae)から解放されたのであった(Tac. *Ann*. 1. 15. 1)。同様の主旨の表現は、帝政期における他の史料中にも見受けられる(Vel. Pat. 2. 126. 2; Sen. *Ep*. 118. 3-4; Auson. *Grat. act*. 3. 13; Symmachus *Or*. 4. 7.)[42]。共和政期以来行われていた選挙人への嘆願や買収に倦み疲れた政治エリートたちは、いまや元老院の場に限定された選挙、あるいは官職が皇帝から授けられることに安堵したのである。選挙を契機とした一般民衆との紐帯形成の可能性がこのような形で放棄されたということは、共和政期から存続した社会関係の弱体化、あるいは場合によってはその解体をも意味したに違いない。

選挙の消滅により衰退したこの社会関係に関して、新保氏はそれを一般民衆と元老院議員とのクリエンテラ関係、あるいは騎士と元老院議員とのクリエンテラ関係と理解し[43]、M・H・デッテンホファは「都市大衆」と元老院議員間のそれを重視する[44]。だが、本書で繰り返しふれてきたような共和政期における選挙のメカニズムを念頭に置くならば、別の側面も見えてくる。共和政期の選挙においては、一方では「都市大衆」を中心とした不特定多数へ向けての選挙運動がなされるとともに、他方では、人的関係を最大限に手繰り寄せるような選挙運動もなされていたが、後者のひとつの中心をなしていたのはトリブスをめぐるそれであった。トリブスは平民会(トリブス民会)やケントゥリア民会での投票単位をなしていただけに、トリブス内における人的結合は選挙においてとりわけ枢要な位置を占めていたのである。とすれば、「自由な選挙」の消滅、そしてそれによっていまや元老院議員が一般民衆との間にパトロン関係を取り結ぶ必要性が減じたのに伴い、その紐帯が大きく弱体化していったのはほかならぬこのトリブスをめぐる人的結合関係だったのではなかろうか。

二　穀物配給制とトリブス

冒頭でもふれたように、共和政期以来の「自由な選挙」の消滅、さらには戸口調査のやり方の変更等々に伴って、帝政期においてはトリブスの重要性が大きく損なわれていった。しかしそれに反し、無償穀物の配給とかかわるトリブスの機能は、一見したところ、帝政期に入ってむしろその意義が増したのではないかと思われる。この国家ローマによる穀物の供給と配給に関しては、すでにわが国においても宮嵜(吉浦)麻子氏や、[45]藤澤明寛氏[46]により個別的な研究がなされているので、詳細はそちらに委ね、ここではあくまでもトリブスの社会的機能との関連でこの問題を取り扱っていくことにする。まずは、宮嵜氏やG・リックマンの研究[47]に依拠しながら、共和政末期から帝政成立期にかけての穀物配給制のアウトラインを確認しておこう。

前一二三年、ガイウス・グラックス改革の一環として導入されたローマ市民に対する安価な穀物の配給は、共和政末期の政治的駆引きの中で「改革」と「反動」を繰り返しながら、前五八年のクロディウス法により無償とされるにいたった。この一連の経過により、国家の統治者である以上、個々のパトロン関係とは別個に公の資金でローマ民衆を養っていかなければならないという観念がひとまず確立されたといえようか。[48]「パンとサーカス」といった表現の有効性はともかく、これ以降、ローマ市民であることは一定量の無償穀物の配給を受ける「特権」となったのである。

ただし、受給者総数や受給資格に関してしばしば改定がなされており、おそらくローマ市民のすべてがこの「特権」を享受しえたわけではないものと思われる。[49]

前四六年、独裁官のカエサルが最初の手直しを行った。スエトニウスの有名な一節によれば、

民衆の財産査定(recensus)を、従来とは調査方法も場所も違えて、ウィクスごとに共同住宅の所有者によって実施させた。それまで三二万人もいた穀物受給者を一五万人に減らした。……毎年死亡した者に代わって、まだ査定されていない者の中から法務官が抽籤で補充することにした。(國原吉之助氏の訳文参照)[50]

ここには注目すべき内容として三点が述べられている。第一に穀物配給の目的で従来の戸口調査とは異なった「財産査定」が行われたこと、第二にそれをもとに受給者が三二万人から一五万人に削減されたこと、第三に欠員が生じた場合の受給者の補充方法としては、有資格者の中から籤引きにより新たな受給者が選び出されたことである。続く三頭政治家時代にこの規定がどの程度まで遵守されていたのかは不明であるが、アウグストゥス時代にいたって再び穀物の供給とその配給が問題化してくる。

まずアウグストゥスは、前二二年、ポンペイウスが引き受けていたような「穀物供給のための配慮」(cura annonae)の役目を引き受け、[51]法務官格の二名を代理人に指名した。アウグストゥス自身の印象的な発言によれば、「私は穀物の無償配給という公の制度を永久に廃止したい衝動を覚えた。……しかしこの衝動を持続できなかった。いずれまた民衆の好意を得るために復活されることは間違いないと確信したからである」(Suet. *Aug.* 42. 3. 國原吉之助氏の訳文参照)[52]。正確な時期は不明ながら、その後、食糧供給長官職(praefectus annonae)が設置され、以後、この職は穀物安定供給のための常設ポストとなっていく。[53]

アウグストゥス改革における受給者の数に関しては、カッシウス・ディオが前二年のこととして、アウグストゥスがそれを二〇万人に制限したことを伝える(Dio 55. 10. 1)。これは、アウグストゥス自身がその『業績録』において祝儀(congiarium)の分配を述べた際、前二年の受取り手として二〇万人強の「穀物の無償配給を受けていた平民」を挙げているのと合致する(*RG*. 15)。しかしながら他方で、アウグストゥス死後の遺贈金が、その総額と一人あたりの額から逆算すれば、およそ一五万人に分配されたと推定されることから(Suet. *Aug*. 101. 2; Tac. *Ann*. 1. 8; Dio 57. 14. 2)、アウグストゥスの治世後半に、受給者の数がカエサルの定めた一五万人に再び削減されたのではないかとする見解も見られる。(54) ちなみに、一五万人にせよ二〇万人にせよ、その上限が固定されていた以上、欠員が生じた際の補充が問題となってくるが、カエサルの改革における籤引きという方法が帝政期にも踏襲されたのかどうかはわかっていない。(55)

次に受給資格に関しては、かつてD・ファン・ベルヒェムが主張した議論が考察の出発点となる。(56) ファン・ベルヒェムは、受給資格として、(i)ローマ市民(一〇歳以上)であること(civitas)、(ii)ローマ市に居住していること(domicilium)、(iii)ローマ市出身＝登録であること(origo)を挙げ、これらの条件により受給者の総数は自ずと制限されていたと考えた。このうち(iii)のオリゴは、本来いわれるところの「出身地」ではなく、ローマ市でレケンスス(recensus)を受けた者という意味である。とすれば、リックマンも批判するように、穀物配給の資格を得るためにはローマ市のオリゴを持たねばならず、そのオリゴを持つためには穀物配給のためのレケンススに登録されねばならないといった具合に、これはまさに循環論に陥っており、それだけでも(iii)の条件は受け入れがたい。(57) 他方、C・ヴィルルーヴェは、(iii)の「出身地」に代えて出生自由人という条件を挙げ、解放奴隷は原則的には穀物配給から除外されていたとするが、(58) 宮嵜氏も批判するように、史料的に見て説得的な主張とはいえない。(59) 結局のところ、受給者の資格としては、(i)のローマ市民と、(ii)のローマ市居住が条件とされていたと考えるのが妥当であろう。ただしこのほかに、親衛隊や消防隊、そして他の下級官僚も対象者となっていた可能性がある。(60)

穀物配給の場所としては、それまで複数の場所で実施されていた配給が、後一世紀中葉に、マルスの野にあったミヌキウス回廊(Porticus Minucia)へと集中されたのではないかと考えられている。ミヌキウス回廊は四五の入口＝アーケード(ostium)を持つ建物であり、受給者は毎月指定された日に指定されたアーケードで穀物の配給を受けたようである。リックマンの試算によれば、一箇所あたりの人数は一五〇―二〇〇名となる。[61] その際、各受給者はテッセラ(tessera)と呼ばれる「札」を所持していた。これは、受給者であることを確認する「身分証明書」のようなものか、あるいはそのときどきの「配給チケット」のようなものであり、法史料をもとにすれば、それが売買や遺言による遺贈の対象となっていたことが知られる。ただし売買や遺贈が野放しに行われれば不正行為の蔓延やさらにシステム自体の混乱が予想されるので、リックマンは国家によるなんらかの統制を推定している。[62]

さて、このような概要を持つ穀物の無償配給制がわれわれのテーマと関連してくるのは、ローマ市居住のローマ市民といった条件を満たす受給者のリストが、いったいどのような単位で作成・記載され、どのような枠組みで配給が実施されたのかについてである。

この点をめぐっては、大きくいって二つの見解が対立している。まず、Th・モムゼン以来の主張として、[63] ほかならぬ共和政期ローマの市民団の下位区分であったトリブスがこの穀物配給の単位であったとする見解が存在する。[64] その論拠として挙げられるのは、アウグストゥスが祝儀として民衆に金品を分配したやり方が、トリブス単位を示唆していることである(App. *BC*. 3. 23; Suet. *Aug*. 101. 2)。ただしこの説を採る場合でも、穀物の配給が始まった共和政期の当初より一貫してトリブス単位で配給が実施されていたとするより、アウグストゥス時代を転機にトリブス単位の配給が導入されたとするのが一般的である。[65]

それに対して、モムゼン説を批判するO・ヒルシュフェルトの研究以来、[66] 都市ローマを構成するウィクスという単位でリストが作られ、またこのウィクス単位で配給も実施されていたとする見解がある。[67] この見解の論拠は、共和政末期のクロディウス時代に遡る。前述のごとくクロディウスは、前五八年にそれまで有償であった穀物の配給を無償とした護民官であるが、同時にクロディウスは、前六四年に元老院決議によって禁止された都市ローマの組合＝ウィクスを復活させ、それを自己の勢力基盤として利用した政治家でもあった。(68) そこでこの二つの法の関連性をもとに、ウィクス単位でクロディウスの息のかかったウィクス長を通して穀物の無償配給も実施されたのではないかと考えられているのである。また、カエサルやアウグストゥスによってなされた改革を記す際に、スエトニウスが「ウィクスごと」(vicatim) といった表現を用いているのも (Suet. *Iul.* 41. 3; *Aug.* 40. 2)、この説にとっての傍証となっている。

以上、名簿作成の実態に関して二つの説が対立しているが、私見によれば、両者の相違は見かけほど大きいものではない。まず、後者の〈ウィクス単位〉の名簿作成に関していえば、穀物配給のための戸口調査がウィクス単位で実施されたのが確かだとしても、リックマンも述べるように、そのことは必ずしも配給名簿までがウィクス単位で記載されていたことを意味するものではない。(69) というのも、受給資格があくまでもローマ市民に限定されていた以上、当該人物がどのトリブスに所属するのかのチェックは不可欠であり、その作業を経た後には、トリブス単位の名簿作成も容易でかつ合理的なように思われるからである。他方、前者の〈トリブス単位〉の名簿作成とはいっても、従来行われていた戸口調査 (census) との重要な相違に着目すべきである。すなわち、従来の戸口調査が原則的にはローマ市民権を有する全市民を対象としたものであったのに対し、穀物配給のためのそれは、あくまでもローマ市居住のローマ市民の確認を目的としていた。事実、カエサルやアウグストゥスの改革を述べる際にスエトニウスは、census ではなく recensus あるいは recensio といった表現を用いているが、これは従来の戸口調査とは異なる特別の戸口調査への言及かもしれない。トリブス単位で名簿が作成されていた場合でも、従来のトリブス名簿をそのままの形で用いることはできず、ローマ市居住者に限定した新たなリストの作成が必要とされたと推定されるのである。とすれば、ローマ市居住者に限定されたこの種の名簿作成において、所属トリブス名のみならず、彼らが実際に居住しているウィクスやあるいはその上部単位である「区」(regio)の情報がなんらかの形で添えられていた可能性は十分考えられよう。

このことは、ニコレの研究によって注目され、[70]ヴィルルーヴェによってトリブスの「二重性」(dédoublement)と名づけられた重要な現象と密接に関連してくる。[71]周知のごとく本来のトリブス制は全ローマ市民を包摂する組織であり、完全ローマ市民であるということは三五トリブスのうちのいずれかに所属することを意味していた。ところが、帝政期の碑文には「三五トリブス」と表記されながらも全ローマ市民を指すのではなく、明らかにローマ市居住のローマ市民=「都市大衆」(plebs urbana)を指しているとしか思われないような記述が現れてくるのである。このような現象の背景としては、地方からローマ市へと流入した市民が居住地の変更に伴って「都市トリブス」へと登録変更されることが次第に少なくなり(史料的には確認できないものの、これはかなり早い段階から生じていたものと思われる)、ローマ市居住者が文字通り三五トリブスに所属していたという事実がある。すなわち「三五トリブス」という名称は、本来のトリブス制と「都市大衆」の組織としてのトリブス、という二重の意味を帯びるようになっていたのである。

ニコレは後者を「団体的・結社的」(corporatif)トリブスと呼び、それがすでに共和政末期の前八〇年代に存在していたかのように捉えている。[72]ニコレが論拠とするのは、前八六年のM・マリウス・グラティディアヌスに関する大プリニウスの記述であるが、そこにはたしかに、「ローマでもトリブスが、すべてのウィクスにおいてマリウス・グラティディアヌスのために像を建立した……」といった表現が見られる(Plin. *NH*. 34. 27)。しかしながら、同一の事件を伝えるキケロの記述には、「どのウィクスにも彼の像が建てられ……」といった表現しか見当たらない(Cic. *Off*. 3. 80)。ニコレは理由を挙げることなく、大プリニウスの方が正確であるとするが、私にはむしろ同時代史料としてのキケロの方が正確であり、大プリニウスの記述はまさにニコレが主張するトリブスの変質下で執筆された時代錯誤的な記述ではないかと思われる。[73]

私見によれば、ニコレのいう「団体的・結社的」トリブスの出現がいつのことであったのかについての別の手掛りが、キケロの別の記述中に存在する。キケロが、『ピリッピカ』(第六演説)において、アントニウスの弟ルキウス・アントニウスを批難し、彼に捧げられた黄金の騎馬像に、「三五トリブスから保護者へ」(quinque et triginta tribus patrono)と銘文が刻まれていることを指摘しているのがそれである(Cic. *Phil.* 6. 12; 7. 16)。これは平民会決議のような全トリブスの合意を経たうえでの活動ではなく、キケロなど与り知らないところで展開された顕彰行為のようであり、ここからは、本来の三五トリブスとは別個に都市ローマ内に三五トリブスを名乗る組織がすでに存在していたことが読み取れよう。のみならず、キケロが三五トリブスを名乗る顕彰をいわば僭称行為・越権行為として批難するその筆致からは、その種の組織が共和政ローマに根づいた古い制度でなかったのはもちろんのこと、前八〇年代以来の半世紀近い実績を有する制度ですらなく、むしろごく最近になって導入された真新しい制度、しかも彼が納得しないような状況下で導入された制度のように思えてくるのである。第六演説が行われたのは、カエサル暗殺後の前四三年一月四日であった。とすれば、ローマ市居住者の三五トリブスへの組織化は、先に引用したスエトニウスの述べるような、まさにカエサルが穀物配給制度の見直しのために財産査定を行った前四六年に導入された可能性が極めて高いのではなかろうか。

三　トリブスの内部構造を伝える碑文史料

本書でもたびたびふれたように、共和政期においてトリブスの内部がどのように組織化されていたのかを解明することは史料的にいって非常に難しい。ところが帝政期に入り、トリブスの機能が悉く失われていったと思われる時期にいたって、われわれは碑文史料をもとにかなり詳細にトリブスの内部構造を把握することができるようになるのである。この逆説的な現象は、単に帝政期に入ると碑文史料が増加するという理由によるのか、それともそこにはなんらかの他の理由が介在しているのか、次にこの点を考えていくことにしよう。ただしニコレも指摘するように、帝政期のトリブスに関しては、モムゼン以来、研究がほとんど進捗していないといってよい状況であり[74]、このようなテーマに関して、共和政期を本来の専門領域とする私には、碑文史料を駆使しながら十分な考察を展開するだけの能力がない。よってここでは、先行研究により注目されてきた基本的な事実の紹介と、そこから浮かび上がる問題点の指摘にとどめざるをえない。

碑文史料が提供する第一の貴重な知見は、トリブスの内部におけるコルプス(corpus)と呼ばれる下部単位の存在である。具体的には、パラティナ区においては、corpus iuniorum (*CIL* VI. 1104; 10218)、corpus seniorum (*CIL* VI. 10215)、corpus Augustale (*CIL* VI. 10216) といった下部単位が、スブラナ区では、corpus iuniorum (*CIL* VI. 199; 200)、corpus seniorum (*CIL* VI. 33997)、corpus Iulianum (*CIL* VI. 198) といった下部単位が、またエスクイリナ区では、corpus seniorum (*CIL* VI. 9683)、corpus Augustale (*CIL* VI. 10097; 10217) といった下部単位がそれぞれ存在した。さらにスブラナ区に関する碑文史料には、corpora foederata という表現も見られるが (*CIL* VI. 196; 197)、モムゼンはこれを先の三組織(iuniores, seniores, Iuliani)の合同体と捉えている[75]。iuniores および seniores といった呼称からは、ケントゥリア民会内における同種の区分が真っ先に連想され、トリブス内部もその年齢層に応じて四五歳以下と四六歳以上の二つの集団に区分されていたのではないかと想像されるが、ことはそれほど単純ではない。というのも、エスクイリナ区の corpus seniorum には八歳の男児が属しているからである (*CIL* VI. 9683)。また、iuniorum や seniorum 以外にも、Augustale や Iulianum といった呼び名の組織が存在する以上、少なくとも各トリブスの内部が iuniores と seniores とに単純に二分されていたと捉えることはできない。

コルプスの内部に関しても、それがさらにケントゥリア(centuria)という単位に下位区分されていたことが知られる。『ラテン碑文集成』第六巻二〇〇番は、スブラナ区の corpus iuniorum に属する構成員が、七〇〇名を越える規模で名を連ねている有名な碑文であるが、そこにおいて彼らは八つのケントゥリアに分けて記載されている。各ケントゥリアの欄には、おそらくその「長」と思われる人物を先頭にしてアルファベット順に構成員の名が記されており、それぞれの人数は、八〇名から一一〇名に及ぶ。だが碑文の欠損状況とアルファベットの途切れ具合からして、どのケントゥリアもさらに名前が続いていたのは確実であり、モムゼンは最初のケントゥリアに関してはおよそ一二〇名、それ以外に関しても一二〇名より幾分少ない人数を想定している。またパラティナ区の corpus iuniorum に関する碑文には、九六八名という数字が挙げられているが(*CIL* VI. 1104)、モムゼンはこれも八ケントゥリア×約一二〇名であろうと解している(76)。他方、スブラナ区の corpus Iulianum に関する碑文においては、六ケントゥリアが決議を行っており(*CIL* VI. 198)、このコルプスの下位区分は六ケントゥリアであったのかもしれない。

　このように内部がコルプスと呼ばれる単位へと下位区分されていたのは、もっぱら「都市トリブス」である。ただし、「農村トリブス」のうちクラウディア区に関するいくつかの碑文には、tribus Claudia patrum et liberum clientium といった表現が出てくる(*CIL* IX. 5823; XIV. 374)(77)。モムゼンは、ここでの patres と liberi をそれぞれ seniores と iuniores に対応するものと捉え、クラウディア区ではトリブス成員が少なかったので、patrum et liberum という形でまとめて記されたのではないかと解している(78)。それに対して、最近オスティアにおけるパン製造業者組合との関連で『ラテン碑文集成』第一四巻三七四番の碑文を詳細に検討した藤澤氏は、当該表現が何を指すのかは不明であると断りながらも、国家ローマの制度ではなく、「地方都市における民会の投票単位」であった可能性を示唆している(79)。クラウディア区に関する碑文は、都市トリブスのそれとは異なりすべてローマ市外の出土であるだけに、その可能性は十分あるといえよう。

内部がコルプスに下位区分されていたことと密接にかかわりながら、トリブス内には諸種の役員の存在が確認される。トリブスないしコルプスを代表していたのは、クラトル(curator)と呼ばれる役員であった。ポッリア区の「共同墓地」からの出土ではないかとされている二枚(あるいは三枚)の碑文には、[80] 当該トリブスのクラトルが現れ(*CIL* VI. 33992; 33994; 33993?)、他の一碑文にもポッリア区のクラトルが現れている(*CIL* VI. 10214)。他方、スブラナ区の corpus iuniorum に関する碑文では、八名のクラトルの名前が挙げられており、そのうちの二名は二度目の就任であった(*CIL* VI. 199)。ほかに二年連続の就任への言及と思われる碑文も存在するので(*CIL* VI. 33994)、おそらく一年任期で再選も可能であったクラトルは、毎年複数名選出されていたと考えてよいだろう。選出母体は、トリブスかコルプスである(*CIL* VI. 33992; 33993; 33994)。また、その下のケントゥリアでは、いくつかの碑文をもとに(*CIL* VI. 200; 33994)、「ケントゥリア長」(centurio)の存在が推定されているが、ケントゥリオといった呼称への直接的な言及が関連碑文には見られないだけに、[81] 彼らがほかならぬクラトルであった可能性も考えられる。さらに各トリブスには、「書記」(scriba)や「使丁」(viator)といった下級役員も所属していたようである(*CIL* VI. 10215; 10216)。

　これら諸種の役員と一部重なりながら、トリブスあるいはコルプス所属者の中には、当該団体からなんらかの「栄誉」(honoratus)や(*CIL* VI. 198; 10214; IX. 5823)、「免除特権」(immunis)を手にしていた者が存在した(*CIL* VI. 196; 197; 198; 10214)。いずれもその詳細は不明であるが、前者に関しては、クラトルへの就任や「免除特権」の獲得自体が「栄誉」の中味であった可能性も考えられる。また後者に関してはニコレが、なんらかの分担金や皇帝に対する贈物行為への参加からの免除を想定している。[82]

　このような内部構造を持ったトリブスは、ニコレが注目したように、「団体的・結社的」活動を展開していた。具体的には、ポッリア区の「共同墓地」からの出土とされている一連の碑文からは(*CIL* VI. 33992–33996; 37846a; 37945; 38125; 38460)、当該トリブスによる土地所有が推定されているし、[83] また、カミリア区の「私道」(iter privatum)の存在を窺わせる境界石も出土している(*ILLRR* 488)。他方トリブスやコルプスは、クラトルで見られたように諸種の役員の選挙を行う母体であったのみならず、さまざまな決議を行う主体ともなっていた。トリブス内部に向けては、これも先にふれたように、その成員に対する「栄誉」や「免除特権」の付与が行われていたが、さらにいくつかの碑文からは、皇帝とその一族に対する顕彰行為においてもそれらの単位が決議主体となっていたことが知られる。たとえば、後二三年のゲルマニクスとドルススに対する栄誉決議(*CIL* VI. 909; 910; *Tabula Siarensis* Fragment (b) Col. II. 1–11)(84)、後七〇年のウェスパシアヌス帝とその一族に対する栄誉決議(*CIL* VI. 200)、後七九年のティトゥス帝に対する栄誉決議(*CIL* VI. 943)、そして後一〇三年のトラヤヌス帝に対する栄誉決議(*CIL* VI. 955)などがそれである。

さて、次に問題となってくるのは、このような形で知られるトリブスの内部構造がはたして帝政期に入って初めて生じてきたものなのか、それとも共和政期からすでに存在していたが、碑文を刻む行為が活発となったのに伴い帝政期になって初めて表面化したにすぎないのかという点である。確たる解答に辿りつくことはできないものの、以下に現時点での見通しを提示しておくことにしよう。

第一に手掛かりとなるのは、コルプスのうちAugustaleおよびIulianumなる呼称を持つコルプスの存在である。前者は明らかにアウグストゥス以降、また後者も、せいぜい遡ってカエサル以降の成立を示唆している。なるほどモムゼンはこの点については認めながらも、その他のiuniorumやseniorumといった呼称のコルプスは共和政起源と考えている(85)。その論拠は、前三世紀末のいわゆる「ケントゥリア民会の改革」の際にケントゥリアとトリブスとが結びつけられ、各ケントゥリア内の投票単位として「青年組」(iuniores)および「老年組」(seniores)の区分が設けられたという点である。しかしながら、本書第三章でも検討したように、そもそもその際第一等級を越えてトリブス全体が青年組と老年組に区分されたのかどうかは定かではない。少なくともローマ市民のかなりの部分を占めていたと思われる最下層民(proletarii, capite censi)は、区分されることなく一ケントゥリアのままであった。共和政期からの単純な延長線上で、このiuniorumとseniorumの組織を捉えることはできないであろう。

第二に手掛かりとなるのは、クラトルという役職が、実は共和政期に関する史料中にも現れてくるという点である。それを伝える唯一のラテン語史料はウァッロ『ラテン語論』であるが(Varro *Ling*. 6. 86)、そこでは「監察官の記録」(censoriae tabulae)からの引用として、戸口調査において(手助けのために)呼び出されるべき人物として、「全トリブスのクラトル」(curatores omnium tribuum)が挙げられている。他方、ギリシア語史料としては、ハリカルナッソスのディオニュシオスが、セルウィウス王によって都市ローマが四トリブスへと区分されたことを記す際に、その責任者としてピュラルコス(phularchos)なる表現を用いている(Dion. Hal. 4. 14. 2)。またアッピアノスは、オクタウィアヌスが大衆に金銭を分配したやり方が、同じく「ピュラルコスを通して」であったと伝えている(App. *BC*. 3. 23)。ただし、前者のディオニュシオスにおけるピュラルコスについては、モムゼンも指摘するように、クラトルではなく、旧トリブスに関する記述のピュラルコス同様(Dion. Hal. 2. 7. 3)、ラテン語のtribunusを指している可能性が高い[86]。

このように共和政期におけるトリブス内の「責任者」を伝える史料は極めて少なく、その種の役職の存在自体あるいはそれが何と呼ばれていたのかに関してさえ不明瞭な部分が多い。しかし別稿でも記したように[87]、モムゼンはもともとのトリブスの「責任者」をトリブニ・アエラリィであると仮定し、その後継者として帝政期の碑文等に現れるクラトルを位置づけたのであった[88]。たしかに共和政期において、ローマ市民団の重要な下部単位であったトリブスにそれを取りまとめるような役職が全く欠如していたとは考えにくい。しかしながら、少なくとも政治的に捉えた場合、個々のトリブスを掌握しそれを牛耳っていたのは各トリブスにおける政治的有力者であり、彼らがトリブスの「責任者」等なんらかの役職への就任を介してそのようなトリブスの掌握を実現していた痕跡は見当たらないのである。唯一共和政期に関してウァッロが伝える先のクラトルにしても、戸口調査における監察官の補助といった、どちらかといえば行政的な役割を受け持っていた[89]。またアッピアノスの伝えるピュラルコスにしても、帝政期のクラトルの姿と同時に、共和政末期において選挙買収がらみで活躍した「分配係」の姿をも髣髴とさせるのである[90]。トリブスの「責任者」であるクラトルの連続性を、遠く共和政期に求める理解にはこれまた無理があるといえよう[91]。

以上の事実に鑑みるならば、帝政期の碑文史料に現れるようなトリブスの内部構造は、共和政期の古い時代にまで遡るものというより、まさに第二節で述べたような穀物の無償配給制との関連で生じてきたものではないかと思われてくる。なるほど、トリブスの内部構造を伝える碑文の中には、穀物の無償配給との結びつきを直接的に示しているものはない[92]。しかしこれも先に述べたように、穀物の無償配給がローマ市に居住するローマ市民をその対象としていた以上、トリブスと無関係であったとは考えにくく、むしろ〈トリブス単位〉でその受給者リストが作成され管理されていた可能性の方が高いのである。とすれば、欠員が生じた場合の後任の選出といった点を考えても、そのような「特権」に与ることとの関連で、ローマ市居住のローマ市民からなるトリブスの組織化が一段と進行し、各トリブスが碑文で見られたように「団体的・結社的」な性格を帯びていったとするのは、あながち無理な推定ともいえないであろう。

このように考えることが許されるとすれば、ここで明らかにされたトリブスの内部構造が、ローマ市に居住しそれぞれ三五トリブスのいずれかに所属していたローマ市民、つまりあくまでも「都市大衆」の組織とかかわるものであった可能性が高くなる。おそらくそこには、共和政期において各トリブスを牛耳っていたような元老院議員クラスの有力政治家は属しておらず、また共和政期のように、彼らによる統制・掌握の対象となることもなかったことであろう。すなわち、帝政期の碑文史料から知られるトリブスの内部構造は、第二節で述べたようなトリブスの「二重性」のうち、都市ローマに居住するローマ市民の組織に関するものであり、ローマ市民団の下部単位としてのトリブス制に関するものではなかったと判断されるのである。

おわりに

以上、帝政成立期におけるトリブスの変質について概観してきたが、その考察結果はひとまず次のようにまとめることができよう。

後五年のウァレリウス-コルネリウス法および「後一四年の措置」を通じて、選挙の場は民会から元老院のもとへと完全に移され、共和政期以来の「自由な選挙」は実質的に消滅していった。このような「自由な選挙」の消滅に伴って、共和政期の選挙を支えていた、狭くはクリエンテラと呼ばれる人的結合関係、そして広くはパトロン関係として捉えうるような人的関係も次第に衰退していったが、その種の人的結合のうち、いまや決定的に衰退しつつあったのはトリブスをめぐるそれではなかったか。帝政成立期における選挙システムの変容は、本書で見てきたように、選挙を支え選挙により支えられてきたトリブス次元でのパトロン関係をもはや不必要なものとしたように思われるのである。なるほど帝政期の元老院議員たちは、一方ではすでにR・サラーにより指摘されてきたように、皇帝や有力元老院議員たちとの間で従来にもまして積極的にパトロン関係を形成していくようになる。[93] また他方では、わが国においてもすでに島田誠氏の一連の研究により明らかにされてきたように、[94]「都市パトロン」等、地方共同体レヴェルでの人的関係の形成を促進していくことになる。[95] しかしその傍らで決定的な衰退を見たのが共和政期以来のトリブスをめぐるパトロン関係であり、帝政の成立とともに、「パトロン関係の継続」なる一言では片づけられないような質的変化が生じていたといえよう。

帝政期に入っても残っていた穀物無償配給とかかわるトリブスの機能に関しては、それがあくまでもローマ市に居住するローマ市民の把握・分類を目的としたものであり、ローマ市民団全体を包括する本来のトリブス制にかかわるものではないことが明らかとなった。またこのことと関連して、帝政期の碑文史料から引き出しうるトリブスの内部構造についても、それが同じくローマ市に居住するローマ市民の組織にかかわるものであった可能性が高くなってきた。このような事実は、「自由な選挙」の消滅という視点から論じてきた先のトリブスの変質についての見通しと符合する。すなわち、一見したところ、帝政期のトリブスの内部構造を生き生きと伝えているかに見える史料も、実は名称こそ同じであれ、共和政期以来のトリブスの内部構造が根強く残存していたことを実証するものではなく、従来とは異なった組織としてのトリブスの実態を伝えるものにすぎなかったのである。とすればこれも、いまや新たな組織による名称の使用が一般化してしまったという意味で、本来のトリブスという組織の確実な衰退過程を物語る現象であったといえようか。

註

＊本章では、*L'année philologique* による雑誌略号以外にも、以下の略号を用いる。
*CAH*²: *The Cambridge Ancient History*, 2nd ed., Cambridge 1982-.
CIL: *Corpus Inscriptionum Latinarum*, Berlin 1863-.
ILLRP: A. Degrassi (ed.), *Inscriptiones Latinae Liberae Rei Publicae*, 2nd ed., Firenze 1965.
*OCD*³: S. Hornblower/A. Spawforth (eds.), *The Oxford Classical Dictionary*, 3rd ed., Oxford 1996.
RE: G. Wissowa/W. Kroll/K. Mittelhaus/K. Ziegler (eds.), *Paulys Real-Encyclopädie der classischen Altertumswissenschaft*, Stuttgart 1894-1980.

（1）一般的に民会における最後の立法とされているのは、ネルウァ時代の農地法である。J. D. Grainger, *Nerva and the Roman Succession Crisis of AD 96-99*, London/New York 2003, 57-59.

（2）E. Lo Cascio, Il *census* a Roma e la sua evoluzione dall'età《Serviana》alla prima età imperiale, *MEFRA* 113, 2001, 591-597.

（3）Cl. Nicolet, *L'inventaire du monde. Géographie et politique aux origines de l'Empire romain*, Paris 1988, 201-223.

（4）ロ・カッショの主張の主たる論拠となっているのは、いわゆるヘラクレアの青銅板であるが、当碑文の年代に関しては研究者の間で必ずしも見解が一致しているわけではない。詳しくは、M. Crawford (ed.), *Roman Statutes* I, London 1996 [= *Roman Statutes*], no. 24 参照。

（5）以下、事実関係の把握は、M・ゲルツァー／長谷川博隆訳『カエサル』筑摩書房、一九六八年、T. R. S. Broughton, *The Magistrates of the Roman Republic* II, New York 1952 (1984); R. Frei-Stolba, *Untersuchungen zu den Wahlen in der römischen Kaiserzeit*, Zürich 1967, 37-76 による。

（6）ゲルツァー前掲訳書、二四三頁は、「翌年度の政務官を、正式の順序を踏んで任命する時間がもうなかった」とする。

（7）Frei-Stolba, *op. cit.*, 52.

（8）キケロの悲憤によれば、「彼〔カエサル〕が望んだ執政官と護民官がこの先二年間も続くのか！」(Cic. *Att*. 14. 6. 2)。

（9）Frei-Stolba, *op. cit.*, 77-83.

（10）ミラーは、三頭政治家時代に関して、共和政としての連続性を従来以上に強調するが、しかしそのミラーによっても、三頭政治家の指名により少なからぬ政務官が決定されていたという点は否定されてはいない。F. Millar, Triumvirate and Principate, *JRS* 63, 1973, 50-67.

（11）ただし、「前二七年の措置」を最小に見積ろうとする見解は依然として見られる。たとえば、J. A. Crook, Political History, 30 B.C. to A.D. 14, in: *CAH*² X, Cambridge 1996, 70-94.

（12）弓削達『ローマ帝国論』吉川弘文館、（一九六六年）一九八二年、第二章。

（13）新保良明「ローマ帝政初期における政務官選挙」『紀要』〈長野工高専〉一九、一九八八年、一二九―一四五頁。

（14）A. H. M. Jones, The Elections under Augustus, *JRS* 45, 1955, 11; 新保前掲論文、一三一頁。

（15）Frei-Stolba, *op. cit.*, 29-36; 新保前掲論文、一三一頁。

（16）Suet. *Aug*. 56. 1: Quotiens magistratuum comitiis interesset, tribus cum candidatis suis circuibat supplicabatque more sollemni. Ferebat et ipse suffragium in tribu, ut unus et populo.

(17) B. M. Levick, Imperial Control of the Elections under the Early Principate: commendatio, suffragatio, and "nominatio", *Historia* 16, 1967 [= Levick, *Historia*], 209-214.
(18) Frei-Stolba, *op. cit.*, 116-120; Levick, *Historia*, 207-230.
(19) 以上、Frei-Stolba, *op. cit.*, 101-108.
(20) 共和政末期の選挙不正関連法については、拙稿「選挙買収禁止法とローマ共和政末期の政治――A・W・リントットの近業にふれて――」『名古屋大学文学部研究論集』一一三、一九九二年、一三一―四〇頁参照。
(21) E. A. Bauerle, *Procuring an Election: Ambitus in the Roman Republic, 432-49 B.C.*, Ph.D. The University of Michigan 1990, 92.
(22) より詳しくは、*Roman Statutes*, no. 37-38 参照。
(23) 詳しくは、弓削達『ローマ帝国の国家と社会』岩波書店、一九六四年[=弓削『ローマ帝国の国家と社会』]、一四七―二〇四頁参照。簡単には、本書第七章補論参照。
(24) 新保前掲論文、一三二頁。
(25) Jones, *op. cit.*, 13-18.
(26) 弓削『ローマ帝国の国家と社会』、一四七―二〇四頁。
(27) Frei-Stolba, *op. cit.*, 120-129.
(28) P. A. Brunt, The Lex Valeria Cornelia, *JRS* 51, 1961 [= Brunt, *JRS*], 71-83.
(29) Brunt, *JRS*, 76-79; Brunt, The Role of the Senate in the Augustan Regime, *CQ* 34, 1984, 429.
(30) F. Millar, *The Emperor in the Roman World*, London 1977 [= Millar, *Emperor*], 302 n. 9.
(31) R. J. A. Talbert, *The Senate of Imperial Rome*, Princeton 1984, 341-342.
(32) 最新の研究書である G. Rowe, *Princes and Political Cultures. The New Tiberian Senatorial Decrees*, Ann Arbor 2002, 7 もブラント説を支持する。
(33) R. Syme, *The Augustan Aristocracy*, Oxford 1986, 97.
(34) D. Flach, *Destinatio* und *nominatio* im frühen Prinzipat, *Chiron* 6, 1976, 193-203.
(35) J. A. Crook, Augustus: Power, Authority, Achievement, in: *CAH*² X, 127.

（36） A. J. Holladay, The Election of Magistrates in the Early Principate, *Latomus* 37, 1978, 874-893.

（37） B. Levick, *Tiberius the Politician*, (London 1976) revised ed., London 1999, 51; 116 が、これに近い理解ではないか。

（38） Tac. *Ann.* 1. 15. 1: Tum primum e campo comitia ad patres translata sunt; nam ad eam diem, etsi potissima arbitrio principis, quaedam tamen studiis tribuum fiebant. Neque populus ademptum ius questus est nisi inani rumore, et senatus, largitionibus ac precibus sordidis exsolutus, libens tenuit, . . .

（39） Frei-Stolba, *op. cit.*, 164-165.

（40） 皇帝が常時、何名の候補者を推薦したのかはわかっていない。執政官に関してはほぼ皇帝による「贈物」に近かったのではないかとする見解もある(Millar, *Emperor*, 307; 新保前掲論文、一三六頁)。他方、法務官に関しては、一二名定員のうち四名を推薦したのではないかとする説が有力である(新保前掲論文、一三二頁)。財務官候補者のリストについては、Frei-Stolba, *op. cit.*, 257-274 参照。なお、造営官や護民官選挙に関しては、確たる情報がない。Millar, *Emperor*, 305.

（41） cf. W. Eck, Einfluß korrupter Praktiken auf das senatorisch-ritterliche Beförderungswesen in der Hohen Kaiserzeit?, in: W. Schuller (ed.), *Korruption im Altertum. Konstanzer Symposium Oktober 1979*, München/Wien 1982, 135-151.

（42） J. Linderski, Buying the Vote: Electoral Corruption in the Late Republic, *AncW* 11, 1985, 87-89.

（43） 新保前掲論文、一三二―一三四頁。

（44） M. H. Dettenhofer, Die Wahlreform des Tiberius und ihre Auswirkungen, *Historia* 51, 2002, 349-358.

（45） 宮嵜麻子「ローマ共和政末期の穀物供給政策」『西洋史学』一九三、一九九九年[=宮嵜「ローマ共和政末期の穀物供給政策」]、二三―四四頁、宮嵜「アウグストゥス期における都市ローマの穀物供給制度」『古代文化』五一-九、一九九九年[=宮嵜「アウグストゥス期における都市ローマの穀物供給制度」]、一九―三一頁。

（46） 藤澤明寛「帝政初期におけるイタリア自治都市の食糧供給事情」『古代文化』四九-一〇、一九九七年、一三―二五頁、藤澤「ローマ帝政初期におけるパン製造業者」『早稲田大学大学院文学研究科紀要』四二-四、一九九七年、五七―六五頁、藤澤「ローマ帝政時代のオスティアにおけるパン製造業者組合――「都市参事会員標章」の賦与を中心にして――」『イタリア学会誌』五三、二〇〇三年[=藤澤「オスティアにおけるパン製造業者組合」]、一―二八頁。

（47） G. Rickman, *The Corn Supply of Ancient Rome*, Oxford 1980, 156-197.

(48) 以上、宮嵜「ローマ共和政末期の穀物供給政策」参照。

(49) 後二世紀前半のフロントの時代までには、plebs Romana と plebs frumentaria との区別が生じていたのではないかとされている。Rickman, *op. cit.*, 185.

(50) Suet. *Iul.* 41. 3: Recensum populi nec more nec loco solito, sed vicatim per dominos insularum egit atque ex viginti trecentisque milibus accipientium frumentum e publico ad centum quinquaginta retraxit; . . . quotannis in demortuorum locum ex iis, qui recensi non essent, subsortitio a praetore fieret.

(51) ポンペイウスに関しては、吉浦麻子「ポンペイウスのクーラ=アノーナエ」『西洋史学論集』三一、一九九三年、一五—二八頁が詳しい。

(52) ただし、これは後六年の発言。

(53) 宮嵜「アウグストゥス期における都市ローマの穀物供給制度」、二六—二八頁。

(54) P・ガーンジィ／松本宣郎・阪本浩訳『古代ギリシア・ローマの飢饉と食糧供給』白水社、一九九八年、三〇六—三〇七頁。

(55) Rickman, *op. cit.*, 190.

(56) D. van Berchem, *Les distributions de blé et d'argent à la plèbe romaine sous l'empire*, Genève 1939 (New York 1975), 32-36.

(57) Rickman, *op. cit.*, 183-184.

(58) C. Virlouvet, La plèbe frumentaire à l'époque d'Auguste, in: A. Giovannini (ed.), *Nourrir la plèbe. Actes du colloque tenu à Genève les 28 et 29. IX. 1989 en hommage D. van Berchem*, Basel/Kassel 1991, 48-62; Virlouvet, *Tessera frumentaria. Les procédures de la distribution du blé public à Rome*, Paris/Roma 1995 [= Virlouvet, *Tessera frumentaria*], 235-241.

(59) 宮嵜「アウグストゥス期における都市ローマの穀物供給制度」、二六頁。

(60) Rickman, *op. cit.*, 188-189.

(61) *ibid.*, 192-193.

(62) *ibid.*, 190-191; 244-249.

(63) Th. Mommsen, *Die römischen Tribus in administrativer Beziehung*, Altona 1844, 194; Mommsen, *Römisches Staatsrecht* [= Mommsen, *StR*] III, 3rd ed., Leipzig 1887-1888 (Graz 1969), 445.

(64) G. Cardinali, in: *Dizionario epigrafico di antichità romane*, s.v. Frumentatio, 269-270; Rickman, *op. cit*., 190.

(65) ただしヴィルルーヴェは、共和政期から一貫してトリブス単位であったと捉えている。Virlouvet, *Tessera frumentaria*, 265-271.

(66) O. Hirschfeld, Die Getraideverwaltung in der römischen Kaiserzeit, *Philologus* 29, 1870, 13-16.

(67) A. W. Lintott, P. Clodius Pulcher—*Felix Catilina?*, *G&R* 14, 1967, 163; Cl. Nicolet, *Le métier de citoyen dans la Rome républicaine*, Paris 1976, 264; J.-M. Flambard, Clodius, les collèges, la plèbe et les esclaves. Recherches sur la politique populaire au milieu du Ier siècle, *MEFRA* 89, 1977, 148-149; Rowe, *op. cit*., 93; W. J. Tatum, *The Patrician Tribune Publius Clodius Pulcher*, Chapel Hill/London 1999, 124.

(68) 詳しくは、毛利晶「紀元前六四年の元老院決議とコンピターリアの担い手たち」『史学雑誌』一〇三-三、一九九四年、一—三四頁、拙稿「ローマ共和政末期の「街区」——都市ローマにおけるウィークスの実態——」長谷川博隆編『権力・知・日常——ヨーロッパ史の現場へ——』名古屋大学出版会、一九九一年、二九—五六頁参照。

(69) Rickman, *op. cit*., 190.

(70) Cl. Nicolet, Plèbe et tribus: Les statues de Lucius Antonius et le testament d'Auguste, *MEFRA* 97, 1985 [= Nicolet, *MEFRA*], 799-839; Nicolet, La *Tabula Siarensis*, la plèbe urbaine, et les statues de Germanicus, in: I. Malkin/Z. W. Rubinsohn (eds.), *Leaders and Masses in the Roman World*, Leiden 1995 [= Nicolet, *Tabula Siarensis*], 115-127.

(71) Virlouvet, *Tessera frumentaria*, 232.

(72) Nicolet, *Tabula Siarensis*, 123.

(73) ちなみに大プリニウス自身、他の箇所では、「マリウス・グラティディアヌスのために、すべての民衆が(tota)、ウィクスごとに像を捧げた」(Plin. *NH*. 33. 132)と記している。totaという表現からは、「すべてのトリブス」(tota tribus)の可能性も考えられるが、その直前に「民衆」(plebs)という語が見られるだけに、ここでの主語は「すべての民衆」と解するのが妥当であろう。さらにセネカも、「M・マリウスのために、民衆はウィクスごとに彼の像を建て、香と酒を捧げて礼拝した」(Sen. *Ira* 3. 18. 1)とだけ記しており、トリブスには言及していない。

(74) Nicolet, *MEFRA*, 815 n. 43.
(75) Mommsen, *StR* III^3, 276-277.
(76) Mommsen, *StR* III^3, 265 n. 3.
(77) *CIL* VI. 27609では、ex patribus libertinis といった表現も見られる。
(78) Mommsen, *StR* III^3, 276 n. 3.
(79) 藤澤「オスティアにおけるパン製造業者組合」、一四頁。
(80) Mommsen, *StR* III^3, ix, n. 1 [Zu S. 189 fg.].
(81) Nicolet, *MEFRA*, 814 n. 38.
(82) Nicolet, *MEFRA*, 814 n. 39.
(83) Nicolet, *MEFRA*, 815.
(84) *Tabula Siarensis* に関して詳しくは、*Roman Statutes*, no. 37-38 参照。
(85) Mommsen, *StR* III^3, 277.
(86) Mommsen, *StR* III^3, 190 n. 1.
(87) 拙稿「共和政期ローマにおける審判人とトリブス——トリブニ・アエラリィの再検討を中心に——」『西洋史論集』〈北大〉三、二〇〇〇年、四―五頁。
(88) Mommsen, *StR* III^3, 189-196.
(89) テイラーは、クラトルが多分、トリブニ・アエラリィの中から選ばれていたとする。L. R. Taylor, *Party Politics in the Age of Caesar*, Berkeley/Los Angeles/London 1949, 208 n. 73. テイタムも、選挙時におけるクラトルの政治的役割を重要視する。Tatum, *op. cit.*, 24.
(90) 「分配係」に関しては、本書第四章参照。
(91) モムゼンに対する批判は、J. Lenge, *RE*. VIa-2, Stuttgart 1937, s.v. Tribunus aerarius 参照。テイラーは、モムゼン説を支持する。L. R. Taylor, *The Voting Districts of the Roman Republic: The Thirty-five Urban and Rural Tribes*, Roma 1960, 8 n. 16.
(92) ただし、ティトゥス帝に対する栄誉決議には、「公的な穀物を受け取っている都市大衆と〔三五〕トリブス」とがその決議主体として現れている(*CIL* VI. 943)。

(93) R. Saller, *Personal Patronage under the Early Empire*, Cambridge 1982.

(94) 島田誠「帝政期イタリアにおける都市パトロン」『西洋古典学研究』三八、一九九〇年、七三―八二頁、島田「元首政期のパトロキニウム」長谷川博隆編『古典古代とパトロネジ』名古屋大学出版会、一九九二年、二一九―二三六頁。

(95) ほかには、飯坂晃治「ローマ帝政初期における都市監督官 curator rei publicae とイタリア都市」『史学雑誌』一一一-四、二〇〇二年、三七―六〇頁、本間俊行「ローマ帝政前期における組合と都市社会――「三つの組合(tria collegia)」を手がかりに――」『史学雑誌』一一四-七、二〇〇五年、三七―五八頁。

あとがき

　このようにささやかな内容の書物とはいえ、ここにいたるまでには多くの方々から恩恵を受けている。まず、西洋古代史を研究するにあたって、二人の師を持つことができたのを最大の幸運・幸福として挙げなければならない。金沢大学におられたヘレニズム史ご専門の大牟田章先生には、西洋古代史の魅力へと誘《いざな》っていただき、大学院の修士課程までときに一対一で個別にご指導を受けることができた。書いたものは必ず声を出して読んでみるように、という教えはいまだに守っている。その後、名古屋大学の大学院博士(後期)課程に入学してからは、共和政ローマ史ご専門の長谷川博隆先生に直接教えを請うことができるようになった。いまになって思えば、海のものとも山のものともわからない学生を大学院生としてお引き受けいただいた時点が、私の人生にとって大きな転機であった。研究の方法を身をもってお示しになる大家の傍らで、自由に研究を進めることができたのが、いまにいたる大きな財産となっている。お二人の学恩に比べ本書はあまりにも微々たる成果であるが、非力な教え子の精一杯の姿とお認めいただけるものと信じている。

　故山岸義夫先生をはじめとした金沢大学西洋史研究室の方々、木谷勤先生をはじめとして大学院の博士課程と助手時代をお世話になった名古屋大学西洋史学研究室の方々、西洋古典学の國原吉之助先生、そして北海道大学に職を得てからは、いまは東京へと居を移された北原敦先生、出版の際にご助力いただいた栗生澤猛夫先生をはじめとした西洋史学講座の方々、これらの皆様にも心よりお礼申しあげたい。さらにもうお一人。わずか二年間ではあったが名古屋大学在学時に、近藤和彦先生（現東京大学）の「近藤ゼミ」に参加することができたのは、私の研究にとって大きな刺激となった。時間を惜しまず徹底的に討論するとはどういうことかを教えられたのはその折であり、また近代史を学んでいる人々が理論的・方法論的に数歩先を行っているのを痛感したのもその折であった。この数歩はいまだに縮まった気がしていない。

出版の準備にあたっては、北海道大学大学院文学研究科院生の飯坂晃治君と本間俊行君に校正のお手伝いをお願いした。鋭い指摘をありがとう。同じく大学院生の松本こずえさんと吉村航治君には参考文献表の作成をお手伝いいただいた。ありがとう。いうまでもなく、それでも残された誤りは私一人の責任である。北海道大学出版会の前田次郎さんと今中智佳子さんには、出版にあたりさまざまなご配慮をいただいた。校正では円子幸男さんに貴重なご指摘をいただいた。最後まで文章を直し続ける著者、装丁にあれこれ注文をつける著者は、ご迷惑な存在だったかもしれない。ありがとうございました。なお、本書の出版にあたっては、独立行政法人日本学術振興会より平成一七年度科学研究費補助金（研究成果公開促進費）の交付を受けている。関係各位に記してお礼申しあげたい。

最後に、いつも奥能登の故郷の町から私を暖かく見守り続けてくれている父と母、そして大学院生の頃よりともに歩んできた妻・潤子に感謝の気持ちを込めつつ。

二〇〇六年一月

砂田　徹

砂 田　 徹(すなだ とおる)

1959年　輪島市に生まれる
1983年　金沢大学法文学部卒業
1986年　金沢大学大学院文学研究科修士課程修了
1988年　名古屋大学大学院文学研究科博士後期課程中退
現　在　名古屋大学文学部助手を経て，北海道大学大学院
文学研究科助教授

共和政ローマとトリブス制――拡大する市民団の編成

2006年2月28日　第1刷発行

著　者　砂　田　　徹
発行者　佐　伯　　浩

発行所　北海道大学出版会
札幌市北区北9条西8丁目 北海道大学構内(〒060-0809)
Tel. 011(747)2308・Fax. 011(736)8605・http://www.hup.gr.jp

アイワード／石田製本

ISBN4-8329-6561-1

トリプス索引

【35トリブス】

アエミリア区(Aemilia)　29, 62, 93, 286
アニエンシス区(Aniensis)　33, 35, 40, 98, 103, 275
アルネンシス区(Arnensis)　33, 103, 116, 270, 288
ウェリナ区(Velina)　33, 94, 103, 115, 142
ウォトゥリア区(Voturia)　29, 62, 67, 106-107, 260-261, 275, 286
ウォルティニア区(Voltinia)　29, 41, 63, 143, 273
エスクイリナ区(Esquilina)　24, 202, 208, 214, 216-217, 251, 258, 262, 267-268, 270, 273-274, 276-277, 287, 312
オウフェンティナ区(Oufentina)　33, 35, 93-94, 103, 112, 142-143
カミリア区(Camilia)　29-30, 63, 283, 286, 288, 314
ガレリア区(Galeria)　29-30, 51, 63, 275, 283
クイリナ区(Quirina)　33, 41, 103, 115, 258, 271, 283
クラウディア区(Claudia)　27-30, 32, 62-67, 79, 268, 273, 283, 313
クルストゥミナ区(Clustumina)　28-30, 32, 51, 62, 142-143, 270
コッリナ区(Collina)　24, 208, 214, 216, 256, 261, 270-271, 273-274, 283, 286
「新コッリナ区」(Collina nova)　256-257
コルネリア区(Cornelia)　29, 41, 62, 93, 132, 144
サバティナ区(Sabatina)　33, 103
スカプティア区(Scaptia)　33, 35, 40, 103, 133-134, 283, 286
ステッラティナ区(Stellatina)　33, 103
スブラナ区(Suburana)　24, 202, 208, 214, 216, 258, 270, 273-274, 276-277, 283, 287, 312-314
セルギア区(Sergia)　29, 41-42, 62, 67, 137, 283
テレティナ区(Teretina)　33, 40-41, 93, 103, 143, 156, 268
トロメンティナ区(Tromentina)　33, 103, 283, 286
パピリア区(Papiria)　29, 44-45, 62, 156, 286
パラティナ区(Palatina)　24, 144, 208, 214, 216, 255-256, 258, 260-261, 270, 272-274, 283, 286-287, 312-313
ファビア区(Fabia)　29, 41, 62, 65-67, 79, 83, 133-134, 154, 273, 288
ファレルナ区(Falerna)　33, 35, 40-41, 103, 260, 268
プピニア区(Pupinia)　29-30, 63, 288
プブリリア区(Publilia)　33, 35, 40, 103, 273
ポッリア区(Pollia)　29, 44, 63, 94, 112, 273, 314
ホラティア区(Horatia)　29, 62, 67
ポンプティナ区(Pomptina)　33, 35-36, 41, 103, 142, 268
マエキア区(Maecia)　33, 35, 40-41, 103, 107, 142-143, 156, 217-218, 268
メネニア区(Menenia)　29, 62, 258, 288
レモニア区(Lemonia)　25, 29-30, 63, 142-143, 288
ロミリア区(Romilia)　25, 29, 41, 51, 62, 121, 135, 288

【トリブス関連】

共同墓地(ポッリア区の)　314
クラトル(トリブスあるいはコルプスのcurator)　198, 314-316, 325
ケントゥリア(centuria)　313-314

ケントゥリア長(centurio)　314
コルプス(corpus)　312, 314-315
corpus Augustale　312, 315
corpus Iulianum　312-313, 315
corpus iuniorum　312-313, 315
corpus seniorum　312, 315
使丁(viator)　314
私道(カミリア区の)　314
書記(scriba)　314
第二トリブス(second tribe)　260
「団体的・結社的」トリブス(corporatif ―)　310-311, 314, 317
「トリブスから移す」(tribu movere)　262-266, 268, 272, 285
「トリブスごと」(tributim)　164, 175, 194
トリブス責任者　151-152, 198, 316-317
トリブスの「形骸化」　41, 195
トリブスの十人組(decuriatio tribulium)　155
トリブスの「二重性」(dédoublement)→「団体的・結社的」トリブス
トリブス本部　148-149
トリブス民(tribulis)　39, 72-73, 75-76, 78, 83, 96, 110, 120, 122-123, 131-136, 138, 143, 146-148, 172, 194-195, 212-213, 302
トリブリス→トリブス民
二重トリブス(tribus-bis)　256

人名索引

＊個人名は，アッピウス(Ap.)，ガイウス(C.)，グナエウス(Cn.)，デキムス(D.)，カエソ(K.)，ルキウス(L.)，マルクス(M.)，マメルクス(Mam.)，プブリウス(P.)，クイントゥス(Q.)，セクストゥス(Sex.)，ティトゥス(T.)，ティベリウス(Ti.)，のように略記する。
＊政務官への就任は，最高職ではなく，本書と関係のある年代を中心に表記した。

ア 行

アウグスティヌス(Augustinus) 263-264
アウグストゥス(Augustus) 122, 132-133, 180, 224, 238, 291, 296-298, 300-301, 306-309
アエミリウス氏(Aemilii) 93, 287
アスコニウス(Asconius 著作家) 173
アッティウス・クラウスス(Attius Clausus)→クラウディウス(Ap. Claudius Sabinus Inregillensis)
アヘノバルブス(L. Domitius Ahenobarbus 前 54 年の執政官) 154
アントニウス(L. Antonius 前 44 年の護民官) 294, 311
アントニウス(M. Antonius 前 44 年の執政官，三頭政治家) 179, 295
ウァッロ(Varro 著作家) 20, 162
ウァティニウス(P. Vatinius 前 47 年の執政官) 42, 137, 140, 255
ウァリウス(Q. Varius Severus Hybrida 前 90 年の護民官) 174
ウァレリウス(C. Valerius Tappo 前 188 年の護民官) 92
ウァレリウス(M. Valerius Laevinus 前 210 年の執政官) 106
ウァレリウス(M. Valerius Maximus 前 307 年の監察官) 280
ウァレリウス氏(Valerii) 69
ウェスパシアヌス帝(Vespasianus) 287, 315
ウェッレス(父)(C. Verres) 121, 123
ウェッレス(C. Verres 前 74 年の法務官) 121, 124-126, 135
ウェッレス(Q. Verres 分配係) 121, 135
ウェトゥリウス氏(Veturii) 67, 115
ウォルティニウス氏(Voltinii) 30
エグナティウス(M. Egnatius Rufus 前 21/20 年の法務官) 298
オクタウィアヌス(C. Iulius Caesar Octavianus 後のアウグストゥス) 151, 295, 316
オクタウィウス(C. Octavius 前 61 年の法務官，アウグストゥスの実父) 122-123
オクタウィウス氏(Octavii) 122, 133
オタキリウス(T. Otacilius Crassus 前 217 年の法務官) 106
オルキウィウス(C. Orchivius 前 66 年の法務官) 140

カ 行

ガイウス(Gaius Caesar アウグストゥスの孫・養子) 275, 299
カエサル(C. Iulius Caesar 独裁官) 18, 154, 179, 184, 293-295, 306, 309
カエサル(C. Iulius Caesar Strabo 前 90 年の高級造営官) 120-121
ガッリウス(Q. Gallius 前 65 年の法務官) 140
カティリナ(L. Sergius Catilina 前 68 年の法務官) 189, 191
カト(小)(M. Porcius Cato Uticensis 前 54 年の法務官) 129, 135
カニニウス(C. Caninius Rebilus 前 45 年の補充執政官) 294
カミッルス(M. Furius Camillus 前 396, 390, 389 年の独裁官) 72-73, 75
カミリウス氏(Camilii) 30
ガレリウス氏(Galerii) 30
キケロ(M. Tullius Cicero 前 63 年の執政官)

42, 45, 119, 121, 123, 125, 130-132, 134, 137-138, 142-144, 179, 182, 187, 189, 219-221, 257, 311
キケロ(弟)(Q. Tullius Cicero 前 62 年の法務官) 140-141
キンナ(L. Cornelius Cinna 前 87-84 年の執政官) 95
クインクティウス(K. Quinctius キンキナトゥスの息子) 73
クラウディウス(Ap. Claudius Caecus 前 312 年の監察官) 244-250, 287
クラウディウス(Ap. Claudius Sabinus Inregillensis 前 495 年の執政官) 18, 28, 63-64
クラウディウス(C. Claudius Nero 前 204 年の監察官) 116
クラウディウス(C. Claudius Pulcher 前 169 年の監察官) 216, 222, 251
クラウディウス氏(Claudii) 18, 27, 29, 63-65, 71, 84, 115, 255
グラックス(C. Sempronius Gracchus 前 123-122 年の護民官) 161, 184, 194, 228, 305
グラックス(父)(Ti. Sempronius Gracchus 前 169 年の監察官) 216, 251
グラックス(Ti. Sempronius Gracchus 前 133 年の護民官) 118
クラッスス(M. Licinius Crassus Dives 前 70, 55 年の執政官) 139
クリアティウス氏(Curiatii) 18
クレイステネス(Cleisthenes アテナイの政治家) 27, 60-61
クロディウス(P. Clodius Pulcher 前 58 年の護民官) 124, 126, 139-140, 144, 179, 182, 253-257, 309
クロディウス(クロエリウス)(Sex. Clodius (Cloelius) クロディウスの手下) 191, 193
ゲルマニクス(Germanicus Caesar ティベリウス帝の甥・養子) 275, 299, 303, 315
コッタ(L. Aurelius Cotta 前 70 年の法務官) 161
コルネリウス(C. Cornelius 前 67 年の護民官) 126-127, 140
コルネリウス氏(Cornelii) 93, 287

サ 行

サウフェイウス(M. Saufeius 前 52 年の被告) 192
スカウルス(M. Aemilius Scaurus 前 115 年の執政官) 253
スカウルス(M. Aemilius Scaurus 前 56 年の法務官) 124, 192
スキピオ(大)(P. Cornelius Scipio Africanus 前 205, 194 年の執政官) 92-94, 109
スキピオ(小)(P. Cornelius Scipio Africanus Aemilianus 前 147, 134 年の執政官) 263
スッラ(L. Cornelius Sulla Felix 独裁官) 95, 175-177, 194, 293
スルピキウス(P. Sulpicius Rufus 前 88 年の護民官) 253
セルウィウス王(Servius Tullius) 24-27, 60-61, 172, 238, 244, 316
セルギウス(L. Sergius Fidenas 前 428 年の使節) 67
セルギウス氏(Sergii) 67
センプロニウス(P. Sempronius Sophus 前 310 年の護民官) 218

タ 行

タティウス(Titus Tatius サビニ人の王) 17, 20
タルクイニウス・スペルブス王(Tarquinius Superbus) 18
ティトゥス帝(Titus) 315, 325
ティベリウス帝(Tiberius) 267
デキウス(P. Decius Mus 前 304 年の監察官) 214, 251
トゥッルス・ホスティリウス王(Tullus Hostilius) 18
トラヤヌス帝(Traianus) 169, 303, 315
ドルスス(小)(Drusus Caesar ティベリウス帝の息子) 299, 303, 315
ドルスス(M. Livius Drusus Claudianus 前 54 年の被告, 前 50 年の法務官?) 191
トレボニウス(C. Trebonius 前 45 年の補充執政官) 293

ナ　行

ヌンミウス(Nummius 分配係)　120
ネルウァ帝(Nerva)　319

ハ　行

パウルス・ディアコヌス→フェストゥス／パウルス
ハンニバル(Hannibal)　211, 219-220
ピソ(C. Calpurnius Piso 前 67 年の執政官)　126-127
ピュッロス王(Pyrrhus エピルスの王)　216
ファウォニウス(M. Favonius 前 60 年の護民官候補者)　144
ファビウス(M. Fabius Buteo 前 216 年の独裁官)　176
ファビウス(Q. Fabius Maximus 前 45 年の補充執政官)　293
ファビウス(Q. Fabius Maximus Rullianus 前 304 年の監察官)　214, 251
ファビウス(Q. Fabius Maximus Verrucosus 前 230 年の監察官)　280
ファビウス氏(Fabii)　65-66, 71, 84
ファブリキウス(C. Fabricius Luscinus 前 279 年の使節)　216
フェストゥス／パウルス(Festus／Paulus 著作家)　169-170
プピニウス氏(Pupinii)　30
ププリキウス(Publicius 分配係)　121-122
フラウィウス(Cn. Flavius 前 304 年の高級造営官)　249
フラウィウス(M. Flavius 前 323 年の護民官)　44
プラウティウス(M. Plautius Silvanus 前 89 年の護民官)　173
フラミニウス(C. Flaminius 前 232 年の護民官)　94, 112
プランキウス(Cn. Plancius 前 54 年の高級造営官)　140, 142-143, 156, 182
プリニウス(小)(Plinius 著作家)　303
フルウィウス(Cn. Fulvius Centumalus Maximus 前 211 年の執政官)　106
フルウィウス(L. Fulvius Curvus 前 322 年の執政官)　45
フルウィウス(M. Fulvius Nobilior 前 179 年の監察官)　252
フルウィウス氏(Fulvii)　44
ブルトゥス(C. Iunius Bubulcus Brutus 前 307 年の監察官)　280
ブルトゥス(L. Iunius Brutus 前 509 年の執政官)　18
フンダニウス(C. Fundanius 前 68 年の護民官)　140
ヘレンニウス(C. Herennius 前 60 年の護民官)　122, 126
ヘレンニウス(Sex. Herennius 分配係)　122-123
ホスティリウス王→トゥッルス・ホスティリウス王
ポッリウス氏(Pollii)　30
ホラティウス氏(Horatii)　18, 67, 84
ポルキウス氏(Porcii)　44
ポンペイウス(Cn. Pompeius Magnus 前 70, 55, 52 年の執政官)　95, 127, 178, 266, 293

マ　行

マトリニウス(D. Matrinius 前 70 年にアエラリウスとされた人物)　221
マニリウス(C. Manilius 前 66 年の護民官)　253
マミリウス氏(Mamilii)　44
マメルキヌス(Mam. Aemilius Mamercinus 前 434 年の独裁官)　218
マリウス(C. Marius 前 107, 104-100, 86 年の執政官)　95, 120, 293
マリウス(M. Marius Gratidianus 前 87 年の護民官)　224, 310
マルケッルス(M. Claudius Marcellus 前 210 年の執政官)　106
マンリウス(T. Manlius Torquatus 前 235, 24 年の執政官)　106
ミロ(T. Annius Milo 前 55 年の法務官)　134, 140, 192
ムレナ(L. Licinius Murena 前 62 年の執政官)　126, 130
メッサッラ(M. Valerius Messalla 前 53 年の執政官)　140, 193
メッシウス(C. Messius 前 55 年の造営官)　140, 142

メテッルス(M.? Caecilius Metellus 前214年の財務官) 218

ヤ 行

ユリウス氏(Iulii) 133

ラ 行

ラテレンシス(M. Iuventius Laterensis 前51年の法務官) 143, 156
リウィウス(M. Livius Salinator 前204年の監察官) 107-108
ルキウス(Lucius Caesar アウグストゥスの孫・養子) 275, 299
ルクモ(Lucumo エトルリア人の王) 20
ルクレティウス(Q. Lucretius Vespillo 前19年の執政官) 298
ルルコ(M. Aufidius? Lurco 前61年の護民官) 134-135
レピドゥス(M. Aemilius Lepidus 前179年の監察官) 252
レピドゥス(M. Aemilius Lepidus 三頭政治家) 294-295
ロスキウス(Roscius 有名な役者) 268
ロミリウス(T. Romilius Rocus Vaticanus 前455年の執政官) 29
ロムルス(Romulus ローマ建国者) 17, 20

事項・地名索引

ア 行

アウルンキ人(Aurunci)　35
アウレリウス法(前70年 lex Aurelia)　141, 161, 184
アウェンティヌス丘(Aventinus)　208
アエクィ人(Aequi)　71
アエラリウス(aerarius)　72, 107, 212-213, 217-221, 227, 264
アキリウス法(前123/122年？ lex Acilia)　184, 228
アゲル・プピニウス(ager Pupinius)　30
アップレイウス法(前103/100年 lex Appuleia)　225
アティナ(Atina)　182
アテッラナ笑劇(Atellana fabula)　262, 267
アナグニア(Anagnia)　35
アニオ河(Anio)　35, 63, 65, 67
アリキア(Aricia)　35, 76
アルデア(Ardea)　35, 76
アルバ・ロンガ(Alba Longa)　18, 67, 84
アルピヌム(Arpinum)　92-93, 132
アンティウム(Antium)　38
ウァレリウス-アウレリウス法(後20年 lex Valeria Aurelia)　275, 299
ウァレリウス-コルネリウス法(後5年 lex Valeria Cornelia)　275, 277, 299, 318
ウィクス(vicus)　224, 257, 291, 308-310
ウェイィ(Veii)　32, 36, 39, 65-66, 72, 75, 86
ウェリトラエ(Velitrae)　40, 122, 133
ウォルスキ人(Volsci)　37, 71
氏族の共有地(ager gentilicius)　85
エトルリア人(Etrusci)　18, 20, 262
オスティア(Ostia)　67, 260-261, 313
オリゴ(origo)　307
オルド→身分

カ 行

「開放的市民権政策」　16, 38
カエリウス丘(Caelius)　47
カエレ人の表(Tabula Caeritum)　213, 222-223
カッシウス法(前104年 lex Cassia)　230
「ガッリア人の災厄」　75
カピトリウム丘(Capitolium)　47, 208
カペナ(Capena)　39
カルプルニウス法(前149年 lex Calpurnia)　161
カルプルニウス法(前67年 lex Calpurnia)　126-128, 130-132
カンパニア人(Campani)　35, 40
区(ローマ市の14区 regio)　224, 291, 310
クイリナリス丘(Quirinalis)　47
クラ・アンノナエ→「穀物供給のための配慮」
クリア(curia)　3, 19-23, 26-27, 48, 170
クリア民会(comitia curiata)　2, 19, 52
クリエンテラ(保護-被護関係 clientela)　5-7, 10, 14, 78, 110, 118, 267, 304, 318→パトロン関係の項も参照
〈クリエンテラ・モデル〉　144-146
クリオ(クリア長 curio)　19-20
クルストゥメリウム(Crustumerium)　29
クレス・サビニ(Cures Sabini)　41
クレタ島(Creta)　268
クレメラ河(Cremera)　65, 71
クロディウス法(前58年 lex Clodia)　305
「血縁的」トリブス(旧トリブス)　25
　ティティエス(Tities)　19-21, 47
　ラムネス(Ramnes)　19-21, 47
　ルケレス(Luceres)　19-21, 47
〈ゲルツァー理論〉　5-7, 10, 147
ゲンス(氏族 gens)　22-23, 25-27, 51-52, 60-61
ケンスス→戸口調査

ケントゥリア(centuria)　3, 26-27
ケントゥリア・プラエロガティウァ(centuria praerogativa)　98, 106-107, 135, 275, 287
ケントゥリア民会(comitia centuriata)　2-3, 6, 137, 148, 282, 302, 312
――の改革　97-105, 315
「元老院から移す」(senatu movere)　215
元老院決議(senatus consultum)
前 64 年の――　139
前 63 年の――　130, 132
前 61 年の――　124
前 56 年の――　139-140
後 19 年の――　299
公告(nominatio)　296
皇帝推薦候補者(candidatus Caesaris)　303
「穀物供給のための配慮」(cura annonae)　306
戸口調査(census)　3-4, 39-40, 95, 107, 160, 242, 251-252, 291, 316
個人的土地分配(adsignatio viritim)　39-40, 94
国家再建のための三人官(triumviri rei publicae constituendae)　295
コルネリウス提案(前 67 年 rogatio Cornelia)　126-127
コンキリアブルム(conciliabulum)　39, 41
コンティオ(contio)　6, 145
コンメンダティオ(commendatio)　296-297

サ　行

財産査定(recensus)　306-307, 309, 311
サトリクム(Satricum)　69
サビニ人(Sabini)　17-18, 20, 63, 65, 67
シアルム青銅板(Tabula Siarensis)　275, 299
シキリア(Sicilia)　121, 124
シグニア(Signia)　35
市政改革(アウグストゥスの)　224
シヌエッサ(Sinuessa)　270
十二表法(lex duodecim tabularum)　28, 171
十人組(decuriatus)　139
首都長官(praefectus urbi)　294
常設査問所(quaestio perpetua)　141, 161
食糧供給長官(praefectus annonae)　306
申告(professio)　296
審判人(iudex)　141-144, 228-229, 240
――名簿(album iudicum)　141-142
審理員(recuperator)　226
随行員(sectator)　130
スッフラガティオ(suffragatio)　296
スブラ(Subura)　208
「スプリウスの息子」(Sp. f.)　269-270
スルピキウス法(前 88 年 lex Sulpicia)　254
青年組(iuniores)　98, 106-107, 218, 315
セクエステル(sequester)　125
セクタトル→随行員
セティア(Setia)　35, 37
セニオレス→老年組
セノネス族(Senones)　94
セプテム・パギ(七つ村 septem pagi)　25
セルウィリウス・グラウキア法(前 104/101 年 lex Servilia Glauciae)　225, 227
戦時特別税(tributum)　4, 107, 160, 164, 167-168, 187-188, 212
ソダリキウム(sodalicium)→ソダリタス
ソダリタス(sodalitas)　138, 140-141, 143-144
ソダレス(sodales)　139

タ　行

第二次ポエニ戦争　165, 187, 218
大年代記(annales maximi)　236
タベッラ→投票板
地方(イタリアの 11 地方 regio)　238, 291
徴税請負人(publicani)　185, 188, 204
「帝国」　16, 36
ティティエス→「血縁的」トリブス
ティブル(Tibur)　35
ティベリス河(Tiberis)　28
デスティナティオ→「予備選挙」
テッセラ→札
テッセルラ→札
デマルコス(demarchos 区長)　151
トゥスクルム(Tusculum)　44-45, 156
投票板(tabella)　148

同盟市戦争　41, 86, 95, 175, 195, 253, 256
特別査問所(quaestio exraordinaria)　177
都市大衆(plebs urbana)　224, 246-247, 257, 278, 304, 310, 317
都市パトロン　318
トリブス民会・平民会(comitia tributa, concilia plebis)　2, 37, 52, 70, 75, 107, 109, 137, 176, 248, 282
トリブトゥム→戦時特別税
トリブニ・アエラリィ(tribuni aerarii)　141-142, 144, 316
トリブヌス(tribunus)　19, 316

ナ　行

名告げ奴隷(nomenclator)　129
20万セステルティウス級(ducenarii)　180
農地法(前111年の lex agraria)　227
ノビレス貴族(nobiles)　58, 78, 96, 102, 104-105, 112, 247, 298
ノビレス支配　5, 98
ノミナティオ(nominatio)　296
ノメンクラトル→名告げ奴隷
ノルバ(Norba)　35, 37

ハ　行

パグス(pagus)　21, 25, 27, 42, 62
パグス・レモニウス(pagus Lemonius)　30
パトロン関係(patronage)　6-8, 14, 96, 110, 120, 129-136, 144, 305, 318→クリエンテラの項も参照
パラティヌス丘(Palatinus)　23, 47
プレブス・ウルバナ→都市大衆
破廉恥(infamia)　230, 265-266
バンティア青銅板(Tabula Bantina)　225, 227
「パンとサーカス」　131, 305
ピケヌム(Picenum)　94
非嫡出子(spurius)　269-272
秘密投票制　253, 255
　元老院内の――　303
百人裁判所(centumviri)　169-173
ピュラルコス(phylarchos)　152, 316
ファビウス法(前67-63年 lex Fabia)　130
ファミリア(familia)　2
ファレリィ(Falerii)　39
フィデナエ(Fidenae)　28, 64, 67
フォルミアエ(Formiae)　92-93
フォルム(forum)　39, 42
フォルム・フラミニ(Forum Flamini)　94
フォルム・ロマヌム(forum Romanum)　130, 145, 208, 245, 248
札(tessera, tesserula)　149, 308
プテオリ(Puteoli)　260
フフィウス法(前59年 lex Fufia)　191
プラウティウス法(前89年 lex Plautia)　173-175, 177, 202
プラエネステ(Praeneste)　35, 67
フラミニア街道(via Flaminia)　94
プリウェルヌム(Privernum)　35
プレスティナ(Plestina)　94
プロレタリィ(proletarii)　315
フンディ(Fundi)　92-93
分配係(divisor)　120-128, 317
平民会→トリブス民会・平民会
ヘバ青銅板(Tabula Hebana)　99, 273, 275, 299
ヘラクレア青銅板(Tabula Heracleensis)　320
ヘルニキ人(Hernici)　35
ポプラレス→「民衆派」
ポメリウム(pomerium)　208
ホルテンシウス法(前287年 lex Hortensia)　58, 78
ポンペイ(Pompeii)　38
ポンペイウス法(前52年 lex Pompeia)　179, 206

マ　行

マックス(Maccus)　267
マルスの野(Campus Martius)　120, 148, 302, 308
ミヌキウス回廊(Porticus Minucia)　308
身分(ordo)　123, 168
ミムス(mimus)　264
「民衆派」(populares)　247, 249, 253-254
〈民主政モデル〉　145
「民主政」論　41, 114

ヤ　行

役者(histrio)　261-269

ユニオレス→青年組
ユリウス法(前46年? lex Iulia)　179
ユリウス法(前18年 lex Iulia)　298
「予備選挙」(destinatio)　99, 275-277, 300, 302-303

ラ　行

ラテン人(Latini)　17, 35, 37, 62
ラテン戦争　44
ラヌウィウム(Lanuvium)　35, 40
ラビキ(Labici)　53
ラムネス→「血縁的」トリブス
リキニウス-セクスティウス法(前367年 leges Liciniae Sextiae)　58
リキニウス法(前55年 lex Licinia)　138-143
ルケレス→「血縁的」トリブス
ルルコ提案(前61年 rogatio Aufidia)　133, 144
レギオ→区，地方
レギッルス湖畔の戦い　62, 81
レケンスス→財産査定
老年組(seniores)　98, 106-107, 315
ローマ祭(ludi Romani)　132

参考文献表

欧語文献

＊雑誌略号は，*L'année philologique* による。
そのほかにも以下の略号を用いる。

ANRW: H. Temporini (ed.), *Aufstieg und Niedergang der römischen Welt*, Berlin/ New York 1972-.

CAH: *The Cambridge Ancient History*, Cambridge 1923-1939.

*CAH*²: *The Cambridge Ancient History*, 2nd ed., Cambridge 1982-.

*OCD*²: N. G. L. Hammond/H. H. Scullard (eds.), *The Oxford Classical Dictionary*, 2nd ed., Oxford 1970.

*OCD*³: S. Hornblower/A. Spawforth (eds.), *The Oxford Classical Dictionary*, 3rd ed., Oxford 1996.

RE: G. Wissowa/W. Kroll/K. Mittelhaus/K. Ziegler (eds.), *Paulys Real-Encyclopädie der classischen Altertumswissenschaft*, Stuttgart 1894-1980.

Aigner, H., Gab es im republikanischen Rom Wahlbestechungen für Proletarier?, *Gymnasium* 85, 1978.

Alexander, M. C., *Trials in the Late Roman Republic, 149 BC to 50 BC*, Toronto/ Buffalo/London 1990.

Alföldi, A., *Ager Romanus antiquus, Hermes* 90, 1962.

———, *Early Rome and the Latins*, Ann Arbor 1965.

Ampolo, C., Demarato. Osservazioni sulla mobilità sociale arcaica, *DArch* 9-10, 1976-77.

———, La nascita della città, in: A. Momigliano/A. Schiavone (eds.), *Storia di Roma* I, Torino 1988.

———, La città riformata e l'organizzazione centuriata. Lo spazio, il tempo, il sacro nella nuova realtà urbana, in: A. Momigliano/A. Schiavone (eds.), *Storia di Roma* I, Torino 1988.

Arangio-Ruiz, V., La riforma dell'ordinamento centuriato, in: *Scritti varii dedicati al prof. C. Arnò*, Modena 1928.

———, *Storia del diritto Romano*, 7th ed., Napoli 1957.

Arcella, S., Religiosità e presenza politica degli Orazi fra il VI e il IV secolo a.C., in: G. Franciosi (ed.), *Ricerche sulla organizzazione gentilizia romana* II, Napoli 1988.

Astin, A. E., The Censorship of the Roman Republic: Frequency and Regularity, *Historia* 31, 1982.

———, Censorships in the Late Republic, *Historia* 34, 1985.

———, Cicero and the Censorship, *CPh* 80, 1985.

———, Livy and the Censors of 214-169 B.C., in: C. Deroux (ed.), *Studies in Latin Literature and Roman History* IV, Bruxelles 1986.

———, Livy's Report of the *lectio senatus* and the *recognitio equitum* in the Censorship of 169-8 B.C., *Historia* 37, 1988.

———, Regimen morum, *JRS* 78, 1988.

———, The Role of Censors in Roman Economic Life, *Latomus* 49, 1990.

Ausbüttel, F. M., *Untersuchungen zu den Vereinen im Westen des römischen Reiches*, Frankfurt am Main 1982.

Badian, E., *JRS* 52, 1962 (Review of Taylor, *Voting Districts*).

———, Marius' Villas: The Testimony of the Slave and the Knave, *JRS* 63, 1973.

———, *OCD*^{3}, s.v. tribuni aerarii.

Baltrusch, E., Regimen morum. *Die Reglementierung des Privatlebens der Senatoren und Ritter in der römischen Republik und frühen Kaiserzeit*, München 1989.

Bauerle, E. A., *Procuring an Election: Ambitus in the Roman Republic, 432-49 B.C.*, Ph.D. The University of Michigan 1990.

Bauman, R. A., *Lawyers in Roman Republican Politics. A Study of the Roman Jurists in Their Political Setting, 316-82 BC*, München 1983.

Behrends, O., *Die römische Geschworenenverfassung. Ein Rekonstruktionsversuch*, Göttingen 1970.

Bellen, H., *Grundzüge der römischen Geschichte* I, Darmstadt 1994.

Beloch, K. J., *Römische Geschichte bis zum Beginn der punischen Kriege*, Berlin/Leipzig 1926.

Bengtson, H., *Grundriss der römischen Geschichte mit Quellenkunde* I, 3rd ed., München 1982.

Benner, H., *Die Politik des P. Clodius Pulcher. Untersuchungen zur Denaturierung des Clientelwesens in der ausgehenden römischen Republik*, Stuttgart 1987.

Berchem, D. van, *Les distributions de blé et d'argent à la plèbe romaine sous l'empire*, Genève 1939 (New York 1975).

Bitto, I., *Tribus* e *propagatio civitatis* nei secoli IV e III a.C., *Epigraphica* 30, 1968.

Bleicken, J., *Cicero unt die Ritter*, Göttingen 1995.

Botsford, G. W., *The Roman Assemblies from Their Origin to the End of the Republic*, New York 1909 (1968).

Bradley, G., *Ancient Umbria. State, Culture, and Identity in Central Italy from the Iron Age to the Augustan Era*, Oxford 2000.

Briquel, D., Die Frage der etruskischen Herkunft des römischen Theaters bei den Schriftstellern der Kaiserzeit (Livius, Valerius Maximus, Cluvius Rufus), in: J. Blänsdorf (ed.), *Theater und Gesellschaft im Imperium Romanum. Théatre et société dans l'empire romain*, Tübingen 1990.

Briscoe, J., The Second Punic War, in: *CAH*² VIII, Cambridge 1989.

Broughton, T. R. S., *The Magistrates of the Roman Republic* II, New York 1952 (1984).

Bruhns, H., Ein politischer Kompromiß im Jahr 70 v. Chr.: die *lex Aurelia iudiciaria, Chiron* 10, 1980.

Brunt, P. A., The Lex Valeria Cornelia, *JRS* 51, 1961.

———, *Italian Manpower 225 B.C.-A.D. 14*, Oxford 1971.

———, The Role of the Senate in the Augustan Regime, *CQ* 34, 1984.

———, Clientela, in: Brunt, *The Fall of the Roman Republic and Related Essays*, Oxford 1988.

———, The equites in the Late Republic, in: Brunt, *The Fall of the Roman Republic and Related Essays*, Oxford 1988.

———, Judiciary Rights in the Republic, in: Brunt, *The Fall of the Roman Republic and Related Essays*, Oxford 1988.

Capogrossi Colognesi, L., Alcuni problemi di storia romana arcaica: *ager publicus, gentes* e clienti, *BIDR* 83, 1980.

———, La città e la sua terra, in: A. Momigliano/A. Schiavone (eds.), *Storia di Roma* I, Torino 1988.

Cardinali, G., in: *Dizionario epigrafico di antichità romane*, s.v. Frumentatio.

Càssola, F., *I gruppi politici romani nel III secolo a.C.*, Trieste 1962 (Roma 1968).

Cavaignac, E., L'as et les comices par centuries, *JS* 9, 1911.

Cels-Saint-Hilaire, J., *La République des tribus. Du droit de vote et de ses enjeux aux débuts de la République Romaine (495-300 av. J.-C.)*, Toulouse 1995.

Cels-Saint-Hilaire, J./Feuvrier-Prévotat, C., Guerres, échanges, pouvoir à Rome à l'époque archaique, *DHA* 5, 1979.

Cloud, D., The Constitution and Public Criminal Law, in: *CAH*² IX, Cambridge 1994.

Coarelli, F., Demografia e territorio, in: A. Momigliano/A. Schiavone (eds.), *Storia*

di Roma I, Torino 1988.

Cohen, B., Some Neglected *ordines*: the Apparitorial Status-Groups, in: Cl. Nicolet (ed.), *Des ordres ã Rome*, Paris 1984.

Cornell, T. J., The Failure of the plebs, in: E. Gabba (ed.), *Tria Corda. Scritti in onore di A. Momigliano*, Como 1983.

———, Rome and Latium to 390 B.C., in: *CAH*² VII-2, Cambridge 1989.

———, The Recovery of Rome, in: *CAH*² VII-2, Cambridge 1989.

———, The Conquest of Italy, in: *CAH*² VII-2, Cambridge 1989.

———, *The Beginnings of Rome. Italy and Rome from the Bronze Age to the Punic Wars (c. 1000-264 BC)*, London/New York 1995.

Crawford, J. W., *M. Tullius Cicero, The Fragmentary Speeches. An Edition with Commentary*, 2nd ed., Atlanta 1994.

Crawford, M. H. (ed.), *Roman Statutes* I-II, London 1996.

Crook, J. A., Political History, 30 B.C. to A.D. 14, in: *CAH*² X, Cambridge 1996.

———, Augustus: Power, Authority, Achievement, in: *CAH*² X, Cambridge 1996.

D'Arms, J. H., *Commerce and Social Standing in Ancient Rome*, Cambridge, MA 1981.

David, J.-M. (tr. by A. Nevill), *The Conquest of Italy*, Oxford 1996.

Degrassi, A., Quattuorviri in colonie romane e in municipi retti da duoviri, *MAL* 2, 1949 (=in: Degrassi, *Scritti vari di antichitã*, Roma 1962).

Deniaux, E., De l'*ambitio* ã l'*ambitus*: Les lieux de la propagande et de la corruption ẽlectorale ã la fin de la rẽpublique, in: *L'urbs. Espace urbain et histoire (Ier siẽcle av. J.-C.-IIIe siẽle ap. J.-C.)*, Paris/Roma 1987.

De Robertis, F. M., *Il diritto associativo romano dai collegi della repubblica alle corporazioni del basso impero*, Bari 1938.

Derow, P. S., *OCD*³, s.v. censor.

Dettenhofer, M. H., Die Wahlreform des Tiberius und ihre Auswirkungen, *Historia* 51, 2002.

Develin, R., The Third Century Reform of the Comitia Centuriata, *Athenaeum* 56, 1978.

———, The Voting Position of the Equites after the Centuriate Reform, *RhM* 122, 1979.

———, *The Practice of Politics at Rome 366-167 B.C.*, Bruxelles 1985.

Devijver, H., *Prosopographia militiarum equestrium quae fuerunt ab Augusto ad Gallienum*, Leuven 1976-1993.

Drummond, A., Early Roman *clientes*, in: A. Wallace-Hadrill (ed.), *Patronage in*

Ancient Society, London/New York 1989.
———, Rome in the Fifth Century I, in: *CAH*² VII-2, Cambridge 1989.
———, Rome in the Fifth Century II, in: *CAH*² VII-2, Cambridge 1989.
Ducos, M., La condition des acteurs à Rome. Données juridiques et sociales, in: J. Blänsdorf (ed.), *Theater und Gesellschaft im Imperium Romanum. Théatre et société dans l'empire romain*, Tübingen 1990.
Dumont, J. Ch., *Servus. Rome et l'esclavage sous la république*, Paris/Roma 1987.
———, Le théatre dans la Ville, in: Y. Le Bohec (ed.), *Rome, ville et capitale, de César à la fin des Antonins*, Paris 2001.
Dyck, A. R., *A Commentary on Cicero*, De officiis, Ann Arbor 1996.
Eck, W., Einfluß korrupter Praktiken auf das senatorisch-ritterliche Beförderungswesen in der Hohen Kaiserzeit?, in: W. Schuller (ed.), *Korruption im Altertum. Konstanzer Symposium Oktober 1979*, München/Wien 1982.
———, *Ordo equitum Romanorum, ordo libertorum*. Freigelassene und ihre Nachkommen im römischen Ritterstand, in: *L'ordre équestre. Histoire d'une aristocratie (II*ᵉ *siècle av. J.-C.-III*ᵉ *siècle ap. J.-C.)*, Paris/Roma 1999.
Edwards, C., *The Politics of Immorality in Ancient Rome*, Cambridge 1993.
———, Unspeakable Professions: Public Performance and Prostitution in Ancient Rome, in: J. P. Hallett/M. B. Skinner (eds.), *Roman Sexualities*, Princeton 1998.
Ellul, J., Réflexions sur la révolution, la plèbe et le tribunat de la plèbe, *Index* 3, 1972.
Fantham, E., Censorship, Roman Style, *EMC* 21, 1977.
Farrell, J., The Distinction between comitia and concilium, *Athenaeum* 64, 1986.
Fascione, L., *Crimen e quaestio ambitus nell'età repubblicana*, Milano 1984.
Ferenczy, E., The Censorship of Appius Claudius Caecus, *AAntHung* 15, 1967.
———, *From the Patrician State to the Patricio-plebeian State*, Budapest 1976.
———, L'immigrazione della《gens Claudia》e l'origine delle tribù territoriali, *Labeo* 22, 1976.
Flach, D., *Destinatio* und *nominatio* im frühen Prinzipat, *Chiron* 6, 1976.
Flambard, J.-M., Clodius, les collèges, la plèbe et les esclaves. Recherches sur la politique populaire au milieu du Iᵉʳ siècle, *MEFRA* 89, 1977.
———, Nouvel examen d'un dossier prosopographique: le cas de Sex. Clodius/Cloelius, *MEFRA* 90, 1978.
———, Collegia Compitalicia: Phénomène associatif, cadres territoriaux et cadres civiques dans le monde romain à l'époque républicaine, *Ktèma* 6, 1981.
Forni, G., Il ruolo della menzione della tribù nell'onomastica romana, in: H.-G.

Pflaum/N. Duval (eds.), *L'onomastique latine*, Paris 1977.

——, *Le tribù romane* I-1/2, Roma 1996-1999.

Fraccaro, Pl., La tribus Veturia e i Veturi sabini, *Athenaeum* 2, 1924.

——, 《Tribules》 ed 《aerarii》. Una ricerca di diritto pubblico romano, *Athenaeum* 11, 1933.

——, La riforma dell'ordinamento centuriato, in: *Opuscula* II, Pavia 1957.

Franciosi, G., Storia di 'gentes' e storia di famiglie. Una messa a punto storico-cronologica, in: Franciosi (ed.), *Ricerche sulla organizzazione gentilizia romana* II, Napoli 1988.

Frank, T., Rome after the Conquest of Sicily, in: *CAH* VII, Cambridge 1928 (1954).

——, The Status of Actors at Rome, *CPh* 26, 1931.

Fraschetti, A., *Roma e il principe*, Roma/Bari 1990.

Frei-Stolba, R., *Untersuchungen zu den Wahlen in der römischen Kaiserzeit*, Zürich 1967.

Gabba, E., Il Ceto equestre e il Senato di Sill, *Athenaeum* 34, 1956 (= The Equestrian Class and Sulla's Senate, in: Gabba, *Republican Rome, the Army and the Allies*, Oxford 1976).

——, Studi su Dionigi da Alicarnasso: Il regno di Servio Tullio, *Athenaeum* 39, 1961.

—— (ed.), *Appiani Bellorum Civilium Liber Primus*, 2nd ed., Firenze 1967.

——, *Dionysius and the History of Archaic Rome*, Berkeley/Los Angeles/Oxford 1991.

Gagé, J., Mercure et le Centurion. Remarques sur l'encadrement centuriate et ses rapports avec les 《Tribus》 dans la Rome du début du Ve siècle, in: Gagé, *Enquetes sur les structures sociales et religieuses de la Rome primitive*, Bruxelles 1977.

Gallo, F., La riforma dei comizi centuriati, *SDHI* 18, 1952.

Galsterer, H., *Herrschaft und Verwaltung im republikanischen Italien. Die Beziehungen Roms zu den italischen Gemeinden vom Latinerfrieden 338 v. Chr. bis zum Bundesgenossenkrieg 91 v. Chr.*, München 1976.

——, The Administration of Justice, in: *CAH*^{2} X, Cambridge 1996.

Gelzer, M., *Die Nobilität der römischen Republik*, Leipzig 1912 (Stuttgart 1983).

——, Die römische Gesellschaft zur Zeit Ciceros, in: Gelzer, *Kleine Schriften* I, Wiesbaden 1962.

Grainger, J. D., *Nerva and the Roman Succession Crisis of AD 96-99*, London/New York 2003.

Green, W. M., The Status of Actors at Rome, *CPh* 28, 1933.

Greenidge, A. H. J., *Infamia. Its Place in Roman Public and Private Law*, Oxford 1894.

Grieve, L. J., *Tabulae Caeritum*, in: C. Deroux (ed.), *Studies in Latin Literature and Roman History* III, Bruxelles 1983.

———, The Reform of the *Comitia Centuriata, Historia* 34, 1985.

Griffin, M., The Tribune C. Cornelius, *JRS* 63, 1973.

Gruen, E. S., *The Last Generation of the Roman Republic*, Berkeley/Los Angeles/London 1974.

———, *Studies in Greek Culture and Roman Policy*, Leiden 1990.

Habermehl, H., *RE* VIII-A, Stuttgart 1958, s.v. C. Verres.

Hackl, U., Das Ende der römischen Tribusgründungen 241 v. Chr., *Chiron* 2, 1972.

Hall, U., The 'IIIvir a.d.a' of the 'lex Bantina', in: *Studi in onore di E. Volterra* I, Milano 1971.

Hantos, Th., *Res publica constituta. Die Verfassung des Dictators Sulla*, Stuttgart 1988.

Hellegouarc'h, J., *Le vocabulaire latin des relations et des partis politiques sous la république*, Paris 1972.

Henderson, M. I., The Establishment of the *equester ordo, JRS* 53, 1963.

Herzog, E. von, *Geschichte und System der römischen Staatsverfassung* I-2, Leipzig 1884 (Aalen 1965).

Heurgon, J., *Rome et la Méditerranée occidentale jusqu'aux guerres puniques*, Paris 1969.

Hill, H., *The Roman Middle Class in the Republican Period*, Oxford 1952.

Hinrichs, F. T., Die lateinische Tafel von Bantia und die "lex de piratis", *Hermes* 98, 1970.

Hirschfeld, O., Die Getraideverwaltung in der römischen Kaiserzeit, *Philologus* 29, 1870.

———, Zur Geschichte der römischen Tribus, in: Hirschfeld, *Kleine Schriften*, Berlin 1913.

Hölkeskamp, K.-J., Die Entstehung der Nobilität und der Funktionswandel des Volkstribunats: Die historische Bedeutung der *lex Hortensia de plebiscitis, AKG* 70, 1988.

Holladay, A. J., The Election of Magistrates in the Early Principate, *Latomus* 37, 1978.

Holmes, T. R., *The Roman Republic and the Founder of the Empire* I, New York

1923 (1967).
Humbert, M., *Municipium et civitas sine suffragio. L'organisation de la conquête jusqu'à la guerre sociale*, Paris/Roma 1978.
Jehne, M., Die Beeinflussung von Entscheidungen durch "Bestechung": Zur Funktion des *ambitus* in der römischen Republik, in: Jehne (ed.), *Demokratie in Rom? Die Rolle des Volkes in der Politik der römischen Republik*, Stuttgart 1995.
Jones, A. H. M., The Elections under Augustus, *JRS* 45, 1955.
———, *The Criminal Courts of the Roman Republic and Principate*, Oxford 1972.
Jones, H. Stuart, A Roman Law Concerning Piracy, *JRS* 16, 1926.
Jory, E. J., Associations of Actors in Rome, *Hermes* 98, 1970.
Kaser, M./Hackl, K., *Das römische Zivilprozeßrecht*, 2nd ed., München 1996.
Keaveney, A., *Sulla. The Last Republican*, London/Sydney 1982.
Kelly, J. M., *Studies in the Civil Judicature of the Roman Republic*, Oxford 1976.
Kornemann, E., *RE* IV-1, Stuttgart 1901, s.v. Collegia.
Kübler, *RE* IV, Stuttgart 1901, s.v. Curia.
Kubitschek, J. W., *De Romanarum tribuum origine ac propagatione*, Wien 1882.
———, *Imperium Romanum tributim discriptum*, Wien 1889 (Roma 1972).
———, *RE* I, Stuttgart 1893, s.v. Aerarius.
———, *RE* VI-A-2, Stuttgart 1937, s.v. Tribus.
Kühnert, B., Zur sozialen Mobilität in der späten römischen Republik: *plebs* und *ordo equester, Klio* 72, 1990.
Kunkel, W., *Untersuchungen zur Entwicklung des römischen Kriminalverfahrens in vorsullanischer Zeit*, München 1962.
———, Quaestio, in: Kunkel, *Kleine Schriften. Zum römischen Strafverfahren und zur römischen Verfassungsgeschichte*, Weimar 1974.
Lange, L., *Römische Alterthümer* I, 3rd ed., Berlin 1876 (Hildesheim/New York 1974).
La Rosa, F., 《decemviri》 e 《centumviri》, *Labeo* 4, 1958.
Laser, G. (ed.), *Commentariolum petitionis*, Darmstadt 2001.
Last, H., The First Consulship of Pompey and Crassus, in: *CAH* IX, Cambridge 1932.
Lenaghan, J. O., *A Commentary on Cicero's Oration De Haruspicium Responso*, Hague/Paris 1969.
Lengle, J., *RE* VIa-2, Stuttgart 1937, s.v. Tribunus aerarius.
Leppin, H., *Histrionen. Untersuchungen zur sozialen Stellung von Bühnenkünstlern im Westen des Römischen Reiches zur Zeit der Republik und des Principats*, Bonn 1992.
Levick, B. M., Imperial Control of the Elections under the Early Principate: commen-

datio, suffragatio, and "nominatio", *Historia* 16, 1967.
———, The *senatus consultum* from Larinum, *JRS* 73, 1983.
———, *Tiberius the Politician*, (London 1976) revised ed., London 1999.
Liebenam, W., *RE* V, Stuttgart 1905, s.v. Divisores.
Linderski, J., Ciceros Rede pro Caelio und die Ambitus- und Vereinsgesetzgebung der ausgehenden Republik, *Hermes* 89, 1961.
———, The Mother of Livia Augusta and the Aufidii Lurcones of the Republic, *Historia* 23, 1974.
———, Buying the Vote: Electoral Corruption in the Late Republic, *AncW* 11, 1985.
———, *Roman Questions*, Stuttgart 1995.
Linke, B., *Von der Verwandtschaft zum Staat. Die Entstehung politischer Organisationsformen in der frührömischen Geschichte*, Stuttgart 1995.
Lintott, A. W., P. Clodius Pulcher—*Felix Catilina*?, *G&R* 14, 1967.
———, The *quaestiones de sicariis et veneficis* and the Latin *lex Bantina, Hermes* 106, 1978.
———, Electoral Bribery in the Roman Republic, *JRS* 80, 1990.
———, *Judicial Reform and Land Reform in the Roman Republic. A New Edition, with Translation and Commentary, of the Laws from Urbino*, Cambridge 1992.
———, Political History, 146-95 B.C., in: *CAH*^{2} IX, Cambridge 1994.
———, *OCD*^{3}, s.v. tabula Bantina.
———, *The Constitution of the Roman Republic*, Oxford 1999.
Lo Cascio, E., Il *census* a Roma e la sua evoluzione dall'età《Serviana》alla prima età imperiale, *MEFRA* 113, 2001.
Loreto, L., La censura di Appio Claudio, l'edilità di Cn. Flavio e la razionalizzazione delle strutture interne dello stato romano, *A&R* 36, 1991.
Lübtow, U. von, *Das römische Volk. Sein Staat und sein Recht*, Frankfurt am Main 1955.
MacMullen, R., How Many Romans Voted?, *Athenaeum* 58, 1980.
Madvig, J. N., De tribunis aerariis disputatio, Hauniae 1838 (= in: Madvig, *Opuscula academica altera*, Hauniae 1842).
Magdelain, A., Remarques sur la société romaine archaique, *REL* 49, 1971.
Malcovati, H. (ed.), *Oratorum Romanorum fragmenta*, 4th ed., Torino 1976.
Marek, H. G., Die soziale Stellung des Schauspielers im alten Rom, *Altertum* 5, 1959.
Marshall, B. A., *A Historical Commentary on Asconius*, Columbia 1985.
Maschke, R., *Zur Theorie und Geschichte der römischen Agrargesetze*, Tübingen 1906 (Napoli 1980).

Masi Doria, C., Zum Bürgerrecht der Freigelassenen, in: M. J. Schermaier/Z. Végh (eds.), Ars boni et aequi. *Festschrift für W. Waldstein zum 65. Geburtstag*, Stuttgart 1993.

McC. Brown, P. G., Actors and Actor-managers at Rome in the Time of Plautus and Terence, in: P. Easterling/E. Hall (eds.), *Greek and Roman Actors. Aspects of an Ancient Profession*, Cambridge 2002.

McGinn, Th. A. J., *Prostitution, Sexuality, and the Law in Ancient Rome*, NewYork/ Oxford 1998.

Meier, Ch., *RE* Suppl. VIII, Stuttgart 1956, s.v. Praerogativa Centuria.

Meiggs, R., *Roman Ostia*, Oxford 1973 (1997).

Meyer, Ed., Der Ursprung des Tribunats und die Gemeinde der vier Tribus, in: Meyer, *Kleine Schriften* I, 2nd ed., Halle (Saale) 1924.

Millar, F., Triumvirate and Principate, *JRS* 63, 1973.

———, *The Emperor in the Roman World*, London 1977.

———, The Political Character of the Classical Roman Republic, 200-151 B.C., *JRS* 74, 1984.

———, Politics, Persuasion, and the People before the Social War (150-90 B.C.), *JRS* 76, 1986.

———, Political Power in Mid-Republican Rome: *Curia* or *Comitium*?, *JRS* 79, 1989.

———, Popular Politics at Rome in the Late Republic, in: I. Malkin/Z. W. Rubinsohn (eds.), *Leaders and Masses in the Roman World. Studies in Honor of Zvi Yavetz*, Leiden/New York/Köln 1995.

———, *The Crowd in Rome in the Late Republic*, Ann Arbor 1998.

———, *The Roman Republic and the Augustan Revolution*, Chapel Hill/London 2002.

Momigliano, A., Studi sugli ordinamenti centuriati, *SDHI* 4, 1938 (= in: Momigliano, *Quarto contributo alla storia degli studi classici e del mondo antico*, Roma 1969).

———, An Interim Report on the Origins of Rome, *JRS* 53, 1963.

———, *JRS* 57, 1967 (Review of Alföldi, *Early Rome*).

———, The Origins of Rome, in: *CAH*² VII-2, Cambridge 1989.

———, The Rise of the plebs in the Archaic Age of Rome, in: K. A. Raaflaub (ed.), *Social Struggles in Archaic Rome. New Perspectives on the Conflict of the Orders*, Berkeley/Los Angeles/London 1986.

Momigliano, A./Cornell, T. J., *OCD*³, s.v. tribus.

Mommsen, Th., *De collegiis et sodaliciis Romanorum*, Kiel 1843.

———, *Die römischen Tribus in administrativer Beziehung*, Altona 1844.

——, *Römisches Staatsrecht* II-III, 3rd ed., Leipzig 1887-1888 (Graz 1969).

——, *Römisches Strafrecht*, Leipzig 1899.

——, *Gesammelte Schriften* I, Berlin 1904 (Zürich/Hildesheim 1994).

Morstein-Marx, R., Publicity, Popularity and Patronage in the *Commentariolum Petitionis, ClAnt* 17, 1998.

Mouritsen, H., Mobility and Social Change in Italian Towns during the Principate, in: H. M. Parkins (ed.), *Roman Urbanism beyond the Consumer City*, London/New York 1997.

——, *Plebs and Politics in the Late Roman Republic*, Cambridge 2001.

Münzer, F., *RE* XVII, Stuttgart 1937, s.v. Nummius.

Nadig, P., *Ardet ambitus. Untersuchungen zum Phänomen der Wahlbestechungen in der römischen Republik*, Frankfurt am Main 1997.

Niccolini, G., Le tribù locali romane, in: *Studi in onore di P. Bonfante nel 40 anno d'insegnamento* II, Milano 1930.

Nicholls, J. J., The Reform of the *Comitia Centuriata, AJPh* 77, 1956.

Nicolet, Cl., Appius Claudius et le double Forum de Capoue, *Latomus* 20, 1961.

——, La réforme des comices de 179 av. J.-C., *RD* 39, 1961.

——, Le livre III des《res rusticae》de Varron et les allusions au déroulement des comices tributes, *REA* 72, 1970.

——, Les lois judiciaires et les tribunaux de concussion. Travaux récents et directions de recherches, in: *ANRW* I-2, Berlin/New York 1972.

——, *L'ordre équestre à l'époque républicaine (312-43 av. J.-C.)* I-II, Paris 1974.

——, *Tributum. Recherches sur la fiscalité directe sous la république romaine*, Bonn 1976.

——, *Le métier de citoyen dans la Rome républicaine*, Paris 1976.

——, Tessères frumentaires et tessères de vote, in: *L'italie préromaine et la Rome républicaine. Mélanges offerts à J. Heurgon*, Paris/Roma 1976.

——, Plèbe et tribus: Les statues de Lucius Antonius et le testament d'Auguste, *MEFRA* 97, 1985.

——, *L'inventaire du monde. Géographie et politique aux origines de l'Empire romain*, Paris 1988.

——, La *Tabula Siarensis*, la plèbe urbaine, et les statues de Germanicus, in: I. Malkin/Z. W. Rubinsohn (eds.), *Leaders and Masses in the Roman World*, Leiden 1995.

Ogilvie, R. M., *A Commentary on Livy Books 1-5*, Oxford (1965) 1970.

Palmer, R. E. A., *The Archaic Community of the Romans*, Cambridge 1970.

Palombi, D., *Tra Palatino ed Esquilino: Velia, Carinae, Fagutal. Storia urbana di tre quartieri di Roma antica*, Roma 1997.

Piéri, G., *L'histoire du cens jusqu'à la fin de la république romaine*, Paris 1968.

———, Statut des personnes et organisation politique aux origines de Rome, *RD* 59, 1981.

Poucet, J., *Recherches sur la légende sabine des origines de Rome*, Louvain 1967.

——— *Les origines de Rome. Tradition et histoire*, Bruxelles 1985.

Purcell, N., The *apparitores*: A Study in Social Mobility, *PBSR* 51, 1983.

———, The City of Rome and the *plebs urbana* in the Late Republic, in: *CAH*² IX, Cambridge 1994.

Raaflaub K. A., The Conflict of the Orders in Archaic Rome: A Comprehensive and Comparative Approach, in: Raaflaub (ed.), *Social Struggles in Archaic Rome. New Perspectives on the Conflict of the Orders*, Berkeley/Los Angeles/London 1986.

Rawson, B., *Spurii* and the Roman View of Illegitimacy, *Antichthon* 23, 1989.

Rawson, E., *Roman Culture and Society. Collected Papers*, Oxford 1991.

———, Caesar: Civil War and Dictatorship, in: *CAH*² IX, Cambridge 1994.

Riccobono, S. et al. (eds.), *Fontes iuris Romani antejustiniani* I, 2nd ed., Firenze 1941.

Richard, J.-C., *Les origines de la plèbe romaine. Essai sur la formation du dualisme patricio-plébéien*, Paris/Roma 1978.

———, L'œuvre de Servius Tullius: Essai de mise au point, *RD* 61, 1983.

———, Les Fabii à la Crémère: Grandeur et décadence de l'organisation gentilice, in: *Crise et transformation des sociétés archaiques de l'Italie antique au Vᵉ siècle av. J.-C.*, Roma 1990.

———, Patricians and Plebeians: The Origin of a Social Dichotomy, in: K. A. Raaflaub (ed.), *Social Struggles in Archaic Rome. New Perspectives on the Conflict of the Orders*, Berkeley/Los Angeles/London 1986.

Richardson, L., jr., *A New Topographical Dictionary of Ancient Rome*, Baltimore/London 1992.

Rickman, G., *The Corn Supply of Ancient Rome*, Oxford 1980.

Ridley, R. T., The Enigma of Servius Tullius, *Klio* 57, 1975.

Rilinger, R., *Domus* und *res publica*. Die politisch-soziale Bedeutung des aristokratischen "Hauses" in der späten römischen Republik, in: A. Winterling (ed.), *Zwischen "Haus" und "Staat". Antike Höfe im Vergleich*, München 1997.

Romano, A., La 'gens Veturia' e le scelte diplomatiche di Roma nei secoli V e IV a. C., in: G. Franciosi (ed.), *Ricerche sulla organizzazione gentilizia romana* II,

Napoli 1988.
Rosenberg, A., *Untersuchungen zur römischen Zenturienverfassung*, Berlin 1911 (New York 1975).
Rotondi, G., *Leges publicae populi romani*, Milano 1912 (Hildesheim/Zürich/New York 1990).
Rowe, G., *Princes and Political Cultures. The New Tiberian Senatorial Decrees*, Ann Arbor 2002.
Ruggiero, A., Mito e realtà nella vicenda storica della 'gens Fabia', in: G. Franciosi (ed.), *Ricerche sulla organizzazione gentilizia romana* I, Napoli 1984.
Saller, R., *Personal Patronage under the Early Empire*, Cambridge 1982.
———, Status and Patronage, in: *CAH*² XI, Cambridge 2000.
Salmon, E. T., *Roman Colonization under the Republic*, London 1969.
———, *The Making of Roman Italy*, London 1982.
Schröder, W. A., *M. Porcius Cato, Das erste Buch der Origines. Ausgabe und Erklärung der Fragmente*, Meisenheim am Glan 1971.
Schönbauer, E., Die Centurien-Reform, in: *Studi in memoria di E. Albertario* I, Milano 1953.
Schulze, W., *Zur Geschichte lateinische Eigennamen*, Berlin 1904.
Scullard, H. H., *Scipio Africanus: Soldier and Politician*, London 1970.
———, *From the Gracchi to Nero. A History of Rome from 133 B.C. to A.D. 68*, 4th ed., London 1976 (1979).
Seager, R., *Pompey. A Political Biography*, Oxford 1979.
———, The Rise of Pompey, in: *CAH*² IX, Cambridge 1994.
———, Sulla, in: *CAH*² IX, Cambridge 1994.
Shackleton Bailey, D. R. (ed.), *Cicero's Letters to Atticus* I, Cambridge 1965.
——— (ed. and trans.), *Cicero, Philippics*, Chapel Hill/London 1986.
Sherwin-White, A. N., Poena legis repetundarum, *PBSR* 17, 1949.
———, The Roman Citizenship. A Survey of Its Development into a World Franchise, in: *ANRW* I-2, Berlin/New York 1972.
———, *The Roman Citizenship*, 2nd ed., Oxford 1973.
———, The lex repetundarum and the Political Ideas of Gaius Gracchus, *JRS* 72, 1982.
Solin, H. /Salomies, O. (eds.), *Repertorium nominum gentilium et cognominum Latinorum*, 2nd ed., Hildesheim/Zürich/New York 1994.
Staveley, E. S., The Reform of the *Comitia Centuriata, AJPh* 74, 1953.
———, Forschungsbericht. The Constitution of the Roman Republic 1940-1954,

Historia 5, 1956.
———, The Political Aims of Appius Claudius Caecus, *Historia* 8, 1959.
———, Cicero and the *Comitia Centuriata, Historia* 11, 1962.
———, *Greek and Roman Voting and Elections*, London 1972.
———, The Nature and Aims of the Patriciate, *Historia* 32, 1983.
———, Rome and Italy in the Early Third Century, in: *CAH*² VII-2, Cambridge 1989.
Stein, A., *Der römische Ritterstand. Ein Beitrag zur Sozial- und Personengeschichte der römischen Reiches*, München 1927 (1963).
Strachan-Davidson, J. L., *Problems of the Roman Criminal Law* II, Oxford 1912 (1991).
Sumner, G. V., Cicero on the *Comitia Centuriata*: *De Re Publica*, II, 22, 39-40, *AJPh* 81, 1960.
———, Aspects of the History of the *Comitia Centuriata* in the Middle and Late Republic, *Athenaeum* 40, 1962.
Suolahti, J., *The Roman Censors. A Study on Social Structure*, Helsinki 1963.
Syme, R., *The Augustan Aristocracy*, Oxford 1986.
Talbert, R. J. A., *The Senate of Imperial Rome*, Princeton 1984.
Tatum, W. J., *The Patrician Tribune Publius Clodius Pulcher*, Chapel Hill/London, 1999.
Taylor, L. R., *Party Politics in the Age of Caesar*, Berkeley 1949.
———, The Four Urban Tribes and the Four Regions of Ancient Rome, *RPAA* 27, 1952-1954.
———, The Centuriate Assembly before and after the Reform, *AJPh* 78, 1957.
———, *The Voting Districts of the Roman Republic. The Thirty-five Urban and Rural Tribes*, Roma 1960.
———, The Corrector of the Codex of Cicero's *De Republica, AJPh* 82, 1961.
———, Freedmen and Freeborn in the Epitaphs of Imperial Rome, *AJPh* 82, 1961.
———, *Roman Voting Assemblies. From the Hannibalic War to the Dictatorship of Caesar*, Ann Arbor 1966 (1990).
Thomsen, R., *King Servius Tullius. A Historical Synthesis*, Copenhagen 1980.
Tibiletti, G., Il funzionamento dei comizi centuriati alla luce della tavola *Hebana, Athenaeum* 27, 1949.
———, Le leggi *de iudiciis repetundarum* fino alla Guerra Sociale, *Athenaeum* 31, 1953.
Torelli, M., L'iscrizione 《latina》 sulla coppa argentea della tomba Bernardini, *DArch* 1, 1967.

——, Rome et l'Etrurie à l'époque archaique, in: *Terre et paysans dépendants dans les Sociétés antiques. Colloque international tenu à Besançon les 2 et 3 mai 1974*, Paris 1979.

Toynbee, A. J., *Hannibal's Legacy. The Hannibalic War's Effects on Roman Life* I, London 1965.

Treggiari, S., *Roman Freedmen during the Late Republic*, Oxford 1969.

——, A New Collina, *Historia* 19, 1970.

Treves, P., *OCD*², s.v. tribuni aerarii.

Tyrrell, R. Y./Purser, L. C., *The Correspondence of M. Tullius Cicero* I, 3rd ed., Dublin/London 1904 (Hildesheim 1969).

Ungern-Sternberg, J. von, The End of the Conflict of the Oders, in: K. A. Raaflaub (ed.), *Social Struggles in Archaic Rome. New Perspectives on the Conflict of the Orders*, Berkeley/Los Angeles/London 1986.

Urban, R., Wahlkampf im spätrepublikanischen Rom. Der Kampf um das Konsulat, *GWU* 34, 1983.

Vanderbroeck, P. J. J., *Popular Leadership and Collective Behavior in the Late Roman Republic (ca. 80-50 B.C.)*, Amsterdam 1987.

Virlouvet, C., La plèbe frumentaire à l'époque d'Auguste, in: A. Giovannini (ed.), *Nourrir la plèbe. Actes du colloque tenu à Genève les 28 et 29. IX. 1989 en hommage D. van Berchem*, Basel/Kassel 1991.

——, *Tessera frumentaria. Les procédures de la distribution du blé public à Rome*, Paris/Roma 1995.

——, Une allusion varronienne aux fraudes de Clodius? à propos *de res rusticae* III, 5, 18, *MEFRA* 108, 1996.

Vishnia, R. F., *State, Society and Popular Leaders in Mid-republican Rome 241-167 BC*, London/New York 1996.

Wallace-Hadrill, A. (ed.), *Patronage in Ancient Society*, London/New York 1989.

Waltzing, J.-P., *Etude historique sur les corporations professionelles chez les Romains* I, Louvain 1895.

Warnecke, B., *RE* VIII-2, Stuttgart 1913, s.v. Historio.

Welwei, K.-W., Gefolgschaftsverband oder Gentilaufgebot? Zum Problem eines frührömischen familiare bellum (Liv. II 48, 9), *ZRG* 110, 1993.

Wieacker, F., *Römische Rechtsgeschichte. Quellenkunde, Rechtsbildung, Jurisprudenz und Rechtsliteratur* I, München 1988.

Willems, P., *Le sénat de la république romaine* I, Louvain 1878.

Wiseman, T. P., The Definition of 'eques Romanus' in the Late Republic and Early

Empire, *Historia* 19, 1970.
———, *New Men in the Roman Senate 139 B.C.-A.D. 14*, Oxford 1971.
———, *Clio's Cosmetics. Three Studies in Greco-roman Literature*, Leicester 1979.
———, The Senate and the *Populares*, 69-60 B.C., in: *CAH*² IX, Cambridge 1994.
———, Caesar, Pompey and Rome, 59-50 B.C., in: *CAH*² IX, Cambridge 1994.
Wlassak, M., *RE* III, Stuttgart 1899, s.v. Centumviri.
Yakobson, A., Petitio et Largitio: Popular Participation in the Centuriate Assembly of the Late Republic, *JRS* 82, 1992.
———, *Elections and Electioneering in Rome. A Study in the Political System of the Late Republic*, Stuttgart 1999.
Zumpt, A. W., *Das Kriminalrecht der römischen Republik* II-2, Berlin 1869 (Aalen 1993).

邦語文献(翻訳を含む)

飯坂晃治「ローマ帝政初期における都市監督官 curator rei publicae とイタリア都市」『史学雑誌』111-4，2002 年。

池田勝彦「P・クローディウスとプレプス・ウルバーナ」『文化史学』37，1981 年。

石川勝二『古代ローマのイタリア支配』溪水社，1991 年。

伊藤貞夫『古典期アテネの政治と社会』東京大学出版会，1982 年。

井上智勇「Equites Romani 研究序説」『研究紀要』〈京都大・文〉8，1963 年。

岩井経男『ローマ時代イタリア都市の研究』ミネルヴァ書房，2000 年。

M・ウェーバー／渡辺金一・弓削達訳『古代社会経済史――古代農業事情――』東洋経済新報社，1959 年。

浦野聡「後期ローマ帝国における官職パトロネジ――「推薦」の法制化をめぐって――」長谷川博隆編『古典古代とパトロネジ』名古屋大学出版会，1992 年。

荻原英二「不当取得返還請求法の罰金刑について―― 113 年，C. Porcius Cato の裁判の検討――」『紀尾井史学』6，1986 年。

———「ローマ共和政期の不当取得返還請求裁判について――告発意図および「審判人」の諸相――」『西洋史学』150，1988 年。

———「カルプルニウス法再考―― J. S. Richardson 説をめぐって――」『古代地中海世界――古代ギリシア・ローマ史論集――』清水弘文堂，1993 年。

———「不当取得返還請求の罪の成立について――紀元前 149 年以前の対応と処理をめぐって――」『上智史学』39，1993 年。

P・ガーンジィ／松本宣郎・阪本浩訳『古代ギリシア・ローマの飢饉と食糧供給』白水社，1998 年。

片岡輝夫「Livius VIII, 14, 8 と IX, 20, 10：ローマ初期の市民植民市 Antium の社会構

造」片岡他『古代ローマ法研究と歴史諸科学』創文社，1986 年。

祇園寺信彦「古代羅馬の平民」『日伊文化研究』4，1942 年。

M・ゲルツァー／長谷川博隆訳『カエサル』筑摩書房，1968 年。

坂井聰「スッラによる退役兵入植とローマ植民市ポンペイの成立」『古代学研究所研究紀要』3，1993 年。

真田芳憲「共和政末期における弁論術 Rhetorica と法学の解釈方法」『法学新報』74-2・3，1967 年。

柴田光蔵『増補 ローマ裁判制度研究――元首政時代を中心として――』世界思想社，1970 年。

島田誠「元首政期のローマ市民団と解放奴隷」『史学雑誌』95-3，1986 年。

―――「ローマ市民団」弓削達・伊藤貞夫編『ギリシアとローマ――古典古代の比較史的考察――』河出書房新社，1988 年。

―――「帝政期イタリアにおける都市パトロン」『西洋古典学研究』38，1990 年。

―――「元首政期のパトロキニウム」長谷川博隆編『古典古代とパトロネジ』名古屋大学出版会，1992 年。

―――『コロッセウムからよむローマ帝国』講談社，1999 年。

周藤芳幸・村田奈々子『ギリシアを知る事典』東京堂出版，2000 年。

新保良明「ローマ帝政初期における政務官選挙」『紀要』〈長野工高専〉19，1988 年。

鈴木一州「ローマ共和政の成立と発展」『岩波講座世界歴史 2 』岩波書店，1969 年。

―――「いわゆるセルウィウスの改革について」『西洋古典学研究』17，1969 年。

砂田徹「前 88 年のスルラのローマ進軍について」『歴史学研究』559，1986 年。

―――「「元老院最終決議」考――ローマ共和政末期における政治的殺人――」『史学雑誌』98-8，1989 年。

―――「P・クロディウスをめぐる最近の諸研究――ローマ共和政末期の「都市民衆」とのかかわりで――」『名古屋大学文学部研究論集』107，1990 年。

―――「ローマ共和政末期の「街区」――都市ローマにおけるウィークスの実態――」長谷川博隆編『権力・知・日常――ヨーロッパ史の現場へ――』名古屋大学出版会，1991 年。

―――「選挙買収禁止法とローマ共和政末期の政治―― A. W. リントットの近業にふれて――」『名古屋大学文学部研究論集』113，1992 年。

―――「共和政期ローマの社会・政治構造をめぐる最近の論争について――ミラーの問題提起(1984 年)以降を中心に――」『史学雑誌』106-8，1997 年。

―――「雄弁家と民衆――帝国形成期ローマの政治文化――」『岩波講座世界歴史 5 帝国と支配』岩波書店，1998 年。

―――「共和政期ローマにおける審判人とトリブス――トリブニ・アエラリィの再検討を中心に――」『西洋史論集』〈北大〉 3，2000 年。

A・D・スミス／高柳先男訳『ナショナリズムの生命力』晶文社，1998年。

G・デュメジル／川角信夫他訳『ユピテル・マルス・クイリヌス』ちくま学芸文庫，2001年。

西村重雄「ローマにおけるcentumviriについて――ローマ初期民事裁判のあり方をめぐって――」服藤弘司・小山貞夫編『法と権力の史的考察――世良教授還暦記念上――』創文社，1977年。

長谷川博隆「ローマの興隆について」『ローマ人の世界――社会と生活――』筑摩書房，1985年(初出は1963年)。

――「キケロ時代の騎士身分――土地所有について――」『古代ローマの政治と社会』名古屋大学出版会，2001年(初出は1958年)。

――「ローマの財政機構――徴税について――」『古代ローマの政治と社会』名古屋大学出版会，2001年(初出は1962年)。

――「フレゲッラエの叛乱考――ローマ市民権とラテン市――」『古代ローマの政治と社会』名古屋大学出版会，2001年(初出は1963年)。

――「土地法における家畜の問題」『古代ローマの自由と隷属』名古屋大学出版会，2001年(初出は1969年)。

――「内乱の一世紀」『古代ローマの政治と社会』名古屋大学出版会，2001年(初出は1969年)。

原田俊彦「最初期censorの活動と性格――censorの習俗監視序論――」『早稲田法学』65-4，1990年。

――「Liviusにおけるホルテンシウス法以前のplebs集会の決定」『早稲田法学』67-2，1992年。

――「ホルテンシウス法(lex Hortensia)以前のトリブス(tribus)集会について」杉山晴康編『裁判と法の歴史的展開』敬文堂，1992年。

――「プーブリリウス・フィロー法の歴史的意義」佐藤篤士先生還暦記念論文集刊行委員会編『歴史における法の諸相』敬文堂，1994年。

――『ローマ共和政初期立法史論』敬文堂，2002年。

平田隆一「初期ローマの領域と人口」『歴史』55，1980年。

――「ケントゥリア制の成立について」『教養部紀要』〈東北大〉33，1981年。

――『エトルスキ国制の研究』南窓社，1982年。

――「Foedus Cassianumにおける平和と戦争に関する規定について」『歴史』68，1987年。

――「ローマ共和政初期のパトロネジ=クリエンテラ」長谷川博隆編『古典古代とパトロネジ』名古屋大学出版会，1992年。

――「ローマの民会――その特質・形成・展開――」『西洋史研究』新輯21，1992年。

――「アテネ僭主政とローマ後期王政(その二)――タルクイニウス・プリスクスの王

政の構造を中心に――」『ヨーロッパ研究』創刊号，1996 年。

―――「アテネ僭主政とローマ後期王政(その三)――セルウィウス・トゥリウス王の出自・即位・王権の性格――」『東北大学大学院国際文化研究科論集』4，1996 年。

―――「アテネ僭主政とローマ後期王政(その四)――セルウィウス・トゥリウスの王政の構造――」『国際文化研究』3，1996 年。

樋脇博敏「ローマの家族」『岩波講座世界歴史 4　地中海世界と古代文明』岩波書店，1998 年。

―――「「名無しの権兵衛の娘」と自称する女」『史論』〈東京女子大〉 53，2000 年。

藤澤明寛「帝政初期におけるイタリア自治都市の食糧供給事情」『古代文化』49-10，1997 年。

―――「ローマ帝政初期におけるパン製造業者」『早稲田大学大学院文学研究科紀要』42-4，1997 年。

―――「ローマ帝政時代のオスティアにおけるパン製造業者組合――「都市参事会員標章」の賦与を中心にして――」『イタリア学会誌』53，2003 年。

船田享二『ローマ法』全 5 巻，岩波書店，1968-1972 年。

J・ブライケン／村上淳一・石井紫郎訳『ローマの共和政』山川出版社，1984 年。

本間俊行「ローマ帝政前期における組合と都市社会――「三つの組合(tria collegia)」を手がかりに――」『史学雑誌』114-7，2005 年。

E・マイヤー／鈴木一州訳『ローマ人の国家と国家思想』岩波書店，1978 年。

松本宣郎「ローマ帝政期のパトロネジ――支配構造解明の視角としての有効性――」長谷川博隆編『古典古代とパトロネジ』名古屋大学出版会，1992 年。

宮嵜(吉浦)麻子「ポンペイウスのクーラ=アノーナエ」『西洋史学論集』31，1993 年。

―――「ローマ共和政末期の穀物供給政策」『西洋史学』193，1999 年。

―――「アウグストゥス期における都市ローマの穀物供給制度」『古代文化』51-9，1999 年。

毛利晶「伝説とローマの歴史記述」弓削達・伊藤貞夫編『ギリシアとローマ――古典古代の比較史的考察――』河出書房新社，1988 年。

―――「紀元前 64 年の元老院決議とコンピターリアの担い手たち」『史学雑誌』103-3，1994 年。

―――「ファビウス・ピクトル・ノート」『文始』4，1999 年。

―――「地域統合と伝説――ローマによるラティウム・カンパーニア地域の統合とアエネーアース伝説――」『地域の世界史 11　支配の地域史』山川出版社，2000 年。

―――「ファビウス・ピクトルとローマにおける歴史記述の始まり」『五十周年記念論集』〈神戸大・文〉，2000 年。

森祐三「プレブス」『古代史講座 6』学生社，1962 年。

安井萠「ポンペイウス，カエサルと政務官選挙――両有力者による権力掌握過程の一断

面――」平田隆一・松本宣郎共編『支配における正義と不正――ギリシアとローマの場合――』南窓社，1994 年。

―――「共和政ローマの「ノビリタス支配」――その実体理解のための一試論――」『史学雑誌』105-6，1996 年。

―――「パトリキー支配に関する覚え書き」『西洋史研究』新輯 29，2000 年。

弓削達『ローマ帝国の国家と社会』岩波書店，1964 年。

―――『地中海世界とローマ帝国』岩波書店，1977 年。

―――『ローマ帝国論』吉川弘文館，(1966 年) 1982 年。

吉村忠典『古代ローマ帝国――その支配の実像――』岩波新書，1997 年。

―――『古代ローマ帝国の研究』岩波書店，2003 年。

H・M・ラースト／鈴木一州訳「セルウィウスの改革」古代学協会編『西洋古代史論集 II』東京大学出版会，1975 年。

U・ラッフィ／田畑賀世子訳『古代ローマとイタリア』ピーザ，2003 年。

鷲田睦朗「ローマ共和政「最後の時期」における高位公職選挙――ケントゥリア民会の制度とその運用状況から――」『西洋史学』199，2000 年。